昭和学院小学校
SHOWA GAKUIN ELEMENTARY SCHOOL

が、子どもが、未来。
学びが未来を創る。

オープンスクール・学校説明会

第 1 回	5 月 18 日（土）
	9:00 ～ 11:00
第 2 回	6 月 12 日（水）
	9:00 ～ 11:00
第 3 回	7 月 12 日（金）
ナイト学校説明会	18:30 ～ 19:30
第 4 回	9 月 7 日（土）
入試説明会	9:00 ～ 11:00
第 5 回	1 月 18 日（土）
入試報告会	9:00 ～ 11:00

tp://www.showagakuin.jp/
葉県市川市東菅野 2-17-1　Tel 047-300-5844

公開行事

● 運動会
　5 月 25 日（土）
※未就学児レースは要予約

● 体験教室
　6 月 29 日（土）
　9:00～11:00
※年長児のみ

● 学芸発表会
　10 月 5 日（土）
　9:00～

入学考査

● 推薦考査
　10 月 16 日（水）
　9:00～12:00
　募集人数
　　　　約 70 名
（内部進学者を含む）

● 一般考査
　11 月 5 日（火）
　9:00～12:00
　募集人数
　　　　約 35 名

この先伸びる土壌をつくる。

令和7年度　募集要項

	第1回試験	第2回試験
募集人員	女子80名	
願書受付 (ネット出願)	10月 1日(火)9:00〜 10月15日(火)15:00	11月 1日(金)9:00〜 11月11日(月)15:00
	※詳細は、ホームページに掲載	
試験日	10月26日(土)・27日(日)	11月17日(日)
合格発表	10月28日(月)(Web)	11月17日(日)(Web)

学校説明会

● 第1回　　5 月11日(土) 10:00〜
● 第2回　　7 月 6 日(土) 10:00〜
● 第3回　　9 月14日(土) 10:00〜
● 本学院　寿光殿　要予約(ネット予約)

学校見学・入試相談

● 5 月15日(水)
　6 月19日(水)　※要予約(ネット予約)
　6 月26日(水)　　人数制限有り。
　7 月 3 日(水)　※ネット予約の詳細は
　9 月 4 日(水)　　ホームページに掲載。
　いずれも10:00〜11:30

公開行事

● 運動会　6月上旬　※幼児競走有
● 学院祭　9月下旬　※入試個別相談室有

※要予約(ネット予約)

 ## 国府台女子学院 小学部

■〒272-8567　市川市菅野3−24−1　小学部 TEL. 047(322)5644
　　　　　　　　　　　　　　　　　　　　　　FAX. 047(322)5655
■交　通　京成電鉄市川真間駅下車、徒歩8分。JR市川駅下車、徒歩15分。
　　　　　京成バス　菅野六丁目バス停下車、徒歩1分。

学院ホームページ https://www.konodai-gs.ac.jp/　併　設　中学部・高等部

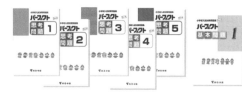

有名小に合格するために

首都圏版・2025年度入試対策用

なんでもわかる

小学校受験の本

願書と面接資料の書き方

面接試験の受け方と心得

学校は何を知りたいか?

面接の心構え

おもな質問事項と答え方

最新の試験内容を掲載!!

首都圏有名国公立・私立小学校案内

関西圏主要私立小学校入試概要

教育目標・学校の特色・進学状況・入試情報・面接試験の概要

役に立つお母様の受験メモ

「小学校受験は親子の受験」

私立小学校に合格するために

**小学校入試とは、中学入試や大学入試のように
子どもの知的発達度（ペーパーテスト）だけを考査する試験とは違い、
ご両親が子どもを今までどのように育ててきたのか、
またこれからどのように育てていくのかを試される試験なのです。**

　子どもは「オギャー」と生まれてからすぐに言葉を聞き始め、ここから「日本語力」の成長が始まり、基礎を育成するのは9歳までと言われています。「日本語力」とは、正しい日本語を聞き、話し、考え、理解する力のことです。我々は、すべての生活、学習を日本語の環境でおこなうわけですから、「日本語力」は、学習面においてたいへん重要になってきます。幼児期にこの「日本語力」を育成するためには、正しい数多くの単語でつくられた日本語とたくさん触れさせることが大切です。そのためにはお母さんが根気よく子どもに話しかけ、話を聞いてあげる必要がありますが、ふだんの生活のなかでどれだけの単語数で話しかけているでしょうか。受験に合格するためには数多くの単語の習得が必要ですから、受験を通して大学までの学習面に作用する「日本語力」の育成にも役立っていくことと思います。日常生活のなかで「子どもとふれあう時間を多くつくる」、このことが合格の基本なのです。

　厳しい言い方になりますが、受験とは受験する小学校の判断で、他の受験生（親子）と比較されて合否が決定されます。その受験に合格するためには、子どもは実力を身につけるだけでなく、その実力を試験会場でふだん通りに発揮することが必要です。ふだん通りに発揮するには、小学校のような机と椅子のある教室で指導をおこなうこと、指示行動用のスペースがあることが重要になってきます。教室を選ぶときはこの点にご注意されるとよいでしょう。お母様は、子どもの育成状況を把握するためには、授業中のようすを教師から聞くだけでなく、テストによって客観的に他の子どもと比較することも必要になってきます。これにより子どもの弱点が明確化され、その部分を育成することができます。また、小学校受験は通常2、3校を受験することになりますので、特定の小学校に特化した情報を持つ教室より、多くの合格者を出し、多くの小学校の情報を幅広く持つ教室のほうが有利になってくるのです。

小学校受験に合格するために、小学校入試の考査目的や考査内容について考えてみましょう。

知的発達度の試験は、記憶・言語・数量・推理・知覚・知識・構成・体操・指示行動の各領域の発達度を考査されますが、小学校側は子どもの誕生月を考慮しています。この考査に対しては、知的能力の開発をすることはもちろん必要ですが、基本的に他人の話を聞く能力が大変重要になってきます。子どもにとって、お母様の言葉は毎日聞いているので、理解しやすくまた記憶しやすいものです。言い換えれば、お母様の声、やさしい話し方、指示の仕方に慣れてしまっているということです。しかしながら、考査では、初めて出会った小学校の先生が指示する内容を、緊張した環境のなか、聞き漏らさずに理解し、記憶しなければなりません。また、指示の仕方は考査のため、やさしくわかりやすい言い方ではありません。これは、子どもにとって難しいことであり、「話を聞く」ための能力開発が必要になってきます。当学園では、この能力を伸ばすために、まず、一定時間机にきちんと座るところから始め、常にほめることによって、徐々に教師の指示を集中して聞けるようにしていきます。また、指示の内容も夏期講習以降、より複雑で、高度なものにしていき、最終的に、緊張した環境に臆することなく落ち着いて試験に臨める子どもに育てていきます。

小学校側は、6年間教育したい将来の生徒および、6年間小学校の教育に協力していただける将来の保護者を選抜するために、子どもの知的発達度だけでなく、行動観察・面接とならんで、お母様（ご両親）の面接をおこないます。

行動観察は、おもに同年代の子どもたちとの関わり方と、日常生活面が観察され判定されます。他の子どもとの関わり方は、大勢の子どもたちと行動するなかでどのような態度をするかを観察され、小学校という集団生活のなかで6年間問題なく過ごすことができるかを判断されます。日常生活面は、指示行動の考査のなかで、遊具の後片付け、箸の持ち方・食べ方・食事のあとの片付け・衣服の着脱および折りたたみ・雑巾絞りなど日常生活で子どもとしてできることを観察され、判定されます。また、子どもの面接は、幼稚園でのようす、ご家庭内でのようす、親子の絆などを判断するために実施されます。質問内容は難しくなく、誰もが答えることができますが、小学校側はその内容と質疑の態度に注目しています。子どもは正直に答えるので、その家庭の日常生活のようすが隠し事なしにわかるためです。当教室では、行動観察、子どもの面接に対しては、集団のなかでのようすや指示行動の結果などを常にお母様に報告し、連携してご家庭の日常生活のなかでお子様を指導していただき、子どもへの定着をはかっていきます。

お母様（ご両親）の面接は、ご家庭のようす、子どもの育て方に対する考え方、また、その考え方が小学校の教育方針と一致しているか、小学校行事へ協力してもらえるかなどが質問されます。
最近では、小学校入試は行動観察に重きを置く傾向にあります。これは、知的発達度は訓練によってのびますが、行動観察の内容は、子どもの個性、または日常生活面、特にお母様と子どもとの関わり合いが根本となって形作られるものだからではないでしょうか。ですから、小学校入試は、ご家庭でいかに子どもを育てていくかを真摯に捉えて実行していくことが大切であり、お母様の役割は大変重要になってきます。当教室では、その重要な役割をもつお母様の一助になるよう、お母様と協力をして子どもの指導に励んでいきたいと思っています。

Contents

● **面接で何を知りたいか**
● **面接試験の形式**
● **面接の心構え**
● **おもな質問事項と答えの例**

01. 住所と電話番号を教えてください。
02. お母さんが叱るのはどんなときですか。
03. 兄弟げんかはしますか。
04. 好きな本は何ですか。
05. お友達のおもちゃをこわしたときは。
06. お父様と遊びますか。
07. 休日はどう過ごしていますか。
08. お子様に伝えたい事柄はありますか。

09. 志望理由を教えてください。
10. お子様の成長はいつ感じますか。
11. 育児で気をつけたことを教えてください。
12. 自分の時間はどうしていますか。
13. お子様は食べ物の好き嫌いがありますか。
14. ご主人と意見が違ったとき、どうしますか。
15. 子どもが学校にいるとき、災害が起きたらどうしますか。

学校案内 私立85校・国公立12校／沿革・教育目標・学費・学校の特色・入試内容 ·········· 45

願書・面接資料の書き方と具体例

入学試験は入学願書の提出から始まります。

入学願書の書き方の上手・下手で試験官の受ける印象が違ってきます。

願書および付属資料によって面接試験がおこなわれることになりますから、

願書・面接資料の記入は極めて重要なことといえます。

それでは具体的にどのような点に注意するかを説明したいと思いますが、

全部の学校についてはできませんので、特徴のある学校を選んで説明します。

書き方の例をあげていますが、あくまでも「例」です。

そのご家庭ならではの記述が求められるのは、言うまでもありません。

※ここに掲載した願書・面接資料は、過去に配布されたものです。近年、Web出願が主流となりつつあり、提出書類の形式にも変更がありますが、書類の書き方の「例」としてお考えください。

入学願書はなぜ重要なのか

　小学校入試において、入学願書は、面接の際の参考資料となるもの、学校側が志願者の家庭を判断する手がかりにするもの、いわば、ふるいにかける第一の大きな関門です。

　逆に、志願者側からすれば、ご家庭での教育方針、志望した理由などを、明確にアピールでき、よい印象を与えるチャンスとなるわけですから、しっかりとした内容を書き入れたいものです。また、まちがいのないように、募集要項や願書の記入例を確認するなど、細心の注意をはらいましょう。

入学願書はどのように書くか

　記入者が指定されていなければ、ご両親のうち、字がきれいなほうが記入するようにしましょう。

　楷書で、ていねいに、まちがいのないように書くのはもちろんですが、わかりやすく平易な文で書くことも心がけたいものです。

①コピーをとり、下書きをする

　いきなり願書に記入するのではなく、必ずコピーをとり、それに下書きをしましょう。文字がバランスよく入っているか、文章が整っているかもチェックしましょう。

②文体は「です・ます」調で

　文体は、「だ・である」よりも、「です・ます」調で書くほうがよいでしょう。無理に敬語を使って、尊敬語と謙譲語が入り混じったあげく、文章が破綻するような書き方になることは避けたいものです。"わかりやすく、ていねいに"という意識を持って書き入れましょう。

③内容を吟味する

　願書の記入前に、ポイントとなる「志望理由」や「家庭での教育方針」などについては、よく話し合いましょう。ご両親の意見が違っていることは、マイナスにしかなりません。よく「貴校の校風が家庭の方針に合致する」という書き方をされる方がいますが、どうでしょうか。せめて、志望校の建学の精神、教育方針にからめた書き方をするか、あるいは、説明会での先生のお話などを取り入れた形で書くなど、内容にもう一歩踏み込んだ書き方をするようにしたいものです。

④表現の仕方を確認する

　たとえば、お子様の長所・短所を記入する場合（特に短所について書かなければならない場合）、断定した書き方をしないよう、心をくばりましょう。

　"落ち着きがない"とするよりは、"好奇心が強く、積極的なので、活発すぎる面もあるようです"と書くなど、愛情深い表現をすることが望ましいでしょう。書き方ひとつで印象もずいぶん変わります。どんな表現が望ましいか、よく検討したいものです。

⑤コピーをとり、読み返す

　面接で必ず質問されることを考え、記入した願書・提出書類は、ご両親のそれぞれが、別々に読み返し、最後のチェックをおこないましょう。その上で、コピーをとり、さらによく読み返すことが必要です。

　願書で記入した内容と実際に面接の質問で答えた内容とにくいちがいがあると、不信に思われることもあるからです。

　ご両親のどちらが質問されても、きちんとした受け答えができるように内容をしっかりつかんでおくことが、合格へとつながるのです。

入学願書の出し方について

　入学願書を出す際は、出願受付順によって受験番号が決まるのか、生年月日順、五十音順、あるいは変則的なのか、といった点にも注目しましょう。受験番号によって、考査の時間を調整できる学校もあります。場合によっては、同日の学校だからといってあきらめていた併願が可能な場合もありますので、いろいろな点に配慮して提出するようにしましょう。

入学願書の記入

　願書の内容は、多くの学校が受験者本人の名前や生年月日から始まって、現住所、両親の名前、幼稚園名などを記入するようになっています。ここでは、東京女学館の入学願書を例に挙げて、記入事項や、それぞれの注意すべき点について説明していきましょう。

●書き方のポイント　～入学願書について～

入　学　願　書		東 京 女 学 館 小 学 校			受付番号		志願者の写真を添付してください。

	ふりがな				（生年月日）		1．上半身脱帽（4cm×5cm）

（以下は願書の表形式。主な記入欄）

志願者

- 第1学年志願者氏名　　ふりがな　　　（生年月日）　平成　　年　　月　　日
- 現住所　（〒　　－　　）　☎（　　－　　－　　）
- 緊急連絡先　（〒　　－　　）　名称（勤務先など）　住所－　☎（　　－　　－　　）
- 在園の状況　公立／私立　幼稚園・保育園　年　月入園／年　月卒園見込　所在地（　　市　　区）
- 病歴　　歳（　　）　歳（　　）　歳（　　）

保護者（父）　氏名　　続柄　　現住所（〒　　－　　）☎（　　－　　－　　）

保護者（母）　氏名　　続柄　　現住所（〒　　－　　）☎（　　－　　－　　）

同居の家族構成

	氏　名	生年月日	備　考
父		年　月　日	
母		年　月　日	
兄弟姉妹その他			

写真欄注意事項

1．上半身脱帽（4cm×5cm）
2．白黒写真でもカラー写真でも良い
3．最近3ヶ月以内撮影のもの
4．証明書用（スナップ写真は不可）

●志願者欄

①志願者氏名　受験者本人（子ども）の名前を書きます。戸籍と同じ字を使い、ふりがなは、この場合ひらがなです（カタカナで「フリガナ」とある場合は、カタカナでふります）。

②現住所　現在、住んでいる住所を記入します。入学前後に転居の予定がある方は、説明会等で記入のしかたを尋ね、学校の指示に従ってください。

③緊急連絡先　母親が不在の時、学校から必ず連絡のとれる場所を記入しておきます。実際には、父親の勤務先が多いようです。

④病歴　水痘やおたふく風邪などは記入しておいたほうが良いようですが、「特にございません」と書いて提出する方も多いようです。いずれにしても、現在の健康状態を重視しているので、学校側に知らせておいたほうが良いと思われる点を記入なさってください。

●保護者欄

①父・母とも　現住所は、たとえ志願者欄と同じであっても、都道府県名からすべて記入します。「同上」とか「〃」とはしないでください（但し、学校側から「同上」でよいと説明があった場合は構いません）。

●同居の家族欄

①氏名　父・母、兄弟姉妹、祖父母とも、姓から記入します。また、叔父、叔母でも同居しているときは記入します。

②生年月日　昭和または平成と、きちんと記入します。SやHの省略記号は避けましょう。

③備考　それぞれの出身校や勤務先、在校名など記入する方もいらっしゃいますが、無記入の方も多いようです。受験する学校の卒業生であったり、在校生であったりするときは記入すべきでしょう。ですが、特に関係のない場合は、無記入でもよいようです。

これだけは守りたい！書類記入上の注意点

●字は楷書で丁寧に

くずした字や書き流したような字、不自然に傾いた字は読みにくいものです。誤字、脱字に注意し、読みやすい字を心がけましょう。大切なのは字のうまい、へたではなく、誠意・熱意を相手に伝えることです。

●正しく真実を記入

内容を良くしようとして本当でないことを記入してはいけません。ありのままを正直に記入しましょう。

●表現には十分注意を

事柄の説明は、適語を考え、選び、印象が良くなるような書き方をしましょう。型にはまった表現、抽象的な言葉ではなく、自分の言葉で具体的に説明するように心がけるとよいでしょう。

1. 雙葉小学校

●書き方のポイント

本校をどのようなことでお知りになりましたか？

【例】

> 貴校在学中の従姉より、学校生活について聞いておりました。明るく、またしつけの行き届いた在校の登下校の姿を何度も拝見させていただいております。

　学校をどの程度知っているのかという質問でもあります。案内書を注意深く読み、在校生や卒業生の方から話を聞いたり、実際に学校へ足を運んで、自分の目でしっかりと確かめておくと良いでしょう。

本校を志望したのはどうしてですか？

【例】

> 　生命の尊さ、人に対する思いやり、自分自身をしっかりと見つめる心を育てたいと思い今日まで育てて参りました。「徳に於いては純真に、義務に於いては堅実に」との教育方針のもと、親子共々ご指導いただきたいと願っております。

　まず学校の教育方針をしっかりと研究しておくことが大切です。キリスト教の基本的な考え方のなかにある、心を育てるものに視点を置くのも良いでしょう。学校生活を少しでも知っていれば具体的にその例を挙げ、先生方の指導のようすや生徒たちの活き活きとしたようすがあると重みのある内容になります。学校のこんな点が特に気に入っており理想とするところです、娘もその環境のなかで成長させていただけることを期待しています、と親の気持ちを素直に述べてみるのも良いでしょう。

ご家庭の教育方針をお書き下さい。

【例】

> 自分でできることは自分でおこない、困っている人がいれば素直な気持ちで手助けできるよう機会あるごとに話し、見守って参りました。最近では幼い妹の世話も喜んでできるようになり、親として嬉しく思っております。

　この欄は志望理由と密接な関係があります。どんな立派な教育方針を並べても、学校の教育方針とちぐはぐでは意味がありません。毎日どのように暮らしているのか、家庭生活を正直にできれば具体的に例を挙げながら記入すると良いでしょう。今まで育ててきた結果が子ども自身なのですから、考査や面接のときに「なるほどこのお子さんはこんなご家庭に育てられてきたのですね」と感じていただけるようなものになることが大切です。そうした意味では、お母様のお子さんに対する接し方の本質が問われていると言っても良いでしょう。

2. 学習院初等科

●書き方のポイント　～添付書類について～

自由欄

【例】

> 　私どもは子どもを育てるにあたり、まず挨拶がきちんとできること、そして、礼儀正しい態度をとれることをしつけの基本としてまいりました。貴校を志望するきっかけとなりましたのは、私の勤務先の女性でございました。学習院出身のその女性と接しておりますと、言葉遣いや動作の美しさ、仕事の確実さなど、私どもの理想とし、目標とする人間像そのものであると強く感じました。その後、説明会や案内書等を拝見させていただき、「秩序ある自由」を自覚させ、さらに清廉質実、豊かな感受性、的確な判断力を育てるという貴校の教育方針に深く感銘し、ぜひ貴校で学ばせていただきたく、入学を志望いたしました。

「この票の記入、提出は自由」と記載されていますが、面接時、これを参考にしているようなので記入しておいたほうが良いでしょう。この票以外、志望理由などを書く用紙がないので、入学したい熱意を伝えるためにも、説明会の内容や教育方針が家庭と一致していることなどを記入しますが、併せて学習院の校風を身近に実感した相手や事柄についても、具体的に書いておきましょう。また、初等科案内の中にある「指導上特に留意していること」は、必ず読んでおくことが大切です。

お差し支えなければ、志願の理由やご家族のことなどをご記入のうえ、同封してください。　　　　　　　（この票の記入、提出はご自由です。）

児	氏　名		男・女
童	生年月日	平成　　年　　月　　日	

3. 日本女子大学附属豊明小学校

●書き方のポイント

性格欄

【例】

> ● 協調性があり、友達の立場や言い分を理解し、仲良くしつつリーダーシップがとれる。
> ● 目的に向かい、集中力を持って貫徹するまで努力する。
> ● 思考が理論的で、状況判断とこれに対する対応が正確で早い。
> ● 気が付かないで犯した過ちも、本人が納得するように説明し諭せば、
>   我を張らず素直に過ちを認め反省できる。
> ● 新たな環境での順応に時間がかかる。

　実際の面接は、この面接資料を参考におこなわれます。両親には子どもについてかなり突っ込んだ質問があるので、この欄の記入は慎重になさってください。たとえば「子どもがわがままを言ったとき、どのように対応していますか。最近わがままを言われて困ったことを具体的にお聞かせください。また、そのときは、どのように解決されましたか」という質問があったとき、どんなに立派なことを記入していても、実際の応答内容や態度により、子どもに対する接し方、家庭の教育方針と違和感がないかどうかズバリ見抜かれてしまいます。

本校志望の理由欄

【例】

> 　長女雅子が現在貴小学校3年さくら組に在籍しておりますが、創造性を高め、社会に奉仕する精神に基づいた教育環境のなかで、伸び伸びと勉強をさせていただいており、私どもがかねてより希望していた理想の教育環境であると常日頃大変感謝いたしております。次女につきましても、今後ますます国際化、情報化が進むと考えられる社会環境のなかで、一個人としてのみならず、国際人として日本社会の発展はもちろんのこと、諸外国の立場に立って豊かな発想と思いやりのあるバランスのとれた知性と感性を持って社会に貢献し得るような人間とする教育を受けさせたいと願っております。姉妹揃って貴校の掲げる教育理念の下で個々人の内に秘められた知力や人間性を引き出していただける教育を受けさせたく思い、ここに次女の入学を希望する次第です。

　記入する前に入学案内をよく読んで教育方針をしっかり把握してください。そのなかで特に①女子を人間として教育する　②女子を婦人として教育する　③女子を国民として教育する　という教育目標を掲げている点には理解をより深めておいたほうが良いでしょう。例文にもあるように「社会人として、国際人として」というところは強調しておきたい部分です。さらに、なぜそのような点を重視して育てているのかについてもよくまとめておきましょう。

4. 田園調布雙葉小学校

●書き方のポイント

　父母の意志をしっかり統一しておくこと、説明会参加や学校案内書をよく読み、どのような教育方針か理解を深めておくことが大切です。記入するときは、そのことを踏まえながら、家庭の教育方針と合致するところや、カトリック教育の良さを具体的にはどのように考えているかなどを明記します。志望理由を書く場合、紹介者や姉妹が在学中、母親が卒業生などの欄がありますが、学校側がこれらの点にも注目していることは間違いないでしょう。それは学校側としても受験者の家庭が学校をよく知っていると思われる点で安心なのです。しかしこのような条件が全部揃っていたとしても、距離が近い、推薦があった、母親が卒業生であるのみを強調するのは避けるべきです。また、家庭と学校の教育方針に違和感があったり、記入事項に対して、面接での応答内容や態度に問題があったりというのでは、もちろんいけません。

　この資料により、学校側は次のようなことが知りたいのです。これらの点については、面接のときもかなり突っ込んだ質問があります。

　　①家庭環境
　　②家庭の教育方針
　　③教育に関する考え方
　　④本校の教育を理解している（しようとしている）か

　以上、いくつかの記入のポイントをまとめましたが、項目B、Cについて、知りたいことの中心は、ご家庭のようです。お父様、お母様が互いを思い、協力して家庭を作っているかどうかが問われています。明るい家庭で、家族が協力できていることがわかるようにまとめてください。面接資料（その2）は、毎年質問内容が変わります。過去には、「我が家らしいこと、良いと思えること、すばらしいこと、誇りにしたいこと」、「父親としての喜び、母親としての喜び」、「父親の役割、母親の役割、両者の協力のために心がけていること」、「家庭で最も大切にしていること」、「父親・母親の両者の協力、パートナーシップ、人間関係等も子育てに影響があると考えられています。この点について、日頃、お二人が特に心がけていること」といった設問も出されています。

【参考〜過去の面接資料から】

面　接　資　料

田園調布雙葉小学校

受験番号		受験者氏名	

※受験番号は記入されなくて結構です。

A．本校を志望された動機・理由を、できれば箇条書きにしてください。

記入者氏名【　　　　　】

B．ご両親でお話し合いの上、つぎの3項目にお答えください。

① わが子の教育のため、ご家庭で一番大切にしていらっしゃる点

記入者氏名【　　　　　】

② わが子の教育のため、学校で一番大切にしてほしい点

記入者氏名【　　　　　】

③ 宗教教育に対するご両親の姿勢

記入者氏名【　　　　　】

C．以上のほか、学校側に知らせておきたいとお思いになることがあれば、お書きください。

（たとえば、お子様の健康、生育歴、海外居住歴、保護者の仕事、家庭状況など、ご遠慮なくご自由にお書きください。）

記入者氏名【　　　　　】

5. 慶應義塾幼稚舎

●書き方のポイント　～出願時提出書類について～

家族の欄

● 氏名は上から父母・兄弟姉妹を出生順に書きましょう。続柄は本人から見た続柄を書いてください（兄が2人以上いる場合はいずれも兄）。

● 備考欄には特に何も書かずに出す方が多いようです。学歴につきましても慶應出身の方がいる場合は記入しておくとよいでしょう。その他学歴、趣味等は書く必要はありません。

本校を志望した理由など

【例】

> 　慶應義塾の長い伝統と福沢先生の「独立自尊」の精神を自得させる。小学校より大学に至る一貫教育により、入学試験にとらわれず子どもたちの人格形成、特に個性伸長に重きを置く教育に感銘を受け、このような教育方針のなかで是非学ばせていただきたく志望いたしました。

> 　「なぜ」「どうして」など、子どもの疑問・興味は計り知れないほど多く、この疑問や興味に、私たちは子どもと共に、体験や学習の中から答えを見つけるようにしています。
> 　子ども一人ひとりの感じ方やものの見方、食べ物や色の好みまで違うので、画一化された教育のなかでは、本来子どもの持っている可能性は失われてしまうのでは、と感じておりました。しかし、貴校においては、個性を尊重し、自学自習の態度を身につけさせる教育であることに賛同し、志願いたしました。
> 　3歳頃までは、絵本や粘土などの室内遊びを好みましたが、平成○○年に○○幼稚園に入園した4歳頃から、お友達との遊びを好むようになり、好奇心も旺盛になりました。本人が望むときに興味の幅を広げていくよう心がけています。

　志望理由を記入する場合、幼稚舎の教育方針・教育内容の賛同できるところをあげ、家庭の教育方針と一致するところを強調するとよいでしょう。「子どもはこのように手塩にかけ、心をつくして育ててきました。どうぞ見てください」というように、子育てに対して堂々と積極的に取り組んでいる親の姿勢が望まれます。
　「福翁自伝を読んで感じるところ」は、ご自身で実際に読み、自分の素直な感想を書くようにしましょう。

自由記入欄（本校を志望した理由、志願者の様子、家庭の方針等）

お子さまを育てるにあたって「福翁自伝」を読んで感じるところをお書きください。

記入者氏名（自署）（　　　　　　　　　　　　　　　　　　　　　　）

6. 青山学院初等部

●書き方のポイント ～面接資料について～

初等部を知った理由欄

【例】

> 昨年度入学したお子様を持つ友人からお話をうかがいました。さらに「雪の学校」のビデオテープ、オープンスクール出席、秋季運動会見学などにより、貴校の教育方針や教育内容を知りました。

　学校を知るきっかけを尋ねられたとき、注意したいのは、伝聞や噂等でなんとなく知ったと思われないようにすることです。例では在学中の友人の子どもを挙げていますが、それ以外にも「会社で貴校出身の方と接して」と、できるだけ具体的に、青山学院と関わりある人を知ったことを記入するようにしましょう。

教室、お稽古等の経験欄

【例】

> ○○スポーツクラブの体操教室に週1回で約1年通っております。ピアノ教室に週1回、半年前から始めました。
> 　いずれも、喜んで通っております。

　教室、お稽古事の経験を記入し、通っている子どものようす、あるいは、その活動をおこなってどうだったか、子どもの変化なども併記しておくとよいでしょう。

志望理由欄

【例】

> 初等部の「教育は感動であり、子ども自身が感じる、考える、行動する教育」を目指している点に賛同致しております。また、「信仰の盾にまもられて」を拝読し、キリスト教信仰に基づく豊かな教育内容を拝見致しました。こういったすばらしい環境こそ我が子の個性を伸ばし、活動的で調和のとれた人間形成の場であると考え、貴校を希望致しました。

記入にあたり、学校の教育方針、さらに宗教行事を多く取り入れているなどの教育内容を知り、整理しておくことです。そして、子どもを育ててきた方針と、学校の方針の一致点をあげておきましょう。学校の教育内容を知るために、説明会や希望者へのグループ懇談会も設けられています。積極的に参加され、学校教育への理解を深めておきましょう。

【過去の面接資料から】

面　接　資　料

記入者＿＿＿＿＿＿＿＿＿＿

質問1. 本校についてお聞きします。
①本校の教育の様子をどのような形でお知りになりましたか。

②本校の教育のどのような点を評価してお選びになりましたか。

質問2. お子さんの日常の生活についてお聞きします。
①日常の生活の中でどのようなことを心がけてお育てになっていますか。

②お子さんの今の様子をどのようにご覧になっていますか。

育児の配慮欄

【例】

　まず健康第一と考え、育ててまいりました。そのためには早寝早起き、規則正しい生活習慣と偏りのない食事を心がけております。次に他人を思いやり、感謝をもって心豊かな人間に育ってほしいと思い、どの友達とも積極的に遊べるような機会をつくってまいりました。幼稚園から戻りますと、近所の公園や児童館に出掛け、いろいろな年齢の子どもたちと遊ぶことを楽しみにしているようです。人には親切にと考えてまいりましたが、多少おせっかいな面があり、このごろ自己主張が強くなってきたようすから育てることの難しさを痛感しております。また、なるべく幅広い視野を持たせたいと、興味を持ったことはいろいろと体験させてまいりましたので、何事にも積極的に取り組めるようですし、自分の興味深いことは納得するまでいろいろと調べたりする探求心も芽生えているようすです。

　基本的には知、徳、体の3点から考えますが、短所は隠さず率直に書くことです。ただし、親がどのような姿勢で改善する努力をしているかを付け加えておくことが必要です。また、学校側は優秀児であるかどうかを知りたいのではなく、両親の価値観や子どもに対するしつけをどのようにおこなってきたかを知りたいのです。家庭の教育方針の要点を挙げ、それについてどのように実践してきたかをつけ加えるとよいでしょう。

7. 宝仙学園小学校

●書き方のポイント　～願書・面接資料について～

本校志望の動機、その他の欄

【例】

> 貴校のめざす子ども像「心豊かな真の高い学力を備えたスケールの大きな子ども」という方針に感銘を受けました。また、説明会や公開授業、みたま祭りなどに参加させていただき、先生方のきめ細かな愛情あふれるご指導の姿を拝見致し希望しました。

　この欄の記入にあたっては、前もって積極的に学校見学などをし（学校行事が多く説明会や公開授業も毎年開かれている）、教育内容を知り理解しておくことです。また、宝仙学園小学校では、教育目標や教育のめざす人間像を掲げていますから参考にしてください。

　勉強の他に校外体験学習やクラブ活動の盛んなこと、学期ごとに立てられる生活目標が充実していることなどから十分な環境が整えられていることがうかがえます。このようなことを踏まえて整理してみてください。記入欄が狭いので簡潔にていねいな文字で記入することが大切です。

面接資料、その他の欄

【例】

> 1．本校を知ったきっかけは何ですか。
>   オ．その他（近所の在校生からお話は伺っておりましたが、通っております幼児教室に学園のポスターがはってあり資料なども拝見致しております。）
> 2．受験に備えて、どんな準備をされましたか。
>   カ．その他（入学を許可された場合の電車通学を考え、特に交通ルールを守ること、周りの環境への配慮などを気をつけさせてまいりました。）
> 3．本校を志望した主な理由は何ですか。
>   ク．その他（家庭では何事も根気よく考え、最後までやり抜くことを教育してきましたが、同じ方針である学園でぜひ学ばせていただきたいと思っています。）

　○印は何箇所つけても構いません。また、在校生や卒業生に知り合いがいない場合でも心配はいりません。幼児教室から知らされたと書いておくと良いでしょう。受験に備えてどんな準備をされましたかという質問は正直に記入してください。必要以上に文字を教え込んだり、年齢にそぐわない先取り学習は学園の方針とはずいぶん違うようですから注意しましょう。志望理由は何箇所か○印をつける以外に「その他」の欄に家庭の教育方針と学園の方針の一致するところを一言つけ加えておくとより良いでしょう。

家族構成、備考欄

　記入は自由ですが、家族のことがわかるように何か記入しておいたほうが良いでしょう。会社名や仕事の内容、趣味や特技、またボランティア活動など地域社会で貢献しているようなことがあれば記入しておくと良いと思われます。実際には未記入の人もいるようですが、入学させたい親の熱意はこのような箇所からも伝わることを考え、空白はなるべく少なくすることが良い印象を伝えることになります。

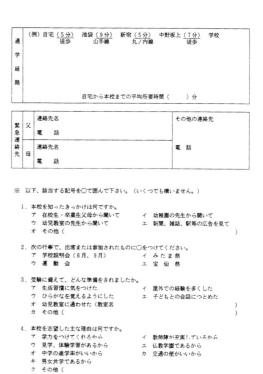

※過去の面接資料です。

8. 立教女学院小学校

●書き方のポイント

本校志望の理由欄

【例】

　　私どもでは、1．努力を惜しまぬ子、　2．人に対する思いやりの気持ちを持てる子、　3．自分の考えを持ち正しい行動のできる子、　という点を大切に思い、育ててまいりました。これらの方針は、貴校の神の存在を中心として考え行動するという宗教教育がまさしく、私どもの求めているものと一致すると思われます。また、学校説明会や公開授業に出席させていただき、先生方一人ひとりの手作りの授業や在校生の伸び伸びとした明るい姿を拝見し、子どもの人間形成に最も大切な時期である12年間の教育を託せる学校と確信致し希望いたしました。

　この欄の記入にあたっては、キリスト教の精神にもとづき人格、教養を形成するという教育目標について理解を深めることが大切です。また、学校の生活指導目標である「努力する子」「他人に迷惑をかけない子」「健康で明るい子」になるよう、父母と教師が協力して生活指導をおこなっていくという考えの強い点に注目すべきだと言えます。面接の時に志望理由を聞かれることは毎年ほとんどないようなので、この欄に記載することでしっかりと熱意を伝えておいたほうがよいでしょう。

※面接カード記入上の注意点

　毎年面接当日に、面接の際の資料として「面接カード」というアンケートのようなものを提出するように言われます。質問事項は毎年ほとんど同じようです。過去には、「お子様のことについて特にお話になりたいこと」「お子様の長所」「ご家庭の教育方針（お子様にどのような期待をお持ちですか）について」などの質問がありました。学校説明会でもよく話があるように、親子の触れ合い、近所の子どもとの付き合いやお手伝いを通じて社会性を育てるような家庭環境が、なされているかどうかという点について重視しているようです。その点に留意しながら記入されると良いと思います。

　他に本年度の出欠状況、既往症を記入するところがあります。欠席理由を聞かれるようなので、なぜ休んだのかをはっきりとしておく必要があります。

9. 玉川学園

● 書き方のポイント

玉川学園を志望した理由欄

【例】

> ◎豊かな教育環境のなかで児童の個性を尊重し、建学の精神である「全人教育」の理念のもと調和のとれた成長を見守ってくださり自学自律への基礎を育てる教育に感銘を受けました。
>
> ◎労作教育や自由研究、体育祭などの学園教育内容について説明会でお話をうかがい、先生方のきめ細かいご指導を感じました。また、何度か学校を見学させていただきました際に言葉遣いや態度がしっかりしていて明るく生き生きとした表情の学園生にお会いしましたことから本当に児童を愛し、真の人間教育をしていただける学園だと確信致しました。
>
> ◎小原國芳先生の「全人教育論」「母のための教育学」などを読み、学園の教育に感動致しました。

　この欄の記入にあたっては学校の教育方針をよく知ることが大切です。学校要覧をよく読み教育目標や教育内容を知っておいてください。行事にも必ず来校し参観することです。また、入学説明会（小学部運動会、小学部教育・入学面接の説明）には出席した方が良いでしょう。当日都合の悪い場合は休日以外に随時入学相談のための参観を受け付けてくれます。学園建学の精神、教育理念、また創立者小原國芳先生の生涯と思想を理解することは、玉川学園受験のための不可欠の条件と言われていますので玉川学園出版部より刊行されている書籍を読まれることをおすすめします。

お子様の性格について欄

　学園では、他を思いやり、感謝の心を育て、明朗で礼儀正しい子どもを育てることをねらいとしています。このことは学園案内に詳しく掲載されていますから熟読してください。長所についてはスムーズに書けても、短所についてはなかなか書けないものです。しかし明朗で行動的な子どもであればもっと落ち着いてほしい、静かで落ち着いた行動のできる子どもであればもっと無邪気になってほしいと思うものです。このようなことから考えますと長所、短所はどの子どもも持っているものなので、よく両親で話し合い率直に書いたほうが好感をもたれることでしょう。

家庭教育での留意点欄

【例】

> 家庭での教育方針は3点です。
> ● どんなことも自分で考え、やり始めたことは最後まで頑張ること。
> ● 相手の話をよく聞き「ありがとう」が素直な気持ちで言えること。
> ● 健康第一と考え、戸外遊びやスポーツは進んでおこなうこと。
> 祖父母と同居なのでなるべく手を貸さぬようにと協力を得ており、後片づけや、お手伝いは進んでおこないます。年に何度かは休日に家族で登山をし、そのなかで助け合うことや最後まで頑張った喜びなど、できるだけ多く体験できる機会を持つようにしてきました。

　この欄は家庭の教育方針をまとめて記入してください。学園では生活と学習は切り離して考えることはできず、生活を通し生活を充実させながら学習を展開させていくことをねらいとしています。つまり家庭教育についてはもっとも注目しているということです。

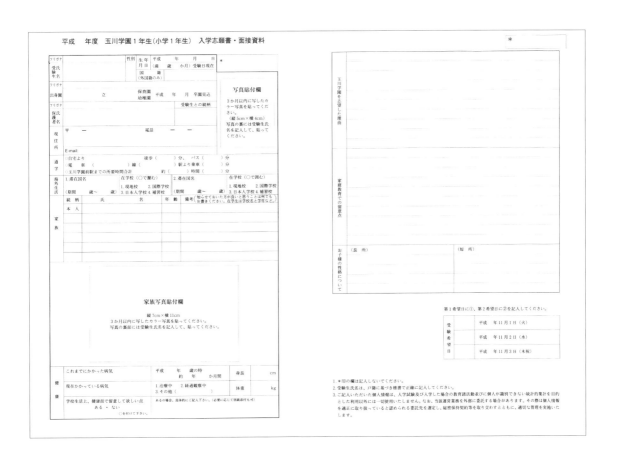

※過去の面接資料です。

面接の受け方と注意

小学校の入学試験のひとつに面接試験があります。
自分の子どもを入れたいと思う小学校では、どんな質問があり、
何と答えたらよいのだろうかということがまず気になります。
どんな準備をしたらよいのだろうかという心配も出てきます。
そこで面接試験について次の4つの項目について整理しておきましょう。

1. なぜ面接試験がおこなわれるのか、学校側は何を知りたいのか

2. どんな形式で面接がおこなわれるのか

3. 面接を受ける際の心構えとして必要なこと

4. おもな質問事項と答え方の具体的な例について

これらのことについて、理解を深め、心の準備をしておけば不安なく面接に臨むことができると思います。

面接で何を知りたいか

　小学校で面接をおこなうのは、両親と子どもに会って、その人柄を知りたいからです。また家庭の状況と志望の理由を知りたいからです。子どもについては学校で皆といっしょに勉強をしていくことができる子であるかどうかを確かめられるのです。

両親について

1.家庭の教育方針
　学校の教育方針との間に違和感はないかどうか。家庭の方針はしっかり確立されているか。

2.家庭環境
　いろいろな質問に対する返答の内容、応答の仕方、態度などから家庭の雰囲気を見る。

3.しつけの仕方
　子どもに対する接し方や、応答内容から日頃、子どもにどのように接しているかを見る。

4.志望理由
　学校の教育方針や、校風、宗教のことなどに関し、どの程度研究しているか、志望理由は確固たる信念のあるものかどうか。

子どもについて

1.話す力・聞く力
　質問内容が落ち着いて正しく聞きとれているかどうか。
　また質問に対してはきはきと的確な言葉で応答ができるかどうか。

2.理解力
　相手の話を聞きとり理解する能力、自分の考えを相手に伝える能力は、年齢相応に発達しているかどうか。

3.態度
　行儀、挨拶、言葉遣いなどが日頃からしつけられているか。

4.基本的生活習慣
　服装や身だしなみなどから、望ましい生活習慣が身につけられているかどうかを見る。

面接試験の形式

各学校ではそれぞれの方法で面接試験をおこなっており、年によって形式が変わることもありますが、その方法を大別しますと次のように分けられます。

●幼児面接の場合

1. 試験当日、個別テストや制作中に質問される。質問内容は、名前・受験番号・住所・幼稚園名・今日は誰と来たか、などの一般的な事柄や常識・道徳判断に関することなど、学校によりさまざまである。
2. 両親と同じ日に実施されるが、親とは離れ（別室の場合もある）質問を受ける。
3. 1次テスト合格者のみ、保護者といっしょに入室し質問を受ける。

　以上のように、その方法や所要時間は学校により多少異なりますが、1の形式でおこなわれる学校のなかには、事前に親子同伴面接が実施されるところもあります。質問数は3問から5問くらいが多いようですが、常識を問われる質問のなかには、かなり難しいものもあります。

●両親面接の場合

1. 試験日以前の指定日に面接がある。
2. 試験日以前から実施され、受験番号によっては試験日以降になることもある。
3. 試験期間中に面接がある。

　大多数の学校が、父母対面接官2〜3名でおこなわれます。質問数は2問から3問くらいが多く、「志望理由」や「子どものしつけや教育に関すること」が、おもな質問内容になっています。
　「子どもの性格やしつけに関すること」や「幼稚園での生活のようす」については、母親中心に質問が多かったのですが、最近では父親の教育に対する役割や、意識の高さを重要視する学校が増えています。
　さらに、最近話題になっている「一貫教育について」や「世界情勢について」の感想を求めてくる学校もあるなど、家庭の状況により、その内容は異なる場合が多いようです。

●親子同伴面接の場合

1. 試験日以前の指定日に面接がある。
2. 試験日当日または試験日以降の指定日に面接がある。

　以上のように、試験日以前に面接が終了する学校は多いのですが、試験日以前から開始し試験終了後まで、長い期間実施している学校もあります。試験日以前に実施される学校でも、受験番号により試験日の直前に面接日を指定されることもあり、かなりあわただしくなるので注意が必要です。さらに、他の学校の願書提出日や試験日と重なったりしてしまうこともありますが、願書提出のしかたで調整できる場合もありますので、慎重に計画することが大切です。

　また、東京学芸大学附属大泉、東京学芸大学附属竹早、埼玉大学附属のように保護者が1名でよい学校もあります。

●集団面接の場合

　東京学芸大学附属大泉は3人1組で、教室に2組入ります。または、指定された机で課題に取り組むよう指示があります。

　集団面接では、周りの人の態度や意見にまどわされず、落ち着いた態度で自分の考えを率直に述べることが大切です。

面接の日時と時間

　面接の日時は学校より指定されます。順番は願書提出順、抽選、生年月日順、生年月日逆順と、学校によりいろいろな方法で決められ、面接時間は受験者の状況や応答の状態によって、多少の違いはありますが10分位の学校が多いようです。

　兄姉が通学している場合は比較的面接時間は短く、提出書類の記入事項にわかりにくい箇所があった場合や、面接官にとって非常に興味深いことが話題になったときなどは、長くかかることがあるようです。

面接の心構え

●服装

　入室すると服装は一番最初に目につき、第一印象が良いかどうかのポイントの一つになります。決して高価で立派な服装が良いというのではありません。親子とも清潔な感じを与えるかどうか、十分な配慮が大切です。特にミッション系を受験される方は、アクセサリーや髪型、靴、マニキュア等は控えめにしたほうが無難でしょう。

 ✕ **悪い例**

お父様
スーツであっても、チェック柄や黒のダブルスーツなどは避けます。あくまでも控えめに、落ち着いて。

お母様
「きちんと」といってもパーティではありません。スカート丈やアクセサリーの大きさにも注意。バッグは小さい物を選びましょう。

お子様
暖房が効いている室内でも長袖が基本です。長い髪はまとめ、髪飾りも控えめに。

◎ **良い例**

お父様
ごく普通のスーツが良いでしょう。
ブレザーは避けたほうが無難です。

お母様
紺かグレーのスーツ・ワンピースが良いようです。寂しすぎるときは、パールのアクセサリー（小さい物）をつけても良いでしょう。

お子様
落ち着いた感じの物にします。フリルの多い物やブランド名のはっきり見える物は避けましょう。

●態度

　　入退室の挨拶や質疑応答が、適当な音声で明確にでき、明るい表情、落ち着いた物腰で相手に良い印象を与えることがポイントです。また、子どもの態度については、以下のことを特に注意してください。

　１. 入室時、はっきりと大きな声で挨拶すること
　２. 「どうぞ」と指示されてから座ること
　３. 応答は質問者のほうを向いて、姿勢正しくすること
　４. わからないときは、黙っていないでしっかりと意思表示をすること
　５. 応答中に舌を出したり、顔をしかめたりしないこと
　６. 返事は必ず「はい」と言うこと
　７. 両親への面接の間、きちんとした姿勢で座っていること

✕ 悪い例

お父様
　足を開いて反り返るのは、やめましょう。

お母様
　お父様やお子様の応答中は口出ししません。

お子様
　自分への質問が終わってもきちんとした態度でいます。キョロキョロ、バタバタは年長児に不相応です。

●内容

子どもの場合　日常生活で身についたことを素直に自然な形で表現することが大切です。年齢相応の常識や言葉を知っていることは大切ですが、難しい敬語や言葉を使う必要はありません。面接のために特別な答えを用意するとかえって緊張してしまい、準備のない質問に答えられなくなりますから注意しましょう。

両親の場合　志望校の沿革、教育方針などを熟知しておく必要がありますから、案内書を読んだり、学校に行ってみたりなどして、自分の体験を通して理解を深めておきましょう。さらに、願書の内容と違ったことを言わないように、願書は提出前にコピーをとり、書いた内容をしっかり把握しておくことが大切です。

おもな質問事項と答えの例

01.住所と電話番号を教えてください。

 ## ここがポイント

　A君は正しく答えられましたね。迷子になったときや、万一の場合に対する日頃のご両親の配慮が感じられます。B君の場合は、（常識的な質問なので）2項目同時に質問されているのに、住所のことで頭がいっぱいのようです。年長児であれば、住所や電話番号に関心を持ちますし、覚える能力も十分にあります。このことから考えても、社会性、安全性の指導におけるご両親の配慮のなさが見抜かれてしまいます。また、住所や電話番号を正確に知らなかったとしても、「おうちはどこですか」と最初に尋ねられたことを的確に理解できていたらどうでしょうか。例えば、「桜台です。○○駅のすぐ近くです。住所と電話番号はまだ覚えていません」と答えられたら、面接官の受ける印象はだいぶ違いますね。

　いずれにしても、このような常識問題は、スムーズに答えられるようにしておきましょう。

02. お母さんが叱るのはどんなときですか。

 ## ここがポイント

　このような質問を通して、面接官は母親の子どもに対する接し方、考え方を見ています。C子ちゃんの場合は、お母さんとの約束を大切なこととして、素直な気持ちで受け止めているようすがよくわかります。しつけの基本となる食事のマナー、健康管理に関すること、どれもこの年齢で注意していくべき大切なことです。子ども自身も、どうして叱られるのかという理由をしっかり把握しており、母親が感情に左右されず、一貫した考えを持って子どもに接しているようすがわかります。D子ちゃんの場合は、答え方より母親の教育姿勢に問題があります。試行錯誤を繰り返しながら学習していく幼児期に、このようなことで叱っていたのでは、子どもの意欲は喪失し、間違うことを恐れた消極的な子どもに育ってしまいます。母親の教育姿勢や日常の子どもへの接し方が不適当と判断されてしまうでしょう。このように、母親の姿勢、態度についても、面接官は注目しているのです。

おもな質問事項と答えの例

03. 兄弟げんかはしますか。

 ## ここがポイント

　E君は2つの質問内容をしっかりと把握した上で返答しており、内容も子どもらしく正直に答えている点に好感が持てます。このように答えたあとに「けんかはどちらが勝ちますか」「そんなときお母さんは何といいますか」などと解決方法についてつっこんだ質問をしてくる場合が多いようです。日常の母親のしつけ、本人の社会性や協調性がどうであるかを知りたいからです。F君の答え方は、必ずしも悪いわけではありませんが、兄弟のいる場合、どの家庭でもけんかのおきることは予想されます。母親が「けんかをしない子が良い子なのよ」と子どもに言い聞かせ、子どもの言い分まで押さえつけていないでしょうか。けんかをしていることを隠したり、とりつくろったりする必要はまったくありません。兄弟げんかをするなかで、感情をコントロールしたり、悔しさ、優しさを学ぶことができるからです。そして、相手の気持ちも思いやり、対処できる子どもに育てることが親の役割でもあるわけです。

04. 好きな本は何ですか。

 ## ここがポイント

　I子ちゃんは落ち着いて質問の内容をしっかりつかみ、きちんとした返答になっています。表現力も豊かな、明るい性格であることがわかります。言葉遣いも丁寧なのはさらに評価を高めます。一方、J君は質問に対して即答できず、考えてしまう場面がありました。このときご両親がいたずらに助言するのはかえってマイナスの印象を与えてしまいます。子どもはわからなくて答えられないのではなく、小さな頭をフル回転させて考えているのですから、任せるべきです。ただ、何とか答えられたとしてもこの返答では浦島太郎の話の筋をとらえきれていない点や、表現力に問題があります。この程度の話は文脈を正しくとらえられるはずです。幼児期にはぜひ読み聞かせをしておきたい本があります。本の読み聞かせこそ親の手作りの教育なのです。子どもの感性を磨き、語らいを豊かにし、理解力を深めるのです。このような質問を通して家庭教育のありかたなどが問われるのです。

おもな質問事項と答えの例

05. お友達のおもちゃをこわしたときは？

3人に聞きますよ。
お友達の大切なおもちゃを
こわしてしまったときは、
どうしますか。

同じおもちゃを買って
返します。

―K君―

お母さんに言います。

―L君―

お友達にごめんなさいって
あやまってから
お母さんに言います。

―M君―

 ここがポイント

　K君の場合、自分のおもちゃでも壊れたりなくしたりした場合、すぐに母親が買ってあげているようすがうかがえます。子どもが物をなくしたり壊したりしたときには、すぐに買い与えず、物の大切さを教え、しばらく我慢させることも大切です。L君の場合、困ったときには何でもお母さんや周囲を頼るという主体性のなさや気持ちの弱さが目立ちます。M君はこの年齢の子どもの答え方としてとても良いと思われます。自分の非を素直に認め、「ごめんなさい」の一言が自発的に言えること、壊してしまったおもちゃをどうするかお母さんと相談して解決しようとしていること、これらの発言のなかからM君のお母さんの日頃のしつけや教育姿勢がうかがえます。これらの子どもたちの答えから、それぞれの家庭でのしつけ、生活の仕方、気持ちの優しさなどがわかり評価されるのです。

06. お父様と遊びますか。

 ここがポイント

　N君の場合は内容がよく理解でき、お父様と楽しく遊んでいることが自然に答えられています。表情も明るく、応答内容にも決して無理がありませんね。多忙な合間を縫って子どもとの触れ合いに努力をしている父親のようすがよくわかります。父親の人柄や家庭の雰囲気の点で、印象のよい評価が得られることは間違いないでしょう。O君の場合は「いつも…」という質問者の言葉がよく聞きとれなかったようです。特に印象に残っていることを答えたにしても、時期的にそぐわないですね。また、特別の答えを用意したり、教え込んだりしておくと、このように信憑性の感じられないような応答になってしまいます。覚えたことしか答えられないような面接では残念ですね。日常の生活ぶりがすらすらと子どもの口から出るようにするには、父と子の触れ合いが日頃の実績となっていなければなりません。面接官はその点を重視しているのです。

おもな質問事項と答えの例

07. 休日はどう過ごしていますか。

お父様方はお仕事が
お忙しいと思いますが、
休日はどのように
お過ごしですか。
Aさんから
お話しください。

はい。現在、一番の興味が仕事でありますように、
接待に追われる毎日でございます。
特に予定がないときは子どもにはかわいそうですが、
体の休息に費やすことが多くあります。

— 父A —

私も、平日子どもと接する時間はごくわずかです。
そのため、休日はできるだけいっしょに過ごせるよう
努力しています。
現在は、朝のマラソンと
朝食作りを、私と子どもの週一回の
楽しみとしております。

— 父B —

そうですか。
ありがとうございました。

 ここがポイント

　父Aの返答では父親自身のことばかりであり、子どもとの関わりや、家族に対する思いやり、父親としての自覚をうかがうことができません。家庭の経済的基盤が安定していることは察することができますが、教育やしつけに関する夫婦間の協力や家族を支える父親の役割という面においては、評価し難く、良い印象を与えることはできないでしょう。父Bの返答では、経済的基盤の確立と、父親の家庭での協力といった両面がうかがえます。家庭での父親の立場、役割といったものから学校への協力の範囲も察することができます。学校側の重視している「円満な家庭であるかどうか」も、十分に伝えることができますね。

08. お子様に伝えたい事柄はありますか。

 ## ここがポイント

　父Cは、簡潔な答えではありますが、親ならば誰もが願うような気持ちで具体性に欠けています。このような場合、親としてこういう子どもに育てたいと思っているという主張はしっかりすべきなのです。一見無難に思えるこのような応答内容では、親の教育方針や人柄を強く印象づけることができないのです。父Dの場合は、父親から受け継ぎ、実行してきていることを、自分の信念と合わせて上手に話せた例といえるでしょう。なにげない話のなかにも父親の人生観や生き方をのぞかせるものがあり、堂々としていて、頼もしくさえ感じることができます。特にとりつくろったものではなく、日常生活のなかでこのようなことが実践され、それを子どもに伝えていきたいと考える父親の人間性に学校側は注目しているのです。

おもな質問事項と答えの例

09. 志望理由を教えてください。

本校を志望した理由について
お話しください。

御校の教育方針に賛同いたしまして
志望いたしました。

—父G—

まず学校説明会において校長先生よりお話しいただきました
教育目標が英才教育だけではなく
調和のとれた人間教育であるという点に感銘いたしました。
日頃から我が子に愛情豊かな心の広い人間に
成長してほしいと願い育ててまいりましたので、
たいへん心強く思いました。
以上の点から入学を希望いたしました。

—父H—

 ここがポイント

　父Gのように、単に教育方針をうのみにして答えても、これでは数多い私立校のなかからなぜ選んだのかという重要な点が不鮮明です。簡潔にといっても、受験者にとってはこの志望理由を述べることは入学したい熱意を学校側に伝える絶好のチャンスなのです。一方、父Hは要領よくまとまった返答になっています。このように志望理由をまとめる場合、学校案内を参考にするとともに学校説明会や行事に出席をして教育方針や校風などの理解を深めることが大切です。また、在校生などで知り合いがいれば、こまめに話を聞いておくのも参考になります。そして、家庭の教育方針と照らし合わせ、どの点について共鳴したのかという具体的な返答が肝心です。「一貫校だから」「キリスト教だから」「家から近いから」などのみでは、あまりにも主体性がなく学校についてよく理解をしていないと判断され「私立ならどこでも」という印象を与えてしまいますから注意しましょう。

10. お子様の成長はいつ感じますか。

お子様が頼もしく思えたり、
成長したと感じたりするのはどのようなときですか。

仕事が忙しくて顔を合わせる機会が
ほとんどないものですから、
寝顔を見ていて顔つきがしっかりとしてきたなあとか、
また、たまに食事をいっしょにしたときに
食べっぷりが良くなったなあと感じますので、
それが成長していることだと思います。

―父Ｉ―

平日はゆっくり遊んだり過ごしたりする機会が少ないので、
休日にはできるだけいっしょに過ごすように心がけています。
そのような折にキャッチボールやサッカーをしますが、
受けたボールの速さや強さを手の平で感じたときや
意見や注意をしたときなどにハイと聞き入れていたのが、
ある日、自分の考えを言い返してきたときなどは、
体だけではなく精神的にも
成長していることを感じます。

―父Ｊ―

 ## ここがポイント

　父Ｉの場合は日常生活のなかでたまたまそのような子どもの姿を目にしたという印象が強く、父親が積極的に子どもとの関わりに努力しているようすをうかがうことができません。子どもに関する質問に対し「仕事が…」と返答しているのは言い訳がましく、良い感じを与えません。それよりも子どもへの気持ちの向け方、関わり方を具体的な言葉で説明することが大切です。また、育児については母親任せではなく、父親としても協力し、役割を担っているかどうかについて面接官は注目しているのですから、返答の内容、態度には細心の注意を払って臨みたいものです。父Ｊの場合、父親と母親の協力や分担がきちんとなされ、健全な家庭のようすが伝わります。また父親が子どもの興味や成長のようすを注意深く観察し、対応していることなどから、努力を惜しまぬ父親の教育姿勢や、家族のリーダーとしての父親の魅力を感じることができます。このような観点からも父Ｊの対応は見事であり好感が持てます。

おもな質問事項と答えの例

11.育児で気をつけたことを教えてください。

どんなことに気をつけて
育ててこられましたか。

一人っ子なので、なるべく近所の友達と遊ぶ機会を作り、
がまんすること、協力することを教えてきました。
また、自分でできることは自分でさせるように
年齢相応に注意してまいりました。

—母A—

祖父母と同居のため、家にいると
甘やかされてばかりいますから、なるべくおけいこなど、
外に連れ出すようにしたことと、私だけは、
わがままは絶対に許さないといった態度をとってまいりました。

—母B—

 ここがポイント

　母Aの場合、友達との遊びを通して社会性を身につけること、自律心を養うために注意してきたこと、生活習慣の自立に気を配ってきたことなどが、母親らしくわかりやすい言葉で述べられています。日頃考えて実行していたことがそのまま言葉になって出てきたという感じがあり、母親のゆとりあるしつけ、明るい家庭環境を察することができます。母Bは祖父母と同居という環境のなかで母親として確かに難しい点はあるかもしれませんが、このような説明では母親の主体性のなさを感じさせ、祖父母同居という環境を悲観的にしかとらえることのできない、能力のなさを見せつけるような結果になってしまいます。日頃から家族でよく話し合いをし、協力しあえるような家庭を築きあげることこそ、良い教育環境となり円満な子育てができるのです。祖父母同居による長所と短所を認識して、長所は取り入れ、短所は母親が補っていくようにしたいものです。

12. 自分の時間はどうしていますか。

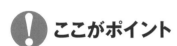

！ ここがポイント

　この質問で学校が知ろうとしていることは母親の人生観なのです。実際問題として母Cのように幼児をもつ母親は家事、育児にそのほとんどの時間を費やされてしまうでしょう。しかしそのなかで女性として、社会人としての意識をもって日々の生活に努力が傾けられているかどうかを面接官は探ろうとしているのです。決して立派な子育て論を論ずる必要はありません。親の賢明な生き方を示すことが重要なのです。このような点を心得、時々両親の時間の過ごし方などについて話し合う機会をもつようにするとよいでしょう。母Dは多忙ななか、社会にも目を向け行動的な母親の姿勢が感じられます。母Dのようにボランティア活動に参加してそのようすを家庭で話し合ったりすることにより、責任感や思いやりの心を子どもに伝え、育てることができるのです。このように母親が視野を広くもって社会に貢献していることから、母親の豊かな人間性、理想的な家庭像が浮かび上がってきます。

おもな質問事項と答えの例

13. お子様は食べ物の好き嫌いがありますか。

 ## ここがポイント

　母Eの返答からは、子どものしつけに対する自信をうかがうことができます。過保護にしたり、甘やかしたりすることがなく、一貫した態度で子育てをおこない、兄弟とも健康で、のびのびと育っていることがわかりますね。このような質問を通じて、母親の家族に対する健康管理、子どもへのしつけ、教育方針などが観察されます。また、母Fの家庭のように子どもが食べ物の好き嫌いのある場合、要因はいろいろ考えられます。家族揃って食事をする機会はどのくらいあるのか。楽しい雰囲気で食事をしているのか。子どもの運動量はどうなのか。これらの様々な条件を考え、日常生活に改善、工夫が必要です。母Fのように、子ども中心のメニューを考え、彩りよく盛りつけるなど、目先のことばかりにとらわれていては、ますます子どものわがままを認めることになってしまいます。このようなことから母Fのしつけに対する基本姿勢を問われることになるのです。

14. ご主人と意見が違ったとき、どうしますか。

ご主人と何か意見の
くい違ったときは、
どう対処なさいますか。

— 母G —

私どもでは、仕事においては主人、
家庭内のことや子どもについては
主に私が責任を持ち、生活しております。
仕事のことに口出しはしないようにしておりますし、
家のことは私に任せてくれていますので。
ですからくい違いが生じた場合には
やはりお互いの言い分を申すようになると思います。
もちろん主人の意見も聞きたいと思います。

— 母H —

はい、私どもでは日頃から
会話を多くするように心がけております。
時々意見のくい違いはございますが、
つきつめてみますと同じ視点に立っていることが
多いようでございます。今後もいろいろなことで、
くい違いは起きるかと思いますが、
主人はいつも私の考えを理解するよう
努めてくれていますし、
私も主人の考えを尊重しています。
何よりも積極的に話し合い、
解決するという方針でおります。

 ## ここがポイント

　母Gは家庭における役割分担がよくできていて、一見理想的なように見えますが、家庭をリードする父親の力不足、自己主張のたいへん強い母親という印象が強く、夫婦間の協力を感じ取ることができません。実際に母Gのような役割分担のある家庭も多いかもしれませんが、そのような場合でも、父親をたてる母親の謙虚な姿勢が良い印象を与えることになります。また、どんなことでも話し合える明るい家庭環境を心がけることも大切です。母Hの返答からは、円満な家庭であること、教育方針についてもしっかり確立していることがわかります。母親の意見、父親の意見を尊重しあい、認めあうという点では、両親の人柄の良さを感じます。このような両親であれば、子どもの情緒も安定していると推察でき、学校生活で何か起こっても、家庭の協力を得られると面接官は判断するのです。

おもな質問事項と答えの例

15. 子どもが学校にいるとき、災害が起きたらどうしますか。

お子様が学校にいるとき、
地震や災害が起きたら、
どう対処なさいますか。
また、学校へはどなたが
駆けつけてくださいますか。

幸いに都内に私の友人が何人かおりますので、
学校に一番近い友人に頼むようになると思います。
もちろんすぐ後から主人も私も駆けつけます。
学校では避難訓練などをおこなうので
家にいるよりも安全だと思います。

その件につきましては、日頃から家族で話し合っております。
学校で起きた場合は、勝手な行動をとらず、
先生の指示に従うように申しております。
また、主人の会社が学校まで行くのに一番近いので
主人が駆けつけるようになります。
そのときの状況にもよりますが、私は家のほうで
連絡を待つように打ち合わせてあります。

ここがポイント

　母Iは日頃から話し合いをしているのでスムーズに応答できています。地震や災害のときはどういう状況が予想され、その危険性や安全対策はどうしたらよいかを子どもに話してあるという点で、賢明な母親ぶりがうかがえます。また、父親（あるいは母親）が駆けつけるというのは学校側にとっても緊急時には一番確認が取りやすく、安心して引き渡せるのです。母Jの返答ではその対応に具体性がなく、この問題についての真剣さが伝わりません。両親のどちらかが学校に駆けつけるのが望ましいのですが、遠い場合、次に考えられるのは、学校の近くの親戚が良いでしょう。母Jのように止むをえず友人と答えるならば、「○区に住む大学時代の友人」と答えたほうが印象が良くなります。親元から離れた小学校に通うようになるのですから、安全に対する教育はしっかりと心がけたいものです。

首都圏有名 国公立・私立 小学校案内

●学校案内の見方

1．入試データは2023年に実施したもの、2024年実施予定の2種類の表記があります。

①**2024年度入試データ**※2023年実施済みです。

2023年に実施された内容です。

②**2025年度入試データ**※2024実施予定です。必ず学校発表の入試要項でご確認ください。

2024年実施予定の内容です。説明会など日程が変更となる場合がありますので、必ず学校発表のもので確認してください。

※児童数は、2023年度のものです。進学状況については、2023年4月時の併設校への進学者数をわかる範囲で掲載しました。併設高校からの主要大学への合格者数は、卒業生の数も含んでいます。

2．試験内容は受験者のアンケートにより作成

桐杏学園児の各学校受験者からのアンケートを求め、試験の内容を分かる範囲で**類似問題**としてまとめました。絵柄、図形は実際の問題と必ずしも同じではありません。イラストなどを入れて、できるだけ詳しく内容を説明しました（資料が不足しているものは割愛している場合もあります）。

3．面接試験の概要と面接質問事項

受験者からの情報を、面接室のようすを含め、できるだけ詳しく掲載しました。

4．お母様の受験memo

小学校受験を経験された保護者の皆様にお願いし、これからの受験を考えている方へ向けて書いていただきました。学校説明会、願書提出のとき、考査当日のようす、アドバイスなどをまとめてあります。思いがけない必要物など役に立つ情報が多いと思います（アンケートを2023年に依頼しましたので、文中に「今年」とあるのは「2023年」のことです）。

暁星小学校

- **校長** 吉川 直剛
- **児童数** 男子 704名

- **併設校** 暁星幼稚園
  暁星中学校(男子)
  暁星高等学校(男子)

沿革＆目標

1888年(明治21年)創設の伝統を誇るカトリック・マリア会の学校です。幼稚園から高校までの一貫教育の小学校で、知性・情操・意志・体力の調和ある育成をめざしつつ、一人ひとりの個性を伸ばすことを目標としています。

学費 ※昨年度のものです。授業料等は、入学後、変更になる場合もあります。

- **入学手続時** 入学手続金 300,000円
- **それ以降** 授業料 480,000円(年額)、施設費 125,000円(年額)、維持費 204,000円(年額)、
  飲料費 22,000円(年額)、後援会・校友会費 70,000円(年額)、学級費 約65,000円(年額)
  ※寄付金あり(任意)

所在地＆最寄り駅

- **住所** 〒102-0071 東京都千代田区富士見1-1-13
  ☎03(3261)1510

- **アクセス** JR・地下鉄／飯田橋駅から徒歩10分
  地下鉄／九段下駅から徒歩5分

ホームページ https://www.gyosei-e.ed.jp/

学校の特色

- **宗教教育** 始業・終業の祈りといった日常的なものから、年間4回実施される全校ミサ、そして正課である宗教の授業等を通し、宗教的情操と道徳的判断を養うことに努めています。

- **学習指導** 〈**専科制**〉各教科の学習内容のレベルを高めるため、低学年から専科教員による指導教科を増やしています。特に、5・6年生は全教科専科制をしいて中学進学に備え、学習の充実を図っています。

  〈**外国語教育**〉英語の授業を1年生から正課として課しています。外国人講師による会話を中心に歌やゲームを通して、簡単な日常会話と国際的感覚を身につけさせることをねらいとしています。

- **セカンドスクール** 那須の施設を活用し、2年生から春夏秋に数回の合宿をおこない、団体生活に必要な社会性や忍耐力、判断力、奉仕の心を育成する機会としています。

- **サッカー** 各学年週1回サッカーの時間があり、また学校行事として、年に3回のサッカー大会を実施しています。

- **昼食** 弁当（月～金曜日）。※仕出し弁当も可。

- **編入試験** 欠員が生じた学年のみ実施。

- **併設校への進学状況**
  - **小→中** 〈**男子**〉進学適性試験の成績と在学中の成績を考慮して進学判定。
  - **中→高** 〈**男子**〉卒業生は原則として全員が暁星高等学校へ進学。

Data 2024年度入試データ ※2023年実施済みです。

[募集要項] ※2023年実施済み

- **募集人員** 男子120名
  （内部進学者約40名を含む）
- **願書受付** 10月1日・2日
  （出願サイトよりオンライン出願）
- **考査料** 25,000円
- **考査月日** 〈1次〉11月2日
  〈2次〉11月4日
- **面接日** 11月4日
- **結果発表** 〈1次〉11月3日（web）
  〈2次〉11月5日（web）
- **入学手続** 11月5日～7日
- **学校説明会** 7月9日～16日（配信）
- **入試説明会** 7月16日

[入試状況]

- **受験者数** 544名
- **合格者数** 120名

[考査の順番]

生年月日順（年度により開始順が異なる。）

[インフォメーション]

2021年度入試より出願サイトからの出願となりました。

2024年度入試内容 ペーパー 行動観察 運動 絵画制作

● 言語

[**話の聞き取り**]

男の子と風船のお話。

- たろう君がふうと出会った日の天気は何でしたか。
- たろう君が木から取ったときの風船はどれですか。
- お話しのなかで、2番目の出来事はどれですか。
- ふうと追いかけっこをしたときの、たろう君の顔はどれですか。

● 数量

[**つり合い**]

- 上のようにシーソーがつり合うとき、
右にどれを乗せればよいですか。

● 知覚

[**位置の移動**]

- マス目を○が動きます。上に1つ、左に2つ、上に1つ左に1つ動いたとき、
○はどこにありますか。○をかきましょう。

[**位置の移動**]

- カメが1マスずつ、リスが2マスずつ動くとき、2匹はどこで出会いますか。その場所に○をかきましょう。

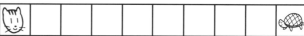

● 記憶

提示された絵を見て覚える。

- 今見た犬と同じ犬に○をつけましょう。
- 公園で使っていたボールに○をつけましょう。
- ベンチにいた人と同じ数のものに○をつけましょう。

● 構成

- 左の形を使ってできない形に○をつけましょう。

● 推理

● 影が正しいものに○をつけましょう。

● 個別テスト

● 2つのコップの水を同じ高さにする。水をこぼしたときはタオルで拭く。

※待機中に6種類の絵のなかから1枚選んで塗り絵をする。なぜこの絵を選んだのか、誰にプレゼントしたいかなど質問がある。

● 行動観察

［釣りゲーム］

● 最初にみんなで相談して、順番を決める。釣ったものはカゴのなかに入れる。

● 運動テスト

［ジグザグドリブル］

● 3つのコーンを、8の字のように走りながら、ボールをついて進み戻ってくる。

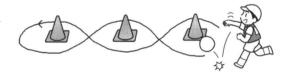

［跳躍］

● フープ（10個程度）のなかを両足ジャンプで進み、直線上をケンケンで戻る。

［ボール投げ］

● 壁に向かって遠投。投げたボールはカゴに戻す。

［ボールの投げ上げ］

● ボールを真上に投げ上げ、1回拍手する。3回やってカゴに戻す。

［かけっこ競走］

● 2人ずつコーンまで競走し、コーンをまわって戻ってくる。

過去の出題

● 行動観察

[**模倣体操**]

● モニターに映る先生の踊りを模倣して、音楽に合わせて踊る。

[**課題画**]

● 画用紙にクーピーで好きな絵本の絵を描き、挙手をして、自分が描いた絵の説明をする。

[**神経衰弱ゲーム**]

● 4人グループに分かれて、友だちと相談して、春夏秋冬のなかから1つずつ担当する季節を決める。その季節の絵を2枚のカードに描き、全員のカードが揃ったらマットの上にあがり、順番を相談して神経衰弱をする。

● 指示行動

[**お箸移し**]

● 紙ナフキンと紙皿が配られる。まず紙皿に、お弁当の好きなおかずの絵をクーピーで描く。そのあと割りばしをもらい、机の上に置いてからお椀をもらいに行く。紙ナフキンの上に紙皿とお椀、箸を並べる。お椀のなかの黒いサイコロ1個とビー玉3個を、指で紙皿の上に置く。そのあと、割りばしで紙皿からお椀に入れる。

● 絵画制作

[**桃の冠づくり**]

● 作成手順は録音による音声の指示のみ。
　①桃色と黄緑色の画用紙は黒い線の外側を切って、桃と栗にする。水色の画用紙は、黒い線で2つに切り分けて、細い帯を使用する。
　②葉は黒い線が見えないように、桃にノリで貼る。水色の帯は黒い線が見えるように、桃の両側に輪になるようにホチキスで留める。
　③冠は頭にかぶる人はかぶり、かぶれない人は手に持つ。配布された紙に桃の冠の自己評価を◎、○、△、×で記入し、挙手して改善点などを発表する。

[**課題画**]

● 桃太郎がきびだんごをもう1つ余分に持っていた場合、自分なら誰にあげるか、その絵を描く（4分程度）。キャラクターでもよい。挙手をして指名されたら理由を発表する。

[**輪をつくる**]

● 水色の紙を斜め三角に少し先端をずらして折る。それを裏返して底辺のほうから折っていき、棒状にしてセロテープで留める。端と端をセロテープで留め、輪投げをつくる

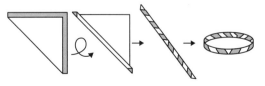

面接

保護者面接が2次試験当日におこなわれます。面接時間は約10分。

保護者へ

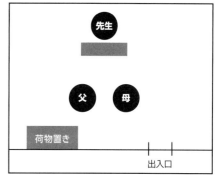

◎ キリスト教の行事には、参加していただけますか。
◎ 毎日お祈りがありますが、大丈夫ですか。
◎ 「だいじだいじ、どーこだ」の絵本を見せられて…この本をどう思いますか。…どう説明しますか。
◎ 受験が終わったあと、習い事は何をさせたいですか。
◎ 自宅で「Zoom」を使うことはできますか。
◎ SNSやインターネットについてどう思いますか。
◎ 平日休んで旅行に行くことについてどう思いますか。
◎ 宿題をその日までにやらなかったらどうしますか。
◎ ベテランの先生と若手の先生では、どちらがよいですか。
◎ 連休のあとに、お子様が休みたいと言ったらどうしますか。
◎ 現在、しつけで困っていることはありますか。
◎ パソコンやゲームでの、ご家庭のルールはありますか。

お母様の受験 memo

◎**試験当日のこと…**
● 事前に提出する作文は400字で、「子どもに神様はいるの?と聞かれたら何と答えますか」というものでした。
● 1次・2次とも控え室は教室でした。とても静かでした。読書をされている方が多かったです。
● 考査では挙手をして答える場面が多々あります。
● 在校生が定期的にトイレに行きたいかを確認し、連れて行ってくれます。
● 面接は、父親、母親のどちらが答えてもよい形式でした。父親7割、母親3割くらいの割合で答えました。

◎**アドバイス、etc.…**
● 門をくぐるところから最後に出るところまで、先生方が見ておられます。
● ペーパーは基本的な問題が多かったです。できるだけ速く回答できるように、スピードに慣れる練習が必要です。
● 子どもには、運動で失敗しても、一生懸命取り組むように話しました。
● 実際に受験して、ペーパー重視だと強く感じました。

白百合学園小学校

- **校長**　保倉 啓子
- **児童数**　女子 707名

- **併設校**　白百合学園幼稚園（女子）
　　　　　白百合学園中学校（女子）
　　　　　白百合学園高等学校（女子）
　　　　　白百合女子大学

沿革&目標

1881年（明治14年）、シャルトル聖パウロ修道女会が母体となって設立し、今日、幼稚園から大学までを併せもつ総合学園となっています。その教育は、一貫してキリスト教精神にもとづいた宗教的、道徳的なもので、校訓（従順・勤勉・愛徳）によって、善き社会人に育てることを目標としています。

学費 ※昨年度のものです。授業料等は、入学後、変更になる場合もあります。

- **入学手続時**　入学金 400,000円
- **それ以降**　授業料 474,000円（年額）、施設維持費 336,000円（年額）、
　　　　　　学年費・給食費 60,000円（年額）（他に制服予約金、学用品50,000～60,000円）
　　　　　　※寄付金1口 50,000円（任意／2口以上）

所在地&最寄り駅

- **住所**　〒102-8185 東京都千代田区九段北2-4-1
　　　　☎03（3234）6662

- **アクセス**　JR・地下鉄／飯田橋駅から徒歩10分
　　　　　　地下鉄／九段下駅から徒歩10分

ホームページ https://www.shirayuri.ed.jp/

学校の特色

- **学習指導** 宗教と読書の時間が全学年週1時間あり、また3年生からは情報の時間が、1年生からフランス語の授業、3年生からは英語の授業があります。各教科指導法を研究し、自主的学習態度を身につけるようにしています。

- **校外学習** 社会科見学・校外学習を各学年の学習に合わせて随時実施しています。
  高原学校（6年生）、雪の学校（5年生）、海の学校（4年生）、水泳教室（3年生）などがあります。

- **健康管理** 体力づくりの一環として、週3回休憩時間に体操をおこなっています。自主的に朝のマラソンをおこなっています。

- **課外活動** 4年生からクラブ活動（文化系・体育系）に参加、全教員のもとで指導されます。文化系には、学校劇クラブ、理科クラブ、フランス語クラブなどがあります。

- **宗教** 保護者宗教講話が毎月1〜2回実施されています。

- **昼食** 弁当（月〜金曜日）※給食弁当注文可。

- **編入試験** 欠員が生じた場合に実施。

- **併設校への進学状況**
  小→中 〈女子〉卒業生のほとんどが白百合学園中学校へ進学（内部試験あり）。
  中→高 〈女子〉 卒業生のほとんどが白百合学園高等学校へ進学（高校からの外部募集なし）。

- **併設高校から主要大学への合格実績**（2023年度入試）
  高→大 東京大7、東京医科歯科大2、東京外国語大2、一橋大3、筑波大1、千葉大3、東北大1、
  早稲田大56、慶應義塾大41、上智大59、明治大24、立教大40、青山学院大23、
  中央大11、学習院大8、東京理科大17　他

Data　**2024年度入試データ** ※2023年実施済みです。

［募集要項］ ※2023年実施済

■**募集人員**	女子120名（内部進学者約60名を含む）
■**Web出願**	10月1日・2日
■**願書送付**	10月1日〜3日（消印郵送）
■**考査料**	30,000円（銀行振込）
■**考査月日**	11月1日
■**面接日**	10月19日〜21日
■**結果発表**	11月2日（web）
■**入学手続**	11月4日
■**学校説明会**	5月20日
■**授業公開**	6月24日
■**学校見学会**	9月9日

［入試状況］
非公表

2024年度入試内容　ペーパー　行動観察　個別

● 言語

［話の記憶］

［ことばの音］

● 名前に生き物の名前が隠れているものに○をつけましょう。

● 知覚

［回転］

● 積み木を4回右に倒すと、最後はどの目盛りのところにつきますか。○をつけましょう。

［重なり図形］

● 個別テスト

［記憶］

● マス目にお花のおはじきを置く。1回目は話を聞きながら置き、2回目は覚えたあとに置く。

［口頭試問］

● いくつかの虫の絵を見て、「1日だけなれるとしたらどの虫になりたいですか」と聞かれる。理由も答える。

● 食べ物の色を答える。

［生活習慣］

● 雑巾を絞る　→机を拭く　→ビニール袋に入れる　→縛る　→袋から雑巾を出してたたむ

［巧緻性］

● 大き目の画用紙の上に穴が6つあいていて、その上に大きさの異なる色違いの画用紙（それぞれ穴は2つ）を3枚重ねて、穴に紐を通して蝶結びをする。

● 行動観察

［即時反応］

● 机の上にアヒルのおもちゃが置いてある。「キャッチ」の掛け声でアヒルをとります。はじめは1人でおこない、その後2人、4人、6人と増える。6人のときはアヒルの数が増えて2羽になる。掛け声は「キャット」「キャップ」「キャロット」など似た言葉のときもある。

過去の出題

● 知覚

［広さ］

● 白と黒の広さが同じになるものをみつけて、○をつけましょう。

［重ね図形］

● 真ん中の線で矢印のほうに重ねたら、どのような模様になるか、正しいものに○をつける。

● 数量

［計数・対応］

● ぶどうはいくつありますか。その数だけ○を書きましょう。

● イチゴを3人で分けると1人いくつになりますか。その数だけ○を書きましょう。

● バナナとミカンとイチゴを1個ずつかごに入れると、かごはいくつ必要ですか。その数だけ○を書きましょう。

● 推理

［ひも］

● ひもの×印のところを切ると、何本になりますか。その数だけ○を書きましょう。

［ブラックボックス（魔法の箱）］

● 数が倍になる箱と数が半分になる箱に、いろいろな形が入ったらいくつになるか。正しいものに○をつける。

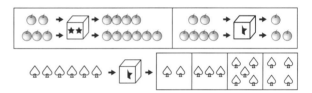

● 知識

［常識］

● 音（笑い声、水が出ている音、海の音、電車の音など）を聞いて、何をしている音かを当てる。

● 動物たちが言っていることが正しければ○、間違っていれば△をつける。
「1週間は7日あるんだよ」「金曜日の次は日曜日だよ」

● 個別テスト

［絵の記憶］

● 公園で子どもたちが遊んでいる絵を見て、絵のなかにあったものや、滑り台に並んでいた子どもの数など問われる。

［音の記憶］

● 赤いボタンと青いボタンを押すと、それぞれ違った音が鳴る。4つの音を聞き分けて、マス目のなかにボタンの順番通り、赤と青のおはじきを置く。（赤→長い音や高い音、青→短い音や低い音）

［知識］

● 4つの絵のなかから仲間はずれを探して、その絵におはじきを置く。

［言語（絵の説明）］

● 2枚の絵（女の子が公園にいる絵、女の子がご飯を食べている絵）が提示されて、女の子がその2場面の間に何をしたかを考えて話す。

面接

親子同伴の面接が考査日の前におこなわれます。面接時間は10分程度

父親へ
◎ 志望理由を教えてください。
◎ 今日のお子様のようすはどうですか。
◎ 本校を知ったきっかけは何ですか。
◎ 本校の印象を教えてください。
◎ お子様の長所、短所を教えてください。

母親へ
◎ ご家庭の教育方針を教えてください。
◎ 説明会に参加して感じたことは何ですか。

子どもへ
◎ お名前を教えてください。
◎ 幼稚園の名前を教えてください。…何組ですか。…ほかにどんなクラスがありますか。
◎ 幼稚園のお友達の名前を教えてください。
◎ 幼稚園では何をして遊びますか。
◎ 家では誰と過ごすことが多いですか。…何をしますか。
◎ 運動会では何をしましたか。
◎ ひとりで寝られますか。
◎ お父さん（お母さん）のすごいところは、どんなところですか。
◎ お母さんのお料理で何が好きですか。
◎ 行きたい小学校はどこですか。…それはどうしてですか。
◎ 白百合に来たことはありますか。
◎ 小学校に入ったら何をしたいですか。
◎ 好きな食べ物は何ですか。
◎ 宝物はありますか。

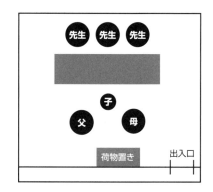

 お母様の受験 memo

◎考査当日のこと…
- 考査日の控え室は講堂で、席は自由でした。
- 面接はなごやかな雰囲気でした。

雙葉小学校

- ●**校長** 渡部 祐子
- ●**児童数** 女子 487名

- ●**併設校** 雙葉小学校附属幼稚園
  雙葉中学校（女子）
  雙葉高等学校（女子）

沿革 & 目標

創立は1910年（明治43年）ですが、その前身は1875年（明治8年）にカトリック女子修道会であるサンモール修道会（現・幼きイエス会）会員が教育と慈善のために創設した築地語学校です。以後設立者の信奉するローマ・カトリックによる建学の精神にもとづく教育がなされており、「徳に於いては純真に、義務に於いては堅実に」がその目標・校訓です。

学費 ※昨年度のものです。授業料等は、入学後、変更になる場合もあります。

- ●**入学手続時** 入学金 270,000円、施設維持費 232,800円
- ●**それ以降** 授業料 496,800円（年額）、後援会費 72,000円（年額）
  ※学園債1口50,000円（3口以上）

所在地 & 最寄り駅

- ●**住所** 〒102-0085 東京都千代田区六番町14-1
  ☎03（3263）0822

- ●**アクセス** JR・地下鉄／四ツ谷駅から徒歩5分

ホームページ https://www.futabagakuen-jh.ed.jp/

学校の特色

- **●宗教教育** カトリックの精神にもとづき、教育課程内にも宗教をおいています。朝の会、給食の前後、終わりの会、朝礼などでお祈りがあり、保護者の方には希望者に宗教講話もおこなわれています。

- **●学習指導** 〈**英語教育**〉1年生から週2時間、英語を母国語とする教師と日本人教師による授業をおこなっています。1、2、5、6年生はクラスを2つに分け少人数による授業をおこなっています。〈**情報教育**〉1〜6年生までパソコンの授業をおこなっています。

- **●一貫教育** 幼稚園から高等学校まで、原則として学園内の上級進学の資格を与え、一貫教育をおこなっています。

- **●特別教育活動** 児童会が運営され、各委員会が奉仕活動とともにそれぞれの仕事をおこなっています。同時にクラブ活動もおこなわれ、運動会、作品展、高原学校、修学旅行、歳末助け合い、クリスマスを迎える会、6年生を送る会、授業参観等の諸行事もおこなっています。

- **●昼食** 給食（月〜金曜日）

- **●併設高校から主要大学への合格実績**（2023年度入試）
  東京大13、一橋大1、東京工大3、東京外国語大1、東京医科歯科大2、京都大2、東京芸術大5、早稲田大68、慶應義塾大55、上智大39、東京理科大31、青山学院大18、学習院大7、明治大39、立教大21、中央大18、国際基督教大2、東京女子大12、日本女子大7　他

Data **2024年度入試データ** ※2023年実施済みです。

[募集要項] ※2023年実施済み	
■募集人員	女子 約40名
■出願登録	9月8日〜10月2日
■願書受付	10月1日・2日消印の郵送受付（書留速達）
■考査料	25,000円（銀行振込）
■考査月日	11月1日
■面接日	11月2日・3日のいずれか指定された日
■結果発表	11月4日
■入学手続	11月5日
■学校説明会	7月21日・23日、

[入試状況]
非公表

[考査の順番]
受験番号は五十音順に決まります。考査日時は受験番号により異なりますので、入学試験個人票で確認しましょう。

[インフォメーション]
入学願書は消印違いのものは無効となります。

2024年度入試内容

● 言語

[話の聞き取り]

お天気のよい日曜日にクマ先生とゾウさん、キリンさん、ウサギさん、ネズミさん、ヒツジさんが湖まで遠足に行きました。動物たちはお弁当を持って出かけました。途中で菜の花畑やつくしを見ました。山を登っているとウサギさんが木の根っこにつまづいて転んでしまい、足を痛めたため、ゾウさんが背中に乗せてくれました。川を渡るつり橋ではネズミさんが先頭で、ヒツジさん、次にウサギさんを乗せたゾウさん、キリンさん、最後にクマ先生が渡りました。つり橋を渡り終わるとおなかがすいたので、お弁当を食べることにしました。するとヒツジさんがお弁当を忘れたことに気づき、困っているの見てみんなが少しずつお弁当を分けてくれました。

● お話の季節と同じ絵に○をつけましょう。
● お話に出てこなかった動物に×を、転んだ動物を背中に乗せてあげた動物に○をつけましょう。
● キリンさんよりも前につり橋を渡った動物の数だけ○を書きましょう。
● ウサギさんがヒツジさんにあげたものに○をつけましょう。

● 数量

[差]

● はじめに左の切り株の数だけドングリとキノコがありましたが、右のように数が少なくなってしまいました。それぞれいくつ少なくなりましたか。

[対応]

● 栗2つ、葉っぱ3枚が入った袋が3つあります。これを絵のように袋のなかの栗と葉っぱの数を変えると、袋はいくつできますか。その数だけ○を書きましょう。

[長さの比較]

● 結び目のある紐があります。1番長い紐はどれですか。

● 知覚

(水槽のなかにたくさんの魚が左右に泳いでいる、海藻もある絵を見て)

● お手本と同じ魚を見つけて○をつけましょう。
● 水槽を反対から見たとき、正しいものはどれですか。

● 知識

[昔話]

● 昔話に出てくるものに○、出てこないものに×をつけましょう。

● 指示行動

[巧緻性]

● 紐にビーズを通し、玉結びをする。合図があるまで繰り返す。

● 行動観察

［誕生日会］

3つ子のウサギがいて、3つのコーナーがある。

● 先生のお手本を見たあと、2人でダンスをする。相手を交代しながら3回おこなう。

● お友達と相談して、用意された材料で、お誕生日会の飾りつけをする。

● お友達といっしょにブロック（ティッシュ箱に画用紙が巻いてある）を使って、積み上げたりして遊ぶ。

過去の出題

● 数量

［計数・対応］

● ドングリと栗の数の違いはいくつですか。

● リスさんがクマさんに花束をあげようと思いました。花束は花10本でつくります。あと何本足りませんか。

● クマさんがリスさんにお礼をしようと思い、葉っぱのなかにドングリを2個ずつ入れてプレゼントすることにしました。ドングリはあと何個足りないですか。

［数の操作］

クマとウサギは3種類のカードを持っています。カードを1枚ずつ出して、★の数が多いと相手のカードがもらえるゲームをしています。

● ウサギは★2つ、クマは★3つのカードを出しました。今ウサギが持っているカードの★の数を合わせるといくつになりますか。その数だけ○を書きましょう。

● 次にウサギは★3つ、クマは★2つのカードを出しました。今クマの持っているカードの★の数を合わせるといくつですか。その数だけ○を書きましょう。

● 行動観察

● 魚釣りゲーム。

● 紙コップを高く積み上げる。

● テントを張ってキャンプ遊び。

● ジャンケン遊び。（宇宙ジャンケン）
勝ち、あいこ、負けで、宇宙ロケットや宇宙空間での動きのポーズが決まっている。

● 3つのコーナーにわかれて、指示されたマークごとに遊ぶ。
①大きめのブロックで好きなものをつくる。
②風船遊び。風船をうちわに乗せて移動（1人）。風船をうちわで挟んで移動（2人）。風船をうちわであおいで移動（3人）。
③輪つなぎ。テーブルに長方形の折り紙が用意されている。それを白いテープで留めながら輪つなぎをする。3つほどできたら、お友達とつなげて長くする。長くなったら用意されたフックのついた棒にかける。すべて終了したら、教室に戻る際に忍者になって、足音を出さずに忍び足で帰るように指示がある。

面接

親子同伴の面接が考査当日におこなわれます。面接時間は5分程度。考査日前に面接資料を提出します。

父親へ
◎ 志望動機を教えてください。
◎ カトリックについてどう思いますか。
◎ お父様の子どもの頃、ご自身の誕生日の思い出をお子様に教えてください。

母親へ
◎ カトリックについてどう思いますか。
◎ なぜカトリックの学校を選びましたか。

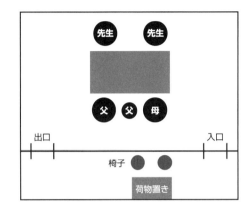

子どもへ
◎ お名前を教えてください。
◎ （お誕生日カードや飾りなどを見せられて）これは何だと思いますか。
◎ お誕生日会をしたことはありますか。…どんな風にお祝いしましたか。
◎ お父さんのお話を聞いて、わからないところはありましたか。…それをお母さんから教えてもらってください。
◎ （考査での内容を受けて）先ほどはウサギさんの誕生日会をしましたね。今度は誰をどのようにお祝いしたいですか。お母さんといっしょに相談してください。

お母様の受験 memo

◎**考査当日のこと…**
- 考査日は受験番号ごとに3つのエリアに分かれ座りました。その後受験番号が呼ばれ、子どもが1列に並び、考査へと向かいました。
- 考査日は受付でゼッケンと親用の番号札をもらい、4階へ移動します。その後すぐに5階へ移動し、準備を済ませて待機しました。口頭での説明はほとんどなく、掲示にて指示がありました。
- 受験生は番号を呼ばれるとしっかりとした大きな声で返事をし、列に並ぶと全員乱れることなくきちんと立っていました。場に応じた行動をみんながとれる会場を初めて見ました。
- 面接日は受験番号順に色わけされて、それぞれの教室で待ちました。とても静かでした。時間になると図書室に誘導され、考査の終わった子どもと合流しました。合図とともに、順番に面接室前の廊下に移動しました。
- 40分程度の行動観察終了後、親と子どもが合流して、トイレなどを済ませて面接へ向かいました。荷物はすべて持って移動しますが、面接室前に荷物置き場が用意されていました。

聖心女子学院初等科

- ●**校長**　大山 江理子
- ●**児童数**　女子 627名

- ●**併設校**　聖心女子学院中等科
　　　　　　聖心女子学院高等科
　　　　　　聖心女子大学

 ## 沿革&目標

1800年（寛政12年）フランスにおいて聖マグダレナ・ソフィア・バラがキリストの愛の精神にもとづく女子教育を目的として創立したカトリック修道会「聖心会」により、1908年（明治41年）に語学校から発足した学校です。キリスト教的価値観にもとづいて、児童がどのような環境にあっても「自分自身に誠実に」「進んで人と関わり協力し合い」「常に感謝の心を持ち」「謙虚に自己を培い人のために尽くし」「賢明な女性としてよりよい社会を築くことに貢献できる」ような人格の育成をめざし、そのために必要な基礎をつくることを目標としています。

 ## 学費　※昨年度のものです。授業料等は、入学後、変更になる場合もあります。

- ●**入学手続時**　入学金 300,000円、学校設備費 160,000円
- ●**それ以降**　授業料 576,000円（年額）、維持費 82,000円（年額）、教材費 50,000円（年額、預り金）
　　　　　　ICT機器購入費（管理費含む）約80,000円、後援会費 50,000円（年額）
　　　　　　※寄付金1口 100,000円（5口以上、分納可）

 ## 所在地&最寄り駅

- ●**住所**　〒108−0072 東京都港区白金4−11−1
　　　　☎03（3444）7671

- ●**アクセス**　都バス／JR渋谷・恵比寿・田町駅より「北里研究所前」下車3分
　　　　　　　JR目黒駅・品川駅より「白金台駅前」下車10分
　　　　　　地下鉄／南北線・都営三田線白金台駅から徒歩10分

ホームページ https://www.tky-sacred-heart.ed.jp/

学校の特色

- **宗教教育** 中・高等科との連携のもと全教育活動を通して、カトリック精神にもとづく豊かな人間性育成の教育を進めています。

- **学習指導** 都心に位置しながら自然に恵まれた環境にあり、全校20学級約640名の児童が「家庭」の雰囲気のなかでのびのびと学校生活を送っています。

  〈教育の特色〉
  - 12年間という長いスパンで児童、生徒の成長に関われる特色をよりよく生かすため発達段階に応じてより確かで一貫性を持ったカリキュラムをつくり教育の内容の充実に努めています。初等科から高等科までの12年間を3ステージ(4・4・4年制)に分けます。
  - 全学年で宗教と英語の授業をおこない、豊かな情操と国際性の基礎を培っています。
  - 複数担任制により、個に応じた指導をおこない、基礎学力の充実と個性伸長の教育を進めています。
  - 各教科、「総合的な学習の時間」の学習や特別活動において、体験的な活動や見学・調査学習および奉仕的な活動を積極的におこない、思考力や判断力を高め主体的に活動する態度の育成を図っています。

- **クラブ活動** 4年生以上が自分の希望のクラブに入ります。演劇、ミュージック、手作り、科学、美術、読書創作、ボードゲーム、手話、コンピュータ、バスケットボール、バドミントン、ダンス、サッカーなど。

- **週5日制** 精神的にも、時間的にもゆとりを与え、意欲ある学習活動を目的として、週5日制授業が約35年前から実施されています。

- **アフタースクール** 2016年4月より学童保育「ジョアニークラブ」を開設。1〜6年生対象。授業のある平日及び長期休暇中に開室。授業のある日は18時30分まで。長期休暇中は8時15分〜18時30分まで。

- **昼食** 弁当(月〜金曜日)

- **編入試験** 1-3年生は欠員が生じた場合に実施。5年生は4年生の1月に転入・編入試験を実施、約24名募集(翌年度4月入学)。

- **併設校への進学状況**
  - **小→中** 〈**女子**〉卒業生のほとんどが聖心女子学院中等科へ進学。
  - **中→高** 〈**女子**〉卒業生のほとんどが聖心女子学院高等科へ進学。
  - **高→大** 〈**女子**〉卒業生の約30%が聖心女子大学へ優先入学。

- **併設高校から主要大学への合格実績**(2023年度入試)
  東京大3、京都大1、東京医科歯科大1、東京都立大1、防衛医大1、早稲田大15、慶應義塾大22、上智大23、東京理科大1、順天堂大5、東京女子医大3、東京歯科大1、明治大12、立教大18、青山学院大7、海外大学4 他

Data 2025年度入試データ ※2024年実施予定です。必ず学校発表の入試要項でご確認ください。

[**募集要項**]※2024年実施予定
- **■募集人員** 女子96名
- **■出願登録** 9月1日〜10月2日
- **■出願受付** 10月1日・2日簡易書留(当日消印有効)
- **■考査料** 30,000円(クレジット・コンビニエンスストア・ペイジー)
- **■考査月日** 11月1日
- **■面接日** 10月19日、26日のうち1日
- **■結果発表** 11月3日(11時〜13時/Web)
- **■入学納入手続** 11月3日
- **■入学手続** 11月5日
- **■学校説明会** 6月8日、9月7日

[**入試状況**]
- **■受験者数** 女子419名

[**インフォメーション**]
受付・面接時間・考査時間・場所等は、インターネット登録・受験料振込後メールにてお知らせ致します。合否及び繰り上げ合格候補者はWeb上で発表。

過去の出題 ペーパー 行動観察

● 言語

［話の聞き取り］

あきこさんは、お手伝いをするのが大好きな女の子です。お母さんのお手伝いをするのを楽しみにしています。「そろそろご飯にしましょう」とお母さんが言ったので、「私も手伝っていい?」とあきこさんが言いました。妹が「けんちん汁が食べたい」と言いました。お母さんが「いいわね。けんちん汁」と言いました。「まずは材料を集めなくてはね」とお母さんが言いました。そして3人はスーパーへ行きました。まずは玉ねぎとニンジンとお豆腐を買いました。3人は家に帰って料理を始めました。「まず、野菜を食べやすい大きさに切るわよ」とお母さんが言いました。野菜を鍋に入れて煮ました。そのあと、お豆腐とお肉を入れて混ぜて、器に盛りました。晩御飯は家族そろってみんなで食べました。

● お話の順に、絵を線で結んでいきましょう。

● あきこさんが手伝ったことすべてに○をつけましょう。

［言葉］

● 「かける」という言葉に関係のあるものに、赤の○をつけましょう。

● 「焼く」という言葉に関係のあるものに、青の○つけましょう。、

● 「はく」という言葉に関係あるものに、緑の○をつけましょう。

● 知識

［野菜の切り口］

● 野菜を切ったときの切り口の形を、シルエットの中から選んで○をつけましょう。（オクラ、かぼちゃ、さつまいもなど）

● 数量

［1対多対応］

● ダイヤのペンダントは2個のコインと交換できます。ハートは3個、星は4個のコインと交換できます。ウサギは何枚のコインと交換できますか。その数だけ○を書きましょう。

［対応］

● 上の四角のように、クッキーを4枚ずつ袋に入れます。何袋できますか。線を引いて考えてから四角のなかに○を書きましょう。

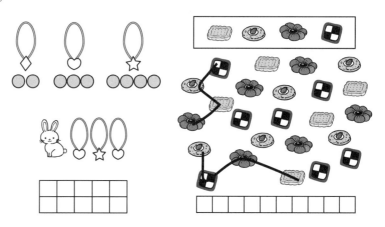

● 推理

[回転図形]

● 絵（蝶、朝顔、ランドセル）を矢印のほうへ、矢印の数だけ回転させるとどうなりますか。

● 知覚

[位置の移動]

● マス目をウサギ、クマが指示された通りに動きます。そのときに動いたところには、点を書きながら進みましょう。

「ウサギは下に2つ、右に2つ、上に3つ進みました。たどり着いたところに赤で〇を書きましょう」

● 行動観察

[模倣体操]

2名ずつ呼ばれて、ペアでおこなう

● モニターに映る先生の動きを見て準備体操。（深呼吸、ストレッチ）

● モニターに映る先生の動きをまねしてダンス。
膝を手で6回たたく→肩2回→上に伸ばす。これを4回繰り返す。そして、手をキラキラさせて、隣のお友達に笑顔で向いて手を振る。

[絵の説明・お話づくり]

● 2種類の絵カード（王子様が紫色の箱を持って歩いている絵と、ウサギとクマが橙色の箱を持って歩いている絵）が2人に1枚ずつ配られる。自分のカードの絵を言葉で説明したあと、友達と見せ合う。カードを並べて置くと、2枚の絵がつながることを確認したあと、「王様とウサギが仲良しになったので、いっしょに何かをしました」と先生から説明が加えられる。何をしたのか友達と相談して、お話をつくる。

[共同画]

4〜5人のグループでおこなう。

● 大きな模造紙に、家族の好きなものを入れて、お弁当を描く。描いている途中で、先生から質問される。「これは何を描いていますか」「食事のときに気をつけることは何ですか」

● グループでお店の看板を描く。みんなで相談して、何のお店か決めて、1人ずつ売っているものの絵を描く。

面接

親子同伴の面接が考査日の前におこなわれます。面接時間は10〜15分。

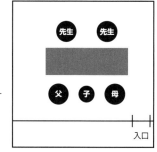

👨父親へ

◎ 願書を書く際に、ご両親で相談されたことを具体的に教えてください。

◎ 本校に伝えておきたいことはありますか。

👩母親へ

◎ 女性の社会進出が言われていますが、どのような女性になってほしいですか。

◎ お仕事をされているようですが、急なお迎えは可能ですか。

👧子どもへ

◎ お名前を教えてください。

◎ この学校の名前を知っていますか。

◎ 今日、学校に来て気づいたこと、発見したことはありますか。

◎ 今まで大人に手伝ってもらっていたけど、最近自分でできるようになったことはありますか。

◎ お庭でお花を育てて、たくさんの花が咲きました。2人にあげるとしたら、誰と誰にあげますか。

◎ 1年生になったら何をしたいですか。

お母様の受験 memo

◎試験当日のこと…

● 考査日は、受付のあと体育館で靴を履き替え、ビブスを着せるとすぐに子どもだけ誘導されました。保護者は待機場所のホールへ移動しました。

● 面接日の控え室には、5組ほどが待機していました。折り紙をして待ちました。時間になると番号順に案内されます。

● 面接では、にこやかに接してくださいました。

◎アドバイス、etc.…

● 面接日はWeb出願のときに選択できますが、出願が遅いと選べなくなるかもしれません。

東洋英和女学院小学部

- **部長** 吉田 太郎
- **児童数** 女子 473名

- **併設校** 東洋英和幼稚園
  東洋英和女学院中学部
  東洋英和女学院高等部
  東洋英和女学院大学
  東洋英和女学院大学院

沿革&目標

1884年（明治17年）、カナダの婦人宣教師が創設し、以来幼稚園から大学までのキリスト教による人間形成を目的とした一貫教育がおこなわれています。画一的な教育ではなく、一人ひとりを大切にしながら、豊かな人間性と国際性を養い、そして敬神と奉仕の精神を培うことが目標です。

学費 ※昨年度のものです。授業料等は、入学後、変更になる場合もあります。

- **入学手続時** 入学金 330,000円
- **それ以降** 授業料 550,000円（年額）、教育充実費 150,000円（年額）、
  施設設備資金 240,000円（年額）、給食費 130,000円（年額）、
  教材費等 80,000円（年額）、後援会費 40,000円（年額）、母の会入会金 5,000円、
  母の会年会費 10,000円、積立金 60,000円（年額）

所在地&最寄り駅

- **住所** 〒106-0032 東京都港区六本木5-6-14
  ☎03（5411）1322

- **アクセス** 地下鉄／六本木駅から徒歩7分
  大江戸線麻布十番駅から徒歩7分
  南北線麻布十番駅から徒歩12分

ホームページ https://www.toyoeiwa.ac.jp/

学校の特色

- **宗教教育** 学校は毎日の礼拝により始まります。週数回、全校礼拝があります。全学年聖書の授業があります。日曜日は教会学校に出席します。土曜日は休みとなります（週5日制）。

- **学習指導** 多くの教科が専科制です。複数の教科で協力教授授業をおこなっています。5・6年の算数授業は20人程度の少人数でおこなっています。

  メープル（週2回・総合の時間）でも児童の個性と特質に応じたきめ細かな指導をおこなっています。

  〈**英語**〉 1年生から英語の授業があります。

- **校外学習** 軽井沢追分寮にて、全学年宿泊行事をおこない、2・6年生は合同で生活します。

- **課外活動** 放課後、希望の児童に高等部ピアノレッスン室で、ピアノ実技の指導をおこなっています。進級テストをおこなって級を与え、高校3年生まで指導が受けられます。オルガン科もあります。

- **クラブ活動** 4年生以上が参加しています。フラワーアレンジメント、理科、料理、手芸、バドミントン、サッカー、バスケットボール、卓球、テニス、バレーボールなど。

- **母の会** 1932年（昭和7年）に発足した保護者組織で、学校と家庭との連絡を密にしています。

- **父の会** 2000年（平成12年）に発足し、学校行事等でサポートをするなど学校教育向上のための助力をしています。

- **昼食** 給食（月〜金曜日） ※食堂に教師と児童全員が集まり、祈りをささげたあと食事をします。

- **編入試験** 欠員が生じた場合にホームページで告知（11月）。対象学年新2・3・4・5年生。

- **併設校への進学状況**

  小→中 〈**女子**〉 原則として全員が東洋英和女学院中学部へ進学。

  中→高 〈**女子**〉 原則として全員が東洋英和女学院高等部へ進学。

- **併設高校から主要大学への合格実績**（2023年度入試）

  東京大1、お茶の水女子大1、筑波大1、千葉大（医1）2、東京芸術大1、東京外語大2、
  東工大1、横浜国立大1、早稲田大24、慶應義塾大24、上智大20、青山学院大28、
  学習院大9、明治大27、立教大35、中央大17、国際基督教大1、東京女子医大4、
  東京理科大16、北里大（医）2、昭和大（医）1　他〈医学部計17〉

Data 2025年度入試データ ※2024年実施予定です。必ず学校発表の入試要項でご確認ください。

［募集要項］ ※2024年実施予定
- **■募集人員** 女子50名
- **■願書配布** 6月下旬〜10月1日
- **■インターネット出願** 9月上旬〜10月1日
- **■願書受付** 10月1日（消印の郵送受付）
- **■考査料** 30,000円
- **■考査月日** 11月2日
- **■面接日** 10月〜
- **■結果発表** 11月3日（Web18:00）
- **■入学手続** 11月4日
- **■学校説明会** 5月11日、6月13日
- **■入試説明会** 9月7日
- **■オープンスクール** 6月19日

［入試状況］
- **■応募者数** 女子 585名
- **■合格者数** 女子 50名
- **■補欠者数** 非公表

［考査の順番］
生年月日別のグループ（順不同）。

［インフォメーション］
2025年度に、現在の六本木校舎から元麻布仮校舎への移転を予定しています。仮校舎ではありますが、現校舎同様の教室や設備が整い、給食も提供できます。

過去の出題 ペーパー 行動観察 運動 絵画制作

● 言語

[しりとり]

● 4つの絵がしりとりでつながるものには○を、つながらないものには×をつけましょう。

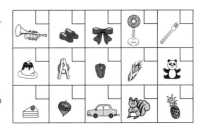

[ことば]

● 絵のなかで濁る音が入るものに○をつける。

● 絵のなかで伸ばす音が入るものを、3つ見つけて○をつける。

[話の記憶]

● 映像のなかの先生が、女の子の話をしてくれる。→別室から移動後にプリントをおこなった。

● 数量

[文章題]

● リスはクリスマスの準備をするのに、ろうそくを10本買いに行き、途中でころんでしまい4本折れてしまいました。折れていないのは何本ですか。その数だけろうそくの隣のマス目のなかに、1つずつ○を書きましょう。

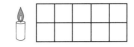

● クリスマスツリーにリボンを9個飾ります。今、4個飾りました。あといくつ飾ればよいですか。マス目に○を書きましょう。

● イチゴが4個あります。半分ずつに切るとイチゴは何個になりますか。

● プレゼントがピアノの上に3個、テーブルの横に1個、クリスマスツリーの下にも3個あります。全部でいくつありますか。その数だけ○を書きましょう。

● ネズミが全部で7匹招待されています。テーブルの下に4匹隠れています。テーブルの上には2匹います。まだ来ていないのは何匹ですか。

● 知覚

[空間知覚]

● 積み木を矢印の方向から見るとどのように見えるか。正しいものを囲む。

[模写]

● 前方に提示されたお手本を見ながら、同じようにマス目のなかに形を書く。

[点図形]

● お手本と同じになるように書きましょう。間違えたところは、消しゴムで消して書き直しましょう。

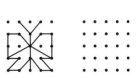

● 推理

［系列］

● 空いているところに入らない絵に×をつける。

● 空いているところに入る
お皿の数と、同じ数の果物
の部屋に〇をつける。

● 指示行動

［巧緻性］

● 先生が折り紙の折り方を実際に提示する。同じように折って作品を仕上げる。

● 行動観察

［玉入れ］

● やわらかいボールを使用して玉入れをする。1度に手に持てるボー
ルは1つだけという約束がある。終了の合図があるまで繰り返す。

［人形劇遊び］

● 4人グループになり、お父さん、お母さん、男の子、女の子の4種類
のペープサートで、人形劇遊びをする。「配役」「行く場所」「そこで
何をするか」を相談して決める。

［共同制作］

● 黄色の画用紙に形がいろいろ描かれており、それをハサミで切り取る。また女の子とお母さんの絵が
描かれた画用紙が用意されている。この裏面には両面テープが貼られている。グループのお友達と相
談して、この2枚の絵と、切った黄色のカードを1枚ずつ使って絵をつくる。

● 運動テスト

［リレー］

● 右足ケンケン　→　左足ケンケン
● 四つ足歩き（パンダ）→カニ歩き
● ピンポン玉をスプーンにのせておこなう。

面接

親子同伴の面接が考査日の前におこなわれます。日時は出願時に通知されます。面接資料は当日記入します。面接時間は10分程度。

父親へ

◎ なぜ私学を受験しますか。

◎ 数ある学校のなかで、どうして本校を選びましたか。

◎ 姉妹で違う学校になっても大丈夫ですか。

母親へ

◎ お子様は幼稚園でどのように過ごしていますか。

◎ お料理をつくるのはお母様だけですか。…お母様の料理で好評なものは何ですか。

◎ 姉妹の関係はどうですか。

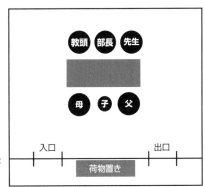

子どもへ

◎ お名前を教えてください。

◎ 幼稚園の名前を教えてください。

◎ 好きな食べ物で、つくるのを手伝ったことがあるお料理は何ですか。

 ## お母様の受験 memo

◎考査当日のこと…

● 送られてきた書類のなかに、時間の15分前から30分前に受付を済ませるよう案内がありました。

● 当日、アンケートを記入しますので、ギリギリに到着しないほうがよいかと思います。内容は「平日お子様といる時間はどれくらいあるか。何をして過ごすか」「願書に書ききれなかったこと」などでした。

● お茶の用意ができないので、考査日は水筒を持参するようにとの掲示がありました。

学習院初等科

- ●**科長** 梅本 恵美
- ●**児童数** 男子 386名
  女子 392名

- ●**併設校** 学習院幼稚園
  学習院中等科（男子）
  学習院女子中等科
  学習院高等科（男子）
  学習院女子高等科
  学習院女子大学
  学習院大学

沿革 & 目標

仁孝天皇の発意により公家子弟の教育機関として、1847年（弘化4年）、京都に設立された学習所がその起源で、その後、孝明天皇により「学習院」の勅額が下賜され、華族の学校として1877年（明治10年）、東京に開校しました。現在は学校法人として、広い視野、たくましい創造力、豊かな感受性の3つを目標に教育がおこなわれています。

学費 ※昨年度のものです。授業料等は、入学後、変更になる場合もあります。

- ●**入学手続時** 入学金 300,000円、維持費 312,000円
- ●**それ以降** 授業料 774,000円（年額）、その他・タブレット端末代など 約 250,000円（年額）
  ※寄付金1口100,000円（任意／5口以上）

所在地 & 最寄り駅

- ●**住所** 〒160-0011 東京都新宿区若葉1-23-1
  ☎03（3355）2171

- ●**アクセス** JR・地下鉄／四ツ谷駅から徒歩8分

ホームページ https://www.gakushuin.ac.jp/prim/

学校の特色

- **学習指導**　〈**専科制**〉学級担任の他に、理科・音楽・図工・体育・家庭・英語・図書は専科教員が担当し、高学年では全教科を専科制で指導しています。

　〈**英語教育**〉3年生からは英語の時間を設け、教師3人（うち英語母語話者教師1人）による1クラス2分割授業をおこない、少人数での国際交流を意識したきめ細かな指導によって、品格を持って堂々と接する態度を育みます。

- **校外学習**　宿泊する校外教育は3年生から始まります。学校の教室ではできない、自然のなかでの体験学習をおこないます。「雪の学校」は、長野県の湯の丸高原で実施しています。また、静岡県沼津市での海浜教育は、6年間の水泳学習の総まとめとして各人が距離泳に挑戦します。

- **クラブ活動**　高学年ではクラブ活動および児童会委員活動の時間を設け、自主性・創造性・社会性、さらに人間らしさの伸張を図っています。

- **昼食**　給食（月～金曜日）

- **併設校への進学状況**

　小→中　男女とも原則として全員が進学できる。

　中→高　〈**男子**〉中等科卒業生のほとんどが学習院高等科へ進学。

　　　　　　〈**女子**〉女子中等科卒業生のほとんどが学習院女子高等科へ進学。

　高→大　〈**男子**〉高等科卒業生は学習院大学へ優先入学。他大学受験は約50%。

　　　　　　〈**女子**〉女子高等科卒業生は学習院大学・学習院女子大学へ優先入学。他大学受験は約40%。

- **併設高校から主要大学への合格実績**（2023年度入試）

　　　東京大1、京都大1、一橋大1、筑波大1、東京医科歯科大1、横浜国立大3、慶應義塾大34、上智大19、早稲田大24、同志社大2、東京理科大8、明治大15、中央大8、立教大9、北里大3、東京医科大2、順天堂大3、学習院大200　他

Data 2025年度入試データ ※2024年実施予定です。必ず学校発表の入試要項でご確認ください。

[募集要項] ※2024年実施予定

■募集人員	男女計約80名
■願書配布	9月2日～30日（窓口）
■Web登録	9月14日～24日
■書類郵送	10月2日まで（簡易書留速達による郵送）
■考査料	30,000円（銀行振込）
■考査月日	11月1日～5日のうち1日
■面接日	11月1日～5日のうち1日（考査日と同日）
■結果発表	11月7日（Web／掲示）
■入学手続	11月11日（午前9時～11時／午後1時～3時）
■学校説明会	5月11日
■学校見学会	9月7日
■入試説明会	9月2日～13日（web）

[入試状況]

■応募者数　約740名

[考査の順番]

生まれ月の早い順

[インフォメーション]

入試手続きは、Webでの申し込みと併せて、願書等の郵送も必要です。

2024度入試内容 `行動観察` `運動` `個別`

● 絵画制作 ────────────

- ● 帽子を鉛筆でかたどり、その絵を逆さまにして、何か絵を描く。
- ● フルーツの絵を描く。

● 個別テスト ────────────

- ● クーピー、ノリ、セロテープなどを箱に入れて片付ける。
- ● 片側にマグネットがついており、それを真ん中から折り合わせたら、マグネットはどこにいくか。

● 口頭試問 ────────────

- ● 朝は何を食べてきましたか。
- ● お家や幼稚園では何をして過ごしますか。
- ● 好きな服は何ですか。
- ● お家で何をして遊びますか。

● 運動テスト ────────────

- ● 音楽が止まるまでスキップをする。
- ● 立っている場所で前後左右に跳ぶ。
- ● 先生の模倣をする。
- ● ボール投げ。

● 行動観察 ────────────

3〜4人のグループでおこなう

[**魚釣りゲーム**]

- ● クリップがついた魚を磁石のついた釣り竿でとる。釣ったあと、裏返しになっているカードを引いて、カードの数と釣った魚の数が同じなら1ポイントもらえる。

過去の出題

● 個別テスト ────────────

- ● 絵の記憶。（お城に王子様、お姫様、こびと、魔女が住んでいる絵を覚える）
  魔女の居た部屋のリンゴを塗りましょう。また、王子様の居たところはどこですか、などの質問をされる。
- ● 紙皿でつくられた鳥を見て、使われた道具を3つ選ぶ。また、この鳥をもっと可愛くするために、袋のなかのビーズから1つ選ぶ。どうしてそのビーズを選んだのか質問される。
- ● お話づくり。絵を選んでお話をつくる。
- ● 巧緻性。ハサミを使って切る。
- ● 穴に紐を通して蝶結び。
- ● ビーズが8個（黒、赤、水色）あり、はじめに黒を通し、そのあとは同じ色が続かないように通していく。時間は短い。

● 行動観察

- うちわの上にボール（玉入れ用の玉）をのせて、指示通りに進み、最後にかごのなかに入れる。
  右足→左足と1歩ずつ歩く→フープのなかをくるくる歩く→両足ジャンプ→かごにボールを入れる

- 2枚の円形の板を使って、円柱を挟み、3人1組でコーンをまわる。

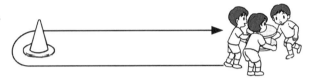

面接

保護者のみの面接が考査の当日におこなわれます。時間は5分程度。

父親へ

◎ 本校に求めることは何ですか。

◎ ご家庭でのお子様との関わりについて教えてください。

◎ お子様の教育については、どのようにお考えですか。

◎ 休日はお子様とどのようにお過ごしですか。

母親へ

◎ お友達との関係について、お子様へ伝えていることはありますか。

◎ 子育てで重要視していることは何ですか。

◎ どのようなとき子育ての実感（醍醐味）がわいてきますか。

◎ お子様の好きな本は何ですか。

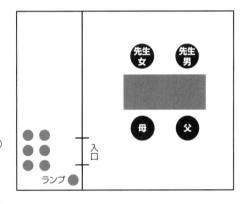

お母様の受験 memo

◎考査当日のこと…

- 控え室は教室でした。トイレに行ったり、水分補給をしたりするのは自由でした。
- とてもよい雰囲気の学校で、先生方が常に保護者に対して気を使ってくださっていました。
- 事前に「面接の緊張感がすごい」と聞いていたのですが、そのようなことはなく、とてもなごやかで笑顔のある面接でした。

◎アドバイス、etc.…

- ペーパー自体はありませんが、いろいろな項目があるので、対策を広い分野でしていかないと厳しいと感じました。先生と1対1の個別になるため、その練習も大事だと思います。

品川翔英小学校

- ●**校長** 小野 時英
- ●**児童数** 男子 167名
  女子 109名

- ●**併設校** 学校法人 小野学園
  品川翔英
  幼稚園/中学校/高等学校

沿革 & 目標

教育の基礎をつくる大切な児童期に、明るく豊かな人格の形成と、個々の子どもの個性を伸ばし、知能を開発して能力に応じた高度な教育を施すことを目標に、1952年（昭和27年）に設置されました。以来1学年1学級、知育・徳育・体育（頭と心と体）の3つのバランスをとった教育方針を貫いてきました。そして、すべての教師が児童一人ひとりの性格や個性を、その顔や名前と同じように把握し、学園全体が家庭や近隣社会と同じような温かい人間関係で築かれています。

学費 ※昨年度のものです。授業料等は、入学後、変更になる場合もあります。

- ●**入学手続時** 入学金 250,000円、施設費 200,000円、入学準備金 50,000円
- ●**それ以降** 授業料 45,000円（月額）、維持費 15,000円（月額）、PTA会費 2,000円（月額）、
  後援会費 1,500円（月額）、学年積立金 4,500円（月額）、
  諸経費 4,300円（月額）

所在地 & 最寄り駅

- ●**住所** 〒140-0015 東京都品川区西大井1-6-13
  ☎03(3774)1157(直)

- ●**アクセス** JR／西大井駅から徒歩5分
  JR・東急・りんかい線／大井町駅から徒歩10分
  スクールバス／「大井町駅方面」、「青物横丁駅方面」、
  「立会川駅方面」、「大森海岸駅方面」までの送迎

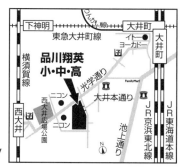

ホームページ https://www.shinagawa-shouei.ac.jp/primaryschool/

学校の特色

- **学習指導**
  〈**学級担任制と教科担任制**〉学級担任は一人ひとりをよく把握し、多面的な視点から指導できるように児童に関わっています。理科・音楽・図工・体育・家庭・習字・コンピュータ・英語は専科制をとっていることで小学校の範囲を越えて学ぶことができます。
  〈**小野時間**〉4年生は週2回、5・6年生は週5回、6時限目の後に30分間を「学習進度を進める」「調べ学習をおこなう」「問題集を使った進学指導をおこなう」「計算・漢字などの基礎基本の反復学習をおこなう」といった用途に当て、活用しています。
  〈**英語教育**〉国際的視野を広げるために、1年生から週2時間英語教育を実施しています。日本人と外国人教師による二人体制指導を取り入れ、「聞く力」「話す力」「書く力」「読む力」の育成に努めています。

- **実地教育**
  山中湖セミナーハウスにおける林間学校、その他特別活動を通して教室でできない実地の体験学習をおこない、発見・探究する態度を養いながら団体生活の規律や自治の精神を教え、責任感を体得させるようにしています。

- **教育環境**
  校地約12,000㎡と校舎約11,000㎡を有し、鉄筋5階建ての明るい校舎と2023年9月に完成した校庭があり、2つの屋内体育館および一年中使用できる温水プール等、健康的で安全な教育環境を形成しています。山中湖の湖畔にはセミナーハウスを有し、1年生から5年生まで毎年林間学習をおこなって団体生活を経験しています。6年生は修学旅行を実施しております。

- **昼食**
  弁当（月〜金曜日）お弁当給食（希望制）

- **編入試験**
  欠員が生じた場合に実施。登録制で対象学年は1・2・3年生。国語・算数の学科試験あり。

- **併設校への進学状況**
  - 小→中　〈**男女**〉　卒業生のおもな合格実績。（過去5年間）
    開成中、麻布中、武蔵中、桜蔭中、早稲田中、慶應義塾中、学習院中、学習院女子中、駒場東邦中、青山学院中、立教池袋中、立教新座中、白百合学園中、広尾中、浅野中、豊島岡女子学園中、フェリス女学院中　他
  - 中→高　〈**男女**〉　卒業生のほぼ全員が品川翔英高等学校へ優先入学。

Data 2024年度入試データ ※2023年実施済みです。

[募集要項] ※2023年実施済み

- **■募集人員**　〈第1回〉男女計40名　〈第2回〉若干名
- **■Web出願**　〈第1回〉10月1日〜19日
  〈第2回〉11月3日〜23日
- **■考査料**　25,000円
- **■考査月日**　〈第1回〉11月1日・2日のいずれか
  〈第2回〉11月25日
- **■面接日**　〈第1回〉10月16日〜27日
  〈第2回〉11月25日
- **■結果発表**　〈第1回〉11月3日（Web）
  〈第2回〉11月25日（Web）
- **■入学手続**　〈第1回〉11月6日　〈第2回〉12月4日

[入試状況]

- **■応募者数**　男子73名　女子38名

[インフォメーション]

- **■学校説明会**　2024年5月23日、6月28日
- **■ナイト説明会**　2024年6月7日
- **■入試説明会**　2024年9月7日

出願、発表はすべてweb上で実施します。

19時までお子様を預かる「アフタースクール」。月曜日〜金曜日に「お弁当給食」を注文できます。

2024年度入試内容 ペーパー 行動観察 運動

● 行動観察

- 4人グループで大きな紙、布を使ってボールを運ぶ。
- 自由遊び。楽器、ボール、風船、ぬいぐるみ、紙、クレヨン、平均台などで自由に遊ぶ。

● 運動テスト

- 1人ずつ歩きながらドリブルをする。

過去の出題

● 言語

［話の聞き取り］

けんじ君がお母さんといっしょにお買い物に行きます。今日は妹の誕生日なので、お父さんが帰ってきたら、お家でお誕生パーティをするのです。ケーキ屋さんでは妹が大好きなプリンを4つ買いました。お花屋さんではいろいろな花を見ましたが、赤いカーネーションを10本買いました。お肉屋さんで挽肉を買ったあとは八百屋さんでカレーとサラダに使う野菜を買いました。人参と玉ねぎ、それにトマトです。「じゃがいもはお家にあるからいいわ。」とお母さんが言いました。最後に魚屋さんによってエビとタコを買いました。これはお父さんが大好きだからです。けんじ君は沢山の荷物を両手に持って帰ったので、「よく頑張ったわね。」とお母さんが褒めてくれました。

- それぞれのお店で買ったものに○をつけましょう。

● 推理

［推理］

- 折り紙を三角に2回折って、○の穴をあけて開いたときどうなりますか。

 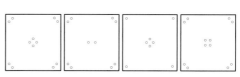

- 太線の四角に入る形を書きましょう。

● 知識

［しりとり］
- 左上の扇風機から右下の地球まで、つながるように
線を引きましょう。

● 数量

［数の対応］
- 私は友達のけんじ君と妹のあき子と
いっしょに水族館に遊びに行きまし
た。そこで、持っていたアメをけんじ
君と妹に2つずつあげたら残りは4個
でした。私ははじめに何個アメを持っ
ていたのでしょうか。

［補数］
- 魚と貝の数を同じにするにはどちら
がいくつ足りませんか。

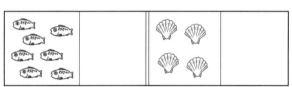

● 絵画制作

- 描いてある形を使って、自由に絵を描きましょう。

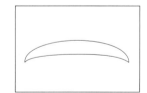

● 行動観察

- 模造紙を渡され、話し合って海の生き物を描くように指示がある。
- ドミノ倒し。

● 運動テスト

- 大縄跳び。
- 平均台。
- 跳び箱。
- クマ歩き。

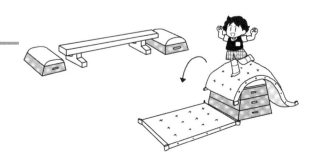

面接

親子同伴の面接が、考査日前におこなわれます。面接時間は20分〜30分。

父親へ

◎ 志望理由を教えてください。

◎ お父様が考える理想の父親像はどんなものですか。

◎ （学級通信をその場で読んで）ふだん通りに、その内容を
お子様に説明してください。

母親へ

◎ 子育てをする上で、気をつけていることは何ですか。

◎ 最近、園であった出来事で1番印象に残っていることは何
ですか。

◎ （学級通信をその場で読んで）ふだん通りに、その内容
をお子様に説明してください。

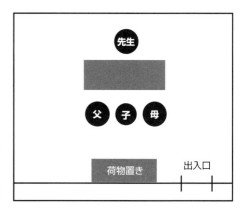

子どもへ

◎ 受験番号を言ってください。

◎ お名前を教えてください。

◎ 幼稚園の先生の名前を教えてください。

◎ いつも遊んでいる友達の名前を教えてください。

◎ お父さん（お母さん、お兄さん、先生、お友達）とは何をして遊んでいますか。

◎ 好きな本を教えてください。

◎ 本を読んでもらうのと、自分で読むのとではどちらが好きですか。

◎ 好きな食べ物、嫌いな食べ物を教えてください。

◎ 小学校に入学したら何を頑張りますか。

◎ 将来何になりたいですか。

 # お母様の受験 memo

◎考査当日のこと…

● 面接日の控え室は図書室でした。他に待っているご家族はいらっしゃいませんでした。

● 面接で親が学級通信を読んでいる間、子どもは質問に答えていました。

● 当日提出するアンケートは、志望理由、教育観、持病、在園名、幼児教室名、通学手段などでした。

サレジアン国際学園目黒星美小学校

- **校長** 小島 理恵
- **児童数** 男子 290名
  女子 334名

- **併設校** サレジアン国際学園
  世田谷中学・高等学校

沿革&目標

1954年（昭和29年）、扶助者聖母会（サレジアン・シスターズ）を設立母体に、学校法人星美学園の第2小学校として目黒区に開校しました。1957年（昭和32年）、学校法人目黒星美学園と改称し、中学校・高等学校を開校しました。2023年4月より校名を変更し、これまでの教育の特色に加え、さらに世界市民として他者のために力を使い、自らの心を世界に向けて開くことのできるグローバルな視野をもった児童の育成に力を入れます。
私たちの教育は、一人ひとりをかけがえのない存在として大切にされる神の愛に基づいた教育です。児童・保護者・学校が一つとなり、家庭的雰囲気のなかで教育共同体を築きます。「愛情から信頼が生まれ、信頼から教育が生まれる」という聖ヨハネ・ボスコの言葉を大切に、子ども達との関わりのなかで知性を磨き、心を鍛え、正しい判断力と自由な選択能力を養えるよう導き、社会と人々に積極的に貢献できる自立した人間を目指します。

学費 ※昨年度のものです。授業料等は、入学後、変更になる場合もあります。

- **入学手続時** 入学金 250,000円、施設設備費 150,000円
- **それ以降** 授業料 42,000円（月額）、教育充実費 7,000円（月額）、後援会費 3,500円（月額）、
  預り金 35,000円（年額）、合宿積立金 5,500円（月額）、ICT関連積立金 2,500円（月額）

所在地&最寄り駅

- **住所** 〒152-0003 東京都目黒区碑文谷2-17-6
  ☎03(3711)7571

- **アクセス** 東急東横線／学芸大学駅から徒歩15分
  バス／等々力駅より東京駅南口行き「碑文谷5丁目」下車
  大森駅より新代田駅前行き「平町」下車
  目黒駅より大岡山小学校行き「サレジオ教会」下車

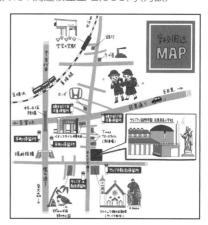

ホームページ https://www.meguroseibisho.ed.jp/

学校の特色

- **宗教教育** 　本校では、「生きる力を育む生活に根付いた宗教教育」を目指します。正しく生きることを学び、他者とのかかわりを大切にすることで、神の存在と人間に対する愛を育みます。

- **学習指導** 　〈**英語**〉1年生から週2時間、英語の授業があります。毎日授業とは別に、朝学習として英語を取り入れています。
  〈**専科**〉英語・宗教・理科・音楽・図工・体育などで専任教師による授業がおこなわれています。
  〈**クラス編成**〉現在は5,6年生が男女別学ですが、令和5年度入学児童が高学年に進級する際には男女共学クラスとなります。

- **校外学習** 　2年生から6年生まで、宿泊を伴うフィールドワークを系統的におこなっています。自然を通して神と人との深い関係を感じ取り、体験や検証を通して生きる力を培います。児童の生き方・考え方・価値観などすべてにおいて、豊かな成長に到達することを目的としています。
  ［2年生・秋の自然教室］、［3年生・菅平高原学校］、［4年生・志賀高原学校］、［5年生・尾瀬高原学校］、［5年生女子・森の学校］、［5年生男子・サマースクール］、［6年生・美ら島学校］、［6年生・スキースクール］

- **安全対策** 　校内外の巡回、警備員常駐、安全パトロールとの密な連絡もおこないます。また、災害時に備えて水や食料の備蓄もおこなっています。

- **アフタースクール** 　〈**ドーポ・スコーラ**〉ご両親の就業により、放課後、家庭において1人で過ごさざるを得ない1〜2年生の児童を校内でお預かりする、放課後サポートクラブです。帰りの会終了後、活動場所へ移動し、荷物整理、宿題を終わらせ、おやつの時間をとります。お迎えの時間まで、読書、パズル、簡単な工作などをして過ごします。保護者には18時までのお迎えをお願いしています。また、兄姉が上級生に在学の場合、その下校時刻にいっしょに帰宅することもできます。

- **昼食** 　弁当（月〜金曜日）。パン注文あり。

- **編入試験** 　欠員が生じた場合に実施。

- **併設校への進学状況**
  小→中・高　〈**男女子**〉サレジアン国際学園世田谷中学高等学校（2023年4月より校名変更）へ進学可。

Data 2025年度入試データ ※2024年実施予定です。必ず学校発表の入試要項でご確認ください。

［募集要項］※2024年実施予定

■**募集人員**	男女計 120名（A・B日程の合計）
■**願書配布**	5月21日〜
■**出願(web)**	〈A日程〉9月21日〜10月6日
	〈B日程〉11月3日〜10日
■**願書郵送**	〈A日程〉10月1日〜7日
	〈B日程〉11月5日〜11日※消印有効
■**考査料**	25,000円
■**考査月日**	〈A日程〉11月1日　〈B日程〉11月21日
■**面接日**	〈A日程〉10月19日・26日
	〈B日程〉11月16日
■**結果発表**	〈A日程〉11月2日　〈B日程〉11月22日
	（10:00〜13:00／web）
■**学校説明会**	5月21日・24日、6月10日・13日
■**入試体験会**	7月20日
■**入学試験説明会**	9月2日

［入試状況］

■**受験者数** 　男子 190名　女子 131名

［考査の順番］

生年月日順（生まれ月の早い順）

［インフォメーション］

2023年4月より、サレジアン国際学園目黒星美小学校に校名変更となります。

過去の出題　ペーパー　行動観察　絵画制作　個別

● ペーパー

- ●話の記憶。
- ●数量。

● 行動観察

- ●1人ずつ動物を描いて、みんなで動物園をつくる。

● 個別テスト

［話の聞き取り］

子ネズミのマフラーをつくるために、ヒツジさんやパン屋さんといろいろなものを交換する話。

- ●ヒツジは何がほしかったのですか。
- ●パン屋さんとはどんな約束をしましたか。

［お話づくり］

カードに泣いている男の子と向かい合う女の子が描いてある。

- ●男の子はどうして泣いているのだと思いますか。

［構成］

- ●三角パズル。

［数］

- ●リンゴの木に実が7個なっています。サルがやってきて4個食べました。実はあと何個残っていますか。

● 集団テスト

［絵画］　6人のグループでおこなう。

- ●お花に色を塗って切り取ります。お友達と相談して大きな紙にお花畑をつくりましょう。
- ●好きな動物と自分が遊んでいるところをクレヨンで描きましょう。

［ジャンケンゲーム］

グループごとに1列に並んでジャンケンをする。勝ったら「ヤッター」負けたらおサルの格好で両手を頭につけて「ゴメンチャイ」と言って次の人と交代する。

［お母さんが呼んでいるよゲーム］

2人ずつ手をつないで大きな輪になる。輪のなかに手をつないでいないオニが4〜5人入る。オニは「お母さんが呼んでいるよ」と言って、2人組の1人の肩をトントンする。トントンされた人はオニを交代する。

［生活習慣］

手を洗って、みんなでお弁当を食べる。麦茶を自分でついで飲む。

面接

親子同伴での面接が、考査日前におこなわれます。面接時間は、10〜15分程度。

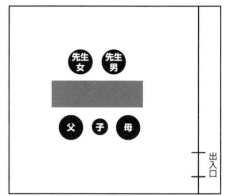

父親へ

◎ 志望理由を教えてください。

◎ 家族の素敵なところを教えてください。

◎ 休日はお子様とどのように過ごしていますか。

◎ 仕事上で大切にしていることは何ですか。

◎ お子様について、最近ご夫婦で話し合ったことは何ですか。

◎ ご兄弟で違う学校を選んだのはどうしてですか。

母親へ

◎ 子育てで気をつけていることを教えてください。

◎ お仕事について教えてください。

◎ ご家庭のしつけについて教えてください。

◎ 父親と母親の役割についてどうお考えですか。

子どもへ

◎ お名前を教えてください。

◎ お誕生日を教えてください。

◎ 幼稚園の名前と先生の名前を教えてください。

◎ 仲のよいお友達の名前を教えてください。…そのお友達のすごいところを教えてください。

◎ 朝ごはんは何を食べましたか。

◎ 好きな絵本は何ですか。…どんなお話ですか。…どんな人が出てきますか。
　…どんなところが好きですか。

◎ 好きな食べ物は何ですか。

◎ 今いっしょに住んでいる人の名前を教えてください。

◎ お父さんと何をして遊びますか。

◎ 幼稚園では、外と部屋のなか、どちらで遊びますか。…何をして遊びますか。

 # お母様の受験 memo

◎試験当日のこと

● 控え室は体育館でした。お茶の用意がありました。時間の5分前には呼ばれます。

● 考査時間が他校に比べて長かったです。

◎アドバイス、etc.…

● 男子は志願者が多く倍率も高いので、しっかり対策が必要です。

トキワ松学園小学校

- **●校長** 百合岡 依子
- **●児童数** 男子 169名
  女子 111名

- **●併設校** トキワ松学園中学校（女子）
  トキワ松学園高等学校（女子）
  横浜美術大学（共学）

沿革&目標

1916年（大正5年）、渋谷区常磐松町に創立し、現在は小学校から大学までの総合学園です。一貫教育の基礎となる小学校では、健康・感謝・親切・努力の4つを教育目標として、校章が意味する「円満な人格」の育成をめざしています。

学費 ※昨年度のものです。授業料等は、入学後、変更になる場合もあります。

- **●入学手続時** 入学金 250,000円、施設設備費 180,000円
- **●それ以降** 授業料 516,000円（年額）、その他 23,400円（月額）
  ※寄付金1口 100,000円（任意／2口以上）

所在地&最寄り駅

- **●住所** 〒152-0003 東京都目黒区碑文谷4-17-16
  ☎03（3713）8161

- **●アクセス** 東急東横線／都立大学駅から徒歩8分
  学芸大学駅から徒歩10分
  バス／目黒駅より「碑文谷警察署前」下車
  大森駅より「平町」下車

ホームページ https://www.tokiwamatsu.ed.jp/

学校の特色

- ●**学習指導** 〈**英語教育**〉1年生から週2回、英語の授業を設けています。

  〈**教科担任制**〉学級担任・副担任はおいていますが、図工、音楽、英語など各教科ごとに専任教師による授業を実施しています。

  〈**モジュール制**〉1単位を15分として、30分、45分、60分、90分授業など学年や教科に応じた時間割を組んで、子どもたちの興味・関心を育て、力を確かなものとしています。

  〈**進学指導**〉5・6年生はどの教科も専科制になり、授業のなかで受験的な要素を持った内容も指導していきます。また、月1回の「月例テスト」という業者テストを授業内でおこないます。

  〈**補習**〉全学年、授業とは別に放課後を利用して補習指導をおこなっています。

  〈**土の校庭**〉遊びの時間を大切にするほか、校庭でのさまざまな学習活動もおこなっています。

- ●**学級編成** 1～6年生まで23人クラスで松・楠の2クラス編成。5・6年生は学級活動等は2クラス合同でおこなう。

- ●**校外学習** 宿泊行事は、学校宿泊（2年生）、海の教室（3年生）、山の教室（4・5年生）、自然体験教室（6年生）、スキー教室（3～5年生）、修学旅行（6年生）があります。

- ●**特別活動** 隔週で水曜日の午後にクラブ活動があります（4・5・6年生）。

- ●**アフタースクール** 〈**学内学童保育**〉子どもたちの放課後をより安全で豊かなものにするために、平成26年度よりスタートしました。学年や就労条件に関係なく誰でも利用できます。代休日・長期休暇時は朝8時から18時30分まで開校。最寄りの駅・バス停まで随伴可。ピアノ・チアリーディング・そろばんなどさまざまな定期プログラム（習い事）を用意。

- ●**進学** 女子はトキワ松学園中学校に進学もできますが、男子と同じように受験もできるよう、2020年度より選択の幅を増やしました。男子は他の国立中学や私立中学への進学をめざします。

- ●**昼食** 弁当（月～金曜日）※弁当等の注文も可。

- ●**編入試験** 欠員が生じた学年を対象に7月・2月に実施。

- ●**併設校への進学状況**

  小→中 〈**女子**〉 原則としてトキワ松学園中学校へ進学できる。

  中→高 〈**女子**〉 卒業生は原則としてトキワ松学園高等学校へ進学できる。

Data 2025年度入試データ ※2024年実施予定です。必ず学校発表の入試要項でご確認ください。

[募集要項] ※2024年実施予定
- ■**募集人員** 男女計 約40名
- ■**願書受付** 10月1日～28日（web出願）
- ■**考査料** 25,000円
- ■**考査月日** 11月1日・2日
  （いずれかの午前または午後を選択）
- ■**面接日** 10月19日・26日
  （19日は午前、26日は午前
  または午後のいずれかを選択）
- ■**合格発表** 11月2日（午後7時／web）
- ■**入学手続** 11月2日・3日
- ■**学校説明会** 3月7日
  6月15日（施設見学あり）
  9月14日（施設見学あり）
- ■**入試体験** 7月19日

[入試状況]（2024年度入試）
- ■**応募者数** 男子 82名 女子 58名

[考査の順番]
願書提出順（考査希望日に応じる）

[行事日程]（予定）
- ■**学園会バザー** 7月14日
- ■**親子運動会** 10月5日
- ■**音楽発表会** 2025年2月12日

過去の出題 ペーパー 行動観察 運動 絵画制作

● 言語

[本の読み聞かせ]
●本を読んでもらい先生の質問に答える。

[言葉の理解]
●先生が言った顔はどれか選ぶ。

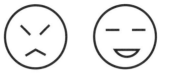

● 知覚

[迷路]
●△ー□ー★ー☆の順番に進む。

● 巧緻性

[ひも結び]
●10本ほどのひもを結んで1本にする。

● 行動観察

[自由遊び]
●ボウリング、ままごと、積み木、ドミノなどで自由に遊ぶ。

● 運動テスト

●ボールをつきながらコーンを回ってもどる。

● 絵画制作

[ぬり絵]
●B5半分ほどの大きさの紙にコマが描かれてい
て、クーピーでぬり絵をする。

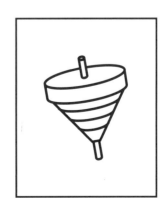

面接

保護者のみの面接が、考査日以前におこなわれます。時間は15分程度。

👨 父親へ

◎ どのようにして本校を知りましたか。

◎ この学校をどう思いますか。

◎ お仕事についてお聞かせください。

◎ お子様とは何をして遊びますか。

👩 母親へ

◎ 担任の先生に期待することは何ですか。

◎ 行事には参加していただけますか。

◎ お子様の健康上のことで、伝えておきたいことはありますか。

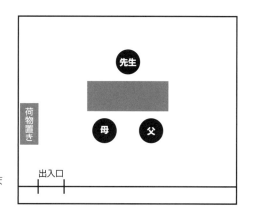

お母様の受験 memo

◎試験当日のこと…

● 玄関を入って左の控え室で待機します。子どもが考査へ向かったあと、親はグループごとに移動し、面接がおこなわれました。

● 9時に点呼があり、子どもは考査室へ移動します。11時10分に終了しました。

● カメがいるので、途中のトイレ休憩のとき「カメを見てもいいよ」と言われたり、なごやかな雰囲気でした。

● 控え室はコーヒーやお茶が用意されており、みなさん自由に飲まれていました。

◎面接では…

● 面接はアットホームな感じでおこなわれました。受験者を見極めるというよりも、いっしょに楽しく話をするといった感じでした。

● 面接室は4～5教室あり、同時進行でした。

日本女子大学附属豊明小学校

- ●**校長** 宮城 和彦
- ●**児童数** 女子 684名

- ●**併設校** 日本女子大学附属豊明幼稚園
  日本女子大学附属中学校
  日本女子大学附属高等学校
  日本女子大学

沿革 & 目標

1901年（明治34年）、日本で最初の組織的な女子高等教育機関である日本女子大学が「女子を人間として教育する」「女子を婦人として教育する」「女子を国民として教育する」という建学の理想のもとに成瀬仁蔵により創設されました。1906年（明治39年）、女子の生涯教育の一環として小学校が設立され、以後、創立者の提唱した三綱領「信念徹底」「自発創生」「共同奉仕」が受け継がれています。幼稚園から大学院にいたる一貫教育を通じて、知育・徳育・体育のバランスのとれた全人教育をめざしています。

学費 ※昨年度のものです。授業料等は、入学後、変更になる場合もあります。

- ●**入学手続時** 入学金 250,000円、施設設備費 480,000円
- ●**それ以降** 授業料 440,000円（年額）、給食費 89,600円（年額）、
  豊明会入会金 5,000円、豊明会会費 1,000円（月額）、教材費32,000円（年額）
  ※教育充実資金寄付金 100,000円（任意）、学園基金拡充寄付金 60,000円（任意）

所在地 & 最寄り駅

- ●**住所** 〒112−8681 東京都文京区目白台1−16−7
  ☎03（5981）3800

- ●**アクセス** JR／目白駅から徒歩15分
  地下鉄／護国寺駅から徒歩10分、雑司が谷駅から徒歩8分
  都電／鬼子母神駅から徒歩7分
  バス／目白駅から新宿駅西口行き「日本女子大前」下車
  スクールバス／目白駅から日本女子大前行き（直行）

ホームページ https://www.jwu.ac.jp/elm/

学校の特色

● **学習指導** 〈**自学自動**〉基礎学力の定着を基本に、校外学習や体験学習、伝統的な「日記指導」、さらには理科・音楽・図工・体育・英語・情報・家庭科・読書・習字といった専科教育を通じて、「実物教育」の精神を日常の学習生活のなかに浸透させています。英語は大学との連携によってカリキュラムを作成し、児童英語教育のメソッドを専門的に習得した教員が担当しています。オーストラリアの姉妹校や留学生との国際交流も実施しています。プログラミングは2010年から専門の教員によって系統的におこなわれています。1人1台の iPadや電子黒板を使用して、さまざまな教科でICTを活用した授業が日常的におこなわれ、創立以来の「自学自動」精神を現代に生かした教育が実践されています。

● **特別活動** 〈**奉仕部活動**〉奉仕部として美化部、図書部、科学部、運動部、保健部、家庭部、視聴覚部があり、4年生以上が自治活動と研究をおこなっています。
　　　　　　〈**クラブ活動**〉5年生以上。テニス、バスケット、バドミントン、陸上、水泳、バレーボール、サイエンス、美術、演劇、器楽、手芸、写真、社会科研究、文芸などがあります。
　　　　　　〈**週番**〉各奉仕部が責任をもち、学校生活の決まりの実践指導にあたっています。

● **校外学習** 〈**夏の学校**〉5・6年生は、菅平・軽井沢三泉寮などで宿泊を伴った共同生活を体験します。
　　　　　　〈**西生田学校園**〉神奈川県川崎市多摩区にある校地は、山あり谷ありで豊かな自然の姿があります。春にはさつまいも苗植え、初夏には田植え・じゃがいも掘り、秋にはピーナッツ掘り・さつまいも掘り・稲刈りと実地学習をします。

● **アフタースクール** 平日学校のある日は放課後から18時30分まで、学校行事の代休や長期休みは8時30分（ご希望の方は8時）から18時30分まで、子ども達の居場所を提供しています。宿題に取り組む時間、おやつの提供の他、さまざまなプログラムを用意しています。（フラワーアレンジメント、造形教室、女性狂言師による和の時間、宝塚女優による歌の会、相撲力士を招いてのお餅つき、お琴の体験など）

● **昼食** 給食（週3日）／弁当（週2日）※曜日は学年により異なる

● **併設校への進学状況**
　小→中　　〈**女子**〉卒業生の約95%が日本女子大学附属中学校へ進学。
　　　　　　　　　　保護者および本人が進学を申請した場合、原則として推薦。
　中→高　　〈**女子**〉卒業生の約95%が日本女子大学附属高等学校へ進学。
　高→大　　〈**女子**〉卒業生の約80%が日本女子大学へ優先入学。他大学へ併願制度あり。

Data 2025年度入試データ ※2024年実施予定です。必ず学校発表の入試要項でご確認ください。

[募集要項]※2024年実施予定
- ■**募集人員**　女子 約54名（内部進学者を除く）
- ■**Web出願**　9月9日〜10月3日
- ■**書類提出**　10月1日〜3日（郵便）
- ■**考査料**　25,000円
- ■**考査月日**　11月1日
- ■**面接日**　10月12日・13日のうち1日
- ■**結果発表**　11月3日
　　　　　　（午後1時〜3時半／web）
- ■**入学手続**　11月4日
- ■**オープンスクール**　5月25日
- ■**授業見学会**　6月19日
- ■**入試説明会**　8月26日〜9月6日（オンライン）
- ■**個別相談会**　9月7日

[入試状況]（2024年度入試）
- ■**応募者数**　327名
- ■**合格者数**　54名

[考査の順番]
生まれ月の早い順

[行事日程]
- ■**運動会**　9月28日
- ■**写生会作品展**　5月25日※オープンスクール参加者のみ
- ■**書き初め展示会**　2025年1月18日
　　　　　　※オープンスクール参加者のみ

2024年度入試内容　ペーパー　行動観察　絵画制作

● ペーパー

- 話の記憶。
- 同数発見。同じ数のものを見つける。
- 巧緻性。見本の通りにクーピー、鉛筆を使って描く。色塗り。
- 構成。正しい絵になるようにカードを選ぶ。
- 積み木の構成。

● 絵画制作

- てるてる坊主をつくる。ティッシュをビニールで包み、モールで留める。

● 行動観察

- みんなで「虹」をつくる。模造紙などに線がかかれており、その線に沿って、ピンク、紫、黄などの色画用紙を輪にして虹をつくる。

過去の出題

● 推理

[回転図形]

- 左の絵が1回まわると、形はどのようになりますか。空いているところに、形を書きましょう。

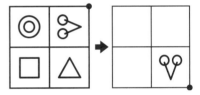

[系列]

- ある決まりによって形が並んでいます。空いているところには何が入りますか。

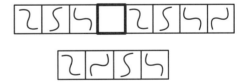

● 巧緻性

[運筆]

- 台紙の右側に描かれた木を、別紙のお手本と同じように濃淡をつけて塗り、左側に好きな絵を描き足しましょう。

● 絵画制作

［クマさんの誕生日カード］

- 半分に折った水色の折り紙を、長四角の枠のなかにノリで貼り、その上に赤と橙色の丸シールを太陽の形に貼る。青、緑、黄の色の丸シールが、それぞれクマの顔になるように、橙色のシールを耳に見立てて貼る。残ったシールは空いているスペースに自由に貼って飾りつける。終了の合図で、透明の封筒に入れて口を星型のシールで留める。

● 行動観察

［風呂敷を使って遊ぶ］

- 風呂敷をマントのようにする。
- 風呂敷を左右に振る。
- 木の実に見立てたボールを風呂敷で包んで、サルの絵のところまで持っていく。
- 風呂敷で好きな食べ物をつくる。

［魚釣り］

- 4〜5人のグループに分かれて、2本の釣り竿を使って交代で魚釣りをする。魚にはクリップがついている。釣った魚は模造紙に描かれた水槽に貼る。魚の裏には両面テープがついている。

［パンダさんの誕生日会］

低い丸テーブルのまわりに正座して作業する。

- お手本の作品を見ながら、グループで相談して、折り紙や花紙でオムライス、唐揚げ、目玉焼き、サラダ、キャンディ、ジュースなどをつくる。

［ウサギさんの家づくり］

- 丸テーブルの上に置かれたウサギのぬいぐるみの周りに、紙コップを積んで壁にし、家をつくる。1段目は子どもごとに指示された色の紙コップを使い、2, 3段目は茶色の紙コップを積んでいく。壁が完成したら、ウサギに食べ物（おもちゃのキュウリ、キャベツ、カボチャ、ニンジンのなかから2つ選んでお皿に乗せる）とバケツ（水を入れたつもりで）を置く。

面接

親子同伴の面接が、考査日前におこなわれます。時間は5～10分程度。

父親へ

◎ 志望理由を教えてください。

◎ お子様とどのように過ごしていますか。

◎ 家族のコミュニケーションをどのようにとっていますか。

◎ お仕事は何をされていますか。

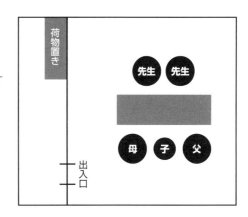

母親へ

◎ ご家族の思い出を教えてください。

◎ 子育てで大変だったことは何ですか。

◎ お子様との時間で、大切にしていることは何ですか。

◎ お子様が成長したと感じることは何ですか。

子どもへ

◎ お名前を教えてください。

◎ お手伝いは何をしていますか。…大変なことはありますか。

◎ 幼稚園で何をしているときが1番楽しいですか。

◎ 好きな食べ物は何ですか。

お母様の受験 memo

◎試験当日のこと…

● Web出願のときに、面接の日時を選択します。

● 面接はなごやか雰囲気でした。子どもの回答に対して「よく答えられましたね」と言ってくださいました。

● マスクをしての面接でした。

◎アドバイス、etc.…

● 考査の予定時間が1時間半でしたが、2時間ほどかかりました。1日の午後に併願校がある場合は注意が必要です。

文教大学付属小学校

- ●**校長** 島野 歩
- ●**児童数** 男子152名
  女子178名

- ●**併設校** 文教大学付属幼稚園
  文教大学付属中学校
  文教大学付属高等学校
  文教大学
  文教大学大学院

沿革 & 目標

幼稚園から大学までの文教大学学園は、1927年（昭和2年）に仏教を基盤として創立されています。「慈愛の心をもった子ども・自ら学ぶ子ども・情操豊かな子ども・頑張る子ども・明朗な子ども」を教育目標にし、家庭的なふれあいのもと心豊かな児童の育成をめざしています。

学費 ※昨年度のものです。授業料等は、入学後、変更になる場合もあります。

- ●**入学手続時** 入学金 200,000円
- ●**それ以降** 授業料 44,000円（月額）、教材費 20,000円（年額）、
  父母の会会費 18,000円（年額）、維持費 140,000円（年額）

所在地 & 最寄り駅

- ●**住所** 〒145−0065 東京都大田区東雪谷2−3−12
  ☎03（3720）1097

- ●**アクセス** 東急池上線／石川台駅から徒歩2分

ホームページ https://www.bunkyo.ac.jp/ps/

学校の特色

- **宗教教育** 仏教による宗教教育を通し、豊かな人間性を養っています。
  一日の学校生活は、「朝の祈り」「合掌」「おはようございます」で始まり、「夕べの祈り」「合掌」「さようなら」で終わります。
- **学習指導** 低学年では、自分で興味をもって学習に取り組めるよう指導しています。
  4年生からは受験準備として、放課後・夏休み・冬休みに進学補習の時間を設けています。
  1年生から週1回英語の時間を設け、会話を中心とした指導をおこなっています。
  1学年1学級編成のため全教職員が全児童を知っており、温かい家庭的な人間関係を築けるきめ細かな指導をおこなっています。
- **行事** 3年生以上を対象に毎年校内弁論大会を実施しています。
  全校で行く自然林間学校の生活では、縦割り集団編成をおこない、リーダーとメンバーをそれぞれの役割に気づかせながら、わがままをなくし、奉仕、協力、協調性を身につけさせる機会としています。
- **特別活動** 4年生から児童会活動（委員会活動と総合的な学習）に参加します。
- **アフタースクール** 〈**文教ファミリークラブ**〉放課後最大20時まで、学習面のサポートを中心とした、アフタースクールをおこなっています。ただ、放課後、安全にお預かりするだけでなく、個性の育成をめざし、自学自習の姿勢をつくり、学力促進をめざす1年生から6年生までの放課後児童サポートスクールです。『特徴』◇学力アップ。中学受験にも対応。　◇帰りはスタッフが引率して駅まで集団下校を実施。　◇最長夜8時までお預かり。　◇短縮授業や長期休業にも対応。　◇個別指導（オプション）の体制も充実。
- **昼食** 弁当（月〜金曜日）※月・火・金曜日は弁当の注文可。
- **編入試験** 欠員が生じた場合に実施。
- **併設校への進学状況**
  小→中 〈**男女**〉 文教大学付属中学校へは在学中の生活態度・成績を考慮して進学判定。

Data 2025年度入試データ ※2024年実施予定です。必ず学校発表の入試要項でご確認ください。

[募集要項]※2024年実施予定
- ■**募集人員** 〈第1回〉男女計50名（内部進学含む）
  〈第2回〉男女若干名
- ■**願書配布** 4月中旬〜
- ■**願書受付** 〈第1回〉10月7日〜11月2日
  〈第2回〉11月12日〜20日
- ■**考査料** 20,000円
- ■**考査月日** 〈第1回〉11月6日
  〈第2回〉11月22日
- ■**面接日** 〈第1回〉10月15日〜11月5日
  〈第2回〉11月13日〜21日
- ■**結果発表** 〈第1回〉11月7日
  〈第2回〉11月23日（速達簡易書留）
- ■**入学手続** 〈第1回〉11月8日・11日
  〈第2回〉11月25日・26日
- ■**学校説明会** 5月25日、6月15日、6月26日、
  9月14日、10月2日

[入試状況]（2024年度入試）※第1回、第2回の合計。
- ■**受験者数** 男子 82名　女子 66名
- ■**合格者数** 男子 28名　女子 28名
- ■**補欠者数** 非公表

[考査の順番]
願書提出順

[インフォメーション]
学校見学は随時、個別に対応しております。ご希望の方は、ホームページ「お問い合わせ」または、お電話にてご連絡ください。

過去の出題 ペーパー 行動観察 個別

● 言語

[話の聞き取り]

今日は森の動物たちの遠足の日です。パンダさんは、前の日からすごく楽しみにしていました。明日は必ず晴れになってほしかったので、てるてる坊主を3つつくってから寝ました。朝起きて、緑色のカーテンを開けて窓の外を見てみると、とてもよく晴れていました。～略～。

● パンダさんは、てるてる坊主をいくつつくりましたか。
● 砂場でいっしょに遊んだのはだれですか。
● 誰とおやつを交換しましたか。

● 数量

● 上の積み木を数えて、同じ数のものを線で結びましょう。

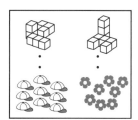

● 構成

[図形合成]

● 左の形をつくるとき余るものに○をつけましょう。

● 知覚

[点図形]

● 左と同じ形を右側に書きましょう。

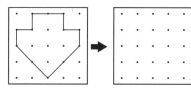

● 常識

[公衆のマナー]

● 電車のなかでいけないことをしている人に×をつけましょう。

● 指示行動

● いろいろな形があります。1回お手本を見せるので、今見たとおりに並べましょう。

● 後ろにいろいろなものがあります。後ろのロッカーのなかから小さな本とハンカチ、机の上から時計を選んで、前の机の左にかかっている手提げのなかに入れてください。

面接

親子同伴での面接が、考査日前におこなわれます。面接時間は15分程度。

父親へ

◎ 志望理由を教えてください。

◎ 本校に期待することは何ですか。

◎ お子様の長所と短所を教えてください。

◎ お子様の教育で、力を入れているところは何ですか。

母親へ

◎ どんなときにお子様を叱りますか。

◎ 学校と家庭の役割の違いについてどのようにお考えですか。

子どもへ

◎ お名前を教えてください。

◎ 好きな食べ物は何ですか。

◎ 嫌いなものは何ですか。

◎ お手伝いは何をしますか。

◎ 楽しいときはどんなときですか。

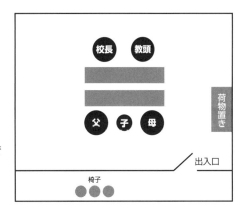

お母様の受験 memo

◎**試験当日のこと…**

● 控え室は、校長室手前にある小さな応接室でした。

● 面接では校長先生が笑顔でお話くださるので、子どもはリラックスしたいい状態で臨むことができました。

清明学園初等学校

- **校長** 横山 豊治
- **児童数** 男子 266名
  女子 113名

- **併設校** 清明幼稚園
  清明学園中学校

沿革&目標

1930年（昭和5年）、濱野重郎により義務教育の改善をめざして創立されました。現在では、初等部から中学校までの9ヵ年一貫教育がおこなわれており、"個を生かす"という教育理念にたって、個性の尊重、望ましい生活習慣の確立、個別指導、能率高い教育を教育の指針としています。

学費 ※昨年度のものです。授業料等は、入学後、変更になる場合もあります。

- **入学手続時** 入学金 200,000円、施設費 70,000円、後援会入会金 10,000円
- **それ以降** 授業料 420,000円（年額）、設備費 180,000円（年額）、冷暖房費 10,000円（年額）、
  後援会費 24,000円（年額）
  ※寄付金1口 100,000円（任意／1口以上）

所在地&最寄り駅

- **住所** 〒145-0066 東京都大田区南雪谷3-12-26
  ☎03（3726）7138

- **アクセス** 東急池上線／雪が谷大塚駅から徒歩7分
  東急バス／田園調布から「清明学園下」下車

ホームページ https://www.seimei-gakuen.ed.jp/

学校の特色

- **一貫教育** 清明学園の教育の特色は、幼稚園から初等学校2年生までの関連（第1教育期）、初等学校3年生から中学1年生までの基礎学力の充実（第2教育期）、中学2・3年生の受験指導の徹底（第3教育期）と3つの教育期を設け、初等部・中等部における9ヵ年一貫教育を実践しているところにあります。

- **学習指導** 〈**総合学習（1・2年生）**〉6本の柱からなる総合学習をおこなっています。学校周辺を散歩してさまざまな発見をする「散歩の時間」、読み聞かせを通して本の世界に親しむ「文学の時間」、身近な材料を使って工作を楽しむ「手作り遊びの時間」、心温まる映画をじっくりと見る「映画の時間」、友達と自由に遊ぶ「遊びの時間」があります。また、週に1回「そうごうの時間」を設定し、少人数グループごとに「木工遊び」「土遊び」「実験遊び」「表現遊び」などのコーナーに分かれ、活動を楽しむ時間が設けられています。

  〈**生まれ月を配慮**〉1年生では、ひとり一人の生まれ月に配慮し、数の概念の入り方をよく見極めた学習カリキュラムになっています。1年生の1学期は、一斉での算数指導はおこなわず、数遊びにより概念の形成を促し、2学期から算数の初めの段階からの学習を進めます。早生まれの子が理解できるようになってから、独自の学習書を使った本格的な学習が始まります。

  〈**英語教育**〉「英語に親しみながら慣れる」ことを目標に、コミュニケーションの手段としての言葉＝英語を毎日の繰り返しのなかで、自然に身につくよう指導していきます。1年生は15分×週3日、2年生は5分×週5日、3年生は10分×週5日、4・5年生は20分×週4日、実施しています。

  〈**劇活動**〉3・4年生に週1時間「劇の時間」が設けられています。児童の表現力を日常的な積み重ねによって伸ばしていきます。

- **環境** 高台に位置し、周囲に閑静な住宅街を控え、数多くの常緑樹にとり囲まれた校舎は、教育の場として最適の地を占めています。

- **昼食** 弁当（月〜土曜日）

- **編入試験** 欠員が生じた場合に実施。

- **併設校への進学状況**

  小→中 〈**男女**〉卒業生のほとんどが清明学園中学校に進学。
  原則として修了生全員が清明学園中学校に進学できる。

Data 2024年度入試データ ※2023年実施済みです。

[募集要項]※2023年実施済み
- **募集人員** 男女計 80名（内部進学者を含む）
- **出願** 〈第1回〉10月2日〜11月2日（web）
  〈第2回〉11月17日〜30日（web）
- **考査料** 20,000円
- **考査月日** 〈第1回〉11月4日・5日のいずれか1日
  〈第2回〉12月2日
- **面接日** 考査日と同日
- **結果発表** 〈第1回〉11月6日（web）
  〈第2回〉12月2日（web）
- **入学手続** 所定日
- **学校説明会** ＜第1回＞2月6日
  ＜第2回＞5月13日
  ＜第3回＞6月17日
  ＜第4回＞9月16日
- **オープンスクール** 8月26日・27日

[考査の順番]
願書提出順

過去の出題 `ペーパー` `行動観察` `運動`

● 数量

● 1番多いものに○をつけましょう。

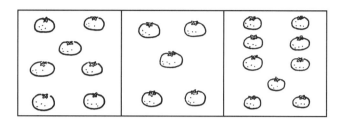

● 知識

● 仲間はずれのものに○をつけましょう。

● いつもいっしょに使う仲よしのもの2つに○をつけましょう。

● 知覚

● 同じ絵を見つけて、○をつけましょう。

● 運動テスト

● ケンパー。

面接

考査当日に保護者、こども同伴の面接があります。

父親へ
◎ 本校のよいところについてお聞かせください。
◎ お子様のよいところを教えてください。
◎ 9年教育についてのお考えをお聞かせください。
◎ 会社名と仕事内容についてお聞かせください。
◎ 学校説明会の感想をお聞かせください。

母親へ
◎ 本校のよいところについてお聞かせください。
◎ 9年教育についてのお考えをお聞かせください。
◎ お子様の健康面で知らせておきたいことはありますか。
◎ 学校説明会の感想をお聞かせください。

子どもへ
◎ お名前を教えてください。
◎ お誕生日を教えてください。
◎ 幼稚園・保育園の名前を教えてください。
◎ お友達の名前を教えてください。
◎ 幼稚園・保育園ではどんなことをして遊びますか。

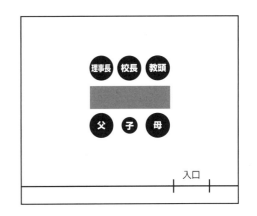

お母様の受験 memo

◎**面接では…**
● 同じ質問内容を父親と母親にするケースが多いです。

◎**アドバイス、etc.…**
● 控え室には本が置いてあり、読んでいる人もいました。意外と騒がしかったです。考査の時間が短いため、腰を落ち着けて何かに取り組むというようなことは考えないほうがいいと思います。
● テストは驚くくらい早く終わります。子どもはすぐに控え室に戻ってきます。

国本小学校

- ●**校長** 小林 省三
- ●**児童数** 男子 155名
  女子 145名

- ●**併設校** 国本幼稚園
  国本女子中学校
  国本女子高等学校

沿革&目標

国本学園は1942年（昭和17年）に女学校として創立され、1954年（昭和29年）の小学校の設立により、幼稚園から高等学校までの一貫教育体制が整いました。駅（小田急線喜多見駅）からも近く、交通の便もよい環境で、知育と同様に徳育や体育にも目を向け、感謝の心、素直な心、思いやりの心を持った、明るく元気な児童を育んでいる男女共学の小学校です。運動会、文化祭（図工作品展）、音楽発表会、学芸会といった大きな行事を毎年すべて実施するなど、子ども達が活躍する場を数多く設けています。音楽発表会では300人全員によるベートーベン第9番をドイツ語で合唱するという取り組みもおこなっています。英語学習は小学校設立当初より実施してきましたが、2017年度より3か年計画でカリキュラムを強化し、低学年週1時間、中学年週2時間、高学年週3時間の時数設定となっています。また、校内で英検受験も可能で、校長自ら英検合格講座を開設し、受験指導をおこなっています。英語力とプログラミングスキルの向上を図るため、All Englishによるプログラミングの特別授業もおこなっています。

学費 ※昨年度のものです。授業料等は、入学後、変更になる場合もあります。

- ●**入学手続時** 入学金 160,000円、施設費 100,000円
- ●**それ以降** 授業料 36,000円（月額）、維持費 6,000円（月額）、給食費 1食580円（希望制）、
  教材費 25,000円（年額）

所在地&最寄り駅

- ●**住所** 〒157-0067 東京都世田谷区喜多見8-15-33
  ☎03(3416)4721
- ●**アクセス** 小田急線／喜多見駅から徒歩2分
  バス／二子玉川駅・調布駅より「二の橋」下車

ホームページ https://kunimoto.ac.jp/primary/

学校の特色

● **学習指導**　児童の実態を正確に把握し、一人ひとりの児童に十分な配慮が行き届くように1クラス25名前後の少人数制教育を実践し、どの児童にも居場所のある学校になっています。学習・スポーツ・生活に力を入れ、個性を発見し能力の伸長を心がけ、集団としての力と特色を発揮するようにしています。国際社会に対応できる語学・国際理解教育にも力を入れています。土曜日は月に2回家庭学習日とする以外は授業をおこなっています。また、広い視野と心でものを見、考えて行動するための判断力や価値観の育成と、人間形成に影響を及ぼす道徳情操教育（命のカリキュラム）には特に力を入れています。

〈**専科制**〉国語・総合（生活科）の2教科は担任が担当します。算数・理科・社会・英語・音楽・毛筆習字・体育・図工・家庭は専科制です。

〈**英語教育**〉開校以来1年生から英語教育を実施。国際化時代に対応し、分かる、話せる、読める、書ける英語を楽しみながら学びます。一授業に対してネイティブスピーカー1名と日本人教員2名の3人体制で指導します。

〈**算数教育**〉算数の力の差が出やすい5・6年生では習熟度別授業をおこなっています（4クラス制）。

〈**全校で行く林間学校**〉一人っ子が増えてきている昨今、本校では学校で兄弟関係をつくる取り組みをおこなっています。1年生には6年生、2年生には5年生がペアとなり、日ごろからお世話の関係が成立しています。この関係を基盤にして、毎年7月には、全校300名で2泊3日の林間学校を実施し、絆をさらに深めていきます。

〈**習字**〉公立校では3年生からおこなう習字を1年生からおこない、精神集中の場としています。

〈**検定へのチャレンジ**〉3年生、5年生は全員が漢字検定を受験します。4年生は全員が数学検定を受験します。児童英検は希望者が受験。すべて校内で受験できます。

〈**ICT関係**〉全教室にWiFi、電子黒板機能内蔵プロジェクター、Apple TVを完備。3年生からiPad WiFiモデル1人1台個人持ちとし、全科目効果的に活用しています。

● **昼食**　給食（月・水・金曜日で希望制）／弁当（月～金曜日）

● **編入試験**　欠員が生じた場合に実施。対象学年は1～5年生。

● **進学状況**
　小→中　〈**男女**〉筑波大附属駒場1、開成2、早稲田2、駒場東邦3、立教池袋2、学習院1、巣鴨1、日本女子大附属2、中央大附属1、渋谷教育学園渋谷2、栄東7、灘2　他

Data 2024年度入試データ ※2023年実施済みです。

[募集要項]※2023年実施済み

■募集人員	〈1次〉男女計 50名
	〈2次〉男女 若干名
■要項配布	4月29日～11月14日
■出願	〈1次〉10月6日～11月3日
	〈2次〉10月6日～11月14日
■考査料	20,000円
■考査月日	〈1次〉11月6日
	〈2次〉11月16日
■面接日	〈1次〉10月10日～11月4日
	〈2次〉10月10日～11月15日
■結果発表	〈1次〉11月7日（web）
	〈2次〉11月17日（web）
■入学手続	〈1次〉11月7日・8日
	〈2次〉11月17日・18日

[入試状況]

■応募者数	〈1次〉男子 49名	女子 46名
	〈2次〉男子 14名	女子 8名
■合格者数	〈1次〉男子 23名	女子 30名
	〈2次〉男子 5名	女子 1名
■補欠者数	非公表	

[インフォメーション]

■学校説明会	2024年6月29日、9月28日
■運動会	2024年6月20日

1クラス25名、全校で300名のたいへんアットホームな学校です。学内では学年としての横のつながりのほか、たて割り班を中心にたてのつながりも大切にしており、1年生と6年生、2年生と5年生が学校内の兄弟としてペアを組んでいます。全校300名で林間学校を実施するなど、全校単位で活動することの多い学校です。2024年度より夏休み期間を利用しての希望者対象のオーストラリア海外英語研修も再開され、50名を越える児童が参加する予定です。

過去の出題 〔ペーパー〕〔行動観察〕〔運動〕〔絵画制作〕

● 行動観察

● 自由遊び。体育館でフープ、ブロック、本、縄跳び、バスケットボールなどで自由に遊ぶ。

● 言語

[話の記憶]

● 昔話「ねずみの嫁入り」。

● 数量

● 重さ。
● 数を数える。

● 知識

● 季節。
● 動植物の仲間分け。

● 知覚

● 回転図形。
● 重ね図形。

● 絵画制作

● 課題画。家族みんなでしたことの絵を描きましょう。

● 推理

● 点図形。　● 同図形。　● 鏡図形。

● 運動テスト

● 鉄棒ぶら下がり（10秒）。

● 体操テスト。
● ボール投げ。
● ドリブル。
● ジグザグ走。

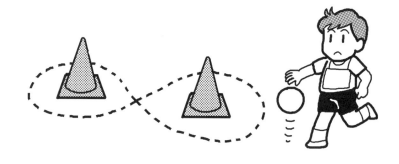

面接

親子別の面接が、考査日前におこなわれます。日時は出願時に決定します。面接時間は15分程度。面接資料は当日持参して提出します。

父親へ
◎ 学校説明会の感想をお聞かせください。
◎ 本校にどんな印象をお持ちでしたか。
◎ お子様をどのような子どもにしたいですか。

母親へ
◎ 説明会はいかがでしたか。
◎ ご家庭の教育方針について教えてください。
◎ 子育てで気をつけていることは何ですか。
◎ 絵本は読んでいますか。…自分で読めますか。
◎ お子様が1番興味を持っていることは何ですか。
◎ 健康面で気をつけていることは何ですか。

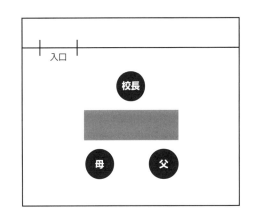

子どもへ
◎ お名前を教えてください。
◎ 幼稚園の名前を教えてください。
◎ お友達の名前を5人教えてください。
◎ 園長先生と担任の先生の名前を教えてください。
◎ 駅のホームでお友達に遊ぼうと誘われたらどうしますか。
◎ お友達と何をして遊ぶのが好きですか。
◎ 姉妹はいますか。
◎ 好きな食べ物と嫌いな食べ物は何ですか。
◎ お友達のつくっている積み木を壊してしまいました。どうしますか。

お母様の受験 memo

◎試験当日のこと…
● 面接資料は当日提出します。内容は、①家庭の教育方針、②子どもの長所と短所、③子どもが興味を持っていること、④子どもは誰と何をして遊んでいるかというものでした。
● 面接は終始なごやかで雑談のような感じで進みましたが、突然鋭い質問が入りました。
● 面接官は校長先生でしたが、あとから教頭先生が子どもといっしょに入って来られました。
● 考査の間、親は外出できますが、ほとんどの人は控え室で読書などして待っていました。私語は無かったです。

成城学園初等学校

- **校長** 渡辺 共成
- **児童数** 男子 321名
  女子 321名

- **併設校** 成城幼稚園
  成城学園中学校高等学校
  成城大学・大学院

沿革&目標

1917年（大正6年）、日本の教育刷新のために創立された小学校です。その後、順次開校され、現在では大学院までの教育機関をもつ綜合学園となり、心情や個性を尊重しながら自然に親しみつつ、科学的研究をもとにした教育がおこなわれています。

学費 ※昨年度のものです。授業料等は、入学後、変更になる場合もあります。

- **入学手続時** 入学金 300,000円、施設費 250,000円（年額）、
  授業料 730,000円（年額）、空調費 10,000円（年額）、父母の会費 6,000円（年額）、
- **それ以降** クラス費 10,000円（年額）、教材費 30,000円（年額）
  ※寄付金（学園教育振興資金）1口 500,000円（任意／1口以上）
  ※授業料は3期に分納可。

所在地&最寄り駅

- **住所** 〒157-8522 東京都世田谷区祖師谷3-52-38
  ☎03（3482）2106

- **アクセス** 小田急線／成城学園前駅から徒歩10分

ホームページ https://www.seijogakuen.ed.jp/shoto/

学校の特色

- **学習指導** 文学（国語科から分離、1年生から）、遊び（1〜2年生）、散歩（1・2年生）、劇（3年生から）、舞踊（1〜4年生）、映像（3年生から）、つながりなどが授業課目として設けられています。
- **クラブ活動** 特別研究としておこなわれます（5・6年生、週1時間）。太鼓、マンガ・アニメ、英語、テニス、サッカー、ラグビー、バレー、体操など。
- **校外学習** 秋の学校（3年生）、グループハイキング（全学年）、夏の学校（4〜6年生）、スキー学校（4〜6年生）など。成城のスキー学校は、1929年（昭和4年）からの歴史が支える日本の学校スキーの草分け。
- **学校行事** クラスデー（年間3回）、劇の会、音楽の会、父母合同運動会など保護者が学校に出ることが多く、交流が密に図られています。文化祭（11月）は、幼稚園から大学までの一貫行事。
- **昼食** 弁当（月〜金曜日）
- **編入試験** 欠員が生じた場合に実施（4月・9月）。
- **併設校への進学状況**
  - 小→中・高 〈**男女**〉 卒業生のほとんどが成城学園中学校へ進学。原則として全員進学できる。
  - 高→大 〈**男女**〉 卒業生のうち約55%が成城大学へ優先入学。

Data 2025年度入試データ ※2024年実施予定です。必ず学校発表の入試要項でご確認ください。

[募集要項] ※2024年実施予定

- **■募集人員** 男女計 約68名
- **■募集要項** 9月9日〜（web）
- **■出願** 9月9日〜10月4日（web）
  10月1日〜4日（消印郵送）
- **■考査料** 30,000円
- **■考査月日** 〈男子〉11月9日 〈女子〉11月10日
- **■面接日** 〈男子〉11月7日 〈女子〉11月8日
- **■結果発表** 11月12日（午前8時／web）
- **■入学手続** 未定
- **■学校説明会** 5月25日
- **■学校説明会** 9月14日

[入試状況]

- **■応募者数** 男子 193名 女子 178名

[考査の順番]

願書提出順

[インフォメーション]

2020年Web出願となりました。出願後、受付期間内に必要書類を郵送していただく必要があります。出願後は学校から送られるメールをよくお読みください。

過去の出題 行動観察 運動 個別

● 個別テスト

[復唱・逆唱]
- 「よしおくんはお母さんとカレーライスをつくりました」同じように言ってください。
- 4桁の数の逆唱。「5,3,7,1」逆から言ってください。

[絵の記憶]
- 映像を見る。5匹の動物を順番に見たあと、○○の前は何だったか答える。

[推理]
- 切り開き図形。折り紙の黒い部分を切って開いたものはどれですか。

[数量]
- 太さの異なるコップに水が入っています。2番目に水が多いものはどれか。

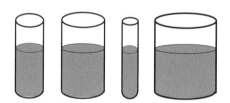

- おはじきが並んでいて、赤と青どちらが多いか答える。

[系列]
- ■に入るのは何ですか。

[言語]
- 話の記憶。内容に関するカードのうち、正しいものを選ぶ。
- しりとり。
- 「〜い」で終わる言葉で、動物のお話をしましょう。
- 雨がザーザー降りますね。他に強く降っているときの言葉には、どんな言葉がありますか。
- 風が強く吹いているときの言葉には、どんな言葉がありますか。できるだけたくさん言ってください。
- ウサギは耳が長い、体が小さい、目が赤いですね。ではゾウはどうですか。

［知識］
● 手話の映像を見て答える。
● 道路の絵を見て、どこを歩いたらよいか、指して答える。
● 友達が先生のペンを壊してしまいました。それを見てあなたならどうしますか。
● 秋のものはどれですか。指してください。
● これらのマークは何のためのものですか。

［構成］
● パターンブロック（三角4つ、ひし形4つ、台形4つ、正方形4つ）があり、大きい三角形をつくる。

［常識］
● 水中の石のイラストとメダカ、カニ、リュウグウノツカイ、サメの写真を提示されて、「石の下にいる生き物は何ですか。選んでお話してください」
● カミナリ、虹、雪、雨の絵を提示されて、「今から聞こえてくる音を聞いて、それに合う絵を指してください」

［巧緻性］
● 箸を使ってデコレーションボールを1つずつ箱に入れる。
● 紙を封筒に入る大きさに折る。
● 積み木を高く積む。

● 行動観察

● チームでスポンジ積み木を高く積んでいく。
● 色のついた（または、動物の絵のついた）椅子に座り、「黒と白の人は手をたたいてください」「水色とピンクの人は立ってください」など指示がある。

● 運動テスト

靴下を脱いで、素足でおこなう。
● 準備体操。屈伸、ジャンプ。
● 平均台。ボールを持って端まで歩きカゴに入れる。別のボールを持って戻り、かごに入れる。
● フープをケンパー。
● 壁の線より上にボールを投げる。
● かけっこ。2人1組でコーンをまわってくる。

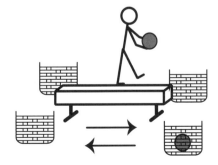

面接

親子同伴の面接が考査1日目におこなわれます。面接時間は15分程度。

父親へ

◎ 学校に期待することは何ですか。

◎ 本校の1番良いところは何ですか。

◎ お仕事について詳しく教えてください。

◎ お子様の長所・短所を教えてください。

◎ お子様が発熱した場合など、お迎えは大丈夫ですか。

◎ 公共の交通機関を使うことについて、心配なことはありますか。

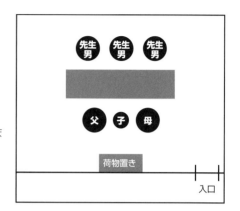

母親へ

◎ 学校に期待することは何ですか。

◎ お子様には将来どのようになってほしいですか。

◎ ご家庭の教育で気をつけていることは何ですか。

◎ 子育てで留意していることは何ですか。

子どもへ

◎ お名前を教えてください。

◎ 誕生日を教えてください。

◎ 休みの日はお父さん、お母さんと何をしていますか。

◎ お父さん、お母さんと過ごしたことで、1番の思い出は何ですか。

◎ 自分が1番詳しいと思うことは何ですか。

お母様の受験 memo

◎試験当日のこと…

● 1日目は講堂で全体説明を受けたあと、控え室に移動します。面接のあとは、子どもは別の控え室へ行き、保護者は別の広い控え室で待ちます。2日目は講堂で全体説明のあと、子どもは考査会場へ、保護者は広い控え室へ移動でした。

● 1日目は面接と運動テスト、2日目は個別テストと行動観察でした。

● 面接では先生が控え室まで迎えに来てくださり、ドアの開閉もしてくださいました。

● 子どもが運動テストの間、保護者は控え室で歌の会のビデオを見て待ちました。

◎アドバイス、etc.…

● 1日目は面接のあとでトイレに行く時間がありますが、2日目は申告制のようなので、講堂にいるうちに済ませておくとよいと思います。

● 控え室は寒いので上着などが必要でした。

● SNSで頻繁に情報を発信してくれるので、フォローしておくとよいと思います。

昭和女子大学附属昭和小学校

- **校長** 前田 崇司
- **児童数** 男子 103名
  女子 545名

- **併設校** 昭和女子大学附属昭和こども園
  昭和女子大学附属昭和中学校
  昭和女子大学附属昭和高等学校
  昭和女子大学・大学院

沿革 & 目標

トルストイが創ったような学校を日本にも創りたいという創立者・人見圓吉夫妻の想いに同志が集い、1920年(大正9年)、日本女子高等学院として誕生したのが昭和女子大学の前身。昭和小学校は1953年の設立以来「世の光となろう」という学園の建学の精神のもと、3つの目標「目あてをさして進む人・まごころを尽くす人・からだを丈夫にする人」を掲げ、志の高い児童を育てています。「Lead yourself〜自分リーダーシップの発揮〜」を柱に、主体性を育む「自分づくり・コミュニケーション・思考力・表現力・持続チャレンジ」を資質・能力の重点とし、子どもを主語にした学びと、心豊かなたくましい成長を支えています。

学費 ※令和6年度。入学会および授業料は、変更になる場合もあります。

- **入学手続時** 入学金 250,000円
- **それ以降** 国際コース授業料 96,000円(月額)、探究コース授業料 55,000円(月額)
  施設設備金 13,000円(月額)、教育充実費 13,500円(月額)、給食費約 8,400円(月額)

所在地 & 最寄り駅

- **住所** 〒154-8533 東京都世田谷区太子堂1-7-57
  ☎03(3411)5114

- **アクセス** 東急田園都市線・東急世田谷線／三軒茶屋駅から徒歩7分

ホームページ https://es.swu.ac.jp/

学校の特色

- **学習指導** 24年度の1年次から2コースが新設され、各コースで「自分リーダーシップ」を発揮できる子を育みます。「探究コース」では、STEAM教育を進め「言葉と体験」の往還を重視し探究的な学びで一人ひとりの資質・能力を伸ばします。今後のAI社会に必要な技能を養うべく体験学習や教科横断型の学習を重視し、プログラミング学習や出前授業などを実施するとともに、日本語での「発表・書く」技能、英語でのプレゼンテーション能力を磨きます。担任が担当する国語・算数・生活総合以外は、専科教諭が担当し、専門性を高めています。本年度入学児童を担当した教員は11名です。低学年の音楽、図工、体育は専科教諭と英語科教諭の2人体制で指導するe-MAPを実施しています。「国際コース」は、学習指導要領に則りながら、国語や道徳、社会は日本語で学び、他の教科等の多くを英語で学ぶイマージョン教育を進めます。「ケンブリッジ国際プライマリー」も導入し、世界に心を開くグローバルマインドと世界標準の力を育成します。

- **健康管理** 〈**目の体操**〉視力向上のため、毎日家庭で1回、学校で1回おこなっています。
  〈**富士登山マラソン**〉根気強くやり抜く精神を培うために、年間256kmの完走をめざすマラソンを実施しています。

- **生活指導** 宿泊行事などを通し、豊かな生活体験をすると共に、同学年の友達同士や異学年の先輩、後輩あるいは児童と教員とのつながりを深めます。

- **昼食** 給食（月から金曜日）

- **アフタースクール** 学内の体育館や特別教室などを利用。学童保育（学習支援、自由遊び）および創造性、自主性、企画力、実行力を伸ばす体験プログラムや、季節のイベントなどを実施します。オプションで習い事の受講も可能です。

- **編入試験** 新2年生から新4年生に欠員が生じた場合に、該当学年のみ実施。

- **帰国児童** 1年生から5年生の欠員が生じた該当学年のみ実施。

- **併設校への進学状況**
  小→中 〈**女子**〉卒業生の約80%が昭和女子大学附属昭和中学校へ進学。
  在学中の成績が基準以上の者は小学校長の推薦で進学できる。

Data 2024年度入試データ ※2023年実施済みです。

[**募集要項**] ※2023年実施済み
- **募集人員** 国際コース 36名 探究コース 60名
  （男女あわせて、内部進学者含む）
- **願書配布** 9月1日〜10月4日
- **願書受付** 10月1日〜5日（郵送）
- **考査料** 30,000円
- **考査月日** 〈国際コース・探究コース〉11月1日
  〈探究コース〉11月2日
  〈探究コース〉11月3日
- **面接日** 10月14日〜29日
- **結果発表** 〈考査日当日〉11月1日・2日・3日
  （21時〜22時／Web）
- **入学手続** 11月4日（14時〜16時）
- **学校説明会** 4月16日、5月20日、6月10日、9月2日
  （2023年実施）

[**入試状況**]
- **受験者数** 男女計 862名

[**考査の順番**]
生まれ月による

[**インフォメーション**]
考査時刻は、各人で異なります。受験票は郵送します。考査当日は、受験票で指定された時間内に、受付をすませます。

2024年度入試内容

● 推理
[ブラックボックス（魔法の箱）]
- 数が増減するリンゴ、ブドウの箱を通ると、最後にいくつになるかその数だけ○をかく。

● 構成
[積み木]
- 左の積み木から右の★印の形の積み木を取るとどうなりますか。正しいものに○をつけましょう。

● 知覚
[対象図形]
- 線がかかれている半分に折った紙を、点線のところで矢印のほうへ開くと、なかの線はどうなりますか。

[位置の移動]
- 動物たちがマス目（縦8列、横12列）のなかを上下左右に指示された数だけ動いたとき、着いたマス目のところに○をかく。

● 記憶
[短文の記憶]
- 読み上げられた4つの言葉が、逆の順番に並んでいるものに○をつけましょう。

● 数量
[長さ]
- 左と右の線はどちらがたくさんの点を通っていますか。

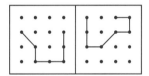

[計数]
- 一人ひとりに複数の野菜が描かれた用紙が渡され、別に配布されたイラストカードと比べて数が同じになるように、離れた場所にあるカードをとりに行く。揃えたカードを使用して問題も出題される。

● 知識
[花と葉]
- 指示された葉はどの花か、印をつける。

● 指示行動
[制作]
- 数や色、形の指示を聞いて、折る、貼る、塗るなど作業をする。終了後は片づけ方のお手本の映像を見て覚え、同じようにおこなう。

[腕輪づくり]

● 一人ひとりにシールがランダムに貼られたカードが配布され、シールと同じ色、同じ数のビーズを揃える。その後、色の規則性を覚えて紐にビーズを通し、端を結んで腕輪をつくる。

● 行動観察

[劇遊び]

● グループに分かれ、桃太郎に出てくる人物や動物の配役を話し合う。時間まで役の人物や動物になりきって演じる。最後にみんなで集合して、ポーズをとって写真を撮る。何の役を担当し、どんなところを工夫して演じたかを先生から聞かれて答える。

[橋づくり]

● 3人のグループになって、ブロックとテープ（3本）を使って机の間をつなぐ橋をつくる。橋がつながるごとに机の間隔は広がっていく。先生からどんな役割をしたか、ブロックで何をして遊ぶか、活動についての感想を聞かれる。

[玉入れ]

● グループごとに新聞紙で玉をつくり、カゴのなかにできるだけたくさん投げ入れる。玉の大きさ、投げる順番、投げ方などを話し合い、どうすればたくさんカゴに入れられるか試しながら作戦を練る。準備ができたら、グループ対抗戦の玉入れ競争をおこなう。

過去の出題

● 推理

[ルーレット]

● ネズミがバナナを食べるとき、キツネは何を食べますか。

● 数量

[長さ]

● 3番目に長い紐に〇をつけましょう。

● 行動観察

[紙コップの的当て]

● 見本の通りに紙コップを積み上げる。それにスポンジボールを投げて倒す競争。

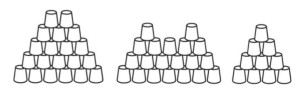

[ボール運び]

● 用意されたボール（ソフトドッジボール、テニスボール、ピンポン玉、ビー玉）を、道具（木の棒、団扇、紙コップ、しゃもじ、おたま）を使って運ぶリレー。

面接

考査日以前に親子同伴の面接がおこなわれます。時間は約15分。

 保護者へ

◎ 国際コースのなかでの、国語（日本語）の意義をどのようにとらえていますか。

◎ 国際コースに入られて、英語が嫌になったり、悩みが出てきた場合どうされますか。

◎ 本校の5つの柱のうち、お子様にとって課題となるものを2つあげてください。

◎ 本校では主体性を重んじています。ご家庭でお子様が積極的にされていることを、具体的に2つあげてください。

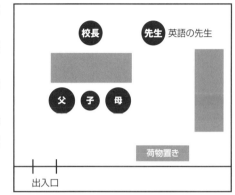

子どもへ

◎ 英語の先生が子どもを連れて机まで移動し、絵を見せられ質問される。

お母様の受験 memo

◎考査当日のこと…

● 面接日は、受付時間まで玄関の外で待ちました。受付で控え室の番号がかかれている紙を渡され、上履きに履き替えて移動しました。

● 面接での待ち時間はほとんどなく、スムーズに進行していました。

● 考査日は順番に番号を呼ばれて、15人ずつ入りました。受付で名札と安全ピンを渡され、指示通り2か所につけました。考査時間は約1時間でした。

◎アドバイス、etc.…

● 面接で「5つの柱」について質問されたとき、「3つの目標」と重なり合ってあわててしまい、うまく答えることができませんでした。

聖ドミニコ学園小学校

- ●**校長** 山下 浩一郎
- ●**児童数** 男子 81名
  女子 416名

- ●**併設校** 聖ドミニコ学園幼稚園
  聖ドミニコ学園中学校（女子）
  聖ドミニコ学園高等学校（女子）

沿革&目標

1954年（昭和29年）、カトリック女子修道会の聖ドミニコ修道会によって創設されました。
カトリック精神に基づき「真理」をモットーとした個性尊重の教育により、世界の文化を理解し、
規律のなかの真の自由を知り、喜んで奉仕する児童の育成をめざしています。

学費 ※昨年度のものです。授業料等は、入学後、変更になる場合もあります。

- ●**入学手続時** 入学金 250,000円、施設拡充費 150,000円
- ●**それ以降** 授業料 38,000円（月額）、給食費 5,200円（月額）、
  後援会入会金 30,000円、後援会会費 5,000円（月額）、特別災害額 3,000円（年額）

所在地&最寄り駅

- ●**住所** 〒157-0076 東京都世田谷区岡本1-10-1
  ☎03（3700）0017

- ●**アクセス** 田園都市線・大井町線／用賀駅から徒歩15分
  スクールバス／成城学園前駅・用賀駅・上野毛駅より

ホームページ https://www.dominic.ed.jp/

学校の特色

- **宗教教育** 1年生から6年生まで宗教の時間が週1時間設けられています。宗教教育を通じて助け合いと奉仕の精神を養います。

- **学習指導** 〈**語学教育**〉国際化が求められる今日、フランスに本部を置く聖ドミニコ女子修道会を母体とする学園では、語学教育の充実に力を入れています。1年生から英語週2時間、フランス語週1時間がおこなわれています。

  〈**作文・ダンス**〉1年生から6年生まで週1時間、作文やダンスの時間が設けられています。

- **ラグビー** 男児親睦ラグビーを月1回おこなっています。7月には1年生から6年生まで、ラグビー合宿が実施されます。

- **学校行事** 4月／信者のつどい（月1回）・プレイデー、5月／林間学校（4・5年生）・マリア祭、6月／創立記念日・授業参観・修学旅行（6年生）、7月／信者合宿（3年生〜6年生）・ラグビー合宿、9月／学園祭、10月／運動会、11月／学習発表会・公開授業、12月／6年生男児一泊クリスマス会・クリスマス会（聖劇）・老人ホーム訪問（信者のみ）、2月／クラブ発表会、3月／6年生を送る会、など。

- **進学** 併設中学校への進学（女子）は、学力・生活両面の資料と、生徒作文、同伴面接による推薦制度をとっています。

- **昼食** 給食（月・水・金曜日）／弁当（火・木曜日）

- **編入試験** 欠員が生じた場合に学期末（7月・12月・3月）実施。対象学年は1〜4年生。

- **帰国児童** 優先入学制度あり。該当学年に欠員がある場合に実施。対象学年は1〜5年生で外国に1年以上滞在し、帰国1年以内の者。

- **併設校への進学状況**

  小→中 〈**女子**〉卒業生の約73％が聖ドミニコ学園中学校へ進学。
  　　　　原則として全員が進学できる。

  中→高 〈**女子**〉卒業生の約80％が聖ドミニコ学園高等学校へ進学（高校からの外部募集なし）。

Data 2024年度入試データ ※2023年実施済みです。

[募集要項] ※2023年実施済み

- **■募集人員** 〈入試A〉男女計 30名 〈入試B〉男女計 30名
  〈入試C〉男女計 若干名
- **■出願** 〈入試A・入試B〉10月1日〜10月13日（Web）
  〈入試C〉10月1日〜11月15日（Web）
- **■考査料** 25,000円
- **■考査月日** 〈入試A〉11月1日
  〈入試B〉11月3日・4日いずれか1日選択
  〈入試C〉11月18日
- **■面接日** 〈入試A・入試B・入試C〉考査日以前
- **■結果発表** 〈入試A〉11月2日 〈入試B〉11月5日
  〈入試C〉11月19日
- **■入学手続** 〈入試A〉11月2日 〈入試B〉11月5日
  〈入試C〉11月19日

[考査の順番]
願書提出順（生まれ月を考慮）

過去の出題 ペーパー 行動観察 絵画 運動

● 数量

[容量]

● お風呂に入ったときに、水が1番あふれてしまう人に○をつけましょう。

● 知識

[仲間分け]

● 左の絵と1番関係があると思うものに○をつけましょう。

● 推理

[系列]

● それぞれの印に入る絵を下から選び、下の絵にその印をかきましょう。

● 構成

[図形合成]

四角をつくるのに使わないものが1つあります。○をつけましょう。

● 集団テスト

[自由遊び]

縄とび・ブロック・ボール・輪投げ・とび箱など、好きなもので遊ぶ。

● 運動テスト

音楽のリズムに合わせて歩いたり、タンバリンの音の数によって指示された動作をする。

（例：1回…かかし、2回…スキップ、3回…だんご虫）

面接

親子同伴の面接が、考査日前におこなわれます。面接時間は10分程度。

父親へ
◎ 自己紹介をしてください。
◎ お子様が最近成長したと思うのはどんなところですか。

母親へ
◎ お子様にアレルギーはありますか。
◎ お子様が学校でお友達とケンカをしたら、どのように
　 対処しますか。

子どもへ
◎ お名前を教えてください。
◎ 何人家族ですか。
◎ 幼稚園のお友達を教えてください。
◎ 好きな食べ物は何ですか。

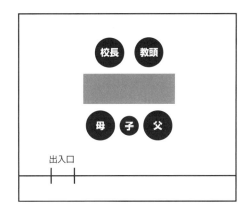

 # お母様の受験 memo

◎面接では…
● 「椅子が動くので気をつけてください」と教頭先生が私と子どもの椅子を座るときに押さえ
　 てくださったのに驚きました。なにもかもゆったりとなごやかに進んだと思います。
● 牛乳の質問は子どもが「好き」と答えたあとに「毎日牛乳がでますよ」と言っていただいたり、
　 ピーマンが嫌いだと答えると「ピーマンくらいだったら給食のときに問題ないですね」
　 などフォローしてくださいました。私が仕事をしていないことについては「何かあったら
　 いつでも来られますね」など、すべて子ども中心に考えてくださったうえでの質問だと
　 思いました。

◎アドバイス、etc.…
● 場所が不便なところにあるのですが、常設の駐車場の他に臨時駐車場も用意してくださっ
　 ているので、早めに車で行くと楽だと思いました。
● 受付を外で済ませてから準備も外でするので、暖かい服装で行くとよいと思います。
● 準備ができ次第すぐに案内係の在校生が連れて行くので、話をしながらゆっくり支度を
　 すると落ち着けると思います。

田園調布雙葉小学校

- **校長** 筒井 三都子
- **児童数** 女子 728名

- **併設校** 田園調布雙葉小学校附属幼稚園(女子)
  田園調布雙葉中学校(女子)
  田園調布雙葉高等学校(女子)

沿革 & 目標

1941年(昭和16年)、フランスの女子修道会である幼きイエス会を設立母体として小学校が開校され、現在は幼稚園から高校までの一貫教育校となりました。校訓「徳においては純真に、義務においては堅実に」にふさわしい人間形成の方向づけと、基礎学力の定着に力を注ぎ、中学・高校での成長を準備しています。

学費 ※昨年度のものです。授業料等は、入学後、変更になる場合もあります。

- **入学手続時** 入学金 250,000円、施設費 150,000円
- **それ以降** 授業料 516,000円(年額)、施設拡充費 165,000円(年額)、
  後援会費 7,500円(年額)、冷暖房費 8,500円(年額)

所在地 & 最寄り駅

- **住所** 〒158-8511 東京都世田谷区玉川田園調布1-20-9
  ☎03(3721)3994

- **アクセス** 東急東横線・目黒線／田園調布駅から徒歩15分
  東急大井町線／九品仏駅から徒歩10分

ホームページ https://www.denenchofufutaba.ed.jp/

学校の特色

- **学習指導**　子どもたちの人間形成の場として、特に宗教の時間（キリストの教えを通して）、図書館の時間（たくさんの本との出会いによって）、英語の時間（異文化の世界に入ることによって）を大切にしています。

　〈**ステップアップタイム**〉週4回、午後の授業前の10分間、算数・国語の基礎学力の定着と向上をめざして課題に集中します。

　〈**ふたばタイム**〉総合的な学習の時間。教育目標をふまえたテーマのもと、担任と専科教師が連携し、子どもたちとともにプランを立て、学習をつくり上げていきます。

　〈**マーガレット活動**〉全校たてわり活動。毎週のたてわり清掃の他、たてわり遊びや遠足によって異年齢とのかかわりのなかで成長していきます。

- **環境**　校舎は武蔵野の面影を残す静かな高台にあり、グランドは緑の樹木にかこまれています。近くには多摩川もあり、都内としては自然に恵まれています。

- **昼食**　弁当（月〜金曜日）

- **併設校への進学状況**

　小→中　〈**女子**〉卒業生のほとんどが田園調布雙葉中学校へ進学。
　　　　　　原則として全員進学できる（中学からの外部募集なし）。

　中→高　〈**女子**〉原則として全員が田園調布雙葉高等学校へ進学できる（高校からの外部募集なし）。

Data　**2024年度入試データ**　※2023年実施済みです。

[募集要項]※2023年実施済み
- **募集人員**　女子約65名
- **願書配布**　9月1日〜10月2日（ホームページより）
- **願書受付**　10月1日〜2日（郵送/当日消印のみ有効）
- **考査料**　30,000円（銀行振込）
- **考査月日**　11月1日
- **面接日**　10月17日〜21日のうち1日（予備日22日）
- **結果発表**　11月3日午前9時〜4日午前9時（web）
- **入学手続**　11月6日

[入試状況]
- **受験者数**　女子 275名

[考査の順番]
生まれ月の遅い順

[インフォメーション]
ミライコンパスからの手続きとなります。面接票・考査票は願書受付後、ダウンロードしていただきます。指定された日時は原則変更できません。
考査・面接当日、保護者は上履きと脱いだ外靴を入れる袋を持参してください。受験児は運動靴を持参してください。

- **学校説明会**　2024年6月1日、9月14日
- **ふれあい見学会**　2024年6月29日

2024年度入試内容 ペーパー 行動観察 個別

● ペーパー

- 話の記憶　● 運筆　● 水の量

● 行動観察

- 先生のお手本を見て、新聞紙でボールと棒をつくり、2人でボール運びをする。

● 個別テスト

- かぼちゃの断面の絵を見せられて
  「これは何ですか」「食べたことはありますか」「どうやって食べましたか」
- 数枚の台紙と紐を使って、見本と同じような本をつくる。
- しりとりをできるだけ長くつなげる。
- スモックをハンガーにかける。

過去の出題

● 推理

[系列]

- 形がある規則で並んでいます。空いているところに入るものを選んで、〇をつけましょう。

● 記憶

[位置の記憶]

- （マス目の果物の位置を覚えて）ブドウ、スイカがあったところに、〇をつけましょう。

● 知覚

[四方観察]

- 動物たちが積み木を見ています。それぞれの動物が見たものに〇をつけましょう。

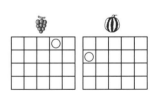

［点図形］
● 左の絵を右にパタンと倒したときどうなりますか。右側に書きましょう。

［塗り絵］
● うさぎとブタがほうきとちり取りを持っている絵。

● 知識

［常識］
● 仲間はずれを見つけて、〇をつけましょう。
● 掃除でつかうものに〇、お料理でつかうものに△をつけましょう。

● 個別テスト

［シール貼り］
● お手本通りに色シールを貼る。「やめ」の合図があるまで続ける。

［生活習慣］
● 開いている傘を閉じて片づける。

［口頭試問］
● 知っている動物の名前をたくさん言ってください。
● 部屋のなかでどんなことをして遊びますか。
● 外ではどんなことをして遊びますか。
● あなたが砂場で遊んでいたら、「鬼ごっこをしよう」と言われました。そのときあなたはどうしますか。

● 絵画制作

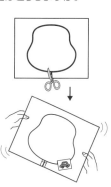

● 上下対象に描かれた車の絵をクーピーで塗り、中央で半分に折る。クーピーで塗るのは、タイヤと車体、窓の3か所。模様など描き加えてはいけない約束。
次に別の画用紙に描かれた線をハサミで切る。切り口のところは、あとからセロテープで留める。でき上がったら、切り抜いた部分に車のカードをはさみ、画用紙を回して、車を動かして遊ぶ。

● 行動観察

［箸つかみ］
● 初めに割り箸を割り、その箸を使ってトレーに入った品物を別のトレーに移す。(ビーズの大3個、小3個、スポンジ3個。時間制限あり)

［ブレスレットづくり］
● モールに短く切ったストロー2色を交互に通して、端をねじって輪にする。終わったあと、「あなたから見て、右側にブレスレット、左側にお箸をおきましょう」の指示がある。

面接

親子同伴の面接が、考査日前におこなわれます。日時は面接・考査票に記載されています。
面接時間は第1面接と第2面接を合わせて10分程度。

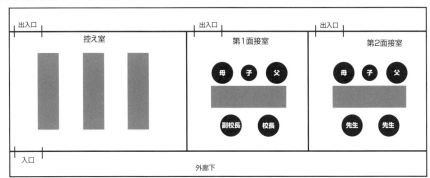

父親へ

◎ 数ある学校のなかで、なぜ本校を受験されましたか。1番の理由を教えてください。

◎ 本校の教育方針で、1番感銘を受けたものは何ですか。

◎ 父親の役割をどのようにお考えですか。

母親へ

◎ 学生時代のご友人との関わりで、どういったことを大切にしていますか。

◎ 姉妹で違う学校に通うことについて、本人同士は納得していますか。

◎ 母親の役割をどのようにお考えですか。

子どもへ

◎ お名前を教えてください。

◎ この学校の名前を言えますか。

◎ どんなときお父様（お母様）に褒められますか。

お母様の受験 memo

◎試験当日のこと…

● 面接日は受付で名札を2つもらい、本人と父親の左胸につけました。

● 控え室は4組分ほどの席があり、空いているところに座りました。子どもの服装は紺の
ジャンパースカート、カーディガンやボレロ、髪型は三つ編みの子が多かったです。本を
読んだり、折り紙をして待ちました。

● 貴重品以外の手荷物は、控え室に置いて面接に向かいます。終了後、名札を受付のカ
ゴに返しました。

東京都市大学付属小学校

- ●**校長** 松木 尚
- ●**児童数** 男子 255名
  女子 212名
- ●**併設校** 東京都市大学二子幼稚園
  東京都市大学付属中学校（男子）
  東京都市大学付属高等学校（男子）
  東京都市大学塩尻高等学校（共学）
  東京都市大学等々力中学校（共学）
  東京都市大学等々力高等学校（共学）
  東京都市大学

沿革 & 目標

東京都市大学グループは1939年（昭和14年）に設立された東横商業女学校を始まりとし、小学校は1956年（昭和31年）に開校されました。現在では幼稚園から大学までを結ぶ総合学園として、一貫教育の推進や国際理解教育への取り組みを特色とする多様な教育活動を展開しています。小学校では、創立者五島慶太の建学の精神をふまえ「すこやかにかしこくりりしく凛として世界にはばたく気高きこどもたち」の育成を目標に、これからの時代に対応する教育をめざしています。

学費 ※2023年度は下記のとおりです。

- ●**入学手続時** 入学金 300,000円
- ●**それ以降** 授業料 576,000円（年額）、維持料 200,000円（年額）、施設設備料 170,000円（年額）、
  父母の会入会金 5,000円、父母の会費預り金 12,000円（年額）、
  給食費預り金 93,000円（年額）、学級費預り金 50,000円（年額）、
  校外活動費預り金 30,000円（年額）、ICT教育費預り金 40,000円（年額）

所在地 & 最寄り駅

- ●**住所** 〒157-0066 東京都世田谷区成城1-12-1
  ☎03（3417）0104

- ●**アクセス** 成城学園前駅　南口発のすべてのバス
  →「東京都市大付属小学校前」下車
  渋谷・二子玉川・等々力・用賀・都立大学各駅から
  成城学園前行バス
  →「東京都市大付属小学校前」下車

ホームページ https://www.tcu-elementary.ed.jp/

学校の特色

- ●**学習指導** 漢字書き取り大会や計算力大会、競書会（書道）など、工夫をこらした教育プログラムがあります。

  〈**算数の習熟度別学習（5・6年生）**〉1学年を4グループに分け、20人単位の少人数で習熟度に応じた学習をします。

  〈**英語教育**〉1年生から6年生までの全学年で実施しています。3～6年生は、学級を2グループの少人数に分け、外国人教師と日本人教師がティーム・ティーチングで授業をおこなっています。

  〈**速読**〉パソコンによる速読プログラムを3年生で実施しています。多くの文字に触れることで、文字に対する抵抗力がなくなり読解力の向上につながります。「読む」トレーニングと「読み解く」トレーニングをバランスよくおこなっています。

- ●**体験学習** 自発的、自主的な活動を大切にし、頭だけでなく、からだ全体で学ぶ体験学習を重視しています。「野菜づくり」や「田植え・稲刈り」の他、修学旅行・社会科見学・夏季学校・スキー教室（卒業記念旅行）などで貴重な体験学習をおこなっています。

- ●**昼食** 給食（月・火・水・金曜日）／弁当（木曜日）

- ●**編入試験** 欠員が生じた場合に実施（7・12・3月）。対象学年は2～5年生。

- ●**併設校への進学状況**（2023年4月時）

  小→中 卒業生中、約20％が東京都市大学付属中学校・等々力中学校へ進学。校内試験の成績、在学中の成績により進学判定。他は国公立・私立中学へ進学。

Data 2024年度入試データ ※2023年実施済みです。

[募集要項]※2023年実施済み

■募集人員	男女計 約76名（内部進学者含む）
■要項配布	5月8日～10月4日（窓口）
■Web出願	10月1日～10月4日
■考査料	25,000円
■考査月日	11月2日～4日のうち希望する1日
■面接日	考査日と同日
■結果発表	11月5日（午前9時～／web） ※校内掲示は午前11時～12時
■入学手続	11月6日まで
■学校説明会	6月10日
■進学相談会	7月21日
■入試説明会	8月25日（オンライン）
■学校公開	9月9日

[入試状況]

■応募者数	男子 390名	女子 189名
■受験者数	男子 314名	女子 135名
■合格者数	男子 52名	女子 56名

[考査の順番]
願書提出順（男女比を考慮）

2024年度入試内容 ペーパー 行動観察 運動 絵画制作

● 言語

[話の聞き取り]

お祭りのお話を聞いたあとで質問に答える。

● 金魚すくいの場所を教えてくれたのは誰ですか

● このお話の季節と同じ季節はどれですか。

● 数量

[数の合成]

● 左の数と同じにするには、どれとどれを合わせればよいですか。2つ選んで○をつけましょう。

● 知識

[昔話]

● 左の絵と同じお話に出てくるのはどれですか。○をつけましょう。

[常識]

● 正しい椅子の座り方はどれですか。

[数え方]

● 鉛筆と同じ数え方をするのはどれですか。

● 知覚

[点図形]

● 左と同じように線をかく。

● 行動観察

● 準備体操。手でグーパー。指折り。足でグーチョキパー。

● (バスにいろいろな動物が乗ってくる話を聞いたあとで)このお話の続きの絵を描きましょう。

過去の出題

● 知覚

［同図形発見］
● 左のものと同じものを見つけて○を
つけましょう。

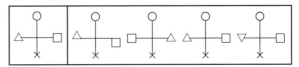

［重ね図形］
● ○と△が重なっているところを、青の
クーピーで塗りましょう。

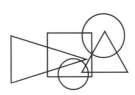

● 点線の所で折って重ねるとどうなりま
すか。書いてみましょう。

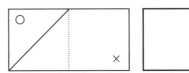

● 推理

［ブラックボックス］
● 箱のなかを通ると、それぞれ数が変わります。○の数はどうなりますか。その数だけ○を書きましょう。
● 2つ□には何のマークが入りますか。

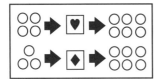
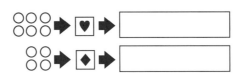

● 知識

［仲間］
● 左の絵と仲よしのものはどれですか。

［昔話］
● 昔話に出てこないものはどれですか。

［常識］
● トンボの幼虫はどこに住んでいますか。正しいことを言っている動物に○をつけましょう。
　ウマ「小さいからよくわからないなあ」　ブタ「カブトムシと同じで土のなかだよ」
　ウサギ「池や川の水のなかで見つけたわ」
● タケノコはいつとれますか。正しいことを言っている動物に○をつけましょう。
　ウマ「いつでもとれるよ」　ブタ「春になると土のなかから出てくるね」
　ウサギ「サツマイモみたいに、秋になると土のなかにたくさんできるね」

● 行動観察

[ドンジャンケン]
● 進むときにフープ1つはケンで2つはパー。

[フルーツバスケット]
● 椅子に座れなかったお友達は、その場で動物のものまねや片足バランスなどをおこなう。

[しっぽとりゲーム]
● 紙に好きな絵を描いて、腰にベルトを巻き。そのベルトに書いた紙をはさんでしっぽにする。色帽子をかぶり、チームごとに対戦する。

[水たまりゲーム]
● 水色の紙を、ハサミやセロテープを使って水たまりをつくる。その紙に好きな絵を描く。2人でペアになり、1人は目隠しをして、もう1人の子が方向を指示して、水たまりにぶつからないように歩く。

面接

保護者面接が考査日当日におこなわれます。面接時間は10分程度。

父親へ
◎ 志望理由をお聞かせください。
◎ 豊かな心を育むために、家庭のなかでどんなことをしていますか。
◎ ダメなことをしてしまった際には、どのように声がけをしますか。
◎ お子様に直してほしいところはどんなところですか。

母親へ
◎ （志望理由を踏まえて）体験を通して、お子様が成長したことは何ですか。
◎ ダメなことをしてしまった際には、どのように声がけをしますか。

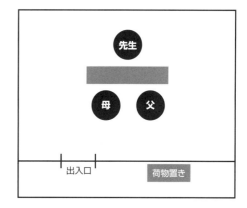

 お母様の受験 memo

◎試験当日のこと…
● 受付後、受験番号ごとに2階の教室に案内されました。1部屋に10組ほどが待機し、時間になると子どもたちは考査会場へ向かいました。親の面接は3階の教室でした。廊下の椅子で順番を待ちました。

東京農業大学稲花小学校

- **●校長** 夏秋 啓子
- **●児童数** 358名（2023年度現在）
  （第1～5学年のみ/2019年4月開校）

- **●併設校** 東京農業大学第一高等学校中等部
  東京農業大学第二高等学校中等部
  東京農業大学第三高等学校附属中学校
  東京農業大学第一高等学校
  東京農業大学第二高等学校
  東京農業大学第三高等学校
  東京情報大学
  東京農業大学

沿革 & 目標

東京農業大学稲花小学校は、2019年4月に開校したまだ新しい私立小学校です。東京農業大学の創設者・榎本武揚公が記した言葉「冒険は最良の師である」に基づき、「冒険心の育成」を教育理念としています。また、「冒険心」を形成する5つの要素「感性」「探究心」「向上心」「コミュニケーション力」「体力」に着目し、これら「3つの心」と「2つの力」の育成を教育方針とします。

学費

- **●入学手続時** 入学金　250,000円
- **●それ以降** 授業料　600,000円（年額）、施設設備費　100,000円（年額）
  教育充実費　200,000円（年額）、給食費　約130,000円（年額）
  英語教材費　84,000円（年額）

所在地 & 最寄り駅

- **●住所** 〒156-0053 東京都世田谷区桜3-33-1
  ☎03(5477)4115

- **●アクセス** 小田急線/経堂駅、東急世田谷線/上町駅から徒歩約15分
  バス/小田急線：千歳船橋駅、祖師ヶ谷大蔵駅、成城学園前駅
  東急田園都市線：用賀駅、三軒茶屋駅、渋谷駅から「農大前」下車　徒歩約5分

ホームページ https://www.nodaitoka.ed.jp/

学校の特色

● **学習指導**　〈**体験重視**〉東京農業大学が専門とする「生き物」や「食」に関するさまざまな資源を活用し、田植えや稲刈り、野菜の栽培、動物の観察、料理、科学実験など、さまざまな体験に取り組みます。

〈**英語**〉1年生から毎日1時間の英語科の授業を実施。1クラスを2グループに分け、英語をネイティブとする外国人講師が英語だけでの授業をします。

〈**授業時数**〉幅広いカリキュラムを丁寧に進めるため、授業時間は少し多く、1年生から毎日6時間の授業（週に1日7時間）をおこないます。

● **昼食**　校内の給食室で調理された、温かい給食を毎日（週5日）提供します。

● **登下校**　指定の制服を着用して登校します。また、正門を通過すると指定アドレスにメールが送信される「ツイタもん」を採用しています。なお、自宅からの通学距離や時間による制限などはありません。

● **アフタースクール**　校内に「農大稲花アフタースクール（運営は放課後NPOアフタースクール）」を併設しています。平日18時30分まで（延長19時）、学年、人数、保護者の就労用件を問わず利用が可能です。自由に過ごす「通常活動」と、専門のスタッフによる運動や音楽などの「プログラム」で構成されています。

Data　2024年度入試データ　※2023年実施済みです。

[募集要項]※2023年実施済み

- ■募集人員　男子 36名　女子 36名
- ■願書配布　概要版は4月10日から、詳細版は9月7日からホームページに掲載
- ■願書受付　10月2日〜3日（Web）
- ■考査料　25,000円
- ■考査月日　11月1日〜4日のうち1日
- ■面接日　10月10日〜30日
- ■結果発表　11月7日
- ■入学手続　11月9日
- ■学校説明会　5月12日・13日（オンライン）、
- ■入試説明会　9月15日・16日（オンライン）、
- ■学校見学会　5月20日・21日

[入試状況]

- ■応募者数　男子 481名　女子 398名
- ■合格者数　男子 51名　女子 39名

2024年度入試内容 ペーパー 行動観察

● 知覚

［点図形］
● お手本の通りに線をかきましょう。

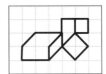

● 推理

［回転図形］
● 矢印の数だけ形がまわるとどう
なりますか。

● 言語

［話の聞き取り］
● 女の子とお父さんが本棚をつくるお話。

● 知識

● 季節

● 行動観察

［共同画］
● みんなですてきなお家をつくる。折り紙に家にあるもの描く。そのときにグループ内で同じものを描かないようにする。描いたものは模造紙にノリで貼り、余白には好きな絵を描く。みんなの前で何を描いたのか1人ずつ発表する。

過去の出題

● 言語

［話の聞き取り］
● 太郎くんとお姉ちゃんが、山梨に住んでいるおばあちゃんとおじいちゃんに、電車で会いに行くお話。

［言葉の音］
練習問題が前方のスクリーンに映し出されて、説明がある。

● コマは2つの音でできています。同じように2音のものに○で囲みましょう。
次にタンポポに鉛筆で○、パンダに赤の△で囲むように指示があり、同じ音数のものをそれぞれ見つけて、その形で囲む。

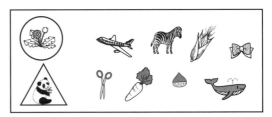

● 知識

［季節］

● 左の絵と同じ季節のものを選んで、○をつけましょう。

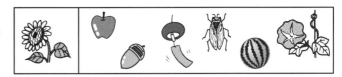

［助数詞］

● 絵のなかで1本、2本と数えるものに鉛筆で○、1匹、2匹と数えるものに青の○、1冊、2冊と数えるものに赤の△をつけましょう。

● 数量

［水の量］

● コップのなかの水の量が、2番目に少ないものに○をつけましょう。

［すごろく］

● 動物が電車に乗っています。サルが乗っていると前に2つ、ウサギが乗っていると前に4つ、ブタが乗っていると3つ後ろに下がります。矢印からスタートすると、どこに進みますか。

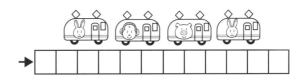

● 知覚

［同絵発見］

● 左の旗を回したときどうなりますか。

［模写］

● お手本通りに描きましょう。

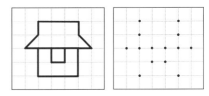

● 構成

［図形合成］

● 左の形をつくるのに、使う形はどれですか。

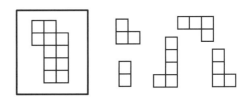

● 行動観察

［指示画］

● 台紙に描かれた丸に、楽しいことをしたときの顔を描く。顔が描けたら、何をしているかわかるように身体も描き、まわりに絵を描き足す。（鉛筆使用）
作業中に「何をしているところ?」「どんな気持ち?」など質問がある。

［お店屋さんごっこ］

● 4〜5人のグループに分かれ、グループごとに相談して、何屋さんになるか決める。決まったら用意されている材料（折り紙、磁石付きのパターンブロック、鉛筆、クーピー）で、お店の商品をつくり、そのあと配布されたお買物券を使って、お店屋さんごっこをして遊ぶ。

面接

親子同伴の面接が考査日以前におこなわれます。面接時間は10分。

父親へ

◎ ○○をしていると願書にありますが、どのような経緯で始められたのですか。

母親へ

◎ お子様のお手伝いは何を日課としていますか。また、どのようなお考えでやらせていますか。

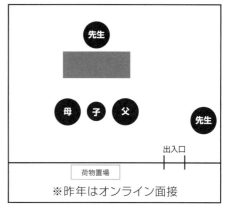

子どもへ

◎ お名前を教えてください。
◎ 幼稚園の名前を教えてください。
◎ 何歳ですか。
◎ 幼稚園にはどうやって行っていますか。…誰と行っていますか。
◎ 幼稚園は給食ですか。お弁当ですか。…おかずは何が好きですか。
◎ お休みの日は何をしていますか。
◎ （絵本を親子で読んで）絵本に出てくる昆虫は何が好きですか。

 ## お母様の受験 memo

◎考査当日のこと…

● 面接は自宅にてZoomでおこなわれました。子どもに対してはテンポよく次々と質問されました。親には願書を踏まえての質問でした。
● 考査は男女混合でおこなわれました。

◎アドバイス、etc.…

● オンラインの面接は子どもが集中できないので、練習が必要だと思います。
● ペーパーは問題量も多く、スピードが求められていると思います。

東京女学館小学校

- ●校長　盛永 裕一
- ●児童数　女子 466名

- ●併設校　東京女学館中学校
　　　　　東京女学館高等学校

沿革&目標

1888年（明治21年）、女子高等教育の振興を目的として、伊藤博文を委員長とする「女子教育奨励会」によって開校されました。以来、学識高く礼節を重んじる、知性と気品ある婦人の養成に努め、現在では小学校から高等学校までの一貫女子教育機関になっています。

学費　※昨年度のものです。授業料等は、入学後、変更になる場合もあります。

- ●入学手続時　入学金 290,000円、
- ●それ以降　施設費 160,000円（入学時）、授業料 51,500円（月額）、給食費 131,000円（年額）、
　　　　　　施設運営費 96,000円（年額）、教材費 70,000円（年額）、その他諸費 96,000円（年額）
　　　　　　※寄付金1口 250,000円（1口以上）

所在地&最寄り駅

- ●住所　〒150−0012 東京都渋谷区広尾3−7−16
　　　　☎03（3400）0987

- ●アクセス　都バス／渋谷・恵比寿駅より日赤医療センター行バス
　　　　　　　「東京女学館前」下車
　　　　　　地下鉄／広尾駅から徒歩12分
　　　　　　港区「ちいバス」青山ルート（往路のみ）「日赤医療センター」下車

ホームページ https://tjk.jp/p/

学校の特色

● **学習指導** 〈**低学年**〉一斉指導と個別指導をとりまぜ、完全に理解するまで基礎学習を繰り返しおこなっています。また、実際に目で見、手で触れることを重視し、季節感を肌で感じる体験学習を取り入れています。生活指導にも力を入れています。

〈**中学年**〉低学年での基礎をもとに、繰り返し学習する習慣を身につけ、みずから進んで調べる意欲を育てるよう指導しています。また、読書指導や作文・詩などの指導にも力を入れ、4年生は全校文集に詩を発表しています。

〈**高学年**〉基礎的・基本的な内容を確実に習得しつつ、話し合いながら問題を解決したり、お互いの考えを伝えあう力を高めたりすることに重点を置き、相互啓発を目指しています。

● **特色ある教育活動** 〈**すずかけ**〉着付け・日本舞踊・茶道・華道・箏曲など日本人女性としての高い品性を身に付けることを目的としている授業です。

〈**つばさ**〉体験学習と情報教育から構成されていて、国際社会にはばたくための資質を育むものです。

〈**とびら**〉国際社会で活躍するリーダーの資質を養うことをねらいとして、英語教育や諸外国との交流・海外研修などを実施しています。

● **校外学習** 3年生は館山で2泊3日、4・5年生は奥日光で3泊4日の校外学習を実施しています。6年生は鎌倉の歴史探索や中京地区での修学旅行等をおこなっています。また夏には希望者を対象にイングリッシュキャンプや海外研修、冬には5・6年生対象スキー教室を実施しています。

● **クラブ活動** 4年生からクラブ活動に参加します。科学、絵画、手芸料理、音楽、お箏、卓球、剣道、バスケット、サッカー、バレーボール、テニス、バドミントン、バトンクラブ、レクリエーション、プログラミングなど。

● **昼食** 給食（月～金曜日）

● **編入試験** 欠員が生じた場合に実施。対象学年は新3・5年生。

● **併設校への進学状況**（2023年4月時）

小→中 〈**女子**〉卒業生75名中68名が東京女学館中学校へ進学。在学中の成績により進学判定。

中→高 〈**女子**〉卒業生のほとんどが東京女学館高等学校へ進学。

● **併設高校から主要大学への合格実績**（2023年度入試）

東京大、東北大、東京外大、慶應義塾大、早稲田大、上智大など

Data 2025年度入試データ ※2024年実施予定です。必ず学校発表の入試要項でご確認ください。

［募集要項］※2024年実施予定

■**募集人員** 女子 72名（AO型40名程度、国際枠約3名含む／一般30名程度）

■**要項配布** 9月1日～30日（web）

■**出願** 9月2日～30日（web）
9月2日～10月2日（書類提出：AO型のみ）

■**考査料** 30,000円

■**考査月日** 〈AO型〉11月1日
〈一般〉11月2日・3日のうち1日

■**面接日** 〈AO型〉10月中旬のうち1日
〈一般〉10月中旬のうち1日

■**結果発表** 〈AO型〉11月1日（掲示）
〈一般〉11月3日（web）

■**入学手続** 〈AO型〉11月2日13時締切
〈一般〉11月4日10時締切

■**学校説明会** 7月6日

■**入試説明会** 9月1日

［入試状況］※2023年実施済み

■**応募者数** 女子 424名

■**合格者数** 女子 72名

※一般・AO型の合計

［考査の順番］

生まれ月の早い順順

［インフォメーション］

AO型入試と一般入試は併願することができます。

過去の出題　ペーパー　行動観察　絵画制作　運動

● 知識

[常識]

● (テープから音が聞こえてくる)動物たちが言っていることで、あっていると思うものに○をつける。
　ウサギは飛行機の音だと言いました。ゾウは車の音だと言いました。ライオンはヘリコプターの音だ
　言いました。ブタは救急車の音だと言いました。

● 推理

[水の量]

● 動物たちが同じ容器に入った水を別の入れ物に移しています。水がこぼれてしまうのは誰ですか。
　○をつけましょう。入れ物に移した水が1番低いのは誰ですか。×をつけましょう。

[系列]

● 空いている□に入るものを選んで、○をつけましょう。

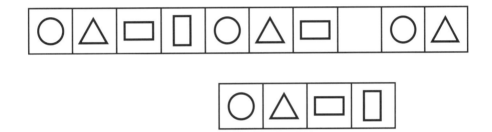

● 運動テスト

● 鉄棒。懸垂5秒。
● ボール投げ。ドッジボールサイズのボールをできるだけ遠くに投げる。

● 行動観察

[カードゲーム]
- イヌ、ネコ、ネズミ、チーズ、リンゴ、蝶のカードをグループみんなで分けて、トランプのババ抜きのように隣の人からカードを取り、同じカードなら前に出す。

[指示行動]
- ハチマキを頭に結ぶ（後ろでこま結び）。次に、お盆に紙皿と紙コップと箸を取り、テーブルまで運ぶ。その際、ハチマキの色と違う色（青、緑、黄、赤）のものを取るように指示がある。
- 部屋の中央のテーブルに、消しゴムのお寿司（25個）があり、5人のお友達で仲良く同じ数になるように、箸で1つずつお皿に取る。立ったままおこなう。
- 水をつけずに雑巾絞り。そのあと、机と椅子を拭く。
- 先生が絵本を読んでくれる。
- グループで遊ぶもの（魚釣り、ブロック）を選んで、みんなで遊ぶ。
- グループでしりとりをする。

● 絵画制作

[条件画]
- 紙に数字の「2」が書かれている。縦でも横でもよいので、「2」を使って絵を描く。
- 「わくわく」している絵を描く。

● 母子行動

- 親子それぞれ赤と青の旗を持つ。先生が2択の質問をして、親は子どもが回答するほうを考えて旗をあげる。
- ジェスチャーゲーム。母親5人ずつのグループで、ジェスチャーの練習をする。子どもたちがジェスチャーを見て当てる。
- 母と子で「おちゃらかホイ」の遊びをする。
- 母と子で「一本橋こちょこちょ」の歌を歌いながら遊ぶ。

- 子どもたちが別室で遊んでいる間に、母親チームは歌の振り付けを考える。歌は2曲あり、どちらにするかも各チームで決める。戻ってきた子どもに振り付けを教えて、別のグループの前で、親子いっしょに歌と踊りの発表をする。

面接

保護者のみの面接が考査日の前におこなわれます。
面接時間は15分程度。

父親へ

◎ 本校にお知り合いはいますか。
◎ 本校を知ったきっかけは何ですか。
◎ 説明会に参加されましたか。…そのときの印象をお聞かせください。
◎ ご家族でどのような遊びをしますか。
◎ お仕事について教えてください。
◎ お子様が今、興味のあること、打ち込んでいることは何ですか。

母親へ

◎ 説明会に参加されましたか。…そのときの印象をお聞かせください。
◎ お子様のよいところはどこですか。
◎ お子様の成長を感じたことはどんなことですか。
◎ 子育てで大切にしていることは何ですか。
◎ 姉妹の関係はどんなようすですか。

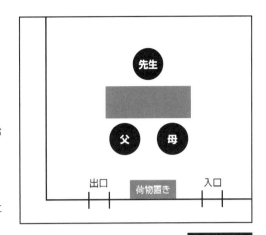

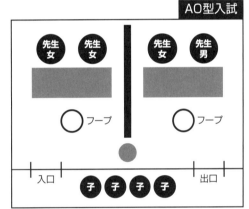

 # お母様の受験 memo

◎試験当日のこと…

● 面接は終始おだやかで優しい雰囲気でした。
● 考査日は例年、出願順、月齢別のようです。

◎アドバイス、etc.…

● 考査は3時間超の長いテストでした。子どもの待ち時間が長かったようですが、在校生がお話しをしてくれたりします。待つときの姿勢など練習をされるとよいと思います。

青山学院初等部

- **部長** 小野 裕司
- **児童数** 男子 384名
  女子 384名

- **併設校** 青山学院幼稚園
  青山学院中等部
  青山学院高等部
  青山学院大学
  青山学院大学大学院
  青山学院大学専門職大学院

沿革&目標

米人宣教師たちによって始められた学校が母体です。以来、キリスト教にもとづき、愛と奉仕の精神をもって、すべての人と社会に対する責任を自らすすんで果たす人間の形成を目標として、「感じる心」「考える力」「行動する活力」を大切にする教育をおこなっています。

学費 ※昨年度のものです。授業料等は、入学後、変更になる場合もあります。

- **入学手続時** 入学金 300,000円、施設設備料 250,000円
- **それ以降** 授業料 810,000円（年額）、給食費 85,000円（年額）、保健料 4,000円（年額）、
  冷暖房料 12,000円（年額）、旅行積立金 100,000円（年額）、後援会入会金 12,000円、
  後援会費 20,000円（年額） ※教育充実資金1口 250,000円（任意／2口以上）

所在地&最寄り駅

- **住所** 〒150-8366 東京都渋谷区渋谷4-4-25
  ☎03（3409）6897

- **アクセス** JR／渋谷駅から徒歩12分
  地下鉄／表参道駅から徒歩12分

ホームページ https://www.age.aoyama.ed.jp/

学校の特色

- ●㊎**教教航** キリスト教の信仰にもとづく教育をおこなっています。毎朝の礼拝や宗教の授業の他に宗教行事を大切にしています。

- ●**学習指導** 〈**英語教育**〉1年生から週1時間、英語の授業があります。ゲームや歌などを取り入れて、簡単な日常会話ができるように楽しく授業がおこなわれています。
  通信簿はなく、面接などを頻繁におこない、きめ細やかな指導がおこなわれています。

- ●**校外学習** 〈**なかよしキャンプ**〉新入生を迎える「オリエンテーション・キャンプ」があります。清里の自然のなかで、お友達や先生との交流を深めます。
  〈**雪の学校**〉2月の黒姫山で自然の美しさ、厳しさを学びます。
  〈**海の生活**〉長崎県の平戸島で水泳訓練や遠泳体験があります。
  〈**洋上小学校**〉「さるびあ丸」を「動く海の教室」として実際に洋上へ出航させ、海のロマンを体験します。四国、種子島、長崎など西日本を回ります。

- ●**クラブ活動** 聖歌隊、ラグビー、女子スポーツ、美術、自転車、トランペット鼓隊、水泳、アマチュア無線、ハンドベルクワイア、ランニング、英語。

- ●**昼食** 給食（月・火・水・金曜日）／弁当（木曜日）

- ●**編入試験** 欠員が生じた場合に実施（7月・2月）。

- ●**併設校への進学状況**

  小→中 〈**男女**〉卒業生のほとんどが青山学院中等部へ進学。中等部への進学を希望する者について、初等部で学力面・生活面において審議をして中等部へ推薦。

Data 2024年度入試データ ※2023年実施済みです。

[募集要項] ※2023年実施済み

■募集人員	男子 44名　女子 44名
	（内部進学者は含まない）
■願書配布	9月1日〜10月3日
■web出願	9月4日〜10月3日
■郵送出願	10月1日〜3日消印の郵送受付（書留速達）
■考査料	30,000円（郵便振替）
■考査月日	11月1日〜7日のうち2日
■面接日	10月中旬〜11月6日のうち1日
■結果発表	11月9日（web）※合格者のみ郵送
■学校説明会	5月13日、9月2日
■入試日程説明会	10月19日

[考査の順番]
受験番号は生まれ月の早い順につけられるが、必ずしも考査順にはならない。

[インフォメーション]
願書受付終了後、受験番号と保護者面接日が記載された封書が郵送されます。
入試日程説明会では、入試日程等について説明がおこなわれます。このときに受験票が交付されます。

2024年度入試内容 ペーパー 行動観察 運動 絵画制作

● ペーパー

- 話の記憶。
- 数量。

● 絵画制作

- クマの親子がお出かけをする話を聞いたあと、どんなお弁当箱なのかを想像してつくる。

● 運動テスト

- 模倣体操。
- かけっこ。
- 平均台。
- 肋木の登り降り。

● 行動観察

- グループ内で順番に先生の質問に答える。「好きな食べ物は何ですか」など。
- 平均台、肋木などで自由に遊ぶ。

過去の出題

● 言語

［話の聞き取り］

たけるくんの家に宅配便のトラックが来ました。箱を見ると、おばあちゃんから手紙と野菜が届いていました。「今度休みになったら遊びに来てね。おにぎりとコロッケを用意しているよ」と手紙に書いてありました。お母さんの好きな桃や、たけるくんが好きな大根が入っていました。青い袋にピーマン、白い袋にきゅうりが入っていました。

- 「青い袋には何が入っていましたか」「宅配便は何で来ましたか」「たけるくんは何が好きですか」

［しりとり］

- 右の絵がしりとりでつながれば○、つながらないときは×を四角のなかに書きましょう。

［同頭語］

- ことばの最初の音が同じものを見つけて○をつけましょう。

● 記憶

［位置の記憶］

- どこにどんな形がありましたか。その形を描きましょう。

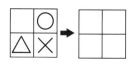 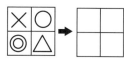

● 知覚

[重ね図形]

● 透明な板に模様が描かれています。真ん中で折って矢印のほうに重ねると、どうなりますか。

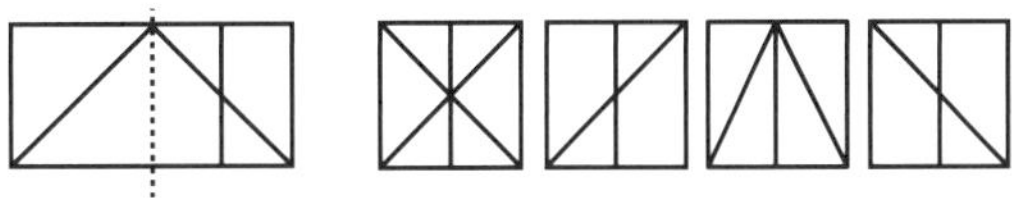

● 知識

[仲間はずれ]

● それぞれの四角のなかから、仲間はずれのものを選んで○をつけましょう。

● 絵画制作

[イカづくり]

● 世界に1匹しかいないイカをつくる。型紙を使って線を引き、イカの三角の部分や体の部分をつくり、チューブノリで貼り合わせる。(セロテープは使わないよう指示がある)
イカの足はいろいろな毛糸が用意されていて、これを貼るときは、セロテープを使ってもよい。ポンキーペンシルや鉛筆を使って工夫する。完成したらお友達の前で発表する。

[お化けづくり]

● 用意された材料(ピンクや水色の大きな袋、紙皿、紙コップ、色画用紙、折り紙、お面をつくる紙など)を使って、お化けをつくる。お面もつくり頭にかぶる。完成したら、友達の前で自己紹介(名前、幼稚園名)をして、作品をつくるときに1番こだわったところについて発表する。そのあと、お化けのかっこうのまま外で遊ぶ。

[びっくり箱づくり]

● はじめに画用紙を使って箱をつくる。箱ができたら、自分だけのびっくり箱をつくる。完成したら、お友達の前で自己紹介をして、作品について発表する。

● 行動観察

● 自己紹介。名前、幼稚園名、好きなもの、嫌いなもの。
● 絵本の読み聞かせ。「ウサギのすあなにいるのはだあれ?」(作:ジュリア ドナルドソン/徳間書店)を聞いたあとに、質問に挙手して答える。
● お手玉リレー。2チームで競争。コーンのまわりをまわって戻る。

● 運動テスト

● 平均台。
● 跳び箱とマット。
● ケンパー　→　ろくぼくを登る　→　先生が声を掛けたら、ジャンプして下のマットにおりる。

面接

保護者のみの面接が、考査日以前におこなわれます。時間は10分程度。

父親へ

◎ 自己紹介をお願いします。

◎ 志望理由を教えてください。

◎ キリスト教についてどのようにお考えですか。

◎ オープンキャンパスの感想を教えてください。

◎ ふだんお子様とどのように関わっていますか。

母親へ

◎ 自己紹介をお願いします。

◎ 降園後、お子様とどのように過ごしていますか。

◎ お仕事について教えてください。

◎ 保育園でのようすを教えてください。

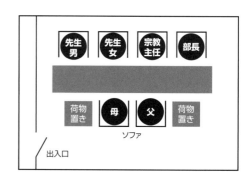

お母様の受験 memo

◎試験当日のこと…

● 控え室は地下1階の食堂でした。面接はなごやかな雰囲気でした。

● マスクを外して、フェイスシールドをつけての面接でした。

● 面接では、親の考え方をしっかり確認されている印象でした。

● B考査はとても楽しかったようです。

◎アドバイス、etc.…

● 面接は願書を読み込まれたうえで質問されていると思いました。

● 点図形はスピードと正確さが求められていると感じました。

慶應義塾幼稚舎

- **舎長** 杉浦 重成
- **児童数** 男子 576名
  女子 288名

- **併設校** 慶應義塾横浜初等部
  慶應義塾普通部（男子）
  慶應義塾中等部
  慶應義塾湘南藤沢中等部
  慶應義塾高等学校（男子）
  慶應義塾志木高等学校（男子）
  慶應義塾女子高等学校（女子）
  慶應義塾湘南藤沢高等部
  慶應義塾大学

沿革 & 目標

幼稚舎は1874（明治7）年に福澤諭吉の全幅の信頼を受けた高弟である和田義郎が、塾内で最も幼い者数名を三田の慶應義塾構内にある自宅に寄宿させて、夫婦で教育をおこなったのがその始まりです。1898（明治31）年に慶應義塾の学制改革により、幼稚舎は一貫教育の最初の6年間を担当することになりました。2024（令和6）年には創立150周年を迎える日本で最も古い小学校の一つです。

創立者である福澤諭吉の教育理念を表す言葉として「独立自尊」があります。慶應義塾幼稚舎では「独立自尊」の人を育成することをその目的の一つとしています。

学費　※2023年度のものです。授業料等は、入学後、変更になる場合もあります。

- **入学手続時** 入学金 340,000円、授業料 960,000円（年額）、教育充実費 200,000円（年額）、
  文化費 25,000円（年額）、給食費 105,000円（年額）

所在地 & 最寄り駅

- **住所** 〒150-0013 東京都渋谷区恵比寿2-35-1
  ☎03（3441）7221

- **アクセス** 地下鉄／広尾駅から徒歩5分
  都バス／渋谷駅・新橋駅・目黒駅より「天現寺橋」下車

ホームページ https://www.yochisha.keio.ac.jp/

学校の特色

- **学習指導** 　〈**6年間担任持ち上がり制**〉1人の担任が1年生から6年生まで付き添い、成長と発達を見守る「6年間担任持ち上がり制」を実施しています。担任は国語、社会、算数、総合（生活）、体育（低学年）の授業を受け持ちます。

　〈**教科別専科制**〉さまざまな角度から複数の目で児童に寄り添い、各教員の専門性を基にした「教科別専科制」を実施しています。理科、音楽、絵画、造形、体育、英語、情報、習字、総合、図書の教科は専科授業としておこなっています。算数、英語においては、1クラスの人数を分割して授業をする、少人数・適正規模教育をおこなっています。

- **校外学習** 　1・2年生は遠足、3年生は1泊遠足、4年生は4泊5日で海浜学校、5年生は7泊8日で高原学校、6年生は8泊9日で高原学校、さらに5泊6日の修学旅行があります。クラブ活動の合宿は宿泊を伴って実施することが多く、また、希望者にはイギリス・オックスフォードやニューベリー、アメリカ・ニューヨークやホノルルでの交際交流プログラムが用意されています。

- **特別活動** 　幼稚舎には学校や児童の役に立つと思われる自治的・奉仕的な活動があり、3年生以上が参加します。クラス委員会や運動委員会をはじめ、自分たちでも出来る環境問題について考えるEPC、校内の緑化に努める園芸の会、その他、生き物の世話係、福祉を考える会など13の活動があります。また、幼稚舎は29のクラブ活動があり、クラスや学年にかかわらず、同じ目的を持つ仲間が集まって活動しています。

- **PTA** 　PTAはありません。

- **昼食** 　給食（月〜金曜日）

- **併設校への進学状況**（2023年4月時）

  小→中 　卒業生男子96名中、61名が普通部、32名が中等部、3名が湘南藤沢中等部へ進学。
  　卒業生女子48名中、47名が中等部、1名が湘南藤沢中等部へ進学。
  　原則として全員が普通部、中等部、湘南藤沢中等部のいずれかに進学できる。ただしある程度の成績・出席状況等条件あり。

  中→高 　卒業生は中学校により選択できる高等学校に違いはあるものの原則として全員が希望により慶應義塾高、慶應義塾志木高、慶應義塾女子高、慶應義塾湘南藤沢中等部のいずれかに進学できる。

  高→大 　慶應義塾高、慶應義塾志木高、慶應義塾女子高、慶應義塾湘南藤沢高等部の卒業生のほとんどが慶應義塾大学へ進学。

Data 2024年度入試データ ※2023年実施済みです。

[**募集要項**]※2023年実施済み

■募集人員	男子96名 女子48名
■願書配布	9月7日〜30日
■願書受付	10月2日・3日消印の郵送受付
■考査料	30,000円（郵便振替）
■考査月日	11月1日〜10日のうち1日
■面接日	なし
■結果発表	11月14日（Web）
■入学手続	12月1日
■学校説明会	7月1日〜7日（動画配信）
■学校見学	7月8日

[**入試状況**]

■応募者数	男子 934名　女子 598名

[**考査の順番**]

生まれ月の遅い順

2024年度入試内容 　行動観察　　運動　　絵画制作

● 絵画制作

- 今までに行った公園で1番楽しかった遊具と、人を2人描く。そのあと紙の裏の線に沿って絵を切って、パズルのようにする。他の人がそのパズルを完成させる。
- 次の休みに行きたいところを描く。パズルをつくり、半分の人が立ち、座ってい人のところへ行って何の絵かを当てる。そのあとパズルを完成させる。
- 用意された物のなかから2つ選び、合体させたものを描く。そのあとそれを粘土でつくる。

● 行動観察

- チームに分かれて交互にネズミを動かし、相手チームのチーズを先に取るゲーム。1人ずつ順番にネズミを動かす。斜めには進めない約束。進める代わりに妨害の壁を置くことができる。

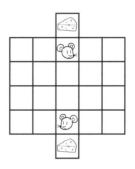

- 玉入れゲーム。ラインから2人ずつボールを投げて、手前の四角から入れていき、1番最初に2重の四角に入れたチームが勝ち。

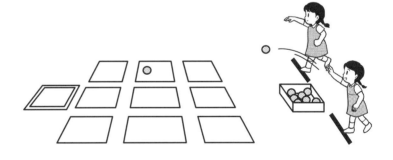

● 運動テスト

- 準備体操。
- 前後左右のジャンプ。
- 飛行機バランス。
- コーンをジグザグにまわる→ゴム段を跳ぶ、くぐる、跳ぶ
- 走る→的あて→右ギャロップ→左ギャロップ
- ケンケン→走る→コーンの前でボールを上にあげ、2回手をたたく→スキップで戻る
- ゴム段を跳ぶ→コーンをまわる→的あて→スキップで戻る

過去の出題

● 運動テスト

- ３つのコースを使って連続運動。
  青信号からスタートして、赤信号にゴールする。スタートより手前にオレンジコーンがあり、その横に自分のマークが描かれた床の上で体操座りで順番を待つ。
  （グループにより順番など異なるものもある）
- ＜Ａ＞青信号よりスタートして右ギャロップ。途中のラインから体の向きを変え左ギャロップ。コーンをまわったらゴールの赤信号までスキップをする。
- ＜Ｂ＞青信号よりスタートして走り、コーンをまわったらケンケンで折り返す。途中のラインで足を変えてゴールの赤信号まで進む。
- ＜Ｃ＞青信号よりスタートして、3本のゴム段の間をジグザグに走る。コーン手前のかごからボールを１つ取り、的にボールを投げる。ボールを戻したあと、ゴム段を　跳ぶ→跳ぶ→くぐるの順におこない赤信号のゴールまで進む。

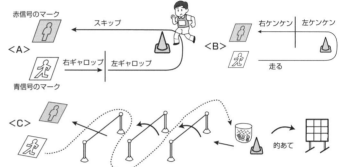

- サーキット（3種類ほど）。
  うつぶせでスタート→ジグザグ走り→コーンをタッチ→ゴム段を跳び→走ってゴール。
  青の四角からスタート→走る→コーンをタッチ→ギャロップ（反転も）→ボールつき→ゴール。
  スタート→ジグザグ走り→コーンをタッチ→ゴム段跳び→縄跳びを「やめ」の合図があるまで跳ぶ。

● 絵画制作

グループにより出題は異なる。

- 教室のモニターで桃太郎の映像を見たあとに、何年か経ち、鬼の孫たちがおじいさんたちの宝を盗むようになりました。おじいさんの孫の桃三郎が、鬼退治に行くように頼まれました。ところが仲間選びに迷ってしまいました。手伝ってくれるのは16匹います。この中から1匹から3匹まで選んでください。カードを裏返して（カードの裏に16匹の絵が描いてある）、仲間にしたい動物を選んで、ハサミで丸く切り、左側のカードの青い□のなかにノリで貼りましょう。その後、この仲間たちが活躍している絵を画用紙に描きましょう。（なぜその仲間たちを選んだのか、どのように鬼退治をするのか質問がある）
- 白い箱で、海のなかの見たこともない発明品をつくりその絵も描く。（どんなものを描いたのか、どんなすごいところがあるのか、工夫したところはどこか質問がある）
- ８つくらい絵が描かれており、そのうち2つ合体させてたいものを選び、合体させた生き物と自分がいる絵を描く。
- 恐竜の公園を模した部屋を見て戻ってくる。その後、違う公園をつくるとしたら、どんな公園がよいかを描く。そのあと、その公園で何をしたいのかを描く。

- お話を聞いてお友達にあげるプレゼントの絵を描く。プレゼント箱のつくり方の説明を聞きながら制作する。
  ①黒い線を山折り　②赤い線をハサミで切る
  ③切ったところを内側に折り倒す　④小さな紙に描いたプレゼントを貼り、飛び出すカードのようにする。

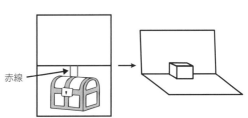

赤線

- 自分の宝物の絵を描いて、宝箱に貼る。
- 自分の思い出があるものを描いて、宝箱に貼る。

● 行動観察

- 六角形のプレート（木製、パターンブロックより大きくて薄い）で、お家をつくる。プレートは青・赤・黄・緑の4色あり、窓付きやドア付きのブロックもある。見本があり、その通りにパートに分かれてつくっていく。座っているところにサイコロの絵が描いてあり、その"目"の順番にプレートを1人2枚ずつとりに行くこと、他の子とお話をしてはいけないことなどの約束を言われる。プレートは横に並べたり、上に重ねたりしてつくり、余ったものは元に戻す。その後、つくった家を壊さないで、もっと大きな家にしてくださいと言われ、先ほどと同じ約束で家をつくる。
- ○、□、×のブロックを組み合わせて、チームで高く組み立てる。
- お手玉を下から投げて的あてや玉入れをする。
- いろいろな形のプレートがあり、どれが当てはまるかを考えて、はめていく。
- ドミノ、オセロ、積み木などで自由に遊ぶ。

面接

保護者の面接は、おこなわれていません。

 ## お母様の受験 memo

◎考査当日のこと…
- 受付のあとは絵を描いたり、折り紙をして待ちました。
- 受付ですぐお読みくださいという、お迎えに関する案内をもらいました。
- 指示があるまで机のものは触らない、上履きに履き替えない、お迎えの予定時刻などの掲示がありました。
- 受験票を右手で持つ、抜かさない、話さないなどのお約束がありました。
- 親は2時間後に迎えに来るように指示され、荷物をすべて持ち学校外へ出ます。

◎アドバイス、etc.…
- 子どもの苦手分野だったので、絵の練習をたくさんしました。過去の出題を何度も描いたり、物と物を合体させた絵だったり、生き物と乗り物を合体させた絵を描いたりしました。
- 黒板に掲示がありますので、最初に必ず確認することです。

宝仙学園小学校

- ●**校長** 西島 勇
- ●**児童数** 男子 224名
  女子 223名

- ●**併設校** 宝仙学園幼稚園
  宝仙学園中学校（共学部）
  宝仙学園高等学校
  　（女子部・共学部）
  こども教育宝仙大学

沿革&目標

真言宗による宗教的人格の育成を目標として、1927年（昭和2年）に幼稚園を設立したのが宝仙学園の始まりです。現在は幼稚園から大学までの一貫教育の総合学園となり、建学の精神をもとに、課題意識を持って自ら学ぶ子どもの育成をめざしています。

学費 ※昨年度のものです。授業料等は、入学後、変更になる場合もあります。

- ●**入学手続時** 入学金 250,000円、施設費 150,000円、
- ●**それ以降** 授業料 55,000円（月額）、施設維持費 10,000円（月額）、給食費 8,000円（月額）、
  父母会費 1,000円（月額）、冷暖房費 7,000円（年額）、補助活動費（ICT） 1,000円（月額）
  行事費 15,750円（年額）、教材費 8,000円（年額）

所在地&最寄り駅

- ●**住所** 〒164-8631 東京都中野区中央2-33-26
  ☎03（3371）9284

- ●**アクセス** 地下鉄／中野坂上駅から徒歩7分
  JR／東中野駅から徒歩15分
  関東バス・京王バス／JR中野駅から「中野一丁目」下車
  都バス／JR新宿駅から「宝仙寺」下車

ホームページ https://www.hosen.jp/

学校の特色

● **宗教教育**　敬けんな気持ち、思いやりの心を育てる場として仏教行事を大切にしています。

● **学習指導**　5・6年生を対象に、受験進学に適応できる力を育てるため、特別授業（週2回）を理解度別のグループに分けて指導しています。

主要科目では、次学年の内容の一部を学習する移行学習がおこなわれています。

開校以来、専科制（体育・図工・音楽・社会・理科・生活家庭科・英語）を実施するとともに、5・6年生では教科担任制（国語・算数）をとっています。

文部科学省で配当した漢字とは別に、「宝仙漢字」という読み漢字として120〜130字を指定し、読めるよう指導しています。また、1・2学期全学年で漢字力テスト・計算力テストを実施しています。

● **体験学習**　農家の協力のもと稲作の実習やミカン狩りなどの体験をしています。また、工場や博物館など多くの見学もおこないます。また、2年生から宿泊行事が始まります。希望者を対象としたスキースクールやイングリッシュキャンプもあります。

● **進学指導**　児童の一人ひとりに適した中学校を選び、必要な助言や指導ができるよう進学対策委員会を設けています。

● **昼食**　給食（月〜金曜日）

● **編入試験**　欠員が生じた場合に実施（6月・3月）。対象学年は現1〜5年生（ただし、5年生の2学期以降実施しない）。

学力・面接・音楽・体育が在校生の上位であること。

● **併設校への進学状況**（2023年4月時）

　小→中　〈**男女**〉卒業生76名のうち2名が、宝仙学園中学校 共学部 理数インターへ進学。その他の児童は他私立中学・他国公立中学へ進学。

　中→高　〈**男女**〉原則として全員が宝仙学園高等学校共学部理数インターへ進学できる。

Data　2025年度入試データ　※2024年実施予定です。必ず学校発表の入試要項でご確認ください。

[募集要項]※2024年実施予定

■**募集人員**　男女計 70名

■**要項配布**　4月〜（web）

■**願書受付web出願**　〈推薦〉10月2日〜4日
〈一般〉10月15日〜11月7日

■**考査料**　20,000円

■**考査月日**　〈推薦〉11月1日
〈一般〉11月16日

■**面接日**　考査日と同日

■**結果発表**　〈推薦〉11月2日（web）
〈一般〉11月17日（web）

■**入学手続**　〈推薦〉11月8日
〈一般〉11月22日

■**学校説明会**　6月4日・6日、9月6日・10日

[入試状況]

■**応募者数**　男子 68（22）名　女子 45（24）名

■**受験者数**　男子 31（21）名　女子 25（19）名

■**合格者数**　男子 12（15）名　女子 11（17）名

※内部進学者を除く。（　）内は推薦受験。

[考査の順番]

願書提出順

[インフォメーション]

宝仙学園小学校を第一志望とする人のみの推薦入試（在園する幼稚園・保育園長もしくは幼児教室長の推薦が必要）と一般入試とに分かれて実施されます。

学校説明会のときに公開授業がおこなわれます。

過去の出題 ペーパー 行動観察 運動

● 言語

［言葉の理解］

● 自分で読んでやりましょう。声に出してはいけません。

> じゅうにしの　おはなしで　にばんめに　ついた　どうぶつに
> まるを　つけましょう。

ひつじ	ねずみ	うし	うさぎ

［話の聞き取り］

ここはそよそよ森です。風がいつもそよそよとふいて、とても気持ちがいい場所です。この森には、小さなネズミの兄弟ラッキーとホープが仲良く暮らしていました。「お兄ちゃん、僕、夏休みにお兄ちゃんと秘密基地をつくりたいな」おとうとねずみのラッキーが言いました。「秘密基地だって?それはいい考えだ。いっしょにつくろうか」お兄さんねずみのホープが答えました。「さあ秘密基地をどこにつくろうかな」2匹は相談を始めました。「誰にも見つからないように、草が深く生い茂ったところにつくるのがいいんじゃないかな」と、ラッキーが言いました。「やっぱり遠くを見ることができるように、高い木の上につくろうよ。僕達は木登りだって得意だし」と、ホープが言いました。「それはいい考えだね、お兄ちゃん。木の上に僕たちの秘密基地をつくろう」2匹は、どんな秘密基地をつくるかの相談を始めました。「大きなテーブルも置こう。本をたくさん読めるように、本棚もつくろうよ」「素敵な音楽も聞けるように、楽器も置いておこうかな」「そうだ、外にはハンモックなんていいんじゃないかな。疲れたときにゆっくりと眠れるようにさ」よーし、そうと決まれば頑張ってつくるぞ。2匹は力を合わせて、道具と材料をそろえました。じょうぶな板、トンカチ、くぎ、ロープ、葉っぱ、集めるのはちょっと大変だったけれど、2匹は何日もかけてやっとのことで秘密基地をつくりあげました。「よし完成。お兄ちゃん、とっても素敵な秘密基地ができたね。ここは僕とお兄ちゃんだけの秘密基地だよ」「そうだね。2人だけの秘密基地だ。でも、こんな素敵な秘密基地だから、ちょっとだけ、お客さんを招待しない」「賛成。お兄ちゃん、それとってもいい考えだね。でも、2人だけの秘密基地だからなぁ。うーん…そうだ、秘密基地に入るための合言葉をつくるってどうかな」「それは、素敵なアイデアだ。合言葉を招待状に書いて、お友達に送ろう」2人は招待状を書き始めました。そこにはこんなことが書かれていました。「そよそよ森に2人だけの秘密基地が完成しました。とっても素敵な秘密基地なので、こっそり遊びに来てください。合言葉は、とびらを5回たたいて『どんぐり3つ、栗4つ』」
さあ、みんな遊びに来てくれるかな。　　　～以下省略～

● 秘密基地に遊びに来たお客さんが、いいなと思ったものは何ですか。
● 秘密基地の合言葉を言うとき、何回扉をたたきますか。その数だけ〇を書きましょう。

● 数量

［加算・減算］

● はやとくんは、お母さんからアメを5つもらいました。はやとくんはそのアメを1つ食べて、のこりを妹とおなじ数ずつわけました。そのあとはやとくんは、またお母さんから、こんどはアメを6つもらったので、妹とお友達のまさひろくんに2つずつあげました。はやとくんは今、アメをぜんぶでいくつ持っていますか。持っているアメの数だけ、四角に〇を書きましょう。

[積み木の数]

● 左の積み木をいくつか増やしたら、右のようになりました。
いくつ増えましたか。その数だけ○を書きましょう。

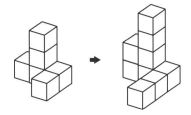

● 知覚

● お手本と同じになるように、線をつけ足しましょう。

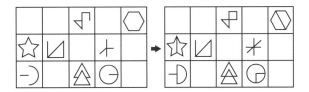

● 推理

● コアラさんが写真を撮りました。写真を見て○と△にいる動物に同じ印をつけましょう。

● 運動テスト

● 先生と同じように体の前で指の体操。
● 太鼓の音のきまり(スキップ、グージャンプ、歩く)の通りに体を動かす。

● 行動観察

● 模倣体操。
● リトミック。
● 8～10人ずつのグループにわかれて、用意されているいろいろな形の積み木でお城をつくる。
● 積み木。見本を見て同じものをつくる。
● ドンジャンケン。
● ひもを蝶結びにする。

面接

親子別室での面接が、考査当日におこなわれます。面接時間は5〜10分程度。子どもには考査中に質問があります。

父親へ

◎ お仕事の内容を教えてください。

◎ お休みの日はお子様と何をして遊んでいますか。

◎ 通学は大丈夫ですか。

母親へ

◎ お子様の名前の由来を教えてください。

◎ 本校はどのような学校だと感じていますか。

◎ 本校に何を求めていますか。

◎ お仕事の内容を教えてください。

子どもへ

◎ お名前を教えてください。

◎ この学校の名前を知っていますか。

◎ お父さんお母さんと何をして遊びますか。

◎ 小学校に入ったら何がしたいですか。

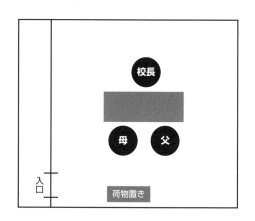

お母様の受験 memo

◎**試験当日のこと…**

● 面接はどちらが答えてもよい感じでした。堅苦しい感じではありませんでした。

● 子どもが考査に向かうとすぐ、親の面接が始まりました。

● 受付から面接まで、タブレットが活用されていました。一連の流れがとてもテンポよく、スムーズに進行していました。

◎**アドバイス、etc.…**

● 貴重品以外は控え室に置いておけます。靴を入れる袋は必要です。

新渡戸文化小学校

- ● **校長** 杉本 竜之
- ● **児童数** 355名

- ● **併設校** 新渡戸文化こども園
新渡戸文化中学校（共学）
新渡戸文化高等学校（共学）

沿革 & 目標

1927年（昭和2年）新渡戸稲造博士を初代校長に迎え、女子経済専門学校として開校した新渡戸文化学園は、現在は都内私立校初のアフタースクール併設校として、中野区に校舎を構えます。

「世に生まれた目的は、人のために尽くすこと」という新渡戸の言葉から、教育の最上位目標を「Happiness Creator（ハピネス・クリエイター：自分とまわりの幸せを創り出せる人）」に定め、そこに至る学校の役割を「自律型学習者の育成」としました。「どの子も我が子」の精神で、社会の"Happiness"を創り出す子どもを育てることを目指します。

学費

- ● **入学手続時** 入学金 300,000円
- ● **それ以降** 授業料 50,000円（月額）、施設費 10000円（月額）教育充実費 13,000円（月額）
  ※その他、ICT関連費、宿泊行事積立金、給食費などがあります

所在地 & 最寄り駅

- ● **住所** 〒164-8638 東京都中野区本町6-38-1
  ☎ 03（3381）0124

- ● **アクセス** 地下鉄／東高円寺駅から徒歩5分

ホームページ https://www.el.nitobebunka.ac.jp/

学校の特色

- **特色**　「たしかな基礎学力の定着」「教科を超えた学び」「社会とつながるプロジェクト型学習」の3つを柱とした「3Cカリキュラム」を推進しています。伝統的に培ってきた学習様式に加え、ICTを活用した一人ひとり合わせた個別最適化した学びでたしかな基礎学力を育てます。また、実際の社会のように、複数の教科の様々な要素が混ざり合った学習「クロス・カリキュラム」で、横断的・多面的な視点から学びを深めます。そして、子ども達の中から湧き上がってくる"やりたい"を出発点にして、主体的に取り組む「プロジェクト型学習」により、知識や技能だけではなく、協働性やコミュニケーション能力など、社会で必要とされる「非認知能力」も身につけていきます。

- **学習指導**　**プロジェクト科**　新渡戸文化独自の教科「プロジェクト科」。社会とつながる「答えのない問い」を、学年ごとにチームで探究します。プロジェクトの舵取りをするのは子どもたち自身。対話しながら「あれを調べたい」「こんなものを作ってみよう」と計画をたてます。プロジェクトを進める中で、教科的な力だけでなく、協働する力ややり抜く力など、いわゆる非認知能力の獲得も目指します。
  算数　教師が一斉に解法を教えるような授業ではなく、子ども同士で互いに教え合い、クラス全員が助け合って学習を進める「学び合い」を導入しています。また、図形などについて授業で学んだら、実際の世界にある同じ形のものを探してiPadで記録したり、学んだことをイラストやプレゼンのアプリを使ってアウトプットするなど、「教室に留まらない学び」を目指しています。

- **制服**　あり。

- **昼食**　給食（月～金曜日）

- **アフタースクール**　台風などでの休校時も毎日オープン（年末年始、お盆除く）、定員なしの全員受け入れ、毎日夜7時までオープン（長期休暇中は朝8時から）、プロが教える充実のプログラム（習い事）、安全でおいしい手作り給食、夜まで看護師が常駐と、"日本一のアフタースクール"を目指してトライしています！

- **編入試験**　欠員が生じた場合に実施。

- **帰国児童**　欠員が生じた場合に実施。

- **併設校への進学状況**（2023年4月時）
  小→中　〈**男女**〉 卒業生は内部中学。他国立・私立中学へ進学。
  中→高　〈**男女**〉 卒業生の約80%が新渡戸文化高等学校へ進学。
  高→大　〈**女子**〉 卒業生の約90%が四年制大学へ進学。

Data 2025年度入試データ　※2024年実施予定です。必ず学校発表の入試要項でご確認ください。

[募集要項]※2024年実施予定
- **募集人員**　男女計 約60名（内部推薦者を含む）
- **要項配布**　ホームページより
- **出願**　〈第1・2・3回〉10月1日～（web）
- **考査料**　20,000円
- **考査月日**　〈第1回〉11月3日
  〈第2回〉11月11日
  〈第3回〉12月9日「好きなこと入試」
- **面接日**　出願時に決定
- **結果発表**　各回とも試験当日に発表（web）
- **入学手続**　〈第1回〉11月4日～7日
  〈第2回〉11月11日～14日
  〈第3回〉12月9日～12日
- **学校説明会**　5月9日、6月15日・20日、7月3日、
  9月14日、11月23日

[考査の順番]
願書提出順

[入試状況]
- **応募者数**　男女計　203名

2024年度入試内容　ペーパー　行動観察　運動　絵画制作

● 行動観察

- コーンやマットなどを使って、小さい子が遊べる公園をつくる。
- おにごっこ。

● 運動テスト

- コーンからドリブルをして、カゴに向けてボールを投げる。
- 行きはスキップ、帰りはクマ歩き。
- ピンポン玉をお玉で運ぶ。落としたらやり直しをする。ケンケンパーで戻ってくる。

 # 過去の出題

● 言語

［話の聞き取り］

カオルちゃんがお父さんを迎えに駅に行きました。しばらく待っていましたが、なかなか出てきません。改札のすぐ前まで行きましたがまだ来ません。だんだん降りてくる人が少なくなってきました。それでもまだ来ません。待ちくたびれてしまったので、ベンチに座って休んでいました。すると誰かがひざをトントンとたたきました。それはネコでした。ネコはカオルちゃんに「だれを待っているの」と聞きました。「お父さんを待っているの」とカオルちゃんは言いました。「それじゃあ、いっしょにお父さんがいつも乗り換える駅まで行ってみよう」とネコが言いました。カオルちゃんは「ありがとう」と言って電車に乗りました。途中で緑色の電車に乗り換えると、前の席にクマが座っていて、そのそばをヘビがウロウロしていました。「これは動物たちの電車だよ」とネコが言いました。　〜以下略〜

- 1番最初に会った動物は何ですか。
- 動物の電車は何色でしたか。
- 肩を組んでいた動物は何ですか。

● 絵画制作

［顔リレー］

- 最初に顔の輪郭と髪の毛を描く。描き終わったら、時計回りに画用紙をお友達に渡す。受け取ったお友達の絵に眉と目を描く。また交換して耳と鼻を描く。また交換して口を描く。

過去の出題 ペーパー 行動観察 運動 絵画制作

● 運動テスト

- 準備体操。屈伸、伸脚、腕まわし、肩まわし、前後屈など。
- サーキット。名前を言ってからスタートラインへ。ケンパー→ボールつき→ボールを壁に投げる→ボールを拾ってカゴに戻す→ジグザググージャンプ→スキップで列の最後に戻る。
- 6人対6人で平均台でドンジャンケン。

● 行動観察

- みんなでサンドイッチを食べる。途中で先生から質問される。

面接

親子面接が、考査日前におこなわれます。面接時間は20分程度。

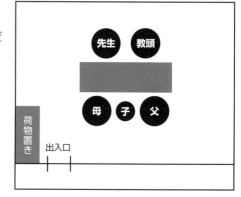

父親へ

◎ 本校のどこがよくて志望しましたか。
◎ お子様がいてよかったと思ったエピソードを教えてください。

母親へ

◎ 小学校の6年間をどのように過ごしてほしいですか。

子どもへ

◎ お名前を教えてください。
◎ 仲のよいお友達の名前を教えてください。
◎ お友達と何をして遊びますか。
◎ お友達とケンカすることはありますか。
◎ お手伝いは何をしていますか。

お母様の受験 memo

◎**試験当日のこと…**
- 考査日は親子とも控え室に移動し、上履きに履き替え待機しました。しばらくして、子どものみ廊下に集合し、しばらくすると考査室へ移動しました。

◎**アドバイス、etc.…**
- きちんと子どもを見てくれる学校だと思います。子どもの話を真摯に聞いてくださいました。

立教女学院小学校

- **校長** 児玉 純
- **児童数** 女子 432名

- **併設校** 立教女学院中学校
  立教女学院高等学校

沿革 & 目標

学校教育を通じて、キリストの福音を伝えるという目的のもとに、1877年（明治10年）創立され、小学校は1931年（昭和6年）に設立。その後、1947年（昭和22年）に小学校から高校までの12年間一貫教育体制が確立しました。その教育はキリスト教に基づき、人類の福祉と世界の平和に貢献する女性の人格の基礎をつくることを目的としておこなわれています。

学費 ※昨年度のものです。授業料等は、入学後、変更になる場合もあります。

- **入学手続時** 入学金 300,000円
- **それ以降** 授業料 648,000円（年額）、教育充実費 180,000円（年額）、給食費 121,200円（年額）、
  藤の会（保護者会）費 18,000円（年額）、保護者会入会金 10,000円（1年時のみ）

所在地 & 最寄り駅

- **住所** 〒168-8616 東京都杉並区久我山4-29-60
  ☎03（3334）5102

- **アクセス** 京王井の頭線／三鷹台駅から徒歩3分
  関東バス／JR西荻窪駅より「立教女学院前」下車

ホームページ https://es.rikkyojogakuin.ac.jp

学校の特色

- **宗教教育**　キリスト教の精神にもとづく人間形成を目的とし、毎朝の礼拝、週１時間の聖書の授業をおこなっています。日曜日は近所の教会へ行くことをすすめています。

- **学習指導**　学級担任は国語・算数・社会・生活の授業を受け持ち、理科・音楽・体育・図工・家庭・聖書および英語は、それぞれ専科の教師が担当しています。

　　　　　　　１・２年生は教科書、ノートを家に持ち帰りません（ゆとりのある生活を家庭で送ってほしいという考えから）。

　　　　　　　英語は１年生から学び始め、楽しみながら、聞く力、話す力を養うことに重点が置かれています。

　　　　　　　個人成績について、通信簿による家庭通達はおこなわれません。学期ごとに保護者面接で、生活態度や学習成績などについて話し合うことになっています。

- **校外学習**　３年生以上が夏休み前にキャンプをおこない共同生活を体験します。

　　　　　　　４年生以上が常陸太田や南三陸でのスタディツアーで現地の方々とのふれあいを体験します。

- **クラブ活動**　４年生以上がクラブ活動に参加しています。器楽、美術、ミュージカル、劇、手芸・料理、運動、コンピューター、サッカー、バドミントン、バトン・チア、サイエンス、ESS、フライングディスクなど。

- **保護者会**　各学級ごとに担任を囲んで随時おこなわれる他、全学年の保護者を対象とした全校保護者会も開かれています。

- **昼食**　給食（月～金曜日）※食堂に全校児童が集まって食事をとります。

- **編入試験**　欠員が生じた場合に実施（７月・３月）。対象学年は現１～４年生。

- **併設校への進学状況**

　小→中　〈**女子**〉卒業生は原則として立教女学院中学校へ進学できる。

　中→高　〈**女子**〉卒業生は原則として立教女学院高等学校へ進学できる。

　高→大　〈**女子**〉一定の推薦要件を満たせば、希望者は立教大学に進学できる。

Data 2024年度入試データ　※2023年実施済みです。

[募集要項] ※2023年実施済み

■**募集人員**	女子72名
■**Web出願**	9月4日～10月3日
■**願書受付**	10月2日～4日必着
■**考査料**	30,000円
■**考査月日**	11月3日
■**面接日**	10月16日～21日のうち1日
■**結果発表**	11月4日（web）
■**入学手続**	11月6日
■**学校説明会**	5月13日（入試説明会）
	6月16日（学校説明会）
	9月9日（校舎見学会）

[入試状況]

■**応募者数**	女子	544名
■**合格者数**		非公開

[インフォメーション]

受験票に受験番号が押印され返送されます。面接日、考査日、合格発表のときに必要になりますので、大切に保管しましょう。

考査日の集合時刻、面接の日時についてはメールにて通知されます。

2024年度入試内容 ［ペーパー］ ［行動観察］ ［運動］ ［個別］

● 知覚

［運筆］ ※モニターに絵が映し出される

● 指示の通りに線を引く。
    (1)○、△、○、☆
    (2)×、○、△、×

● お手本と同じになるようにかきましょう。

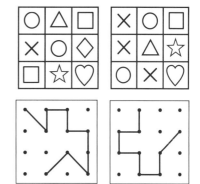

● 言語

［話の聞き取り］

● 動物が料理をしている絵を見ながら、話の聞き取りを兼ねて問われる。
    クマはオムレツをつくり、ウサギはカレーをつくる。ネズミはクマのために卵をもらいに行くが、途中で
    落としてしまう。ニワトリ小屋には黒と白のニワトリが居て、黒いニワトリは1日に卵を2個、白いニワト
    リは1日に1個産むというお話。

［言葉づくり］

● 2番目の音をつなげてできる言葉。

● 知識

［常識］

● 触るとゴツゴツしているものに○をつけましょう。
● 「さす」ものを見つけて○をつけましょう。

● 絵画制作

［お面づくり］

● ハサミでライオンのたてがみを切り、クーピーで顔を描く。穴に紐を通して蝶結びをする。

● 個別テスト

［箸つかみ］

● 容器に入ったビーズを、長めのお箸を使ってお皿に移す。

● 運動テスト

［連続運動］

● 笛に合わせてフープを左右前後に跳ぶ→　ボール投げ→　ウサギ跳び→　あざらし歩き
● 縄跳びを10回。

● 行動観察

［即時反応］

● 先生の言った言葉の数だけお友達と手をつなぎグループになる。

［縄のリング通し］

● グループで縄を持ち、縄の結び目のところにある輪を1周させて元に戻す。輪を床につけないように、縄の持ち方を工夫する。

過去の出題

● 数量

［積み木の数］

● 左の積み木の数だけ右のマス目に〇をかきましょう。

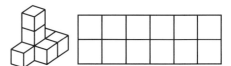

［計数・加算］

● （秋祭りの場面の絵があり）提灯は全部でいくつありますか。
● （5匹の動物が盆踊りを踊っている絵があり）あとから6匹の動物がいっしょに踊り始めました。今踊っているのは何匹ですか。
● （金魚が12匹泳いでいる絵があり）3匹のウサギが来て、3匹ずつすくうと残りは何匹ですか。
● （リンドウの花6本と赤い花10本が咲いている）どちらの花が多いですか。多い方の花に〇をつけて、違う数だけマス目に〇を書きましょう。

● 推理

［条件推理］

● 太郎くん、次郎くん、花子さんが先生とじゃんけんをします。先生に勝つとアメを2個もらえます。負けると1個あげて、あいこのときはそのままという約束。3回目まで終わり、4回目のジャンケンの手を考える問題。

● 個別テスト

［箸つかみ］

● 先生がなかの見えないビンを振る。音を聞いて中身を考える。紙皿から箸でつまんで紙コップに移す。
● スーパーボールと毛糸を、紙皿に移す。

［巧緻性］

● ビーズ（3個）、短く切ったストローを交互にストローに通す。
● ブロッコリーなどの絵をクーピーで塗り、切り取ってノリで貼る。

● 指示行動

［色塗りとハサミ切り］
● 画用紙に機関車の絵が描かれており（タイヤと煙は最初から
塗ってある）、機関車を好きな色で塗る。ただし、赤、緑、黄色
は必ず使う。止めの合図があったら、ハサミで切り取る。

［輪つなぎ］
● 2色の紙に線が描かれてあり、ハサミで線を切り、色を交互に
しながら輪つなぎをして長くする。全部つなぎ終わったら机の左側のフックにかける。

● 運動テスト

3チームに分かれて競争する。
● ケンパー　→ボールつき10回　→前転　→あざらし歩き　→スキップ。
● 縄跳びは、×のところで、笛の合図があるまで跳び続ける。

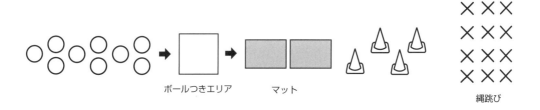

ボールつきエリア　　　マット　　　　　　　　　　　　縄跳び

● 行動観察

※面接日におこなわれた。

［ジェスチャーゲーム］
● 4人1組で、先生が見せるお題（文字）について、どんなゼスチャーにす
るか相談して、他のチームの前で発表する。相手チームがそれを当て
る。（遊園地、動物園など）

［ボール送りゲーム］
● グループで1列になり、ボールを頭の上からと足の間から渡していく。

［ダンス］
● 「アブラハムの7人の子」の曲に合わせてみんなで踊る。

［自由遊び］
● 折り紙、塗り絵、お絵描き、フラフープのコーナーがある。

［絵本の読み聞かせ］
● 面接日によって本の内容は異なる。面接時に内容について質問がある。
「レンタルお化けのレストラン」、「みつばちマーヤ」、「回転ずしの本」など。

面接

親子同伴の面接が考査日以前におこなわれます。面接時間は15分程度。面接資料は当日その場で記入します。

父親へ
◎ なぜ本校を志望されましたか。
◎ 本校のよいところはどこですか。
◎ 本校とお子様が合っている点は何ですか。
◎ お子様と接するときに気を付けていることは何ですか。
◎ 通学経路を教えてください。
◎ 女子校についてどう考えていますか。
◎ お子様の長所を教えてください。
◎ どうして上のお子様が公立で、下のお子様には私立を選びましたか。

母親へ
◎ なぜ本校を志望されましたか。
◎ お子様は食事の好き嫌いがありますか。
◎ お子様はリーダーシップをとるタイプですか。
◎ 家庭で大切にしていることは何ですか。
◎ お子様は健康ですか。…アレルギーはありますか。
◎ 女子校についてどう考えていますか。
◎ お仕事について教えてください。

子どもへ
◎ お名前を教えてください。
◎ 幼稚園の名前を教えてください。
◎ 幼稚園は楽しいですか。…何をして遊びますか。
◎ 運動会は終わりましたか。…何を1番頑張りましたか。
◎ お兄さんとは何をして遊びますか。
◎ お兄さんのどんなところが好きですか。
◎ 本は好きですか。
◎ お母さんの料理は何が好きですか。
◎ お父さんと何をして遊びますか。
◎ （誕生日会の絵を見せられて）これは何の絵だと思いますか。
　　…誰が主役だと思いますか。…なぜそう思いますか。
◎ （絵を見せられて）このなかで好きな動物はいますか。…このなかでどの料理を食べたいですか。

 お母様の受験 memo

◎考査当日のこと…
● 面接日は、受付で受験番号の入った、名刺サイズの名札を渡されました。名札は安全ピンで子どもの左肩に留めました。アンケートもあり、記入後は廊下にいる先生に渡すよう言われました。
● アンケートの内容は、家族構成、通学方法、仕事や家庭のことで伝えたいこと、アレルギーの有無などでした。
● 面接室前に荷物置き場があり、そこにすべて置いて面接室に入ります。
● 面接の途中で子どもは先生の前の机に移動して質問を受けました。
● 面接はとてもなごやかな雰囲気でした。先生が緊張をやわらげてくださったり、子どもに優しく声をかけてくださいました。
● 考査日の控え室は食堂と礼拝堂でした。外出も可能でした
● 考査日は、受付でビブス、ビニール袋を渡されました。子どもはビブスをつけ、ビニール袋にクーピー、液体ノリ、ハサミを入れて考査会場に向かいました。

◎アドバイス、etc.…
● トイレは何か所かありますがとても混むため、小学校に入る前に済ませておいたほうがよいです。

光塩女子学院初等科

- ●**校長** 影森 一裕
- ●**児童数** 女子 485名

- ●**併設校** 光塩女子学院幼稚園
  光塩女子学院日野幼稚園
  光塩女子学院中等科
  光塩女子学院高等科

沿革&目標

スペインのカトリックのベリス・メルセス宣教修道女会が母体となって、1931年（昭和6年）発足し、現在は幼稚園から高校までを置き、校名「光塩」の名のごとく、キリスト教の精神に根差した世の光、地の塩となれる女性の教育、育成を目標としています。

学費　※昨年度のものです。授業料等は、入学後、変更になる場合もあります。

- ●**入学手続時** 入学金 300,000円、施設設備資金 60,000円
- ●**それ以降** 授業料 38,000円（月額）、教育充実費 144,000円（年額）、後援会会費 10,000円（年額）、
  牛乳給食費 16,500円（年額）、校外活動・教材費 43,200円（年額）、
  iPad関連費 28,000円（年額）
  ※学校債1口 50,000円（任意／2口以上）
  ※教育環境整備維持寄付金1口 50,000円（任意／2口以上）

所在地&最寄り駅

- ●**住所** 〒166−0003 東京都杉並区高円寺南2−33−28
  ☎ 03（3315）1911

- ●**アクセス** JR／高円寺駅から徒歩12分
  東京メトロ／東高円寺駅から徒歩7分
  新高円寺駅から徒歩10分

ホームページ https://shotouka.koen-ejh.ed.jp/

学校の特色

- **宗教教育** 週1時間の倫理の時間、始業、昼、終業の祈りの時間、ミサや感謝の宗教行事などがありますが、光塩の教育活動全体を通して命の大切さ、「人はだれでも光と塩のように、なくてはならない存在」、「あなたはあなただから価値がある」ことを学んでいます。また、保護者にも宗教講話や聖書を学ぶ機会も設けられています。

- **学習指導** カトリックの価値観にもとづいて、学習指導および生活指導をおこなっています。
  基礎学力の充実と応用力の向上をめざして、独自のカリキュラムを編成しています。
  〈**日記指導**〉1年生から日記指導をおこなうことで、文章表現の心と技術だけでなく、児童と教師の心の交流の場として生活指導にも役立っています。
  〈**共同担任制**〉1学年2クラスを3～4名の教師が共同で担当し、1人の児童をさまざまな角度から見守ります。年齢や性格も違う教師が児童の成長を促すよう協働し、児童が自分のよいところを認め、伸ばし、個性的に成長していくことをサポートします。
  〈**教科専科制**〉1年生から全教科においてその教科を専門とする教員が指導することでより深い理解を得ることができます。（1学年を同じ教員が指導しています。）
  〈**ICT教育**〉1年生4月から個人持ちiPadを所有し、授業や家庭学習などで活用しています。

- **外国語** 〈**英語**〉外国文化を学び、コミュニケーションできる力を伸ばす授業をおこないます。1年から6年まで週2時間、ネイティブと日本人とのティーム・ティーチングでETM (Education Through Music)を実施しています。
  〈**スペイン語**〉3～6年生で希望者に課外活動として指導しています。

- **校外学習** 4・5年生を対象に長野光塩山荘で夏期林間学校が開かれます。
  各学年社会科等の教材に合わせて各学期に校外学習があります。

- **クラブ活動** イラスト、音楽、科学、クラフト、国際交流メルセス、茶道、手芸、杉並知る区ロード、スポーツ、ダンス、文学、家庭科

- **昼食** 弁当（月～金曜日）※注文弁当システムあり（希望者）

- **併設校への進学状況**（2023年4月時）
  - 小→中 〈**女子**〉 卒業生84名中、73名が光塩女子学院中等科へ進学。11名が他中学へ進学。
  - 中→高 〈**女子**〉 卒業生のほとんどが光塩女子学院高等科へ進学。

Data 2024年度入試データ ※2023年実施済みです。

[募集要項] ※2023年実施済み

■募集人員	女子 80名（内部進学者を含む）
■要項配布	6月～（web）
■出願	9月24日～10月5日（web）
■考査料	25,000円（銀行振込）
■考査月日	11月4日
■面接日	11月5日
■結果発表	11月6日（午前9時～13時／Web）
■入学手続	11月6日（午前9時～13時／Web）
■学校説明会	6月10日、9月2日
■オープンスクール	7月22日（体験授業）

[入試状況]

■応募者数	女子 284名
■合格者数	女子 80名
■補欠者数	非公表

[考査の順番]
願書申込順（web）

[インフォメーション]
考査は1日目に児童テスト、2日目に保護者同伴の面接がおこなわれます。受験当日の詳しい日程表は入学願書締め切り後、お知らせします。

2024年度入試内容 ペーパー 行動観察 運動 個別 絵画制作

● 言語

[話の聞き取り]
- 動物たちが音楽会をするお話。登場した動物や楽器などが問われる。

● 数量

[計数・差・補数]
- ネコは何匹いますか。
- すべてのネコに魚をあげます。魚はあと何匹必要ですか。
- ネコたちは2つの家に住んでいます。全部で13匹います。今家のなかに残っているネコは何匹ですか。

● 知覚

[四方観察]
- 机の上の積み木を見るとき、どの方向から見ると絵のように見えますか。

[運筆]
- 点線をなぞりましょう。
- ネコの迷路を通ります。○から●まで線を引きましょう。

● 推理

[条件推理]
- 指示された約束に基づいて変化すると、形がどうなるかを考える。

● 言語

- 3つの絵をしりとりでつないだあと、さらにその後ろにつながる絵を選びましょう。

● 指示行動

[箸移し]
- 紙皿の上の3色の立方体のブロックのうち、赤は紙コップへ、黄色は紙皿に箸でつまんで移す。白は移動させない。待っている間に好きなものの絵を描く。

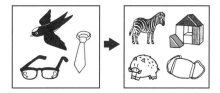

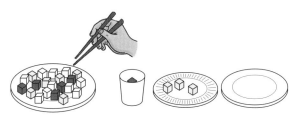

● 運動テスト

- 片足飛行機バランス。
- 両足跳び（線から遠くへジャンプする）。
- スキップ（室内を自由にスキップして移動し、目が合ったお友達に手を振る）

● 絵画制作

［**ネックレスづくり**］
- 5～6人のグループで相談して、ネックレスの紐の線がかかれた台紙にいろいろな色や形のシールを貼って、ネックレスをつくる。シールを貼っていない部分は、クレヨンでネックレスの模様を描いてよい。

● 行動観察

［**写真撮影ゲーム**］
- 先生がカメラマンになり、1列目が立膝、2列目が中腰、3列目が立って並び、写真撮影をする。

過去の出題

● 推理

［**マジックボックス**］
- ウサギ、ネズミ、キツネの箱に入ると、それぞれ違う魔法がかかります。左の絵を箱に入れるとどのようになって出てきますか。印を書きましょう。

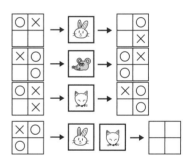

● 絵画制作

［**創造画**］
- 白画用紙に、大きさの異なる3種類の〇シールを自由に貼り、好きな絵にしましょう。足りないところは鉛筆で描き足してもよいです。

● 行動観察

［**劇遊び**］
- 4グループ（5～6人ずつ）に分かれて、「桃太郎」の1場面の劇をする。紙芝居の絵が8場面、4つのマークのところに2枚ずつ並んでいて、どの場面のところをやりたいか決める。そのあと、グループごとに相談して配役を決め、順番に発表していく。

［**ジャンケンゲーム**］
- はじめに通常のジャンケンをしたあとで、先生と体ジャンケンをする。（グーは膝を抱えて座る。チョキは手を腰に当て足を前後に開く。パーは足を横に開き、手をあげる。）
  ジャンケンに勝った人はそのまま立ち、あいこと負けの人は座る。ゲームの途中で、ルールを変えながら（負けた人は立ち、あいこと勝った人が座るなど）おこなう。

面接

親子同伴の面接が、考査の翌日におこなわれます。面接時間は20分～30分程度。

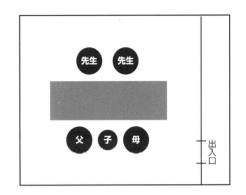

父親へ
◎ 志望理由を教えてください。
◎ お仕事について教えてください。

母親へ
◎ お子様の幼稚園でのようすを、先生からどのように聞いていますか。
◎ お子様が熱中していることは何ですか。

子どもへ
◎ お名前を教えてください。
◎ 幼稚園の名前を教えてください。
◎ お友達の名前を教えてください。
◎ お友達のすごいところはどこですか。
◎ お友達とは何をして遊びますか。

お母様の受験 memo

◎**考査当日のこと…**
● 考査日は地下1階で親子とも待機でした。その後番号を呼ばれ、子どもが試験会場へ移動しました。行動観察が楽しかったと言って笑顔で帰ってきました
● 面接は終始なごやかな雰囲気でした。厳しいイメージのある学校ですが、先生方は終始笑顔で接してくださいました。

立教小学校

- ●**校長**　田代 正行
- ●**児童数**　男子 719名（2023年度）

- ●**併設校**　立教池袋中学校（男子）
　　　　　立教池袋高等学校（男子）
　　　　　立教新座中学校（男子）
　　　　　立教新座高等学校（男子）
　　　　　立教英国学院中学部・高等部（共学）
　　　　　立教大学

沿革&目標

1874年（明治7年）、アメリカ聖公会の宣教師チャニング・ムーア・ウイリアムズ主教によって、東京築地に英学と聖書を教える私塾として開かれました。数人ではじまったこの小さな学校は「立教学校」と呼ばれ、これが現在の立教学院の前身となりました。以来、立教学院は「キリスト教にもとづく教育」を建学の精神に掲げています。

立教小学校の教育はキリスト教信仰にもとづく愛の教育です。人は一人ひとり神さまから愛され、かけがえのない賜物をいただき、互いを尊重し支え合いながら生きていきます。礼拝、祈り、聖書の学びを通して命の尊さ、自然の尊さ、自分の大切さや友達の大切さを学びながら神さまに愛されている喜びと自信が育まれます。さまざまな学習、キャンプや自然体験など豊富な体験活動を通してテーマをもって真理を探究する力、ともに生きる力を育てます。学校に関わるすべての人々とともに、真剣さと優しさにあふれた学校をこれからも目指していきます。

学費　※授業料等は、入学後、変更になる場合もあります。

- ●**入学手続時**　入学金 300,000円
- ●**それ以降**　授業料 660,000円（年額）、維持資金 282,000円（年額）、給食費 約110,000円（年額）、教材費 30,000円（年額）、健康管理費 36,000 円（年額）、冷暖房費 6,000円（年額）、PTA会費 4,800円（年額）※ 教育環境改善資金1口 100,000円（任意）

所在地&最寄り駅

- ●**住所**　〒171−0031 東京都豊島区目白5−24−12
　※本校は新校舎の2027年竣工を目指し、2024年4月より一時移転いたします。
　☎ 03（3985）2728
- ●**アクセス**　西武池袋線／椎名町駅から徒歩3分
　東京メトロ有楽町線・副都心線／要町駅から徒歩14分
　国際興業バス／池袋駅西口〜椎名町南口 乗車10分・徒歩3分
　都営・西武バス／目白駅前〜目白5丁目 乗車4分・徒歩8分

ホームページ https://prim.rikkyo.ac.jp/

学校の特色

- **宗教教育** 毎週金曜日に、低学年・高学年に分かれて「礼拝」があります。全学年、毎週1時間各学級ごとに聖書の授業を受け、思いやりの心を持つことや人を愛することの大切さを学びます。土曜日は自分の世界を楽しみ、日曜日は教会へ行く日としています。

- **学習指導** 〈**英語教育**〉英語の授業は1年生からおこなわれ、歌やゲーム、カード教材などを積極的に取り入れ、楽しみながら「聞く」「話す」を通して英語に慣れ、外国や異文化への理解、関心を育むことをめざしています。

  〈**日記**〉毎日、日記の提出があります。自分の考えを表現するだけでなく、子・親・先生との大切なコミュニケーションとなっています。

  〈**専科制**〉発達段階に応じて専科の教師を多くし、きめ細かい指導をおこなっています。聖書・音楽・図工・体育・読書・英語・情報は、1年生から6年生まで専任教師が指導しています。

- **体育** 運動場でのサッカー・野球、体育館でのバスケットボールなどの球技種目、1ヵ月間毎朝継続して走る耐寒マラソン、縄とび、オールシーズンの水泳など、多種目にわたってバランスの取れた体力づくりを心がけています。また、キャンプでは自然のなかで生活し、神様を賛美します。

- **教育環境** 図書館（蔵書約2万冊）、プール、体育館、理科室、図画室、工作室、音楽室、視聴覚室など。

- **昼食** 給食（月～金曜日）　※縦割り給食（月～水曜日）、クラス給食（木・金曜日）

- **編入試験** 欠員が生じた場合のみ実施。

- **併設校への進学状況**（2023年4月時）

  - **小→中** 〈**男子**〉 卒業生120名中、57名が立教池袋中学校、52名が立教新座中学校へ進学。
  - **中→高** 〈**男子**〉 立教池袋中卒業生148名中、138名が立教池袋高等学校へ、
    立教新座中卒業生200名中、177名が立教新座高等学校へ進学。
  - **高→大** 〈**男子**〉 立教池袋高卒業生144名中、128名、立教新座高卒業生308名中、
    254名が立教大学へ入学。

Data 2024年度入試データ ※2023年実施済みです。

[募集要項] ※2023年実施済み

- ■**募集人員** 男子120名
- ■**願書受付** インターネット出願
- ■**考査料** 30,000円
- ■**考査月日** 11月1日・2日の両日
- ■**面談日** 10月11日～
- ■**結果発表** 11月4日・5日（web）
- ■**学校説明会** ①6月8日
  - ②7月1日
  - ③9月9日

[入試状況]

- ■**応募者数** 男子 442名
- ■**合格者数** 男子 120名
- ■**補欠者数** 非公開

[考査の順番]
生まれ月の早い順

[インフォメーション]
面談日、試験日の詳細は、メールでお知らせいたします。

2024年度入試内容 〔運動〕 〔個別〕

● 言語

[絵本の読み聞かせり]

● 「かいじゅうたちのいるところ」（作：モーリス・センダック/冨山房）を見て、質問に対してサイコロを使って、答えの色が上になるように置く。
　（1人が回答しているときは、もう1人はヘッドフォンをする）

● 「こねこのネリーとまほうのボール」（作：エリサ・クレヴェン/徳間書店）を見て、質問に対して3色の○の上に碁石を置く。

● 個別テスト

● マス目をウサギが1周するとカメが1つ進む移動の問題。

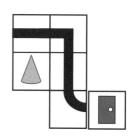
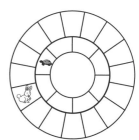

● 道をつくって移動する問題。コーンがあると工事中で進めない。ドアがあると向こう側に進める。

● 運動テスト

[合唱]

● ドレミの歌を全員で歌う。

[かけっこ]

● 自分の色のコーンの間を走る。

[模倣体操]

● 「Believe」の曲に合わせて、先生のまねをして踊る。そのあと自由に踊る。

過去の出題

● 言語

[絵本の読み聞かせ] プロジェクターの映像を見ながら聞く。

「月へミルクをとりにいったねこ」（作：アルフレッド・スメードベルイ/福音館書店）を聞いたあと、質問に対して、3色の○の上に碁石を置く。

● 母ネコが探していたものは何ですか。

● 道案内をしたのは誰ですか。

● 自分が母ネコだったらどうやって月をとりますか。

● 自分がもしそのお月さまだったらどうしますか。

● 母ネコは子ネコを大切に思っています。自分が大切に思っているのは何ですか。

「ごきげんなライオン」のDVDを見ながら聞く。赤・青・黄のシールが貼られたサイコロを使用して、答えの色が上の面になるように置く。3つの選択肢がある。

● ごきげんなライオンはどこにいましたか。

● ライオンはどうやって外に行きましたか。

● ライオンに会った3人の奥さんたちは、どうやって逃げましたか。

● 1番の友達は誰ですか。

● 動物園に帰るときは誰とどうやって帰りましたか。

● 個別テスト

[推理①ジャンケン]

● （提示された絵を見て）ジャンケンで勝つようにするには、何を出せばよいか、負けるようにするには何を出せばよいかを考える。

[推理②色合わせ]

● 裏表の色が異なるチップコインを使って、先生のお手本と同じ並びになるように、コインをできるだけ速く並べる。

[数量①]

ボードを見ながら質問される。

● はじめに果物はこれだけありました。サクランボは2個、バナナは3本、ブドウは6個（1房）です。動物が果物を食べてしまい、残っているのはこれだけです。では、いくつ食べたのか、サクランボは赤の〇のなかに、バナナは黄色の〇のなかに、ブドウは紫の〇のなかに、その数だけ碁石を置きましょう。

[数量②]

● キビ団子を仲良く分けられるところに白の碁石を置く。アイス棒を使って3個で串にできるように、キビ団子を隠して置く。あまるキビ団子がいくつかを考えて、その数が仲良く分けられる数なら碁石を置く。犬に2本、サルに2本、キジに3本の串をあげる約束もある。

[構成]

● 5つの形のプレートを使用する。このうち指定された形だけを使い、剣、椅子、ヘビ、ワニ、水鉄砲などの枠のなかにはめていく。

面接

保護者のみの面接が考査日以前におこなわれます。面接時間は10分程度。

父親へ

◎ 志望理由を教えてください。

◎ お仕事について教えてください。

◎ お子様とはどのように関わっていますか。

◎ ご出身はどちらですか。

◎ 出身校を教えてください。

母親へ

◎ 幼児教室はどちらに通っていますか。

◎ 本校が第1志望でよろしいですか。

◎ 男子校に対して不安はありませんか。

◎ 通学経路を教えてください。

◎ ご出身はどちらですか。…名産品は何ですか。

◎ 出身校を教えてください。

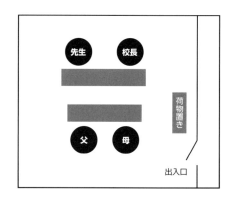

お母様の受験 memo

◎試験当日のこと…

● 面接はとてもなごやかでした。子どもの話にも共感してくださいました。

● 考査日の待ち時間は、本を読んで待ちました。終了20分前に案内があり、地下の食堂に移動しました。子どもが戻ってきて終了でした。

◎アドバイス、etc.…

● 考査日は待ち時間が長いので本など必要です。

● 面接時に渡される受験票、ゼッケン、消毒用ウエットティッシュを2日間持参します。

● 各説明会のあとのアンケートは、すべて目を通されています。可能であればすべて参加されるとよいと思います。

● 世界絵本箱シリーズからの出題が例年多く出題されていますので、読み聞かせをしていました。

川村小学校

- ●**校長** 川村 正澄
- ●**児童数** 女子 479 名

- ●**併設校** 川村幼稚園（共学）
  川村学園女子大学附属保育園（共学）
  川村中学校（女子）
  川村高等学校（女子）
  川村学園女子大学（女子）
  川村学園女子大学 大学院（共学）

沿革 & 目標

1924年（大正13年）、川村文子により創設された学校で、以来、道徳など心の教育を重視し、自主性に富む、心身ともに健やかな女性の育成を目標に、幼稚園から大学院まで一貫した教育体制をとっています。

学費 ※昨年度のものです。授業料等は、入学後、変更になる場合もあります。

- ●**入学手続時** 入学金 300,000円
- ●**それ以降** 授業料 33,000円（月額）、維持費 11,000円（月額）、施設費 3,000円（月額）、
  給食費 11,200円（月額）、冷暖房費 2,500円（月額）、蓼科学習費 2,350円（月額）、
  鶴友会入会金 3,000円、後援会等諸会費 3,350円（月額）、その他預り金など
  ※ 寄付金（任意）あり

所在地 & 最寄り駅

- ●**住所** 〒171-0031 東京都豊島区目白2-22-3
  ☎ 03（3984）8321（代表）／7707（入試広報室）
- ●**アクセス** JR／目白駅から徒歩2分
  地下鉄／副都心線雑司が谷駅から徒歩7分

ホームページ https://www.kawamura.ac.jp/syougaku/

学校の特色

- ●**学習指導** 1年生からの英語の授業のうち1時間は、外国人講師と日本人教師のティームティーチングにて英語でおこない、多くのやりとりを楽しみます。3年生以上は、週3時間の英語授業時間を確保し、語彙を増やし文法的な力の定着を図っていきます。水泳教育では、年間を通し週1時間のカリキュラムを組み、泳力をつけていきます。本校では、体験重視型のカリキュラム、ICTの活用や放課後の過ごし方（学習サポート・算数セミナー）など、ニーズをとらえ柔軟な対応にあたっています。

- ●**校外学習** 自然に親しみ、自然に学ぶため、学園所有の長野県蓼科山荘で共同生活を体験します（蓼科学習）。1・2年生は年1回（2泊3日）、3年生以上は年2回（3泊4日）実施しています（4・5・6年生は年2回のうち1回はスキー学習）。

- ●**クラブ活動** 4年生以上が参加。茶道、華道、筆曲、演劇、科学、合唱、家庭科、パソコン、新体操、フットサル、卓球、バドミントン。

- ●**奉仕活動** 5年生以上の児童が6部会（生活指導、放送、新聞、美化、図書、保健・会食）に分かれて活動しています。

- ●**通学班** 児童の通学の安全を確保するために、方面別に通学班を編成し、災害時における集団下校を目的としています。

- ●**昼食** 給食（月～金曜日）

- ●**転・編入試験** 1～5年生（編入の場合6年生も可）を対象に若干名募集。

- ●**併設校への進学状況**（2023年4月時）

小→中	〈**女子**〉卒業生の70%が川村中学校へ進学。
	校長推薦を受けた者は全員が進学できる。
中→高	〈**女子**〉卒業生の80%が川村高等学校へ進学。
高→大	〈**女子**〉卒業生の20%が川村学園女子大学へ進学。その他、他校受験の際に推薦資格保有制度あり。

Data 2024年度入試データ ※2023年実施済みです。

［募集要項］※2023年実施済み

■**募集人員** 女子
〈自己推薦個別審査〉　約25名
〈一般個別審査（前期・後期）〉約55名

■**願書配布** 4月1日～11月4日

■**出願** 〈自己推薦個別審査・一般個別審査前期〉
9月8日～10月27日（Web）
〈一般個別審査後期〉
9月8日～11月4日（Web）

■**考査料** 25,000円

■**考査月日** 〈自己推薦個別審査〉11月1日
〈一般個別審査前期〉11月1日、2日
〈一般個別審査後期〉11月5日

■**面接日** 〈自己推薦個別審査〉事前面接（指定日）
〈一般個別審査〉事前もしくは考査日

■**結果発表** 〈自己推薦個別審査〉11月1日（web）
〈一般個別審査前期〉11月1日、2日（web）
〈一般個別審査後期〉11月5日（web）
いずれもWeb合格発表

■**入学手続** 〈自己推薦個別審査〉11月1日
〈一般個別審査前期〉11月1日～5日
〈一般個別審査後期〉11月5日・6日

■**オープンスクール** 7月9日・15日、8月26日・27日

［入試状況］

■**応募者数** 女子
（自己推薦個別審査）　　53名
（一般個別審査）〈前期〉162名
〈後期〉202名

■**合格者数** 女子
（自己推薦個別審査）　　47名
（一般個別審査）〈前期〉70名
〈後期〉23名

■**補欠者数** 無し

［考査の順番］
月齢別グループ内にて順不同

［インフォメーション］
受験料は、自己推薦と一般の併願、および一般の同時出願の場合も25,000円。

■**学校説明会** 2024年5月19日、6月28日、
7月19日、9月22日

2024年度入試内容 行動観察 運動 個別 絵画制作

● 個別テスト

- 話しの聞き取り
- 数量

● 絵画制作

- 紙に絵を描いて、折ってノリで貼り、バッグをつくる。

● 運動テスト

- 準備休操。
- 先生のお手本を見て、ケンケン、バランス（10秒）、スプーンに卵をのせて歩く、ジャンプ、ジグザグに走る。

過去の出題

● 個別テスト

［絵本の読み聞かせ］

「プラスチックの海」（作：ミシェル・ロード／小学館）の本を読んでもらったあと、質問に答える。

- ゴミは何が出てきましたか。
- 誰がゴミを出そうとしましたか。
- 海のゴミで困っている人は誰でしたか。

［数量］

輪のなかが白、まわりが赤になっていて、中央にボールがある。

- 今ボールが3個あります。8個にしたいので、外側の赤いところにボールを置いてください。
- なかにボールが15個あって、6個にしたいので、赤いところにいらないボールを置いてください。

赤色 ➡

［ジャンケン遊び］

- 先生とジャンケンをする。先生が先に出して、それに合わせて勝つものや負けるものを出す。

［シール貼り］

- イモムシの絵に5枚のシールが貼ってある紙を渡されて、貼られた順番と同じになるように、色シールを3回繰り返し貼る。

［口頭試問］

- 4種の絵とその色を聞かれる。他に、名前、好きな食べ物、どうやって来たか、幼稚園名など。

[**ジャンケンゲーム**]

●先生と1対1のジャンケンゲームをする。ジャンケンの勝負に応じて、持っているおはじきを出していく。
勝ったら2個、あいこは1個など数は決められていて、最後におはじきをたくさん出せた人が勝ち。

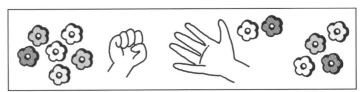

● 行動観察

[**ドンジャンケン**]

●フープの両端からサイコロの目だけ進んで行く。サイコロは次の人が転がす。
相手チームの陣地まで進めたら勝ち。

[**イスとりゲーム**]

●円形に並べた椅子の外側を回り、歩く。曲が止まったら椅子に座わる。
はじめは全員座われるが、だんだん椅子の数は減っていく。

[**生活習慣**]

●お弁当箱の包みをあけて、セットになったお箸でお弁当を食べるまねを
する。食べ終わったらお弁当箱を包み、用意されたリュックサックのなか
にしまう。

● 絵画制作

● 紙芝居を見たあとに、内容に合った絵を描く。

●グループの友達と相談して、
大きな紙に好きな絵を描きましょう。

●グループで相談して秋の絵を描く。

● 運動テスト

● ケンケン　●キャッチボール　●ジグザグ跳び　●ゴム段跳び越し　●アザラシ歩き　●カエル跳び

● 太鼓を1回たたいたら、フープの中に入り、三角座り（体操座り）を3回繰り返す。

●ボール投げ（上級生に向けて投げる。フープのなかに入れるなど）。

●平均台（前歩き → 途中で体の向きを1周させる → 前歩き → ジャンプして降りる）。

●上級生の後に続いてスキップ、走る。

●リレー。

面接

一般個別審査では、保護者面接が考査当日におこなわれます。面接時間は15分程度。
自己推薦個別審査では、親子同伴の面接が考査日以前におこなわれます。

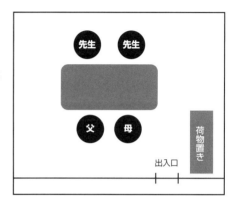

父親へ
◎ 志望理由を教えてください。
◎ お子様とどのように関わっていますか .
◎ 上のお子様が公立ですが、なぜ私立小学校を志望しましたか。

母親へ
◎ 志望理由を教えてください。
◎ 兄妹関係についてどう思っていらっしゃいますか。
◎ 習い事をしていますか。
◎ どのオープンスクールがよかったですか。
◎ お子様にアレルギーはありますか。

子どもへ
◎ お父様と何をして遊びますか。
◎ お兄様とは何をして遊びますか。
◎ お手伝いは何をしていますか。

お母様の受験 memo

◎**考査当日のこと…**
● 面接時の控え室は個室が用意されていて、家族のみで待つことができました。
● 面接は終始なごやかに進みました。
● 説明会やオープンスクールなどすべてに参加しました。面接のときに先生がそのことをご存じでした。

聖学院小学校

- ● **校長** 　佐藤 慎
- ● **児童数** 　男子 213名
　　　　女子 214名

- ● **併設校** 　聖学院幼稚園
　　　　聖学院みどり幼稚園
　　　　聖学院中学校（男子）
　　　　女子聖学院中学校
　　　　聖学院高等学校（男子）
　　　　女子聖学院高等学校
　　　　聖学院大学
　　　　聖学院大学大学院

沿革 & 目標

聖学院は1903年にアメリカの宣教師により創立され、2023年度に創立120周年を迎えた総合学園です。キリスト教信仰を土台とし「神を仰ぎ 人に仕う」の教育目標のもと、愛をもって他者のために働き、尽くすことができる人材の育成をめざしています。

学費 　※昨年度のものです。授業料等は、入学後、変更になる場合もあります。

- ● **入学手続時** 　入学金 250,000円、施設拡充費 100,000円
- ● **1年生校納金** 　授業料 43,500円、施設費 7,500円、教材費・旅行積立金・PTA会費などあり
　　　　　　　 ※PTA入会金 10,000円（入学時のみ）
　　　　　　　 ※寄付金「聖学院教育振興資金」1口 100,000円（任意／2口以上）

所在地 & 最寄り駅

- ● **住所** 　〒114-8574 東京都北区中里3-13-1
　　　☎ 03(3917)1555

- ● **アクセス** 　JR山手線・地下鉄南北線／駒込駅から徒歩6分

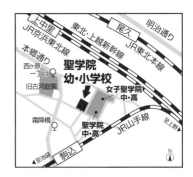

ホームページ https://primary.seigakuin.ed.jp

学校の特色

- **宗教教育** 聖学院小学校はキリスト教主義のミッションスクールです。目まぐるしく時代が変わり、価値観が多様化するなか、決して変わることがない聖書のみことばをすべての土台に据えています。毎朝礼拝を捧げ、こどもたちは謙虚な気持ちで一日をスタートします。

- **学習指導**
  - 全クラスがオープンスペースになっていて、ワークショップ型の授業を多く取り入れています。活動を通した学習により、自分で考え、友達の考えに耳を傾け、より深い学びへとつながるように授業を進めています。また、「表現」や「ハンドベル」「宗教」など特色のある授業もおこなっています。
  - 英語の授業は1年生から週に2時間おこなっています。授業では、英語の4技能に加え、CLILと呼ばれる他教科と統合した、生きた英語学習を進めています。
  - 1年生からiPadを使った授業をおこなっています。3年生からは自分のiPadを持ち、授業だけではなくクラブや委員会、イベントなど多くの場面で日常的に活用しています。

- **クラブ活動** 剣道、野球、ラグビー、ゴルフ、バドミントン、フラワーアレンジメント、油絵、ハンドベル、iPad、チアダンス、劇あそびなど子どもたちが熱心に活動しています。

- **宿泊行事** 自然学校やクロスカントリースキー体験、英語キャンプ、そして長崎への修学旅行と、子どもたちの成長に合わせた、宿泊行事をおこなっています。

- **昼食** スクールランチ（週2～3回）。それ以外の日はお弁当ですが、注文することもできます。

- **編入試験** 欠員が生じた場合に実施。対象学年は現1年～現5年生。

- **アフタースクール** 学校休校日、長期休暇中も、18時30分までお預かりしています。毎週指定した曜日での利用に加え、1日単位でのスポット利用も可能です。

- **併設校への進学状況**（2023年4月時）
  - **小→中**　〈**男子**〉 卒業生8名が聖学院中学校へ進学。
    - 〈**女子**〉 卒業生24名が女子聖学院中学校へ進学。
      - 在学中の成績を考慮して進学判定。
  - **中→高**　〈**男子**〉 聖学院中卒業生のほとんどが聖学院高等学校へ進学。
    - 〈**女子**〉 女子聖学院中卒業生のほとんどが女子聖学院高等学校へ進学。

Data 2025年度入試データ
※2024年実施予定です。必ず学校発表の入試要項でご確認ください。

[募集要項]※2024年実施予定
- **■募集人員** 男女計 72名（内部進学者含む）
- **■願書配布** 5月10日～（窓口・web）
- **■願書受付** 10月1日～7日消印の郵送受付（書留・速達）
- **■考査料** 25,000円（銀行振込）
- **■考査月日** 11月4日
- **■面接日** 10月19日
- **■結果発表** 11月4日（web）
- **■入学手続** 11月5日
- **■学校説明会** 5月10日、6月27日、9月6日
- **■イブニング説明会** 6月7日

[入試状況]※2023年度実施分
- **■応募者数** 男女計 159名
- **■合格者数** 男女計 76名
- **■補欠者数** 非公表

[考査の順番]
生まれ月の早い順

[インフォメーション]
願書が受け付けられると受験票が返送されます。
保護者・児童面接（10月下旬）の詳細は、受験票返送時に通知されます。原則として両親ともに出席します。

2024年度入試内容 ペーパー 行動観察 運動 絵画制作

● 言語

[話の聞き取り]

なっちゃんは小学校1年生。名前は夏野夏実といいます。幼稚園からのお友達にはよく、「なつみかあん」と言われていました。夏みかんは自分も大好きで、そう呼ばれるのがとてもうれしく感じていました。でも、小学校に入ってからはそうは呼ばれず、普通に「夏実さん」とか「なっちゃん」とか呼ばれていました。そして、自分でも、「なっちゃん」も悪くないなと心の中で思っていました。1年1組のなっちゃんは、幼稚園からのお友達は1人もいません。クラスは男の子16人、女の子15人です。男の子が1人多いクラスです。なっちゃんの席は前から2番目です。となりに座っているのは男の子で田中かん太くんと言いました。2人は席がとなり同士だったので、すぐに仲よしになりました。偶然、お家が近かったことから、登校する時も、下校する時も、いつもいっしょに帰りました。だから、入学して1か月もたつと2人は大親友と言っていいくらい仲よしになっていました。「はい、この時間はさんすうです」先生は、優しい女の先生です。「教科書とノートと筆箱を机の上に出してください」なっちゃんは、言われた通りに出しました。「あれ、かん太くん。筆箱はどうしました」なっちゃんのとなりの男の子、かん太くんが先生に聞かれています。かん太くんは、もじもじしながら何も言いません。「かん太くんも、筆箱を出しましょう」先生が言うと、かん太くんは何も言わずにうつむいているだけです。どうもかん太くんは筆箱を忘れてきてしまったみたいです。先生とかん太くんがそのやりとりをしているなか、なっちゃんは、「かん太くん、筆箱を忘れちゃったの」と、小さい声でうしろの女の子に言いました。まわりのお友達はクスクス笑っています。「仕方ないわね。それじゃ、夏実さん、鉛筆を貸してあげてください」と先生が言いました。なっちゃんは鉛筆を筆箱から出し、1本かん太くんに渡そうと差し出しました。でも、かん太くんは、なっちゃんの顔を見るとプイと横を向いてしまい、鉛筆だけを手で素早く取ると、なにも言わずによその方を向いてしまいました。「へんなの」となっちゃんはその時思いました。さて、その日の下校のときです。なっちゃんたちはクラスでさようならをすると、ランドセルをしょってくつ箱のところに行きました。いつもだと、かん太くんが待っていてくれるのですが、かん太くんがいません。なっちゃんは「あれ?」と思って、周りを見回しました。他のお友達はどんどん帰って行くのですが、かん太くんが来ません。「まだ、教室なのかな」と思い教室まで戻ってみると、かん太くんはやっぱりいませんでした。しかたなく、くつ箱のところに行くと、なっちゃんのくつ箱の中に何か白い紙が入っていました。なっちゃんはその紙を開いてみると「もう、いっしょにかえらないからな」と書いてあります。なっちゃんは、誰が書いたのか、すぐにわかりました。そして、急に気持ちが暗くなり、「どうして…」と思いました。涙がぽろぽろ出てきました。　　〜以下省略〜

● なっちゃんは幼稚園のとき、友達からなんと呼ばれていましたか。
● なっちゃんのクラスでは男の子と女の子、どちらが多いですか。多い方の絵に○をつけましょう。
● なっちゃんはお母さんと話したあと何をしましたか。

[しりとり]

● いちょうから始めて、割りばしまでしりとりでつなげます。○、△には何が入りますか。

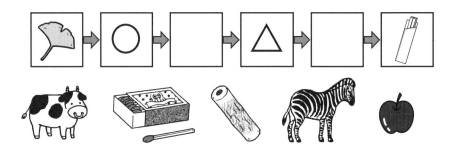

● 数量

［計数］

● ネコは池の内側にいるカエルを捕まえること
ができます。何匹捕まえました。その数だけ
○を書きましょう。

［対応］

● お寿司をのせる板があります。どの板にも3
つずつお寿司をのせます。ちょうどよい数を
選んで○をつけましょう。

［重さ］

● 1番重いものには○、2番目に
重いものには×を、四角のなか
に書きましょう。

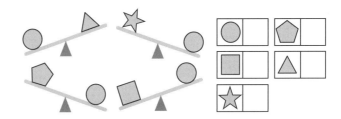

● 知覚

［位置の移動］

● ウサギがニンジンのある場所に向かって進みます。ハートのカードは1マス、星のカードは2マス、三角
のカードは3マス進みます。絵のようにカードが出ました。ウサギはどこにいますか。○を書きましょう。

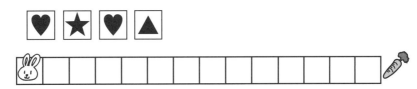

［対象点図形］

● 点線で折ったとき、左の線が右の線に重なるように、右側にかきましょう。

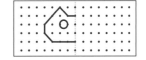

● 行動観察

● タングラムの用紙が配られて、ピースになるようにそれぞれを切る。切
り終わったらハサミを片付けてグループで相談して、課題の形をつくる。

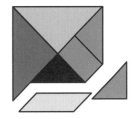

● リバーシゲームをチーム対抗でおこなう。笛が鳴ったらディスクを自分
のチームの色（赤チーム、青チーム）にひっくり返す。最後にチームの色
が多いほうが勝ち。

面接

親子同伴の面接が考査日以前におこなわれます。面接時間は15分程度。

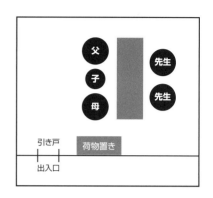

父親へ

◎ 本校では日曜礼拝を推奨しておりますが、ご理解いただけますか。

◎ 本校を受験された経緯を教えてください。

◎ ご自身を1番成長させてくれた経験は何ですか。

◎ この冬、家族でしたいことは何ですか。

◎ お泊り行事がありますが、大丈夫ですか。

母親へ

◎ 志望理由をお聞かせください。

◎ ご自身を1番成長させてくれた経験は何ですか。

◎ この冬、家族でしたいことは何ですか。

子どもへ

◎ お名前を教えてください。

◎ 幼稚園の名前を教えてください。

◎ 担任の先生の名前を教えてください。

◎ 幼稚園は好きですか。…何をして遊びますか。

◎ お友達の名前を教えてください。

◎ お手伝いをしていますか。…何をしていますか。

◎ お父さん、お母さんに褒められる（叱られる）のはどんなときですか。

◎ これから家族でどこに行きたいですか。

 ## お母様の受験 memo

◎**試験当日のこと…**

● 面接では、入室してすぐに座る場所の指示がありました。

● 面接はなごやかな雰囲気でした。

● 考査日の待ち時間は、外出も可能でした。

星美学園小学校

- **校長** 星野 和江
- **児童数** 男子 257名
  女子 323名

- **併設校** 星美学園幼稚園（共学）
  サレジアン国際学園中学校
  （共学）
  サレジアン国際学園高等学校
  （共学）
  星美学園短期大学（共学）

沿革&目標

ローマに本部を置く教育修道会サレジアン・シスターズを母体とし、世界94カ国に姉妹校を有する国際的学園のなかのひとつです。学園には幼稚園から短期大学までを設置し、キリスト教カトリックの信仰にもとづき、「神と人の前に清く正しく晴やかに生きる誠実な児童」の育成をめざしています。

学費 ※昨年度のものです。授業料等は、入学後、変更になる場合もあります。

- **入学手続時** 入学金 250,000円
- **それ以降** 施設設備費 80,000円、父母の会入会金 5,000円、授業料 35,000円（月額）、
  諸経費 44,000円（年額）、教育充実費 8,000円（月額）、
  その他 副教材、ICT積立金、遠足、給食費等

所在地&最寄り駅

- **住所** 〒115-8524 東京都北区赤羽台4-2-14
  ☎ 03（3906）0053、FAX 03（3906）7305

- **アクセス** JR／赤羽駅から徒歩10分
  東京メトロ・埼玉高速鉄道／赤羽岩淵駅から徒歩8分

ホームページ https://www.el.seibi.ac.jp/

学校の特色

- **宗教教育** 週2時間のうち、1時間は「宗教」、もう1時間は「宗教科道徳（からし種の時間）」として学習を進めています。宗教の授業があります。正しい心、善を選ぶ心、思いやりの心、奉仕する心を育てます。1・2・3・5年生はイエス様の話された言葉、おこなわれたことを聖書から読み取り、イエス様のお心を学びます。4年生は旧約聖書を用いて、神の呼びかけに応えたイスラエルの人々の生き方を学びます。6年生は小学校の集大成として人の生き方、平和の担い手となるために、イエスの説く、平和について学びます。

- **学習指導** 〈**英語教育**〉週2時間の授業があります。2～4年生は、ネイティブ・スピーカーの指導をとり入れています。4年生で英語劇、5年生でオーストラリアとのスカイプ交流会、6年生ではスピーチコンテストをおこなっています。
  〈**音楽教育**〉音楽の授業はもちろん、金管バンド・聖歌隊の専門的指導を通して豊かな感性を育み、コンクールなどで数々の実績を残しています（NHK全国合唱コンクール金賞受賞2回）。

- **進学指導** 2022年4月より併設中学が共学となり、男女共に内部進学が可能となりました。きめ細やかな進路指導・補習・個人指導・小グループ制・4教科補習学習など、基礎力、応用力をつける指導を実施しています。

- **総合学習** 「生命」「環境」「平和」「福祉」「国際理解」などの課題で総合的な学習をおこなっています。宿泊体験として3年生は富士山での宿泊を通して緑のメッセンジャー体験、4年生は群馬の自然のなかで命の大切さを学ぶ体験、5年生はスキーや冬の尾瀬で雪国の文化や厳しい寒さのなかで生活するたくましい生き様に触れる体験、6年生は広島で原爆資料館や原爆ドーム等を訪れ、平和への誓いと祈りを捧げる体験を実施しています。

- **学校行事** 聖母祭、運動会、宿泊学習、学習発表会、縄跳び集会、クリスマス会、マラソン大会、児童中心の行事を大切におこなっています。

- **昼食** 給食（月・金曜日）／弁当（火・水・木曜日）／パン注文可（火・水・木曜日）

- **編入試験** 欠員が出た場合。対象学年は2～4年生。2教科のテスト、面接がおこなわれる。

- **アフタースクール** 本校に在学中の方はどなたでも利用可能。月曜日～金曜日は授業終了後から18時30分まで、夏期等の長期休みや学校休業時は8時から開室。英語・そろばん・ダンス・サッカー・プログラミング・ピアノ・茶道・体操等の習い事プログラムがあり、一流の講師陣が指導にあたる。下校方法は、お迎え、単独下校の他に、赤羽駅・赤羽岩淵駅までスタッフが随伴するサービスもあり、都合に合わせた時間、方法で下校できる。（一部、時間指定有り）

- **併設校への進学状況**
  - **小→中** 成績が基準に達した場合は進学可能。
  - **中→高** 原則として卒業生全員が星美学園高等学校へ進学できる。

Data 2025年度入試データ ※2024年実施予定です。必ず学校発表の入試要項でご確認ください。

[募集要項] ※2024年実施予定

■募集人員	〈1次A〉男女計 105名
	〈1次B〉若干名
	〈2次〉若干名
■願書配布	4月13日～10月4日
■願書受付	〈1次A〉10月1日～5日
	〈1次B〉11月11日～15日
	〈2次〉12月2日～13日
■考査料	20,000円
■考査月日	〈1次A〉11月1日　〈1次B〉11月22日
	〈2次〉12月14日
■面接日	〈1次A〉10月8日～15日
	〈1次B〉11月18日～21日
	〈2次〉12月14日
■結果発表	〈1次A〉11月2日（web）
	〈1次B〉11月23日（web）
	〈2次〉12月15日（web）

[入試状況]

■応募者数	〈1次A〉男子115名	女子130名
	〈1次B〉男子 14名	女子 3名
	〈2次〉男子 8名	女子 7名
■受験者数	〈1次A〉男子 81名	女子 86名
	〈1次B〉男子 14名	女子 3名
	〈2次〉男子 7名	女子 7名
■合格者数	〈1次A〉男子 47名	女子 79名
	〈1次B〉男子 3名	女子 3名
	〈2次〉男子 3名	女子 7名

[考査の順番]
願書提出順

[インフォメーション]
■学校説明会　4月13日、6月1日、9月7日

2024年度入試内容 ペーパー 行動観察 運動 絵画制作

● 言語

［話の聞き取り］

夏休みに、キツネくんは川へ魚釣りに行くことにしました。キツネくんは、魚の絵が描いてある帽子をかぶり、長靴を履き、手に釣り竿と網を持っていました。お母さんに「行ってきます」と言い、家を出て歩き出しました。家を出てすぐに、隣の家に住んでいるネコさんに挨拶をしました。しばらく歩いたところで、キツネくんはバケツを忘れたことに気が付きました。「そうだ。ウサギさんに借りよう」と、キツネくんは、ウサギさんの家にやってきました。「ウサギさん、バケツを貸してください」キツネくんがそう言うと、ウサギさんはバケツを貸してくれました。キツネくんは、ウサギさんにお礼を言って、また歩き出しました。途中で会ったカメさんに「今日はとても暑いから、気を付けてね」と声をかけてもらいました。川に着き、「さあ、いっぱい釣るぞ」と、キツネくんは、はりきって魚釣りをし始めました。夕方になったので、キツネくんは家に帰ることにしました。バケツのなかには、魚が4匹、貝が2つ入っています。「たくさん採れたから、お父さんとお母さんに見せよう」と言ってキツネくんは来た道を通って家に帰りました。家に帰ってから、採れたものをお父さんとお母さんに見せました。するとお母さんが、「バケツを貸してくれたウサギさんに、採れたものをあげたらどうかしら」と言いました。そこでキツネくんは、ウサギさんが貸してくれたバケツに、魚1匹と、貝2つを入れて家を出ました。ウサギさんの家についてバケツを返すと、ウサギさんは喜んでいました。「ありがとう。気をつけて帰ってね」と言われ、キツネくんは家に帰りました。とても楽しい夏休みでした。

- キツネくんが家を出たとき、手に持っていたもの全部に〇をつけましょう。
- キツネくんがウサギさんの家を出てから、川に着くまでに会った動物に〇をつけましょう。
- キツネくんが採った魚の数はいくつですか。魚の数だけ〇をかきましょう。

［言葉］

- ぶるぶるをあらわす絵に〇をつけましょう。
- ごろごろをあらわす絵に×をつけましょう。

［しりとり］

- しりとりでつなげます。〇、◎、×には何が入りますか。

● 数量

［減算］

- バスにお客さんが7人乗っています。バス停に2回停まり、2回とも2人ずつ降りました。今お客さんは何人乗っていますか。その数だけ〇をかきましょう。

［重さ］

- リンゴ1つはミカン2つと同じ重さです。リンゴ2つ、ミカン1つはミカン1つ、メロン1つと同じ重さです。メロン1つはリンゴいくつと同じ重さですか。その数だけ〇をかきましょう。メロン1つはミカンいくつと同じ重さですか。その数だけ×をかきましょう。

● 知覚

［点図形］

● 左の２つの形を合わせるとどうなりますか。

 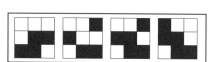

［反転］

● 左の形の黒いところを白に、白いところは
黒に変えます。正しいものはどれですか。

● 推理

［回転図形］

● 階段の上にある箱が矢印のように降りていきます。
○のところはどうなりますか。

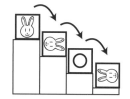

● 知識

［季節］

● 夏の絵はどれですか。○をつけましょう。

［公衆道徳］

● 電車のなかにいます。眼鏡をかけている子はおばあさんに席を譲ってい
ます。帽子をかぶっている子は走り回っています。リボンをつけている子
は吊革にぶら下がっています。よいことをしている子に○をつけましょう。

● 絵画制作

［共同画］

● みんなで協力して「楽しい動物園」の絵を描く。

● 行動観察

体操服に着替えて、服をかごのなかに入れて、ゼッケンをつける。

［自由遊び］

● ボウリング、輪投げ、積み木などで自由に遊ぶ。

［模倣ダンス］

● 歌に合わせて踊る。

● 運動テスト

● ラジオ体操
● ケンパー
● スキップ
● 前転

● 運動テスト

［模倣ダンス］
● 「南の島のハメハメハ大王」の曲に合わせて踊る。

［大縄］
● グループで大縄跳びをする。

［リレー］
● 先生の指示通りに、協力して休操道具を並べて、コースをつくる。

跳び箱に乗る　→マットに跳び降り　→ケンパー　→コーンをまわる　→両足跳び

面接

親子同伴の面接が、考査日以前（2次試験は考査当日）におこなわれます。時間は約20分。

父親へ
◎ 志望理由を教えてください。
◎ 学校でのトラブルにはどのように対応しますか。
◎ どんなときお子様を褒めますか。

母親へ
◎ 説明会に参加されたときの印象を教えてください。
◎ 幼稚園の先生から、お子様のことをどのように言われていますか。
◎ 教育で大切にしていることは何ですか。
◎ 学校行事に参加することに問題はございませんか。

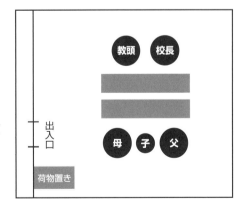

👧子どもへ

◎ お名前を教えてください。

◎ お誕生日と年齢を教えてください。

◎ 幼稚園の名前を教えてください。

◎ 仲のよいお友達の名前を教えてください。

◎ この小学校の名前を知っていますか。

◎ 小学校に入ったら何を頑張りたいですか。

◎ 幼稚園で物を壊してしまいました。どうしますか。

◎ どんなお手伝いをしますか。…毎日しますか。

お母様の受験 memo

◎試験当日のこと…

● 面接日は、面接室の隣の部屋で待機しました。

● 面接日は早めに着きました。先生から「よろしければ」と、少し早めに呼ばれました。

● 面接はマスクをつけておこなわれました。

● 考査日の控え室は4部屋あり指定されました。待ち時間が長いため、9時20分〜11時10分まで外出可でした。

● 考査では体操服に着替えて、ゼッケンを蝶結びでつけます。終了後はまた着替えて戻ってきました。

◎アドバイス、etc.…

● 活動体験や入試体験など、いろいろな行事に参加しました。子どもも緊張せずにすみました。行事にはできる限り参加されるとよいと思います。

淑徳小学校

- **校長** 松本 太
- **児童数** 男子 328名
  女子 342名
- **併設校** 淑徳幼稚園
  淑徳与野幼稚園
  淑徳中学校
  淑徳高等学校
  淑徳巣鴨中学校
  淑徳巣鴨高等学校
  淑徳与野中学校(女子)
  淑徳与野高等学校(女子)
  淑徳短期大学(女子)
  淑徳大学・大学院

沿革 & 目標

1949年(昭和24年)に創立され、現在は幼稚園から大学までの総合学園として発展しています。広義の大乗仏教精神にもとづいたその教育は、「感謝・慈しみ・創造」の3つの心の育成を目標としておこなわれています。

〈淑徳のめざす5つのはぐくみ〉
- 豊かな人間性をはぐくむ ● 情報化社会に対応する力をはぐくむ ● 基礎体力をはぐくむ
- 国際人としての感性をはぐくむ ● たしかな基礎学力をはぐくむ

学費 ※昨年度のものです。授業料等は、入学後、変更になる場合もあります。

- **入学手続時** 入学金 200,000円、施設費 140,000円
- **それ以降** 授業料 35,000円(月額)、維持費 17,000円(月額)、給食費 86,000円(年額)、
  PTA会費 8,400円(年額)、後援会入会金 10,000円(初年度のみ)、
  後援会費 6,000円(年額)、こども総合保険 40,000円(6年間) ※寄付金(任意)あり

所在地 & 最寄り駅

- **住所** 〒174-8588 東京都板橋区前野町5-3-7
  ☎ 03(5392)8866・8867

- **スクールバス** ①ときわ台コース/東武東上線「ときわ台駅」より10分
  ②赤羽コース/JR「赤羽駅」より20分。
  　都営三田線「志村坂上駅」より5分。
  ③環八コース/西武池袋線「練馬高野台駅」より20分。
  　都営大江戸線「練馬春日町駅」より15分。
  　東京メトロ有楽町線・副都心線「平和台駅」より10分。

ホームページ https://www.es.shukutoku.ac.jp/

学校の特色

● **宗教教育**　さまざまな仏教行事を通じて宗教的情操を養い、人格形成の基盤としています。

● **学習指導**　学級担任制をとっていますが、図工・音楽・家庭・英語・理科（4〜6年生）・習字（3・4年生）・情報（3〜6年生）・体育（2〜6年生）などに、専門の教師をおいています。

5年生算数の特別クラス体制、6年生国語・算数の習熟度別クラス体制など、独自のカリキュラムにより基礎学力の定着と中学入試にも対応できる学力の養成をはかっている他、1年生から週2時間、英語の授業を設けています。中学受験を希望する児童が多いため、高学年になると確認ミニテスト、時間外補習、夏季特別補習などを実施しています。

● **アフタースクール**　淑徳アルファ（1年〜3年）。詳細はホームページにて。

● **ホームステイ**　毎年夏に4〜6年生から希望者を募り、現地校へ通いながらオーストラリアの子どもたちや家族と交流を深める体験を実施しています。

● **特別活動**　4年生以上全員参加で、交通安全の実践指導、校内放送など委員会活動をおこなっています。また、クラブ活動として卓球、創作、野球、家庭、バスケットボール、英語、いけ花、バドミントン、ブラスバンドなどがあります。

● **水泳教室**　専門のコーチにより、年間を通じて各学年に配分しておこなっています。

● **教育環境**　各教室電子黒板設置。一人一台のタブレット端末も活用。Wi-Fi。

● **昼食**　給食（月〜金曜日）※アレルギー非対応

● **転入試験**　欠員が生じた場合に学年末に実施。対象学年は1〜3年生。

● **併設校への進学状況**（2023年4月時）

　小→中　卒業生の約30％が淑徳中学校、淑徳巣鴨中学校、淑徳与野中学校へ進学。
（他中学への進学状況）渋谷学園幕張1、海城3、女子学院1、早稲田1、早稲田高等学院1、学習院1、学習院女子2、栄東4、広尾学園1、　など

　中→高　淑徳中卒業生のほぼ全員が淑徳高等学校へ、淑徳与野中卒業生のほぼ全員が淑徳与野高等学校へ、淑徳巣鴨中卒業生のほぼ全員が淑徳巣鴨高等学校へ進学。原則として全員が進学できる。

Data 2024年度入試データ ※2023年実施済みです。

[募集要項]※2023年実施済み

■**募集人員**　男女計 105名（内部進学者含む）

■**出願**　〈単願〉10月3日〜5日（郵送・web）
〈一般〉10月6日〜11月2日（郵送・web）
〈一般二次〉11月5日〜10日

■**考査料**　25,000円

■**考査月日**　〈単願〉11月1日
〈一般〉11月4日
〈一般二次〉11月11日

■**面接日**　〈単願〉10月14日〜19日
〈一般〉11月4日
〈一般二次〉11月11日

■**結果発表**　〈単願〉11月1日（郵送・Web）
〈一般〉11月4日（郵送・Web）
〈一般二次〉11月11日（郵送）

[考査の順番]
〈単願〉五十音順　〈一般〉当日受付順

[入試状況]

■**応募者数**　男女計 235名

[インフォメーション]

■**学校説明会**　2024年5月18日、6月14日、9月7日

■**学校見学会**　2024年5月24日、6月21日、7月27日

■**体験入学会**　2024年7月13日、12月4日

インスタグラムで学校の日常生活を紹介しています。

@SHUKUTOKU.INSTA

過去の出題 ［ペーパー］ ［行動観察］

● 言語

［話の聞き取り］

池のほとりで、アヒルさんとカメさんとカバさんが、池のなかの島へ行って、遊ぶ相談をしていました。そこへ、リスさんが遊びに来ました。リスさんはみんなといっしょに島へ行きたくなりました。そこで、「ぼくもいっしょにつれていってね」と、みんなにたのみました。「リスさんは、およげないからだめ」みんなが言いました。そして、みんなは池に入ると、島の方へおよいでいってしまいました。リスさんは、ひとりぼっちになってしまったので、うちへ帰りました。みんなは島につきました。島には、すべり台やブランコがありました。しかし、あそんでいても、少しも楽しくありません。「やっぱり、リスさんがいたほうがいいね」「でも、リスさんはおよげないからな」カバさんとアヒルさんが言いました。カメさんはしばらくしてから、「うん、いい考えがある」と言いました。　　　　～以下省略～

● 池のほとりで遊ぶ相談をしていたのは、カメさんとカバさんと誰ですか。1つ選んで○をつけましょう。

● 「うん、いい考えがある」と言ったのは誰ですか。

［ことばの音］

● 名前の音の数が、サイコロの目と同じものを選んで○をつけましょう。

● 記憶

［絵の記憶］

● （絵を見て覚えたあと）今見た絵にいなかったのはどれですか。

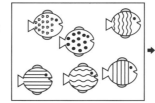 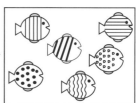

● 数量

［計数］

● クマ、ゾウ、ウサギがいます。それぞれを数えて、その数だけ○を書きましょう。

［加算・減算］

● イチゴを5個持っています。弟に3個あげたあと、お母さんに4個もらいました。イチゴは何個になりましたか。その数だけ○を書きましょう。

 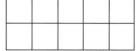

● 知覚

［重なり図形］

● 3つの形が重なっているところに○をつけましょう。

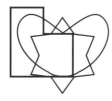

● 知識

[生活]

● 正しい箸の使い方を1つ選んで〇をつけましょう。

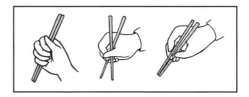

[**生き物の成長**]

● 左の生き物が、大きくなったときのものを選んで〇をつけましょう。

● 推理

[**切り開き図形**]

● 左の形を点線のところで切って開くとどうなりますか。

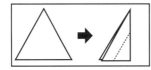

● 知覚

[**回転図形**]

● 左の形を矢印の方へ1回まわすとどうなりますか。

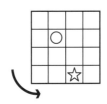

● 行動観察

● 模倣体操。

面接

親子同伴の面接が単願入試では考査日前に、一般入試では考査当日におこなわれます。時間は10分程度。

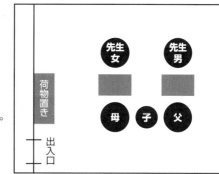

父親へ

◎ 志望理由を教えてください。
◎ どのようにして本校を知りましたか。
◎ 本校に期待することは何ですか。
◎ 説明会には何回いらっしゃいましたか。
◎ 本校の印象についてお聞かせください。
◎ お仕事の内容について教えてください。
◎ お忙しいようですが、お子様と遊ぶ時間をとれていますか。
◎ お子様には将来、どんな大人になってほしいですか。

母親へ

◎ 本校に期待することは何ですか。
◎ お仕事をされているようですが、急なお迎えは大丈夫ですか。
◎ お子様はどんな性格ですか。
◎ お子様に、何を直してほしいと思っていますか。
◎ 最近、成長したなと思うのは、どのようなところですか。
◎ 淑徳アルファを希望されますか。

子どもへ

◎ お名前を教えてください。
◎ 幼稚園の名前を教えてください。
◎ お友達と何をして遊びますか。
◎ 大きくなったら何になりたいですか。
◎ 小学校に入ったら何がしたいですか。
◎ 嫌いな食べ物は何ですか。…給食に出たらどうしますか。

お母様の受験 memo

◎試験当日のこと…

● 面接は2部屋でおこなわれました。
● 面接で子どもが答えにつまっても、わかりやすく言い換えて、優しく接していただきました。
● 子どもの考査中は体育館で待ちます。温かい飲み物が用意されていました。

◎アドバイス、etc.…

● 学校説明会で、入試問題の詳しい説明があるので、対策が立てやすいです。面接も一般的な内容でした。
● 面接の順番によっては1時間半程度待つことになるので、絵本や折り紙などを用意したほうがよいと思います。
● 行きはスクールバスを利用している人が多数でしたが、帰りは終了時間がまちまちなので、個別に帰ることになります。

東京三育小学校

- **●校長** 平田 理
- **●児童数** 男子 61名
  女子 70名

- **●系列校** 全国に他9校の系列小学校
  三育学院中等教育学校(千葉県)
  広島三育学院中学校高等学校(広島県)
  沖縄三育学院中学校(沖縄県)
  三育学院大学・大学院(千葉県・東京都)

沿革&目標

1898年アメリカに本部を持つセブンスデー・アドベンチスト教会(プロテスタント)の宣教師グレンジャー博士によって現在の港区芝に和英聖書学校が開設されました。その後1919年にキリスト教精神に基づく一貫教育の必要性に着目し、現在の杉並区天沼に天沼学院小学部・中学部・高等部が開設されました。小学部は1949年に天沼教会小学校となり、1956年に現在地に移転。東京三育小学校と改称され現在に至ります。聖書の一節であり校訓の「だから、何事でも人々からしてほしいと望むことは、人々にもそのとおりにせよ。」にあるように、「神様の愛」と「イエス・キリストが示された愛」を全ての価値の根源とし、真理を追究し、自他の尊厳を重んじ、より良い社会を目指し、それに貢献する人物の育成を目指しています。

学費 ※授業料等は、入学後、変更になる場合もあります。

- **●入学手続時** 入学金 100,000円、施設拡充費50,000円
- **●それ以降** 授業料 32,000円(月額)、施設設備費7,000円(月額)、保護者会費1,500円以上(月額)
  修学旅行積立金1,500円(月額)、卒業アルバム積立金500円(月額)、学習費 実費 など

所在地&最寄り駅

- **●住所** 〒177-0053 東京都練馬区関町南 2-8-4
  ☎ 03(3920)2450

- **●アクセス** バス/JR・京王井の頭線吉祥寺駅よりバス約10分、
  西武新宿線武蔵関駅北口よりバス約7分、
  西武池袋線大泉学園駅よりバス約20分
  「東京三育小学校入口」下車 徒歩5分、
  JR・地下鉄丸ノ内線 荻窪駅よりバス約13分、
  「水道端」下車 徒歩5分

ホームページ https://www.tokyosaniku.ed.jp/

学校の特色

- **宗教教育** 聖書がすべての教育の土台となっています。朝の礼拝、お祈り、暗唱聖句、毎日20分の聖書の授業と土曜日の教会出席を通し、私たち一人ひとりは神様に愛されているかけがえのない存在だと説き続けています。聖書のなかに『わたしの目にあなたは価高く、貴く、わたしはあなたを愛し』ていると示されているように、大切な家族からの慈愛と、神様からの無条件の愛によって支えられる「自尊の感情」を育むことを大切にしています。

  〈**徳育**〉「徳育」「知育」「体育」のバランスのとれた教育を重視しています。中でも一番重視しているのが「徳育」で、Do for Others「神に依り、他者に添って生きる人物」の育成です。

  【**教会出席**】教会学校として始まった学校として、礼拝出席は1週間のうちで大切な時間としています。

- **学習指導** 〈**知育**〉知識や基礎学力の構築はもちろんのこと、何よりも児童の知的好奇心を伸ばすことを第一の目標としています。学ぶことの楽しさを伝え、主体的な学習意欲と探究心の育成につとめています。

  〈**体育**〉体育の目的は運動能力を上げることだけでなく、成人してからも何事にも全力で取り組める健康な体を維持するための土台作りと位置付けています。

- **英語教育** 全学年毎日、1年生は週8回、2年生以降は週5回、ネイティブ教師とバイリンガル教師が授業を行い、低学年は『音』に重点を置き、聞く力・話す力を育てます。高学年からは『文字』を導入し、フォニックスを用いて読む・書くの能力を伸ばします。

- **昼食** 弁当(月～金曜日)。希望者は週2回のサンドイッチ弁当、週1回のおにぎり弁当を注文可。

- **併設校への進学状況**（2022年4月時）

  小→中 〈**男女**〉 卒業生の6名が、三育学院中へ進学。卒業生の1名が広島三育学院中へ進学。

  主な進学先(過去3年間)大妻中野中、晃華学園中、女子聖学院中、東京大学教育学部附属中等教育学校、桐朋中、早稲田実業中、豊島岡女子中、成蹊中、明治学院中、立教新座中、都立小石川中等教育学校、日本大学第二中、国立音楽大学附属中、高輪中、青山学院中等部、成城中、浦和明の星女子中、三田国際学園中、駒場東邦中

Data

2025年度入試データ ※2024年実施予定です。必ず学校発表の入試要項でご確認ください。

[募集要項] ※2024年実施予定

■**募集人員** 男女計25名
※〈AO〉、〈第一期〉、〈第二期〉の合計

■**出願** 〈AO〉10月1日～31日
〈第一期〉10月1日～11月7日
〈第二期〉11月11日～12月5日

■**考査料** 20,000円

■**考査月日** 〈AO〉11月3日
〈第一期〉11月10日
〈第二期〉12月8日

■**面接日** 考査当日

■**結果発表** 〈AO〉11月4日
〈第一期〉11月11日
〈第二期〉12月9日
いずれも郵送

■**入学手続** 〈AO〉11月7日
〈第一期〉11月14日
〈第二期〉12月12日

■**学校説明会** 5月6日 要HP確認。

■**入試説明会** 9月1日

[入試状況]
非公表

[考査の順番]
願書提出順

[インフォメーション]
1学年1クラスの小規模校ですが、国内のみならず海外に系列校や関連機関を多数持ち、世界に門戸を大きく広げています。少人数制教育により、教職員が一致して、大きな可能性を持つ一人ひとりの輝く個性を生かし、心身の成長を助ける指導をおこなっています。
学校見学を個別に随時(学期中の午前中・英語の授業参観有)お受けしています。

過去の出題 ペーパー 行動観察 運動 絵画

● 言語 ────────────────────────────

- 話の記憶。
- 言葉の音。「す」で始まるものに○をつける。

● 運動テスト ────────────────────────

- 跳び箱 →平均台 →ケンパー →コーンからコーンまでスキップ

● 絵画制作 ──────────────────────────

- 自分が好きなことを描く。

面接

親子同伴の面接が考査当日におこなわれます。面接時間は15分程度。

父親へ
◎ 志望理由をお聞かせください。
◎ お仕事は何をされていますか。
◎ 日頃お子様とはどのように過ごしていますか。

母親へ
◎ キリスト教教育についてどのように思われますか。

子どもへ
◎ お名前を教えてください。
◎ 幼稚園の名前を教えてください。
◎ 幼稚園で好きなことを教えてください。
◎ お友達の名前を教えてください。
◎ 家族は何人ですか。
◎ お父さん、お母さんの名前を教えてください。
◎ この小学校は何という小学校ですか。

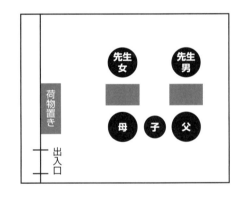

お母様の受験 memo

◎**試験当日のこと…**
- 面接資料は事前に提出します。内容は「学校に期待すること」「しつけについて」などでした。
- 面接では、1人の先生が質問をしているときは、もう1人の先生がメモをとっていらっしゃいました。

東星学園小学校

- ●**校長** 大矢 正則
- ●**児童数** 112名

- ●**併設校** 東星学園幼稚園
  東星学園中学校
  東星学園高等学校

沿革 & 目標

キリストの愛の精神とは、神様から造られた一人ひとりの人間を大切にするということです。神様はすべての人を大切に思ってくださり、一人ひとりに、固有の価値と使命を用意してくださっています。ところで、子どもが自分自身の価値に気づくためには必要なことがあります。それは周囲の大人から大切にされる経験です。東星学園の教職員は、一人ひとりの園児・児童・生徒を、神様から造られた最高傑作として大切にしてまいります。東星学園は、子どもたちが真の自分と出会う場、すなわち、神様から大切にされている存在としての自分と出会う場でもあります。この真の自分との出会いが、人に新しい「いのち」を与えます。つまり、神様によって生かされた者として生きるようになります。自分の存在の大切さに気づき、本物の喜びを知る人となります。東星学園では、このような喜びに生きる人を育てたいと考えています。

学費 ※授業料等は、入学後、変更になる場合もあります。

- ●**入学手続時** 入学金 200,000円
- ●**それ以降** 授業料 35,000円（月額）、施設冷暖房費15,000円（年額）、設備費10,000円（月額）
  検診検査費1,700円（年額）、学級費2,400円（年額）、 児童会費1,800円（年額）、
  給食費9,000円（月額）、学習費47000円（年額）、卒業積立費50円（月額）

所在地 & 最寄り駅

- ●**住所** 〒204-0024 東京都清瀬市梅園 3-14-47
  ☎ 042（493）3205

- ●**アクセス** 西武池袋線/秋津駅から徒歩10分、清瀬駅から徒歩20分
  JR/新秋津駅から徒歩12分
  西武バス「上宮」バス停から徒歩5分

ホームページ https://www.tosei.ed.jp/elementary/

学校の特色

● **宗教教育** 聖書のお話や日々の生活でのお祈りを通して、互いに愛し合うことを学び、他者を大切にする心、感謝する心を育みます。そして何よりも、自分自身が愛されている、かけがえのない存在であること知ります。お祈りで始まりお祈りで終わる生活。ここ東星では心静かに神様の前に出て、自分自身と向かい合う時間を毎日持ちます。

● **学習指導** 英語・宗教・音楽・図工・体育は1年生から専科制です。そのため教員が一人ひとりの児童の進度や苦手な単元を把握し、その子にあった指導をしています。低学年のうちから専門性を持った教員による、質の高い教育をおこないます。　また、担任は副担任と連携し、さまざまな角度から子どもたちを見ていきます。多くの教員が関わりながら、子どもたちは成長します。

● **課外活動** 毎週火曜日に、9のクラブに分かれ、4年生〜6年生が全員参加でおこなわれる特別教育活動です。クラスや学年の枠をこえた仲間づくりの場でもあり、子ども達は意欲的に取り組んでいます。野球・バスケット・ドッジボール・卓球・手芸・アート・PC・ボードゲーム・音楽など。

● **アフタースクール** 〈**とうせいキッズ**〉東星学園が運営する放課後の新しい縦割りコミュニティです。「すくすくクラブ」は小学校終礼後より18時30分まで。夏休み、冬休み、春休みは朝7時50分より受け入れ可能です。「きらきらクラブ」は語学系・体験系など講座制となっています。「ぐんぐんクラブ」は勉強の習慣をつけるための自立学習と個別指導です。

● **昼食** 給食（月〜金曜日）

● **併設校への進学状況**

　小→中　　　〈**男女**〉　原則として全員進学できる。

Data 2025年度入試データ ※2024年実施予定です。必ず学校発表の入試要項でご確認ください。

[募集要項] ※2024年実施予定
■**募集人員**　〈第1回〉男女計48名
　　　　　　〈第2回〉若干名
　　　　　　〈第3回〉若干名〈第4回〉若干名
■**出願**　　〈第1回〉10月1日〜30日
　　　　　　〈第2回〉10月1日〜11月14日
　　　　　　〈第3回〉10月1日〜12月13日
　　　　　　〈第4回〉12月16日〜1月9日
　　　　　　いずれもインターネット出願
■**考査料**　20,000円
■**考査月日**　〈第1回〉11月1日・2日（選択制）
　　　　　　〈第2回〉11月16日
　　　　　　〈第3回〉12月15日
　　　　　　〈第4回〉2025年1月11日
■**面接日**　考査当日
■**結果発表**　〈第1回〉11月2日
　　　　　　〈第2回〉11月16日
　　　　　　〈第3回〉12月15日
　　　　　　〈第4回〉2025年1月11日
　　　　　　いずれもWeb

■**入学手続**　〈第1回〉11月7日・8日
　　　　　　〈第2回〉11月25日・26日
　　　　　　〈第3回〉12月22日・23日
　　　　　　〈第4回〉1月20日・21日

[入試状況]
非公表

[考査の順番]
願書提出順

[インフォメーション]
■**学校説明会**　2024年5月25日、6月22日、8月3日、
　　　　　　　　9月7日

過去の出題 行動観察 運動

● 運動テスト

- マット。
- スキップ。
- ケンパー。

● 行動観察

[言語]
- お話づくり。クマ、どんぐり、山などの絵をみてお話をつくる。

[知覚]
- 点図形。

[知識・常識]
- 本をなんと数えますか。
- 今日は何月何日ですか。
- ひまわりはいつ咲きますか
- 公園でしてはいけないことは何ですか。

[指示行動]
- ○を赤色、□を青色、△を黄色で塗ってください。
- ロッカーまで行ってスモックを着用する。
- 青い箱を見つける。箱のなかからクーピー、はさみ、ノリを取り出して、先生のところまで持って行く。

[集団活動]
- 大きな積み木をみんなでつくる。
- 話の聞き取り。お話に出てきたものを絵に描く。ジャンケンをして、勝った人から絵の発表をする。
- 魚釣り遊び。魚の絵を描き、色を塗って切る。口にクリップをつけて、磁石を使って釣る。
- すごろく遊び。

面接

親子同伴の面接が考査当日におこなわれます。面接時間は15分程度。

👫保護者へ

◎ 本校をどのように知りましたか。

◎ 本校を志望した理由は何ですか。

◎ お子様の長所、短所を教えてください。

◎ 高校3年生のときに、どのようになっていてほしいですか。

◎ 自立についてどのようにお考えですか。

◎ 公共のマナーで、教えていることを3つ教えてください。

◎ 友達とケンカをして泣きながら帰ってきたとき、どのように
声を掛けますか。

◎ ご自身が子どものころ好きだった絵本の名前と内容を、お子
様に話してください。

◎ ランドセルが重いから学校に行きたくないとお子様が言った
とき、どのように対応しますか。

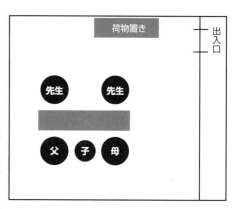

👧 子どもへ

◎ どうやってここまで来ましたか。

◎ この学校の名前を知っていますか。

◎ 好きな食べ物は何ですか。

◎ 幼稚園ではどんな遊びが好きですか。

◎ お友達の名前を3人教えてください。

◎ 今日はどんなことをしたのか、お家の人に話してください。

◎ お父さん、お母さんとはどんな遊びをしますか。

 # お母様の受験 memo

◎**試験当日のこと…**

● 面接室は3部屋あり、受験番号の早い順に呼ばれました。時間は約15分でした。

● 当日にアンケートに記入がありました。「子どものよい点」「どのようなとき褒めるか」
「お手伝いについて」「食事の好き嫌いに対する対処」「学校に望むこと」「学校でのト
ラブルの対処」などでした。

自由学園初等部

- **部長**　高橋 出
- **児童数**　198名（2024年1月）

- **併設校**　自由学園幼児生活団幼稚園
　　　　　自由学園女子部
　　　　　自由学園男子部
　　　　　自由学園最高学部

沿革 & 目標

自由学園は1921年（大正10年）、羽仁もと子・吉一夫妻によって創立されました。知識を詰め込む事に重点を置くような教育に疑問を感じた2人は、自分の頭で考え、行動する真の実力をもった人間を育てたいと考えました。「思想しつつ　生活しつつ　祈りつつ」をモットーに、社会に働きかける学校を目指しています。初等部1927年に設立され、創立者の教育理念である「生活即教育」の教育の実現に努めています。キリスト教を土台に、自然豊かな環境のなかで友だちと共に学び、遊び、子どもらしい6年間を過ごして欲しいという願いを持って、教職員は子どもと接しています。基本的な学習を元に実生活の体験を通して、心身のバランスのとれた成長に努めています。私たち一人一人は、「いのち」と「意志の自由」を与えられた、この世界にたった一人しかいないかけがえのない存在です。自由学園では、このいのちと自由を使って、どのように自分らしく、主体的に生きていくかを学びます。

学費　※授業料等は、入学後、変更になる場合もあります。

- **入学手続時**　入学金 250,000円、施設費 100,000円（年額）
- **それ以降**　　校納費 835,300円（年額）※授業料・食費・教材費含む

所在地 & 最寄り駅

- **住所**　〒203-8521　東京都東久留米市学園町 1-8-15
　　　☎ 042（422）3116

- **アクセス**　西武池袋線・西武バス／　ひばりケ丘駅から徒歩 8 分
　　　　　　西武バス／　　武蔵境駅よりひばりヶ丘駅まで約 30 分
　　　　　　　　　　　　朝霞台駅よりひばりヶ丘駅まで約 30 分

ホームページ https://www.jiyu.ac.jp/elementary/

学校の特色

- **教育方針** 〈**キリスト教精神を土台にした生活**〉初等部の1日は神様にごあいさつをする礼拝で始まります。私たちは目に見えない方の存在を感じて生活することが重要だと考えています。また、学習と生活を切り離すのではなく、生活のなかに学びがあり、学んだことを生活に生かす教育を目指しています。できる限り体験を通し、本物から学ぶことで知識を習得し自分のものにします。全校でいただく昼食、全校でする掃除、伝統ある学校行事を自ら楽しみながら経験し豊かな心を育てます。

  〈**本物から学ぶ**〉人としての土台をつくる小学生には、基礎的な学習とともに、自然や人から学ぶことが大事だと考えています。季節ごとの植物や昆虫にふれること、野菜の栽培やお米つくりでは、土を耕すところから収穫に至るまで経験すること、そうした学びが可能な豊かなフィールドが自由学園にはあります。

  〈**生活から学ぶ**〉小学生時代の学習は生活と結びつけることが大切だと考えています。生活のなかで「なぜ」を発見し学習し、学習したことを生活のなかで生かします。全校児童の前で報告をすることや日記を読むことは国語の授業につながります。異学年で食事をすることや掃除をすることは、上級生はリーダーとしての役割、下級生はフォロワーとしての役割を学ぶと同時にコミュニケーションの力を養います。

- **校外学習** 近隣に流れる川の生き物探しや多摩川を上流から下流まで辿る川の勉強、秩父での地層と化石の勉強等、理科や社会を中心とした校外学習も充実しています。

- **宿泊学習** （3年生から6年生）清里、箱根などでおこなう。自然豊かな環境のなかで友だちと協力して過ごす楽しさと、その地域について知る楽しさを味わう事を大事にしている。

- **アフタースクール** 初等部に通う1年生から6年生までを対象に、「学童保育」「おけいこ」「プログラム」の活動をおこなっています。

- **昼食** 給食（月～金曜日）。保護者ボランティアによる昼食。

- **併設校への進学状況**（2024年4月時）

  小→中 併設校の中等部へ約65%が進学。

Data 2025年度入試データ ※2024年実施予定です。必ず学校発表の入試要項でご確認ください。

[募集要項]※2024年実施予定

■**募集人員**	〈第1回〉男女計40名 〈第2回〉若干名
■**要項配布**	6月1日～
■**願書受付**	10月1日～(web・郵送)
■**考査料**	25,000円
■**考査月日**	〈第1回〉11月1日 〈第2回〉11月5日 〈第3回〉11月30日
■**面接日**	〈第1回〉11月2日 〈第2回〉11月5日 〈第3回〉11月30日
■**結果発表**	〈第1回〉11月3日 〈第2回〉11月6日 〈第3回〉12月1日
■**入学手続**	〈第1回〉11月3日～7日 〈第2回〉11月7日 〈第3回〉12月1日～3日
■**学校説明会**	5月11日、7月6日
■**入試説明会**	9月14日
■**学校見学会**	4月20日、6月1日

[入試状況]※第1回～第3回の合計

項目	男子	女子
■**応募者数**	男子 23名	女子 22名
■**合格者数**	男子 18名	女子 19名

[考査の順番]

願書提出順

[インフォメーション]

通学時間は約60分程度。生まれ月による配慮あり。
説明会の内容は毎回異なります。子ども主体の説明会を予定しています。

過去の出題 ペーパー 行動観察 運動 絵画制作

● 言語

[話の記憶]

物語を聞いたあと内容の質問に答える。

- お話の最後に出てきた動物は何ですか。○をつけましょう。

● 数量

[数の合成]

- カゴにミカンが4つあります。あといくつあると8個になりますか。その数だけ○を書きましょう。

● 巧緻性

[点図形]

- お手本と同じように右側に書きましょう。

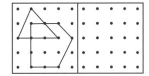

● 知識

[一般常識]

- 日常生活に関する問題。

● 行動観察

- グループで紙コップを積み上げて大きくしていく。終わったらみんなで協力して片付ける。
- お家をつくります。どのような家にするか相談してつくりましょう。

● 絵画制作

[課題画]

- クレパスを使って、「家族で楽しかった思い出」を描きましょう。

● 運動テスト

- 準備体操。
- 黄色の線までケンパー。
- 平均台を渡る。
- 開閉、三拍子ジャンプ。
- スキップ。
- バランス。

面接

保護者のみの面接が当日におこなわれます。時間は約15分。また、親子で入室して、質問は子どもだけの面接がおこなわれます。

父親へ

◎ 本校を志望するに至った経緯を教えてください。

◎ お子様が成長するなかで、子育てで大変だったことは何ですか。

◎ 最後に言っておきたいことはありますか。

母親へ

◎ お子様の幼稚園でのようすを教えてください。

◎ お子様が成長するなかで、子育てで大変だったことは何ですか。

◎ 最後に言っておきたいことはありますか。

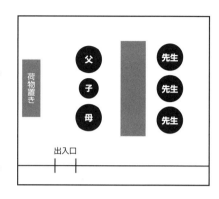

子どもへ

◎ お名前を教えてください。

◎ この学校の名前は何ですか。

◎ 自由学園に来たいですか。

◎ 今日の試験は何をしましたか。

◎ 幼稚園では何をするのが好きですか。

◎ お友達とはどんな遊びをするのが好きですか。

◎ お友達とケンカしたとき、どうしますか。

◎ お手伝いをしますか。

お母様の受験 memo

◎試験当日のこと…

● 当日は食堂に集合して、受験番号で指定された席で待機します。子どもの考査中は、2時間ほどの待ち時間がありました。少し寒かったので、防寒対策をしていくとよいと思います。

成蹊小学校

- ●**校長** 跡部 清
- ●**児童数** 男子 342名
  女子 355名

- ●**併設校** 成蹊中学校
  成蹊高等学校
  成蹊大学（含大学院）

沿革 & 目標

1906年（明治39年）に青年教育家・中村春二が学生塾「成蹊園」を創設したのち、学園として発展を続け、現在は小学校から大学院までの教育機関を備えた総合学園になりました。建学の精神（不言実行・実践力を重視する人物教育）と伝統を引き継ぎ、個性豊かで、たくましい実践力をもった人間の教育を目標としています。

学費

- ●**入学手続時** 入学金 300,000円、授業料 730,000円（年額）、施設費 240,000円（年額）、
  PTA会費 5,400円（年額）、ICタグ利用料 4,440円（年額）
  給食費 136,000円（年額）を1期2期にわけて納入
  ※寄付金（任意）あり

所在地 & 最寄り駅

- ●**住所** 〒180−8633 東京都武蔵野市吉祥寺北町3−3−1
  ☎ 0422（37）3839

- ●**アクセス** JR・京王井の頭線／吉祥寺駅から徒歩15分
  バス／吉祥寺駅北口バスのりば1・2番線より
  関東バスで約5分「成蹊学園前」下車

ホームページ https://elementary.seikei.ac.jp/

学校の特色

- **学習指導** 〈**クラス編成**〉2005年（平成17年）4月から、1学級28名編成・1学年4学級体制がスタートしました。1年生修了後と3年生修了後にクラス替えをおこない、学級担任もかわります。また、4年生より国際学級生（帰国児童）が加わります。

  〈**専科制と教科担任制**〉音楽・美術・体育・英語は1年生から、理科は3年生から、「こみち」は5年生から専科制をとっています。5年生からは学年内完全教科担任制になり、学級担任は国語・社会・算数・こみちのうち1教科を担当します。

  〈**日記指導**〉1年生から日記指導をおこなっています。創立時からの伝統です。

- **校外学習** 箱根、南房総、志賀高原などで、「夏の学校」をおこなっています。また、5・6年生の希望者を対象に所属クラブでの「夏の合宿教室」がおこなわれています。主に2泊3日から4泊5日程度、嬬恋や軽井沢などに出向いたり、成蹊学園の施設を利用して、合宿教室をおこないます。

- **クラブ学習** 5・6年生の正課の授業としておこなっています。科学、家庭、ブラスバンド、太鼓、美術、サッカー、バスケットボール、ラグビー、野球、硬式テニス、水泳運動、卓球、バドミントン、ドッヂビーなど。

- **教育環境** 教室棟（本館）が2008年7月に竣工。松林館は美術・音楽・英語・こみちの授業を実施。

- **昼食** 給食（月～金曜日）

- **編入試験** 欠員が生じた場合に実施。

- **帰国児童** 国際学級があり、4月入学生と9月入学生の受け入れをおこなっています（ただし、9月の受け入れはおこなわない場合もある）。対象学年は4年生で募集人員は16名。

- **併設校への進学状況**（2023年4月時）

  小→中 卒業生男子59名・女子67名の約90％が成蹊中学校へ進学。

  学力・生活態度などを考慮して学校長より推薦される。

  中→高 推薦により成蹊高等学校へ進学できる。

  高→大 卒業生の30％が成蹊大学へ推薦入学。

Data 2024年度入試データ ※2023年実施済みです。

[募集要項]※2023年実施済み
- ■**募集人員** 男子56名 女子56名
- ■**要項配布** 9月～
- ■**出願登録** 9月28日～10月1日（web）
- ■**書類提出** 10月6日～8日（消印有効）
- ■**考査料** 30,000円
- ■**考査月日** 11月1日と11月2日～4日のうち1日
- ■**面接日** 11月2日～4日のうち1日
- ■**結果発表** 11月5日（午後3時～／web）
- ■**入学手続** 11月7日
  （午前9時～12時、午後1時～午後4時）

[入試状況]
- ■**応募者数** 男子336名 女子274名
- ■**合格者数** 男子66名 女子66名
- ■**補欠者数** 非公表

[考査の順番]
不定※受験番号付番は原則として男女別インターネット出願の申し込み順です。

[インフォメーション]
- ■**学校説明会** 2024年6月15日、9月2日
- ■**オープンスクール** 2024年6月20日

インターネット出願の申し込み後に受験票が出力できます。この受験票を考査当日に持参し、試験で使用する受験票と引き換えます。
選考日程や詳しい説明が記入されている要項は、出願登録時のID用メールアドレスに通知されます。

2024年度入試内容 ［ペーパー］［行動観察］［運動］［絵画制作］

● 言語

［話の聞き取り］

洋服のアオくんの話。

- 誰が木からアオくんをおろしてくれましたか。
- このお話の2つ先の季節はどれですか。

● 推理

［回転重ね図形］

- ◆のマークと♥のマークは絵のように矢印のほうへまわります。2つの形をまわして重ねたときどうなりますか。1つ選んで○をつけましょう。

● 絵画制作

- 指示通りに紙飛行機を折る。A4のコピー用紙に、線や印がかかれている。

● 運動テスト

- 準備体操。
- 8の字ドリブル。中央のコーンからスタートしてドリブルをしながら両側に置いてあるコーンの間を通ってスタート位置に戻る。（タイムの計測あり）
- ボール投げ。先生に向かって2回投げる。

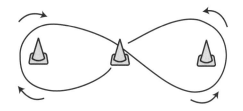

● 行動観察

［紙飛行機飛ばし］

- コーンやフープ、段ボール、三角柱などの道具が用意されていて、これらを使って飛行機を飛ばすゲームをする。道具の使い方や遊び方は自由に話し合ってルールを決める。

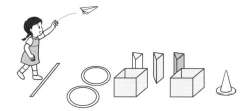

［風船運び］

- 風船を団扇を使ってあおぎ、ゴールまで運ぶ。

［**新聞島ジャンケン**］

● 新聞紙の上に3人1組で乗り、ジャンケンで負けると新聞を1回たたむ。ジャンケンで何を出すか相談して、グループの1人が先生とジャンケンをする。最後まで3人が新聞紙の上に乗っていられたグループが勝ち。

［**凝念**］

● 活動中に鐘が2回鳴ったら、そのときの姿勢のまま、手で桃の形をつくり、目を閉じて凝念をする。鐘が1回鳴ったら終了する。

過去の出題

● 絵画制作

［**ピンポン玉転がしの道をつくる**］

● 曲線のかかれた厚紙をはさみで切り、点線で折ってコの字状にする。友達のもの（あらかじめ用意されているパーツもある）とテープでつなぎ合わせて道にする。ピンポン玉を転がして遊ぶ。

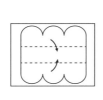 

● 行動観察

［**列車ごっこ**］

● 紙でできた輪の中に4人入り、列車になってゴムをまたいだり、コーンをまわったりする。折り返す際に、先頭の子は後ろにまわり、次の人が先頭に入れ替わる。2往復の間に、全員が先頭になるようにする。

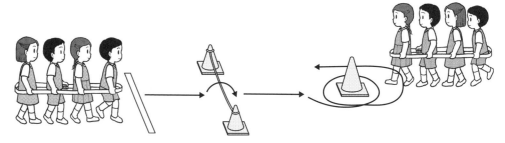

面接

保護者のみの面接が考査の2日目に、子どものテストと並行しておこなわれます。面接時間は7分程度。

👨 父親へ

◎ 本校に期待していることは何ですか。
◎ 家庭で大事にしていることは何ですか。
◎ お子様の"ブーム"を教えてください。
◎ 季節ごとの行事などどのようにしていますか。
◎ 学校生活でルールを守らなければならないことが多くなりますが、ご家庭ではルールについてどのように対応していますか。

👩 母親へ

◎ 本校に何回くらい来たことがありますか。…何に参加しましたか。…そのときの生徒と教師の印象はいかがでしたか。
◎ 本校でどのように成長してほしいですか。
◎ 入学後、どのような学校生活を送ってほしいですか。

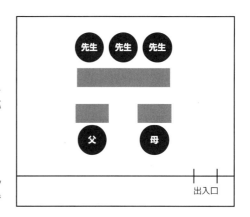

 # お母様の受験 memo

◎**考査当日のこと…**

● 面接日の控え室は教室でした。考査日は食堂で待機しました。
● 面接は終始なごやかでした。父親には男性の先生から、母親には女性の先生から質問されました。
● 2日目の考査は欠席者もいて、グループによって人数にばらつきがありました。

聖徳学園小学校
しょうとく

●**校長** 和田 知之
●**児童数** 男子 232名
　　　　　女子 147名

●**併設校** 聖徳幼稚園
　　　　　聖徳学園中学校
　　　　　聖徳学園高等学校

✏ 沿革&目標

1927年	聖徳太子の教えを建学の精神として学園創立。
1951年	小学校開校。
1969年	今までの教育内容を一新、知能教育を取り入れた英才教育をスタート。
1987年	英語教育を開始。
2016年	7つの習慣に基づくリーダーシップ教育を開始。
2017年	学園創立90周年。
2019年	英才教育50周年。
2022年	小学校創立70周年。

✏ 学費 ※昨年度のものです。授業料等は、入学後、変更になる場合もあります。

●**入学手続時** 入学金 400,000円、設備拡充費 220,000円
●**それ以降** 授業料 58,700円（月額）、理数系実験費 2,000円（月額）、図書費 900円（月額）、
　　　　　　ICT教育推進費 2,000円（月額）、冷暖房費 1,300円（月額）、
　　　　　　その他保健衛生費、教材費等 88,000円（年額）
　　　　　　※寄付金1口 100,000円（任意）

✏ 所在地&最寄り駅

●**住所** 〒180-8601 東京都武蔵野市境南町2-11-8
　　　　☎ 0422(31)3839

●**アクセス** JR・西武多摩川線／武蔵境駅から徒歩5分

ホームページ https://el.shotoku.ed.jp/

学校の特色

- **教育方針**　「考える力を一生の財産に、20年後の日本を支える人材に育てる」を目標に教育活動をおこなっています。子どもたちに身につけてもらう力として主に2つを大事にしています。1つ目が人生を切り開いていく「考える力」、2つ目が逆境を自分の成長につなげていく「たくましい心」です。

- **学習指導**　①考える力を一生の財産にする知能教育…知能訓練・ゲーム・工作の授業②個性と能力に応じた英才教育システム…教科担任制（専科制）・二人指導制・習熟度別クラス編成③親しむ、楽しむだけではない、本格的な英語教育…1年生から実施・少人数授業・中間、期末テストの実施

- **心の教育**　7つの習慣に基づくリーダーシップ教育「リーダーインミー」

- **学校行事**　オセロ大会、五目並べ大会、百人一首人会、林間学校、スキー学校、イングリッシュキャンプ、オーストラリア国際交流の旅（希望者）、運動会、聖徳祭（音楽祭）、君も何でもチャンピオン

- **アフタースクール**　TKC（トレジャー・キッズ・クラブ）聖徳学園小学校アフタースクールは、平日の下校時刻から午後7時までの間、校内の施設を利用し、安心安全に子ども達が遊びや学びを行う"放課後の学校"です。課外活動や各種のプログラム（スポーツ／アート／サイエンスなど）、おやつも用意されており、異学年交流の場ともなります。1年生から6年生まで、各ご家庭のご希望に合わせてご利用いただけます。【開校日時】月曜～金曜までの平日および学校休業日（春休み／夏休み／冬休み／振替休日）。平日は、下校時刻～午後7時。学校休業日は、午前9時～午後7時。

- **課外教室**　剣道教室・レゴ教室・英語教室・美術教室。

- **昼食**　月曜日から金曜日までお弁当持参です。（食堂のお弁当をWeb注文可）

- **編入試験**　欠員が生じた場合に実施。対象は1～4年生。帰国児童も編入試験と同様の要項で実施。

- **併設校への進学状況**

  小→中　卒業生の約20%が聖徳学園中学校へ進学。
  筑波大学附属駒場中、東京学芸大学附属小金井中、開成中、麻布中、武蔵中、桜蔭中、駒場東邦中、早稲田中、巣鴨中、渋谷教育学園渋谷中、渋谷教育学園幕張中、慶應普通部、桐朋中、学習院女子中　他

Data　2025年度入試データ　※2024年実施予定です。必ず学校発表の入試要項でご確認ください。

[募集要項]※2024年実施予定

■募集人員	男女計 30名（内部進学者を除く）
■願書配布	5月18日～
■願書受付	10月1日～5日
■考査料	30,000円
■考査月日	11月2日～4日のうち1日を選択
■面接日	10月中旬より
■結果発表	11月5日（午前9時～午後1時／手渡し）
■入学手続	11月5日（午前9時～午後1時） 6日（午前9時～正午）
■学校説明会	9月7日
■体験入学	5月18日、6月29日
■オープン授業	9月30日

[入試状況]
非公表

[考査の順番]
指定の時間枠から選択

[インフォメーション]
考査日は11月2日～4日のうち1日を受付順に選択します。ただし、人数が片寄った場合には学校で調整することがあります。

過去の出題　ペーパー　個別　運動

★考査は、願書受付順に希望日時を選択しおこなわれます。1対1の口頭試問方式での個別テスト（知能構造診断テスト）、運動テスト（運動能力テスト）がおこなわれました。所要時間は1時間半から2時間ほど。ペーパーテストは事前にIQテストを受けます。

● 個別テスト

［**言語**］
● 漢字「ここにはどんな字が入ると思いますか」
● 文章を読んで間違いを訂正する（夜、太陽が上がります。など3問）。

［**推理**］
● 「まさこちゃんはひろみちゃんより背が高く、ともこちゃんはひろみちゃんより背が低いです」背の高い順に答えなさい。
● 上の色の順番を並び替えると下のどれになりますか。

［**記憶**］
● 7つのビーズの順番を覚えて同じように通す。
● 形を見せられ（○△□）10×10cmの紙に見た通りに書く。

［**構成**］
● パズル（5枚のピースで真四角をつくる）。
● 積み木の積み方を覚え、崩された積み木を元通りに積む。

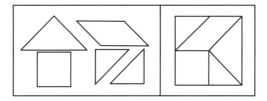

● 運動テスト

［**走る**］　（男女4人ずつ実施）
壁から壁まで競争。

［**ケンケン**］
コーンのまわりをケンケンで長くまわることを競う。

［**鉄棒のぶら下がり**］
時間を競う。

［**ボール投げ**］
遠くに投げる。

［**両足跳び**］

面接

親子同伴の面接が考査日以前におこなわれます。受付順に面接日を選択します。人数が偏った場合は学校のほうで調整します。面接時間は約30分。願書提出時に面接資料を受け取り、面接当日に持参し提出します。

父親へ

◎ 本校に期待することは何ですか。

◎ お子様は何に興味をお持ちですか。

◎ お子様の興味関心に対して、親としてどのようにかかわっていますか。

母親へ

◎ お子様の性格を教えてください。

◎ しつけで足りないと思うところはどこですか。

子どもへ

◎ お名前を教えてください。

◎ 好きな動物、色、果物を教えてください。

◎ 幼稚園で好きな遊びは何ですか。

◎ お家で好きな遊びは何ですか。

◎ 図鑑は何を持っていますか。…好きなページはどこですか。

◎ お父さんに褒められるのはどんなときですか。

◎ お母さんに叱られるのはどんなときですか。

◎ 電車のなかでしてはいけないことは何ですか。…なぜしてはいけないと思いますか。

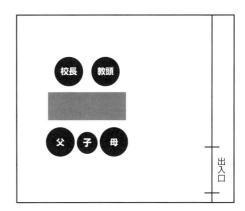

お母様の受験 memo

◎試験当日のこと…

● 控え室は3組ほど待てるようになっていました。面接室へ入る順番（父・子・母）の指示がありました。

● 校長室のソファーでの面接でしたので、距離が近かったです。

◎アドバイス、etc.…

● 校長先生が本を出版されていますので、それを読むと学校がどのような子を求めているのか、どのように育ってほしいかがわかります。子育ての参考になる本です。

● 願書の配布や出願が窓口のため、早めに行かれることをお勧めします。

武蔵野東小学校

- ●**校長** 石橋 恵二
- ●**児童数** 男女 562（165）名
  ※（　）内は自閉症児数

- ●**併設校** 武蔵野東第一幼稚園
  武蔵野東第二幼稚園
  武蔵野東中学校
  武蔵野東高等専修学校

沿革&目標

1964年（昭和39年）に心と体の健やかな幼児を育てたいとねがい創立された武蔵野東幼稚園を背景に、1977年（昭和52年）に創立されました。「教育の原点を直視し、視野の広い、創造性豊かな、たくましい、信頼される人間を育成する」を建学の精神としています。"教育の原点"は『子の幸せをねがう親の心にある』という考えの上に立ち、子どもの可能性を限りなく追求し、深い愛情と細やかな心配りで、子どもたちを導いています。

学費 ※昨年度のものです。授業料等は、入学後、変更になる場合もあります。

- ●**入学手続時** 入学金 180,000円、施設設備費 200,000円
- ●**それ以降** 授業料 384,000円（年額）、教材費 36,000円（年額）、後援会費 12,000円（年額）、
  給食費 82,500円（年額）、冷暖房費 17,000円（年額）

所在地&最寄り駅

- ●**住所** 〒180-0012 東京都武蔵野市緑町2-1-10
  ☎ 0422（53）6211

- ●**アクセス** バス／JR三鷹駅より10分 西武新宿線西武柳沢駅より10分
  JR・京王井の頭線吉祥寺駅より15分

ホームページ https://www.musashino-higashi.org/es/

学校の特色

- **学習指導**　「正しく・強く・美しく」を校訓に、豊かな感性とたくましい生活力を育んでいます。急ぎすぎず、じっくりと、幅広く、堅固に。そのための豊かな学びが多彩に用意されています。中学校に進んだときに個性と能力がいかんなく発揮できるように、しっかりとした基礎学習力・基礎学力を養い、発展的な学習にも取り組んでいます。

- **インクルーシブ教育**
  （混合教育）　健常児と自閉症児（7対3の割合）が共に学ぶ混合教育をしています。自閉症児のがんばる姿を見て学ぶ健常児、健常児に刺激を受けて学ぶ自閉症児、共に学ぶことがどちらにとってもよい結果につながっています。本校では、道徳の時間を「こころ」と呼び、混合教育をより充実させるためのカリキュラムが立てられています。その中の一つに「ともに生きていく」という授業があり、互いを認め合うこと、個性を理解すること等、学年に応じた内容・目標を立てて学年での活動や授業を行っています。また、各クラスには2人の担任が配置され、子どもたちの心の動きをしっかりととらえて、指導にあたる体制を整えています。2人の職員が教室にいることで、子どもとのコミュニケーションもより深まります。

- **多彩な教育**　コンピュータ室、バイオリンなどの施設・教具も整えています。学習指導では、1～4年生の国語・算数・生活科については担任が教え、それ以外の教科はすべて専科教員が教えます。さらに、5・6年生は教科担任制をとっています。剣道・ダンス・英語・コンピュータも正課として学びます。また、漢検・英検・英検Jr.にも多くの子どもたちが挑戦しています。「総合」の時間は、「環境教育」「国際理解」「安全・防犯教育」「情報モラル」「薬物乱用防止教育」「労作活動」など多岐にわたります。宿泊学習、盆踊り、体育祭、学園祭、スケート教室、発表会など行事も大切にしています。机上では学べないことがそこにはあります。

- **安全・安心**　学校は「楽しい」「おもしろい」「行きたい」と感じる場所でなくてはなりません。それに加えて「安全」で「安心」できることも大事です。登下校時には正門やバス停などに職員が立ちます。正門には常に職員がおり、来校者の確認をしています。また、学校施設の定期点検もおこなっています。

- **学童クラブ**　放課後、子どもを学校に残したいというご家庭のために、学童クラブ（通称eパル）を開いています。本校の教員が運営し、宿題や学習のサポート、自由遊び、おやつタイムを実施。クイズ大会などのイベントも開催しています。部活動や課外教室との連携もあります。最終下校時は、バス停までの随伴下校。通常の登校日だけでなく、長期休暇期間（夏期・冬期）も、お盆・年末年始を除いて開所しています。

- **放課後の活動**　部活動:サッカー部、器械体操部、剣道部、ダンス部、吹奏楽部（月曜日・木曜日の週2回）
  同好会:ひがしっ子合唱団、YOSAKOI同好会、東エコクラブ（昼休みや休日に活動）課外教室:課外英語、課外ピアノ、課外ダンス、課外サッカー。
  送迎の心配なく習いごとをすることができます（外部講師・校内の施設を使用）。

- **昼食**　給食（月～金曜日）

- **転入試験**　欠員が生じた場合に実施（2月）。対象学年は新2～5年生。

- **帰国生**　編入試験は随時。対象学年は1～5年生。

- **併設校への進学状況**（2023年4月時）
  小→中　　〈**男女**〉　卒業生の約40%が武蔵野東中学校へ進学。

Data　2025年度入試データ　※2024年実施予定です。必ず学校発表の入試要項でご確認ください。

［募集要項］※2024年実施予定

■募集人員	男女計66名
■要項配布	9月より
■出願	〈第1回〉9月26日～10月27日（web） 〈第2回〉11月2日～14日（web） 〈第3回〉11月2日～21日（web）
■考査料	20,000円
■考査月日	〈第1回〉11月2日・3日　〈第2回〉11月16日 〈第3回〉11月25日
■面接日	考査日と同日
■結果発表	〈第1回〉11月3日（web） 〈第2回〉11月16日（web） 〈第3回〉11月25日（web）
■入学手続	〈第1回〉11月3日～7日 〈第2回〉11月16日～19日 〈第3回〉11月25日～28日

［入試状況］

■応募者数	男子58名	女子37名
■受験者数	男子53名	女子33名
■合格者数	男子45名	女子33名
■補欠者数	非公表	

［考査の順番］
願書提出順

［行事日程］

■学校説明会	6月4日・13日、7月12日、 9月6日・21日、10月10日、 他に動画配信による説明会あり。
■盆踊り	7月20日（公開できない場合もあります）
■学園祭	11月10日 自由展示見学日、相談ブース開設予定 （公開できない場合もあります）

2024年度入試内容 ペーパー 行動観察 運動

● 言語

［話の聞き取り］

夏の海に行くと、海の家があったり、安全を守ってくれる人がいたりして、たくさんの人が安心して過ごしています。浮き輪やゴムボートに乗って波の上で楽しむことができます。海に入らなくても、砂遊びをしたり、岩場で魚を見つけたりすることもできます。夏の山に行くと、虫がいたり鳥の鳴き声が聞こえたりします。きれいな羽のチョウチョに出会うこともあります。高い山へ登れば、きれいな景色を眺めることができたり、白い雲が自分より下に見えたりします。夏の川へ行くと、きれいな川なら水遊びができます。キャンプ場があれば、夜もそこで過ごすことができます。

● お話のなかに出てこなかった場所はどこですか。
● 山で出会うことがあるかもしれないのはどれですか。
● 海や川で浮かべることができるのはどれですか。

● 知識

［なぞなぞ］

● 「こいでもこいでも行ったり来たりで、ちっとも前にも後ろにも横にも進まない乗り物はなーんだ」
あっているものに〇をつけましょう。

［日常生活］

● 燃えるごみといっしょに捨てないで分けるものはどれですか。
● トランプのババ抜きで負けた人は、最後にカードを何枚持っていますか。
● 釘を打ち付けるときに使うものはどれですか。

● 数量

［加算］

● お店の前に自転車が3台止めてあります。あとから2台きました。全部で何台ですか。その数だけ☆に〇をつけましょう。

● 構成

［図形分割］

● 絵の足りないところに入るものはどれですか。

面接

保護者と子ども同伴の面接が考査当日におこなわれます。面接時間は10分程度。面接当日に面接資料に記入し提出します。

父親へ
◎ 志望理由を教えてください。
◎ 混合教育についてどのようにお考えですか。
◎ お仕事について教えてください。
◎ 家庭での父親の役割をどのように考えていますか。
◎ お子様との時間をどのようにとっていますか。

母親へ
◎ 学校を訪問してどのような印象を持ちましたか。
◎ お子様はふだんどのように遊んでいますか。
◎ 混合教育についてどのようにお考えですか。
◎ 健康面で学校に伝えておきたいことはありますか。

```
┌──────────────────────┐
│  (先生女)  (先生男)   │
│                      │
│  ▭▭▭▭▭▭▭▭▭       │
│                      │
│  (父) (子) (母)      │── 入口
└──────────────────────┘
```

子どもへ
◎ お名前を教えてください。
◎ 幼稚園の名前を教えてください。
◎ どんな絵本を読んでいますか。
◎ 習い事をしていますか。
◎ 小学校に入ったらどんなことを頑張ってみたいですか。

お母様の受験 memo

◎**試験当日のこと…**
- 面接の最初に「緊張をほぐすために、しりとりをしましょう」と言われ、親子3人と先生1人でしりとりをしました。
- 事前提出の資料は「志望理由」「受験児紹介」で、当日記入するアンケートは「幼児教室について」「アレルギーについて」などでした。

◎**アドバイス、etc.…**
- 事前に提出する受験児の紹介文に触れて、子どもにいろいろ質問がありましたので、内容は子どもに伝えておいたほうがよいです。
- 入試直前に個別の学校見学を依頼したのですが、とても丁寧に対応していただきました。とても面倒見のよい学校だと感じましたが、入試の日もそれを実感しました。

明星学園小学校

●**校長**　照井 伸也
●**児童数**　男子 180名
　　　　　女子 221名

●**併設校**　明星学園中学校
　　　　　明星学園高等学校

沿革&目標

1924年（大正13年）、赤井米吉・照井猪一郎・照井げん・山本徳行の4人が井の頭公園の池のほとりに、「個性尊重・自主自立・自由平等」を建学の理念として明星学園を創立。1928年（昭和3年）、旧制中学校・高等女学校を設立。1947年（昭和22年）、学制改革により、新制中学校・高等学校に改組。小学校・中学校・高等学校12年の一貫体制を築き、現在に至っています。

学費　※昨年度のものです。授業料等は、入学後、変更になる場合もあります。

●**入学手続時**　入学金 250,000円
●**それ以降**　授業料 492,000円（年額）、維持管理費 114,000円（年額）、施設負担金 60,000円
　　　　　　その他PTA会費・クラス費等約 43,500円（年額）
　　　　　　※寄付金1口 50,000円（任意）

所在地&最寄り駅

●**住所**　〒181-0001 東京都三鷹市井の頭5-7-7
　　　　☎ 0422（43）2197

●**アクセス**　京王井の頭線／井の頭公園駅から徒歩10分
　　　　　　JR・京王井の頭線／吉祥寺駅から徒歩15分
　　　　　　バス／ 吉祥寺駅公園口4番バス停より明星学園行き約12分、
　　　　　　　　　三鷹駅南口より三鷹の森ジブリ美術館経由
　　　　　　　　　明星学園行き約12分

ホームページ https://www.myojogakuen.ed.jp/

学校の特色

- **教育方針** 　幸せとは「自分らしい」生き方をすること。そして、学校は「自分らしさ」を形づくるために体験を重ねる場。本校では、「個性尊重・自主自立・自由平等」の理念のもと、子どもたちが生まれながらにもっている「知りたがり」「やりたがり」「話したがり」「つながりたがり」の感覚を大切にし、"自ら考える子ども"に育てていく。

- **取り組み**
  - 本質を追究する教育実践（90年以上の実践研究に基づいた独自の教科カリキュラムと教科書他）
  - 周辺の豊かな環境とのコラボレーション（井の頭公園でのスケッチ、玉川上水散歩、井の頭動物園での学習、ジブリ美術館訪問等）
  - 木の香りとぬくもりに包まれた教室／陽の光が入るジグザグ構造の教室
  - 本物のものづくり教育あり（染色、豆腐作り、ナイフ作り、ポシェット編み、鉄作り、木工工作他）
  - 司書教諭によって厳選された約45,000冊の本を有する図書室
    プロのストーリーテラーによるストーリーテーリング（1～4年生図書）
  - 充実した国際交流（12日間オーストラリア留学、5日間台湾知期留学、English Camp、姉妹校からの留学生受け入れなど）
  - 保護者とOB／OG教員に支えられた手作りの学童クラブ「すずかけの木」あり。

- **昼食** 　弁当（月～金曜日／売店あり、パン・おにぎり等）
- **編入試験** 　欠員が生じた場合に実施（各学期末）。対象学年は1～5年生。
- **制服** 　なし
- **学童クラブ** 　〈すずかけの木〉建学の精神である「個性尊重・自主自立・自由平等」を大切にした、子どもたちがいきいきと活動できる学童クラブです。

- **併設校への進学状況**
  - **小→中** 　原則として全員が明星学園中学校へ進学できる。

Data　2024年度入試データ　※2023年実施済みです。

[募集要項] ※2023年実施済み

■募集人員	男女計最大 72名（A·Bの合計）
■願書配布	3月～
■出願	〈A入試（第一志望）〉10月1日～26日（web）
	〈B入試（一般入試）〉10月1日～11月8日（web）
■考査料	21,000円（銀行振込）
■考査月日	〈A入試〉11月1日・2日いずれかの指定日
	〈B入試〉11月12日
■結果発表	〈A入試〉11月3日（速達）
	〈B入試〉11月13日（速達）
■入学手続	〈A入試〉11月7日
	〈B入試〉11月16日
■学校説明会	4月23日、5月21日、9月17日
■参観説明会	6月15日、10月13日
■校舎見学会	8月20日

[入試状況] A·B入試の合計

■応募者数	男子 68名	女子55名
■受験者数	男子 64名	女子50名
■合格者数	男子 39名	女子40名

[考査の順番]

願書提出順

過去の出題 ペーパー 行動観察 運動 個別 絵画制作

● 言語

[話の聞き取り]
- 先生のお話を聞いて質問に答える。

● 知覚

[点図形]
- 左の形と同じように、線で結びましょう。

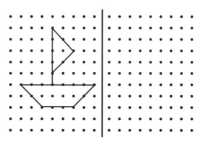

● 絵画制作

- 秋の絵で、木、葉、実、太陽など、クレヨンで好きなものを描く。
- 好きな色の折り紙を選んで、6年生といっしょに好きなものを折る。
- ロケットを鉛筆を使って描く。

● 運動テスト

- ケンパー。
- 長縄跳び。先生がまわす縄に、1人ずつ入り、飛べる回数だけ跳ぶ。
- 平均台。
- ボール投げ。

● 行動観察

- ジャンケンゲーム。

面接

親子同伴の面接が考査当日におこなわれます。

 お母様の受験 memo

◎試験当日のこと…

● 考査では受験生1,2名に対して、6年生が1人ついてお世話をしてくれました。

● 控え室に校長先生、副校長先生がご挨拶に来てくださったり、受付の先生も笑顔で迎えてくださったり、終始あたたかい雰囲気でした。

◎アドバイス、etc.…

● 説明会や体験授業がたくさん開催されるので、できる限り参加することをお勧めします。

早稲田大学系属早稲田実業学校初等部

- ● **校長** 　星 直樹
- ● **児童数** 　男子 412名
　　　　　　女子 235名

- ● **併設校** 　早稲田実業学校中等部
　　　　　　早稲田実業学校高等部
　　　　　　早稲田大学・大学院

沿革 & 目標

早稲田実業学校は1901年（明治34年）、早稲田大学が実業教育の普及振興という当時の時代の要請に応え、早稲田実業中学として開校した学校です。初等部から大学までの一貫教育で、「去華就実」「三敬主義」にもとづく伝統を踏まえた豊かな人間性と自主独立の気風にあふれ、広く社会に貢献できる人間の土台をつくることを目標としています。

学費 ※昨年度のものです。授業料等は、入学後、変更になる場合もあります。

- ● **入学手続時** 　入学金 350,000円、施設設備資金 300,000円、
- ● **それ以降** 　授業料 756,000円（年額）、父母の会会費 12,000円（年額）、父母の会入会金 2,000円
　　　　　　　　※教育振興資金1口 100,000円（任意／5口以上）

所在地 & 最寄り駅

- ● **住所** 　〒185-8506 東京都国分寺市本町1-2-1
　　　　☎ 042（300）2171

- ● **アクセス** 　JR中央線・西武線／国分寺駅から徒歩10分

ホームページ https://www.wasedajg.ed.jp/

学校の特色

● **教育方針**　①男女共学により、両性の相互理解に基づく人間性豊かな児童を育成する

②一人ひとりの児童を尊重し、それぞれが持っている個性の芽を伸ばす

③身体を鍛え、豊かな心を養い、確かな学力を身につける

④自ら学び、自ら考え、自ら創り出し、自ら表現する力を育てる

⑤国際社会に生きる人間としての資質・能力の基礎をつくる

の5つを方針とする。「教育は、人間としての全面的な成長・発達を促し援助していく営みである」と考え、子どもたちが協同して学び合い、ともに成長していく教育を創造する。

● **週5日制**　学校週5日制を基本としますが、土曜日に子ども・父母・教職員がいっしょになって行事をおこなうことがあります。

● **昼食**　給食（月〜金曜日）

● **併設校への進学状況**

小→中　6年間の教育期間を通し、本人の適性を見て進学を決める。原則として全員が進学できる。

中→高　早稲田実業学校中等部卒業生は原則として全員が早稲田実業学校高等部へ進学できる。

高→大　早稲田実業学校高等部卒業生のほとんどが早稲田大学へ進学。

Data　2024年度入試データ　※2023年実施済みです。

[募集要項]※2023年実施済み

■**募集人員**　男女計 108名（男子 72名、女子 36名）

■**web出願**　9月1日〜10月28日

■**書類送付**　10月1日・2日（郵送）

■**考査料**　30,000円

■**考査月日**　〈1次考査〉

　　　　　　11月1日〜5日のうち1日

　　　　　　〈2次面接〉

　　　　　　11月8日〜10日のうち1日

■**結果発表**　〈1次考査〉

　　　　　　11月7日（午前8時〜／web）

　　　　　　〈2次面接〉

　　　　　　11月12日（午前8時〜／web）

■**入学手続**　11月13日

[入試状況]

■**応募者数**　男子 654名　　女子 496名

■**受験者数**　男子 501名　　女子 408名

■**1次合格者数**　男子 121名　　女子 68名

■**2次合格者数**　男子 86名　　女子 43名

■**補欠者数**　非公表

[考査の順番]

男女別、生年月日順

[インフォメーション]

■**学校説明会**　2024年6月9日

■**学校見学会**　2024年7月20日

2024年度入試内容 　ペーパー　行動観察　運動　個別　絵画制作

● 言語

[話の聞き取り]

夏子ちゃんが家族とプールに行くお話。

● 最初に入ったのはどのプールでしたか。（流れるプール、波のプール、ウォータースライダーなど）
● 夏子ちゃんが持ってきてよかったと思ったのは何ですか。

● 数量

[計数]

● 不規則に配置されたニンジン、ナス、ピーマンの絵を見て、ニンジンを3本ずつ袋に入れたら何袋できますか。その数だけ〇を書きましょう。

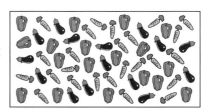

[数の比較]

● ▲◆などの形がかかれた6つの部屋から、指示された形が1番多いものを選ぶ。

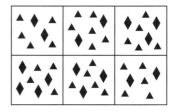

[すごろく]

● カメは1回で1マス、ウサギは1回で3マス進むことができます。ウサギはカメに何回で追いつくことができますか。その数だけ〇を書きましょう。

● 推理

[鏡図形]

● 鏡に映すとこの点図形はどのようになりますか。

[絵の連結]

● 2つにちぎられた模様のかかれたテープの片側が提示される。このテープの続きはどれですか。

● 絵画制作

[条件画]　グループにより出題は異なる。

● ポンキーペンシル12色を使い、モニターに映された写真を見てその場所に行ったら何をして遊びたいかを考える。あらかじめ背景の描かれた画用紙に別紙に描かれた形を切り抜いて貼り、その形を使って遊んでいるようすを描く。作業の途中に「何を描いているのか」「指示された形は何にしたのか」など先生から質問される。
　（例）川の写真→川と木が描かれた紙に楕円形や三角形を使って描く。
　　　海の写真→海と砂浜が描かれた紙に、四角形を使って描く。

● 指示行動

［片づけ］

● ポールにかかったハンガーから、ポロシャツを取り、着用したらそのまま作業をおこなう。作業終了後は、ハンガーにかけてポールに戻す。

［箱のなかの品物］

● Tシャツ、半ズボン、靴下、水筒、箸、弁当箱、巾着袋、縄跳び、折りたたみ傘、レジャーシート、ノリ、ハサミ、ビニール袋などがある。
Tシャツと半ズボンと靴下をたたんで重ねリュックサックに入れる。
水筒、折りたたみ傘はリュックサックの脇のポケットに入れる。
箸と弁当箱は巾着袋に入れる。
ノリ、ハサミ、ビニール袋を巾着袋に入れて蝶結びをする。
縄跳びは結んで箱のなかにしまう。

［紐通し］

● ウサギの絵（前、後ろ）が描かれた大きめの表紙がある。他に少し小さめの紙が3枚用意されている。いずれも上に2つずつ穴が開けられており、絵本のように重ねて、穴にリボンを通して蝶結びをしてつづる。

● 行動観察

グループにより出題は異なる。

［ボールつき］

● レジャーシート（大、小）、バレーボール、ゴムボールなどの道具が用意されている。グループでどのシートとボール（風船）を使うか相談して決める。シートの上にボールを乗せてポンポンと連続してつく。

［風船運び］

● 風船、3種類の大きさの異なる団扇がカゴに用意されている。2人1組になって風船をうちわであおいで運ぶゲームをおこなう。手を使ったり団扇で触れたりしてはいけない。だれがどの団扇を使うか、順番などは相談して決める。

［フープ運び］

● 輪投げの輪、セロハンテープ、トイレットペーパーの芯、ガムテープなど中央に穴のあいた輪や筒状の品物が用意されている。4〜5人のグループでロープを使ってこれらの品物を運ぶ。品物には直接触れないように、ロープだけを持って移動させる。

［ボール運び］

● 棒を使って協力しながら大、小のボールを運ぶ。

［品物運び］

● 2人1組になって、新聞紙を持ち、果物のおもちゃやブロックをできるだけ早く、たくさん運ぶ競争。

● 運動テスト

［ケンパー、模倣表現］

● 1回目は先生の後に続いて同じようにおこなう。2回目は自分で動きを考える。ケンパー、ケンパーで進み、コーンをまわって指示された生き物（タコ、ゾウ、サルなど）の模倣をする。次はパーケン、パーケンで進み別の生き物（ヘビ、カニ、ウサギなど）の模倣をする。

過去の出題

● 絵画制作

［想像画］

● クレヨン12色を使い、映像で見たものと自分を入れた絵を描く。課題は「花火と木」「雲と手袋」「すいかと虹」「雪とタイヤ」「つくしとおにぎり」など、受験日や時間帯によって異なる。
絵を描いているときに、何を描いているのか、先生から質問される。

● 行動観察

［お店屋さんごっこ］

● グループで相談して（肉屋と魚屋、八百屋と魚屋、金魚すくい屋と射的屋にわかれ）、店員役、お客さん役になり、お店屋さんごっこをする。売り物などは、あらかじめカードが用意されている。

［お祭りごっこ］

● 輪投げまたはボウリング、ボウリングまたは玉入れ、魚釣りゲームまたはボール遊びのいずれかをグループで選び遊ぶ。

● 運動テスト

［連続運動］

● 先生のあとに続いて同じようにおこなう。
スキップ　→マットにあがり、階段のぼり（3段）
→壁にタッチして階段を1段降りる　→マットに飛び降りる　→カニ歩き　→まりつきを3回。カゴに戻す。

面接

親子同伴の面接が1次試験の合格者のみ2次試験でおこなわれます。面接時間は15分程度。

父親へ

◎ 学校と家庭の役割の違いは何だとお考えですか。

◎ これからお子様のどのような能力を伸ばしたいと思いますか。

◎ 今後、学校にやってほしいことなどありますか。

母親へ

◎ 小学校に入ったらどのように成長してほしいですか。

◎ SNS、LINEでの保護者との関わり方をどのようにお考えですか。

子どもへ

◎ 受験番号とお名前を教えてください。

◎ 幼稚園の名前を教えてください。

◎ 幼稚園ではどんなことをして遊びますか。…何人ぐらいで遊びますか。

◎ お友達とケンカをすることはありますか。…どうやって仲直りをしますか。

◎ 家ではお父さん、お母さんにどんなことをよく言われますか。

◎ どんなとき褒められますか。

◎ 小学校に入ったら何をしたいですか。.

 # お母様の受験 memo

◎考査当日のこと…

● 面接は終始なごやかな雰囲気でした。優しい口調で笑いもありました。

● 考査日の控え室は携帯電話の使用は不可です。みなさん本など読んでいてとても静かでした。

● 受験生は受験票（ホルダー）を首からかけ、右肩にゼッケンシールを貼ります。

● ゼッケンシールは剥がれやすいのですが、予備のシールがあり、剥がれたら新しいシールを貼るので大丈夫ですとの説明がありました。

◎アドバイス、etc.…

● ペーパーの難易度は高くないので、落とせないと思います。

● ペーパーのみならず生活や行動観察など、しっかりとした対策が必要だと感じました。

● 絵はうまさではなく、どんなことでも等身大の子どもレベルの絵が描ければよいのだと思います。

● とても大きな声で挨拶をするお子さんが多かったです。

● 考査の時間はきっちり1時間でした。

桐朋小学校

- ●**校長** 中村 博
- ●**児童数** 432名

- ●**併設校** 桐朋幼稚園
  桐朋中学校（男子）
  桐朋女子中学校
  桐朋高等学校（男子）
  桐朋女子高等学校
  桐朋学園芸術短期大学
  桐朋学園大学

沿革&目標

◆創立:1955年（昭和30年）
◆教育目標「子どもを原点とした教育の実現・社会の主人公となりゆくための根っこを育てること」
◆教育目標を実現するために、11の柱を大切にします。①学ぶことは楽しい！②ともに学ぶこと、働くこと、遊ぶこと。③子どもの自治を大切にします。④学びと同じように遊びを大切にします。⑤私たちの教育はけっして急ぎません。⑥子どもの発達にあわせた教育課程の自主編成教育を行います。⑦実際に「行うこと」の追求。⑧学びの過程や意味を大切にします。⑨平和のつくり手として社会に参加できる根っこを育てます。⑩子どもが育つ最良の環境をつくりあげます。⑪親と教師、親と親は、子どもの教育のために結びあいます。

学費 ※昨年度のものです。授業料等は、入学後、変更になる場合もあります。

- ●**入学手続時** 入学金 300,000円、施設拡充費 100,000円
- ●**それ以降** 授業料 50,600円（月額）、施設維持費 11,500円（月額）、教育充実費 2,000円（月額）、
  旅行積立金 3000円（月額）、児童諸料 24,400円（年額）、PTA入会金 2,000円、
  PTA会費 4,600円（年額）、予納金 16,000円（年額）、寄付金1口 100,000円（2口以上、任意）
  ※入学辞退者には施設拡充費を返還
  ※奨学金支給制度あり

所在地&最寄り駅

- ●**住所** 〒182-8510 東京都調布市若葉町1-41-1
  ☎ 03（3300）2111

- ●**アクセス** 京王線／仙川駅下車
  小田急線／成城学園前駅より小田急バス「仙川駅入口」下車
  小田急線／狛江駅より小田急バス「仙川駅入口」下車
  京王線／調布駅よりバス「仙川駅入口」下車
  JR線・京王線／吉祥寺駅より小田急バス「仙川」下車
  JR線／三鷹駅より小田急バス「仙川」下車

ホームページ https://shogakko.toho.ac.jp/

✎ 学校の特色

● **学習指導**　特定の教科の他に、教科の枠を超えておこなう「総合学習」も大切にしています。また、総合、社会、外国語の授業で包括的に展開される「地球市民の時間」も行っています。

　　　　　　「コミュニティサイズの学校と手作りの教育」にこだわり、独自の教材を多く揃えてきめ細かい教育を行っています。

　　　　　　通知表はありません。春と秋、年2回の個人面談で保護者と子どもの成長・課題をたしかめ合います。

● **体験学習**　自分たちの手で作物を育て収穫します。低学年から授業で、畑での活動が組み込まれています。可能な限り現地に足を運ぶなどの実体験を重視します。

● **自治活動**　〈**児童会**〉5年生以上が参加し、委員会を自分たちで運営しています。

　　　　　　〈**子ども団活動**〉野球、サッカー、卓球、テニス、水泳、バドミントン、バレーボール、化学、民舞、料理、コンピュータ、美術など子どもたちの希望によって、その年々に組織されます。5年生以上が参加します。

● **校外学習**　4〜6年八ヶ岳合宿（学園所有の寮）。6年修学旅行（平和を希求し、一人ひとりが平和のつくり手として社会に参加できるようになる基礎を育てることを大切にしています）。

● **教育環境**　桐朋教育研究所、保健体育センター、屋内プール大小（小は可動床）、特別教室、八ヶ岳高原寮など。

● **昼食**　弁当（月〜金曜日）。購買部でパン、おにぎりを注文できます。

● **編入試験**　欠員が生じ、補充の必要がある1〜4年生で実施（前期後期制・年2回）。

● **併設校への進学状況**

　小→中　　〈**男女**〉推薦制度がある。

　中→高　　〈**男子**〉桐朋中学校卒業生のほとんどが桐朋高等学校へ進学。

　　　　　　　〈**女子**〉桐朋女子中学校卒業生のほとんどが桐朋女子高等学校へ進学。

Data　2024年度入試データ　※2023年実施済みです。

[募集要項] ※2023年実施済み

■**募集人員**	男女計 72名（内部進学者を含む）
■**願書配布**	5月13日〜10月3日
■**願書受付**	10月1日〜3日（Web）
■**考査料**	25,000円
■**考査月日**	11月4日〜7日のうち指定された1日
■**面接日**	なし
■**結果発表**	11月9日までに簡易書留で通知
■**入学手続**	11月10日
■**学校説明会**	5月13日・27日
■**web説明会**	8月26日
■**施設見学会**	6月17日、9月2日
■**学校体験会**	9月2日（年長限定）

[入試状況]

■**応募者数**	544名
■**合格者数**	72名

[考査の順番]

非公表

[インフォメーション]

通学条件に、「通学時間は片道60分以内」とあります。電車は各駅停車を利用したときに要する時間です。利用交通機関は2つまで、乗り換えは1度だけ、乗り換え時間も加算して考える、となっています。新宿駅での乗りかえは不可です。考査の日時については出願手続き完了の後に指示があります。

2024年度入試内容 行動観察 個別 運動

● 行動観察

● 光を失った虫の王国に、光を取り戻すために「太陽の国」をつくる。

● 絵画制作

● テントウ虫のお面をつくる。
● 好きなメニューを各自描いて、「夢のレストラン」をつくる。

過去の出題

● 個別テスト

［口頭試問］
● 3枚の絵（小学生が描いたような絵）を見せられて、どの絵が好きか、それはどうしてかお話しましょう。
● お母さんといっしょにつくる料理で、1番好きなものは何ですか。
● お休みの日、お父さんとお部屋のなかで何をして遊びますか。

［仲間分け］
● カード（牛、鳩、ニワトリ、ツバメ、カブトムシ、クワガタ、カマキリ）を仲間で分けましょう。
　それぞれ何の仲間ですか。

［指示行動］
● 指示されたように紙を折る。
● 紙を線に沿って切る。
● 地図をつなげて完成させる。

● 絵画制作

● 買い物バッグをつくる。画用紙を使い
　先生の説明を聞いて、お手本と同じよう
　にバッグをつくる。

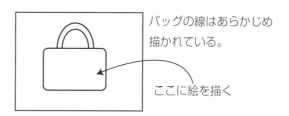

バッグの線はあらかじめ
描かれている。

ここに絵を描く

［お面つくり］
● 帯の部分は指示通りにつくり、そのあとは好きなようにつくってよい。画用紙、折り紙、ストロー、モール
　などの材料が用意されている。作業中に「それは何ですか」「どうしてそれをつくったのですか」などの
　質問がある。

● 行動観察

● 絵画でつくったバッグを使って、お店屋さんごっこをする。グループで相談してなんのお店に
　するか決める。決まったら、画用紙を使ってそのお店の品物をつくる。その後、1人3枚のお
　金を渡され、お店とお客さんの役を交代しながら、お店屋さんごっこをする。
● 風船運びゲーム。
● いろいろジャンケンゲーム。

[**キャンプ場をつくる**]
- 細い橋を渡って、キャンプに必要なものを持ってくる。(シート、虫取り網、虫かご、包丁、まな板、フライパン、野菜、椅子、ガムテープなど)
- テントを張る。(骨組みは用意されている)

[**いろいろなものを運ぼう**]
- カードを引いて、そのやり方で運ぶ。
  (ボールをタオルで運ぶ、ボールを2本の棒で運ぶなど)

[**ゴムくぐり**]
- 先生が2人でゴムを持ち、「いろはに金平糖」の歌を歌い、最後に「上、下、真ん中」と言ったら、子どもが「上」や「下」を1つ選ぶ。その間、子どもはゴムの動きを見ないで、後ろを向いている。先生の掛け声に合わせて前を向き、自分の言った言葉の通りにゴムをくぐり抜ける。

● 運動テスト

[**連続運動**]
- クマ歩き(ゆっくり)→ケンケン→ワニ歩き(サイドステップ)→ヘリコプター(バランス)→川跳び(横跳び)→先生とキャッチボール。

面接

保護者面接はおこなわれていません。

お母様の受験 memo

◎**試験当日のこと…**
- アンケートの内容は、①この写真(子どもたちが砂場で泥遊びをしている写真)からどんな声が聞こえてきますか、②お子様の遊びでいいなあと思ったこと、③保護者の方自身が、生活のなかで幸せだと感じるとき、という内容でした。

◎**アドバイス、etc.…**
- 受付後、控え室にて番号札を指定の場所につけます。すぐに子どもは呼ばれるため、受付前にトイレを済ませておくとよいと思います。
- 1次の際に、外廊下で順番を待つことがあるため、上着やカーディガンなどをはじめから着せるか、持たせるように指示がありました。子どもに持たせましたが、結局寒くて着たようです。

晃華学園小学校

- ●**校長** 片桐 有志司
- ●**児童数** 男子 115名（2023年12月）
  女子 363名（2023年12月）

- ●**併設校** 晃華学園暁星幼稚園
  晃華学園マリアの園幼稚園
  晃華学園中学校高等学校（女子）

沿革&目標

世界各地に学校を持つカトリック「汚れなき女子マリア修道会」の学校です。キリスト教教育を教育活動の根源とし、愛の心をもって人と社会に対する責任を果たす児童の育成を目標に、幼稚園から高校までの一貫教育を実現しつつ、今日に至っています。

学費 ※昨年度のものです。授業料等は、入学後、変更になる場合もあります。

- ●**入学手続時** 入学金 300,000円
- ●**それ以降** 授業料 39,000円（月額）、維持費 8,000円（月額）、施設費 54,000円（年額）、
  冷暖房費 22,000円（年額）、加算費用 40,000円（年額）、愛晃会費 20,000円（年額）
  ※寄付金 1口 100,000円（任意／1口以上）

所在地&最寄り駅

- ●**住所** 〒182-8550 東京都調布市佐須町5-28-1
  ☎ 042（483）4506

- ●**アクセス** バス／京王線つつじケ丘駅北口より京王バス深大寺行き
  「晃華学園」下車、JR中央線三鷹駅南口より小田急バス
  晃華学園東行き終点下車
  スクールバス／京王線国領駅より
  JR中央線武蔵境駅より

ホームページ https://es.kokagakuen.ac.jp

学校の特色

- **宗教教育** キリスト教教育は一切の教育活動の根源にすえられています。1年生から6年生まで、週1回宗教の授業が設けられており、宗教行事も大切にしています。
- **学習指導**
  - 学習では、基礎・基本の内容の充実した授業をおこないます。そのために、複数授業者による(T・T授業)を段階的に取り入れ学習の定着を図ります。その上に、自ら感じ、考えることを重視した学習に取り組みます。
  - 主要教科のみではなく、学力と感性等のバランスを大切にしており、5教科で専門の教員が指導にあたる専門教育を実施しています。
  - コミュニケーション能力を養うことを目的に、オーラルを中心とした英語教育をおこなっております。1年生から週に3時間、ネーティブスピーカーの教員などが、主に英語で指導し「英語で学ぶ」形式を取り入れています。また、本校独自の英語カリキュラムに沿って*話す*聞く*読む*書くことを習得していきます。
  - 体験的学習を重視し、すべての教育活動に取り入れています。
- **保護者会** 定期的に保護者会が設けられており、学校と家庭の連携を強めています。
- **校外指導** 登下校の巡視を定期的におこない、交通ルールとマナーの指導に努めています。
- **学校行事** イースター、水泳教室、遠足、低学年お泊り会(1・2年)、校外宿泊学習(3〜6年)、運動会、音楽会、図工展、ロザリオの祈り、クリスマスミサ、百人一首大会、クラブ活動発表会、など。
- **アフタースクール** 安心安全な生活を支えるAdele Club。学園敷地内に位置しており、朝8時半から夕方18時まで(延長18時半)お預かりする体制を整えています。
- **昼食** 弁当(月〜金曜日)。毎日のお弁当作りをサポートする、注文式のお弁当もあります。
- **編入試験** 欠員が生じた場合のみ実施(2月、7月)。対象学年は1年生〜4年生。
- **併設校への進学状況**

  小→中 〈**女子**〉 晃華学園中学校へは原則として推薦制度により進学できる。

  〈**男子**〉 暁星中学校(他協定校)への推薦制度あり。

  中→高 〈**女子**〉 原則として全員進学できる(高校からの外部募集なし)。

Data 2024年度入試データ ※2023年実施済みです。

[募集要項] ※2023年実施済み

■募集人員
〈第1回〉男女計 約30名(外部募集)
〈第2回〉男女計 約10名(外部募集)
〈第3回〉男子のみ 若干名(外部募集)

■事前登録 9月1日〜(Web)

■願書受付
〈第1回〉10月1日〜16日(Web)
〈第2回〉10月1日〜19日(Web)
〈第3回〉11月5日〜11月8日(Web)

■考査料 20,000円

■考査月日
〈第1回〉11月1日
〈第2回〉11月4日
〈第3回〉11月11日(男子のみ)

■面接日 webで確認。

■結果発表
〈第1回〉11月2日(Web)
〈第2回〉11月5日(Web)
〈第3回〉11月11日(Web)

■入学手続
〈第1回〉11月2日・3日
〈第2回〉11月5日・6日
〈第3回〉11月11日・12日

[考査の順番]
願書提出順(男女別)

[インフォメーション]
考査日の時間は各自異なります。所定の時間より遅れた場合は失格となります。
面接は保護者同伴でおこなわれます。

■学校説明会 2024年5月11日、6月22日、9月7日

2024年度入試内容 ペーパー 行動観察 絵画制作

● ペーパー

［言語］

● 話の聞き取り。お父さんの白い自動車に乗って、おばあちゃんの家に行くお話。

［数量］

● 左の積み木を積みなおしてできるのはどれですか。

 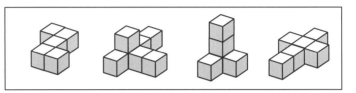

● 動物が線の通りに歩きます。1番
長く歩いたのはどの動物ですか。

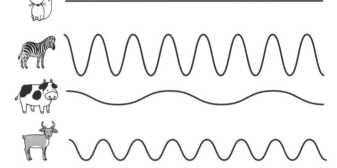

● 絵画制作

● 見本を見てカードを作成する。台紙に4本の線があり、見本の通りにつくるには、どの線を切って折るか
を考える。

● 巧緻性

［紐通し］

● 靴の形をした台紙に色分け（赤、青、黄）された穴があり、モニターに
映った通りに、赤、青、黄の順に紐を通していく。

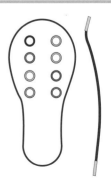

過去の出題

● 知識

- 「びゅーびゅー」をあらわすものはどれですか。
- 「かける」ものに○をつけましょう。

● 絵画制作

- 形・色の違う花びらなどが描いてある紙を切り取って、形が合うものをノリで貼っていく。同じ色が並ばないようにと指示がある。

 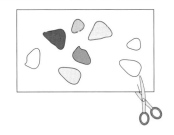

● 運動テスト

- スキップ。
- かけっこ。
- 等間隔に置かれた物を、両足を揃えて跳ぶ。
- ボールを使って先生とキャッチボール。
- 玉つき。

● 数量

- （動物園の絵を見て）猿は何匹ですか。その数だけ○を描きましょう。
- キリンとウサギはどちらが多いですか。

- ネコを子どもに1匹ずつあげると、何匹あまりますか。

● 行動観察

- パズルが配られ、一人ひとり動物を完成させる。自分が使わないピースは、お友達に渡す。
- ドンジャンケン。
- 3人別々の道具を使ってボールを運ぶ。
- 縄跳び、フープ、積み木、ボール、大縄などで自由遊び。

面接

親子同伴の面接が考査日以前におこなわれます。面接時間は10分程度。

父親へ
◎ 本校の教育方針を理解していますか。
◎ お仕事について教えてください。
◎ お子様とどのように関わっていますか。

母親へ
◎ お仕事をされていますか。
◎ お子様には、どのように育ってほしいですか。
◎ 教育やしつけで、気をつけていることは何ですか。

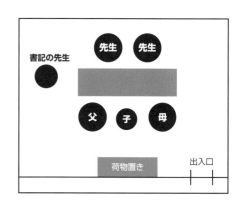

子どもへ
◎ お名前を教えてください。
◎ 幼稚園のお友達の名前を教えてください。
◎ 幼稚園では何をして遊びますか。
◎ 何の虫が好きですか。…どんなところが好きですか。
◎ 家では何をするのが好きですか。
◎ お父さん、お母さんに褒められる（叱られる）のはどんなときですか。

 お母様の受験 memo

◎**考査当日のこと…**
● 面接日は体育館で待機しました。番号を呼ばれ面接室に移動しました。
● 面接では子どもの受け答えを褒めていただき、その言葉で親もリラックスして答えられたように思います。
● 考査日は親子で教室に入り、時間になると名前を呼ばれて、子どもは試験会場に移動しました。親の付き添いは1名のみでした。
● 考査は楽しい時間だったようで、子どもはにこにこと満足したようすで帰ってきました。

むさしの学園小学校

- **校長** 青木 洋介
- **児童数** 男女計 149名

沿革 & 目標

1924年（大正13年）、1学年1学級・個別指導による寺子屋式の人格教育主義を掲げて、武蔵野村に開校されました。そして、2011年（平成23年）、新校舎落成。それにともない、1学年2学級の少人数教育を開始しました。キリスト教の信仰に立つ教育、一人ひとりの子どもの成長のリズムを大切にし、子どもが自分の知性の成長に喜びを自覚する教育をめざしています。

学費 ※昨年度のものです。授業料等は、入学後、変更になる場合もあります。

- **入学手続時** 入学金 330,000円
- **それ以降** 授業料 41,000円（月額）、卒業積立金 1,000円（月額）、けやき会費 5,000円（年額）、
  臨海学校積立金 6,500円（月額）、修学旅行積立金 3,000円（月額／4年生6月〜）

所在地 & 最寄り駅

- **住所** 〒183-0002 東京都府中市多磨町1-19-1
  ☎ 042（361）9655

- **アクセス** 西武多摩川線／多磨駅から徒歩3分
  バス／京王線飛田給駅より多磨駅行き終点下車

ホームページ http://www.musashino-gakuen.com/

学校の特色

● **宗教教育**　週1時間、正課として「聖書」の授業があります。12月には全校児童でつくるイエス様降誕劇、クリスマス礼拝をおこなっています。

● **学習指導**　〈**国語個別学習**〉3年生までの子どもたちに、「読み書き」と名づけた個別学習授業をおこない、「すべての子どもに読む力をつける」努力を重ねています。この授業を通して、1.日本語の文章の読む力と書く力とを身につけていく、2.自分の進む速さは人と違うことや、一人ひとりの得手不得手が違うことなどを知り、自分と相手とは違うという事実を見つめ、受け止めるという「人間関係の基本」を自然に学びます。

　　　　　　〈**算数個別学習**〉算数の四則計算に習熟することが算数学習の基本です。高学年ではその基本の上に、「一人ひとりの学力が充分に伸びるように」個別進度学習をとり入れています。また国立・私立中学校に進学を希望する子どもが多いので、できるだけ受験に対応できるようにしています。

　　　　　　〈**リトミック**〉音やリズムを、生きたものとして感覚的にとらえるため、低学年ではリトミック（ダルクローズの音楽教育法）をとり入れています。

● **特別活動**　〈**臨海学校**〉2年〜6年生で実施しています。3年生までは大自然のなかで遊び、兄弟姉妹のように豊かな関係が生まれます。4年生以上は水泳訓練もします。

　　　　　　〈**野川の時間**〉全学年で毎週水曜日実施。この日は午前中の4時間目までは授業をし、そのあとの2時間は、お弁当を持って近くの野川公園に遠足です。ひたすら自然のなかで遊びます。

● **生活**　先生は自分の教室に出勤し、子どもたちが帰るまでいっしょに過ごします。朝、教室に入ると、先生が「おはよう！」と言って迎えてくれますし、子どもたちのほんの小さな「困ったこと」「話したいこと」がすぐに聞いてもらえます。先生がいつも教室にいるので、「イジメの小さな芽」も発見しやすいのです。掃除は先生もいっしょに皆でします。学舎は自分たちの手で奇麗に保つという方針は、創立以来続いています。皆で草花を育てます。「園芸の時間」には、学級園や学校園の世話をします。地震・火災・侵入者を想定した児童参加の避難訓練を年14回実施しています。

● **保護者**　学期ごとに2回ずつの「学級保護者会」、年に2回の「保護者個人面談」を実施しています。

● **アフタースクール**　ライフスタイルの多様化に合わせ、放課後の子ども達をお預かりする放課後充実化プログラムを開設しています。＜対象＞本校に在籍する全児童。＜開催日＞学期中、長期休み中の平日。＜時間＞学期中：各学年放課後〜17時（18時まで延長可）。長期休み中：9時〜17時（年末年始、お盆などにより入校できない日は開催しない）。＜おけいこ＞サッカー、バドミントン、茶道、英語など。

● **昼食**　お弁当を持参します。お昼ご飯は我が家の味というのが、創立以来のむさしの学園の方針です。お弁当がつくれないときのために、数種類のおにぎりと牛乳を購入できるようにしています。

● **編入試験**　欠員が生じた場合に実施。学年相当の学力が必要。

● **帰国児童**　欠員が生じた場合に実施。日本語の読み書きが学年相当であることが必要。

Data　2024年度入試データ　※2023年実施済みです。

[**募集要項**] ※2023年実施済み

■**募集人員**	〈1次〉男女計 48名	〈2次〉男女計 若干名
	〈3次〉男女計 若干名	
■**願書配布**	9月8日〜12月7日	
■**願書受付**	〈1次〉10月1日〜30日（窓口）	
	〈2次〉10月1日〜11月16日（窓口）	
	〈3次〉11月20日〜12月7日（窓口）	
■**考査料**	20,000円	
■**考査月日**	〈1次〉11月1日	〈2次〉11月18日
	〈3次〉12月9日	
■**面接日**	考査日と同日	
■**結果発表**	〈1次〉11月1日（郵送）	〈2次〉11月18日（郵送）
	〈3次〉12月9日（郵送）	
■**入学手続**	〈1次〉11月2日〜6日	〈2次〉11月20日・21日
	〈3次〉12月11日・12日	

[**考査の順番**]
願書提出順

過去の出題 ペーパー 行動観察

● 数量

● りんごと同じ数だけ下の□に○を書きましょう。

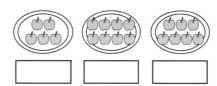

● 知覚

● 左と同じ絵に○をつけましょう。

● 左と同じ形を右の四角のなかに書きましょう。

● 知識

● こわれているものに×をつけましょう。

● 行動観察

[指示行動]

● 先生の太鼓の音が鳴ったら歩く。リズムが速くなったら走る。音が止まったら「かかし」のポーズをする。
● 先生のする質問が、合っていたらタンバリンをたたく。間違っていたら膝をトントンする。
● 太鼓のリズムにあわせて、先生が「頭」と言ったら頭をたたき、「手」と言ったら手をたたく。

[自由遊び]

● ビー玉、動物を並べるおもちゃ、パズル、乗り物のおもちゃなどで自由に遊ぶ。先生が「終わり」と言ったら片付けをする。

[口頭試問]

● 将来の夢は何ですか。…それはなぜですか。
● どんな街に行ってみたいですか。…それはどうしてですか。

面接

保護者のみの面接が、考査当日おこなわれます。時間は15分程度。

父親へ

◎ 志望理由を教えてください。

◎ ご自宅が遠いようですが、通学時間と交通手段を教えてください。

◎ お子様の長所を教えてください。

◎ 親元を離れての臨海学校がありますが、大丈夫ですか。

母親へ

◎ 育児で苦労されたこと、頑張ったことは何ですか。

◎ 保育園での子どもどうしのトラブルは、どう対応していますか。

◎ 習い事は何をしていますか。

◎ 入学後しばらくは、保護者のお迎えが必要ですが大丈夫ですか。

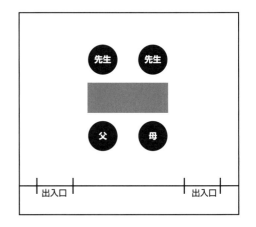

お母様の受験 memo

◎**試験当日のこと…**

● 面接は男性の先生と女性の先生の2名でした。

● 控え室の入り口に先生がいらっしゃったので、みなさん静かに待機していました。

● 考査終了後、子どもは先生と話しながら戻ってきました。兄弟がいるかどうか聞かれたそうです。

明星小学校
めいせい

- ●**校長** 細水 保宏
- ●**児童数** 男子 329名
  女子 305名

- ●**併設校** 明星幼稚園
  明星中学校
  明星高等学校
  明星大学

沿革&目標

1923年（大正12年）、「和の精神のもと、世界に貢献する人」の育成をめざして、児玉九十校長により設立された明星実務学校が母体です。健康・真面目・努力の校訓を実践し、創立以来一貫して「凝念」を指導しています。1950年（昭和25年）に小学校が開校。「賢さ」と「豊かさ」を兼ね備えた、輝きをもった人の育成を目標とし、知性と感性のバランスのとれた人格形成の実現に努めています。
ぎょうねん

学費 ※昨年度のものです。授業料等は、入学後、変更になる場合もあります。

- ●**入学手続時** 入学金 250,000円
- ●**それ以降** 授業料 470,000円（年額）、教材充実費 70,000円（年額）、
  施設維持費 100,000円（年額）、PTA費 6,000円（年額）

所在地&最寄り駅

- ●**住所** 〒183-8531 東京都府中市栄町1-1
  ☎ 042（368）5119

- ●**アクセス** バス／京王線府中駅・JR・西武線国分寺駅より7分
  「明星学苑」下車
  ※登下校時、府中駅・国分寺駅と学校間を急行バス運行
  JR武蔵野線／北府中駅から徒歩約20分

ホームページ https://www.meisei.ac.jp/es/

学校の特色

- **学習指導** 算数を通して、問題発見・問題解決・問題追究という探究的な学びのスタイルを全校で取り組んでいます。今までの学校教育では重要視されてきませんでしたが、これからの時代には問題を発見したり、解決した後に新しい問題を見つけたりすることが重要です。本校では、授業のなかで子どもたちが主体的に問題にかかわり、友達といっしょに問題を解決していくことに大きな価値を置いています。そのためには教師の指導力が必要となります。子どもたちの学びを改善していくためにすすんで教師が研修・研鑽を積み、授業を改善しています。算数の授業で培った探究的な学びのスタイルを各教科、各行事で広げて実践を進めています。また、体験を通した学習を重要視し、子どもたちの五感を使って活動することで学びを深めています。

  低中高学年で目指すもの
  - ・低学年 「心身のバランスを身に付ける」
  - ・中学年 「学ぶ喜びを知り、チャレンジ精神を養う」
  - ・高学年 「自ら考え行動する力と友人とのつながりのなかで協調性を育む」
  - ・宿泊学習 高尾の教室（1年、緑の教室（2年）、海辺の教室（3年）、秋の学校（4年）、山の学校（5年）、修学旅行（6年）

- **クラブ活動** 和太鼓・ミニバスケットボール・ティーボール・スポーツダーツ・一輪車・造形・手芸・漫画・将棋
- **アフタースクール** 小学校内にある「明星っ子クラブ」ルームでおこなう。一時的に利用する制度と、通年で利用する制度を選ぶことができる。曜日によって、硬筆習字やビーマスポーツなど、習い事もおこなっている。
- **昼食** 給食（月〜金曜日・希望者）または弁当
- **転入試験** 欠員が生じた場合に実施。
- **帰国児童** 優先入学制度あり。随時募集。対象学年1〜5年生。日常生活に必要な日本語での会話ができること。
- **併設校への進学状況**（2023年4月時）

小→中	〈**男女**〉	卒業生の約70%が明星中学校へ進学。
		在学中の学業成績等の総合評価により進学判定（優先入学）。
中→高	〈**男女**〉	卒業生の約90%が明星高等学校へ進学。
高→大	〈**男女**〉	卒業生の約20%が明星大学へ入学。

Data 2024年度入試データ ※2023年実施済みです。

［募集要項］※2023年実施済み
- ■**募集人員** 男女計 約100名(内部進学者を含む)
- ■**web出願** （出願情報入力）9月〜
- ■**出願期間** 10月1日〜7日
- ■**考査料** 25,000円（銀行振込）
- ■**考査月日** （自己推薦）11月1日
  （一般）11月2日〜4日
- ■**面接日** 考査当日
- ■**結果発表** （自己推薦）11月1日(Web)
  （一般）11月4日(Web)
- ■**入学手続** （自己推薦）11月2日
  （一般）11月6日・7日

［考査の順番］
希望日に提出された順

［インフォメーション］
Web出願です。本校HPへアクセスし、出願サイトよりご入力ください。

- ■**学校説明会** 2024年7月26日、9月11日

2024年度入試内容 ペーパー 行動観察 運動 絵画制作

● 言語

［話の聞き取り］

● 遠足の話。「遠足でしたことに○をつけましょう」

● 数量

［計数］

● リンゴとゾウの数が多いほうに○をつけましょう。

［積み木の数］

● ●と同じ数の積み木はどれですか。
　○をつけましょう。

［重さ］

● 1番重いものに○をつけましょう。

［長さ］

● 1番長い鉛筆はどれですか。○をつけましょう。

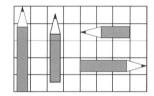

● 知覚

［点図形］

● お手本の通りに右にかきましょう。

［重なり図形］

● 1番下にある形に○をつけましょう。

● 推理

［切り開き図形］

● 左の絵の黒いところを切って開いたとき、どうな
　りますか。

［系列］

● 順番に形が並んでいます。あいているところに
　は何が入りますか

● 巧緻性

[箸つかみ]

● トレイに小豆があり、真ん中に紙皿が置かれている。箸を使って紙皿に小豆を移す。

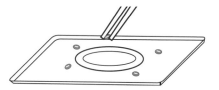

● 絵画制作

● 春、夏、秋、冬のなかで好きな季節の絵を描く。絵を描いたあとでハサミで切り取る。

● 運動テスト

[連続運動]

● クマ歩き → ケンケンパー → ケンケングー → 先生とキャッチボール

スタート

クマ歩き

ケンケンパー　2回

ケンケングー　2回

ボール投げ・受け

● 行動観察

[猛獣狩りに行こうよ]

● 先生が動物の名前を言ったら、その言葉の数の人数で集まる。

[ジャンケン列車]

● お友達とじゃけんをして、負けるとその人の後ろについて肩を持つ。最後まで先頭にいる子が勝ち。

[紐の輪くぐり]

● 紐の輪を頭から足に通して抜けて、次の人に渡していく。

[お話しづくり]

● 顔の表情が描かれたカードを引いて、公園をテーマにお話をつくって発表する。

面接

親子同伴の面接が考査日当日におこなわれます。面接時間は10分程度。

父親へ

◎ 本校の教育理念と、家庭の教育方針で共通する部分はありますか。

◎ お子様が今、頑張っていることは何ですか。

母親へ

◎ いろいろな学校を見学されたと思いますが、本校を選んだ決め手をいくつか教えてください。

◎ お子様の長所を3つ教えてください。

◎ お子様の名前の由来を、お子様に語りかけてください。

◎ 子育てで困ったこと、またどのように乗り越えたかを教えてください。

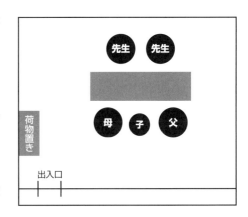

子どもへ

◎ お名前を教えてください。

◎ 幼稚園の名前を教えてください。

◎ 園長先生の名前を教えてください。

◎ 担任の先生の名前を教えてください。

◎ 幼稚園のお友達の名前を何人か教えてください。

◎ お友達とはどんなことをして遊びますか。

◎ お父さん、お母さんの好きなところを1つ教えてください。

◎ プレスクールや体験パークで楽しかった授業は何ですか。

◎ お手伝いは何をしていますか。

お母様の受験 memo

◎考査当日のこと…

● 受付の後は1階の教室へ移動。受付順に自由に座りました。モニターに当日の流れが表示されていました。次の控え室は理科室で、受験番号順に分けられていました。

● 子どもの考査中に配布されたタブレットでアンケートを入力しました。アンケートの内容は「本校にお越しになった際、印象に残っている児童や教員とのエピソードがあれば教えてください」「受験準備のなかで、ついお子様を怒ってしまったエピソードを教えてください」というものでした。

● 面接室に入るとすぐ左に荷物置き場があり、手荷物を置くように指示がありました。面接は終始なごやかな雰囲気でした。子どもが答えに詰まっても助け舟を出してくださいました。

● 面接のときにはマスクを外すよう言われました。

帝京大学小学校

- **●校長** 石井 卓之
- **●児童数** 男子 180名
  女子 95名

- **●併設校** 帝京大学中・高等学校
  帝京中・高等学校
  帝京八王子中・高等学校
  帝京大学短期大学
  帝京大学・大学院
  帝京平成大学
  帝京科学大学　他

沿革 & 目標

現在8つの学校法人を擁する帝京グループは、1931年（昭和6年）の帝京商業学校設立に始まります。その後、大学、短大、各種専門学校、高校・中学、幼稚園を設置し、幾多の有為な人材を社会に送り出しました。
2005年（平成17年）4月開校の帝京大学小学校の設置により、グループは幼稚園から大学までの19年間に亘る教育課程を網羅した、名実ともに総合学園を実現しました。
帝京グループの教育方針は「自分流」という言葉に集約されています。
建学の精神「努力をすべての基とする。偏見を排し、幅広い知識を身につけ、国際的視野にたって判断でき、実学を通して創造力および人間味豊かな専門性ある人材の養成を目的とする」に則り、「知・情・意・体」のバランスのとれた児童の育成をめざします。
その中で、「自ら問題意識を持ち、考え、判断し、行動し、その結果に責任を持つ」のが「自分流」です。

学費

- **●入学手続時** 入学金 200,000円、施設拡充費 230,000円（年額）
- **●それ以降** 授業料 624,000円（年額）、後援会費 24,000円（年額）、学級費 約90,000円（年額）、その他給食費、保険料等　※寄付金1口 100,000円（任意／2口以上）

所在地 & 最寄り駅

- **●住所** 〒206-8561 東京都多摩市和田1254-6
  ☎ 042（357）5577
- **●アクセス** 高幡不動駅（京王線・多摩モノレール）、聖蹟桜ヶ丘駅（京王線）、多摩センター駅（京王相模原線・小田急多摩線・多摩モノレール）より登校時各駅1本・下校時各駅2本、帝京大学小学校直通（京王バス）を運行。
- **●スクールバス** 〈分倍河原、聖蹟桜ヶ丘、高幡不動、橋本、多摩センター、若葉台、新百合ヶ丘、大塚・帝京大学、京王堀之内、豊田〉の10駅より運行。

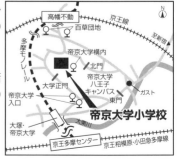

ホームページ https://www.teikyo-sho.ed.jp/

学校の特色

- **学習指導**　〈**キャリア教育**〉子ども達が「なりたい自分」を目指して学んでいけるよう、キャリア教育に力を入れています。十社以上の企業や団体の協力のもと、さまざまな仕事体験を通して、仕事の魅力や大変さ、働くことの意味などを学ぶ「キャリアパスポートデー」。実際に資金を調達し、自分たちのビジネスアイデアを商品として販売する「起業家教育」。学校にブックオフをつくり、会社の運営や循環型社会についての理解を深める「学校ブックオフ」。さまざまな取り組みを通して、子ども達が社会で活躍するために必要な力を育んでいます。

  〈**環境教育**〉周辺の豊かな自然を生かした環境教育にも力を入れています。学校のすぐ隣にある森林や竹林などを利用した「里山プロジェクト」では、秘密基地づくりや焼き芋パーティー、シイタケ栽培など、全学年がさまざまな活動を行っています。自然との触れ合いを通して、「人と自然のつながり」を大切にしていける人を育てます。

  〈**英語教育**〉1年生から週2時間、ネイティブと日本人教員のティームティーチングによる英語の授業を実施しています。「自分の英語が伝わった!」というたくさんの経験を積ませています。

- **保護者との連携**　学校教育にとって保護者との連携は必須事項であることから、まず家庭生活の安定を強く求め、より良い学校生活のためのリズムを築いてもらいます。睡眠時間や食生活(特に朝食をしっかり摂ること)などの基本的生活習慣を身につけること、年齢に応じたマナーや倫理観の育成をお願いしていきます。そのうえで保護者会・授業参観・面談などを通して学校と家庭の連絡を密にして、学校と家庭がいっしょになって児童を育てていく姿勢を明確にしていきます。

- **教育環境**　〈**安全確保**〉校内に15台の監視カメラを設置して人の出入りを確実に把握し、警備員を常駐させ、児童の登下校時には正門に立つことで児童の安全を確保しています。ICタグによる登下校安否確認システムや緊急連絡メールを導入しています。

  〈**校舎**〉木やワラなどの再生材を多用した、環境に優しく温かみのある空間があり、施設中央は学年間をつなぐ最新設備のメディアセンターとなっています。また、外にはビオトープがあり、子どもたちが自然や生きものに親しむ場がつくられています。新国立競技場設計者の隈研吾氏による、多摩の自然にマッチした最先端のIC設備を持つ人に優しい校舎です。

- **アフタースクール**　〈**帝翔塾**〉のびのび遊び、いきいき学べる放課後アフタースクール。英語、体操、ピアノ、チアリーディングのほか、スペシャルプログラムなど、多様で質の高いプログラムをおこなっています。

- **海外研修**　〈**本物にふれるイギリス研修旅行**〉グループ校の帝京・ロンドン学園を拠点に、海外の文化を肌で感じグローバルな感性を育みます。

- **昼食**　給食(月～金曜日)※アレルギーの対応もしています。

- **編入試験**　随時実施。

- **併設校への進学状況**
  小→中　〈**男女**〉　希望する系列3中学(帝京中学校、帝京八王子中学校、帝京大学中学校)へ進学できる。推薦資格を保持したまま、他校受験が可能。帝京大学中学校のみ専願、推薦基準あり

Data　2025年度入試データ　※2024年実施予定です。必ず学校発表の入試要項でご確認ください。

[募集要項] ※2024年実施予定
- **募集人員**　男女計 80名(内部進学者含む)
- **願書配布**　5月上旬～
- **出願**　〈Ⅰ期〉10月1日～7日(web)
  〈Ⅱ期〉10月21日～11月6日(web)
  〈Ⅲ期〉11月9日～13日(web)
- **考査料**　30,000円
- **考査月日**　〈Ⅰ期〉11月1日
  〈Ⅱ期〉11月9日
  〈Ⅲ期〉11月16日
- **面接日**　事前面接
- **結果発表**　考査翌日(合否発表サイトにて)
- **学校説明会**　5月18日、6月22日、7月13日
- **オープンスクール**　7月27日、8月25日・28日
- **授業見学会**　5月8日・28日、6月6日・21日、7月8日
- **入試説明会**　9月14日

[入試状況] ※Ⅰ期・Ⅱ期・Ⅲ期の合計
- **応募者数**　男女計115名
- **合格者数**　男女計 70名

[考査の順番]
願書提出順

[インフォメーション]
通学区域は特に指定はありません。待合室などは冷暖房が完備されています。

2024年度入試内容 ペーパー 行動観察

● 行動観察

- くじでグループを決め、「公園のもの」をレゴブロックでつくる。つくったあと先生から「何をつくりましたか」「どこを工夫しましたか」などの質問がある。最後に片づけをする。その際に「ブロックを投げない」「ブロックはすべてバラバラにする」などの約束がある。

 # 過去の出題

● 言語

［話の聞き取り］

話を聞いたあとで問題に答える。

- ゆみこさんと太郎くんがおやつを食べた場所はどこですか。
- おやつのあとに遊んだ遊びは何ですか。

［しりとり］

- しりとりでつながるように、空いている四角の下から選んで○をつけましょう。。

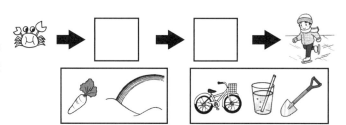

● 数量

［計数］

- 上の絵と同じ数だけ、○に色を塗りましょう。

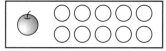 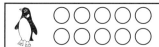

● 記憶

［形の記憶］

- 今見た絵と同じ形を選びましょう。

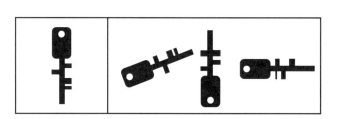

面接

親子同伴の面接が、考査日前におこなわれます。面接時間は約20分。

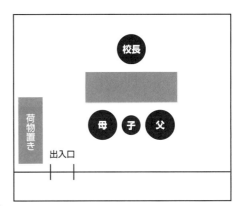 父親へ

◎ 志望理由を教えてください。
◎ 6年間を通して身につくと思うのはどんなところですか。
◎ お子様の長所を教えてください。
◎ お子様と家ではどんな遊びをしますか。…外遊びはどうで
  すか。
◎ これからの社会で、より必要になると思うことは何ですか。

母親へ

◎ 志望理由につけ加えることはありますか。
◎ 体験授業は何の授業を受けられましたか。
◎ お子様が最近1番成長したなと思うところはどこです
  か。
◎ これからの社会で、より必要になると思うことは何ですか。
◎ ご兄弟で1番違うところは何ですか。

子どもへ

◎ お友達の名前を1人教えてください。…そのお友達のいいなと思うところはどこですか。
◎ お友達とは何をして遊びますか。
◎ 体験授業は、算数とレゴではどちらが楽しかったですか。…レゴで何をつくりましたか。
◎ お母さんがつくってくれる料理で1番好きなものは何ですか。
◎ 運動は好きですか。…スポーツは何が1番好きですか。

 # お母様の受験 memo

◎**考査当日のこと…**

● 面接日は到着後、玄関ホールのソファで待ちました。前の方が面接室に入ると、控え室に案内
  されました。
● 面接では子どもが答えに詰まると、すぐに優しい口調で言い換えてくださるなど、おだやかに
  進行しました。事前の説明会でも、「落とす面接ではなく、その子のよさを見つける面接です」
  とおっしゃっていました。
● 面接で「今のお父様のお話につけ加えることはありますか」など聞かれ、ほぼすべての質問に
  両親とも答えました。

玉川学園

- **学園長** 小原 芳明
- **児童数** 男子 358名
  女子 411名

- **併設校** 玉川学園（幼・中・高）
  玉川大学・大学院

沿革&目標

1929年（昭和4年）、学問・道徳・芸術・宗教・身体・生活の6方面の教育を通して、調和のとれた優れた人格の形成をめざす全人教育を理想として、小原國芳により創設されました。幼稚部から大学院までを擁する総合学園としての特性を生かし、同一キャンパス内で一貫教育を展開しています。
玉川学園小学部では、智育・徳育・体育を兼ね備えたバランスの取れた人間形成を目指します。協力する心や、感謝の気持ちを素直に抱く「きれいな心」、自ら調べて表現・創造する「よい頭」、自然に身体を動かす習慣を体得し、忍耐力や精神力を備える「つよい体」を育みます。

学費 ※2022年度は下記の通りです。

- **入学手続時** 入学金 JPクラス：220,000円
  入学手続金 EPクラス：352,750円（1期分授業料）
  授業料（年額）JPクラス：812,000円／EPクラス：1,058,250円、
  教育諸料（年額）JPクラス：141,500円／EPクラス：151,500円、
  教育情報料（年額）24,000円、施設設備金（年額）160,000円、
  父母会費（年額）7,200円 ※玉川学園K-12教育施設充実資金1口100,000円（任意）

所在地&最寄り駅

- **住所** 〒194-8610 東京都町田市玉川学園6-1-1
  ☎ 042（739）8931

- **アクセス** 小田急線「玉川学園前」駅より徒歩約10分
  東急田園都市線「青葉台」駅よりバス約17分「奈良北団地」下車、
  徒歩約10分

ホームページ https://www.tamagawa.jp/academy/

学校の特色

- **全人教育** 自然豊かな環境を生かした多彩な体験学習プログラムで智育、徳育、体育をバランスよく育みます。そして「ホンモノ」に触れる学びが子どもたちの探究心や学習意欲を高めます。
- **探究学習** たくさんの知識を持つことも大切ですが、それらを駆使して考え・伝え合い・深めていく力が求められます。学習においては、自ら目標を持ち、主体的に取り組み、感性を働かせた実体験をともなう理解をめざしています。
- **美化労作** 校舎内外の清掃は毎日自分たちでおこないます。清掃方法を学ぶことはもちろんですが、むしろ自分たちの環境のなかにふさわしくない状況があればそれに気付き、自ら改善するための行動力を養うためにおこなっています。
- **国際教育** 中学・高校で受け入れている海外留学生(年間約130名)が、小学部で日本の歌を一緒に合唱したり、英語の発音を教えたりと、日常的に積極的な国際交流がおこなわれています。小学5年生からはホームステイでお互いの家庭での生活を体験できる国際教育プログラムも用意されています。
- **学びの技** 児童生徒が課題について論理的に考えられるようにするためには、さまざまな思考の方法を身に付けておく必要があります。考える場面によって比較して考えたり、分類して考えたり、多面的に見ながら考えたり、関連付けて考えたりすることが必要になりますが、そのような考え方のバリエーション(思考スキルと呼びます)を幼稚園から高校までの各学年で身に付けさせます。このような思考スキルを玉川学園では「学びの技」と呼んでいます。論理的思考力、批判的思考力、創造的思考力を身に付けさせ、生涯にわたってこれらのスキルを用いて自ら学び、学ぶことを楽しむことができる児童生徒の育成を目指します。
- **教育環境** 豊かな緑につつまれた61万㎡のキャンパスに、幼稚部から大学・大学院までが点在しています。小中連携や中高連携だけではなく、大学や大学院、研究所なども連携・協力して小学生の教育のためにサポートします。学内で多くのホンモノ体験ができることが、玉川学園の強みです。
- **バイリンガル教育** 日本語(国語)と英語によるバイリンガル教育「BLES(ブレス)プログラム」を1年生から順に展開。JP(Japanese Predominant)クラスもEP(English Predominant)クラスも英語科の授業を週5時間実施。
- **延長教育プログラム** 5年生までの希望者を対象にした放課後の「延長教育プログラム」(有料)を実施。
- **編入試験** 欠員が生じた場合に実施。全学年対象で小学校の該当学年に在籍していること。
- **昼食** 弁当(月～金曜日)
- **併設校への進学状況**
  - **小→中** 卒業生の約90%が、内部進学する。
  - **高→大** 卒業生の約30%が玉川大学へ優先入学。

Data 2025年度入試データ ※2024年実施予定です。必ず学校発表の入試要項でご確認ください。

[募集要項] ※2024年実施予定

- **■募集人員** JP・EP／男女計 90名
- **■願書配布** 4月15日～
- **■願書受付** 9月27日～10月16日(郵送)、10月18日(窓口)
- **■考査料** 30,000円
- **■考査月日** 11月1日～3日のうち1日を選択
- **■面接日** 考査日と同日
- **■結果発表** 11月4日(web)
- **■入学手続** 11月7日まで
- **■学校説明会** 5月6日、6月8日、9月13日

[入試状況]

- **■応募者数** 男女計263名

[考査の順番]

願書提出順

[注意事項]

受験票は願書受付後、速達郵便で「入学試験実施要領」とともに返送されます。入学試験当日の詳細については、「入学試験実施要領」を参照しましょう。

合格者は受験票と引き換えに入学手続き書類を受け取ります。指定された時間内に受領しない場合は棄権とみなされます。

過去の出題 　個別　　運動

● 個別テスト

[**話の聞き取り**]

● 男の子と妹がおじいさんの家で野菜をもらい、自分の家でお母さんに野菜カレーをつくってもらうお話。

[**文字を読む**]

「たろうくんが　ぼうしを　わすれてしまい　ようちえんに　とりにもどったら　つみきがこわれていたので　たろうくんと　かつやくんは　なきました」

● どうして泣いたのですか。

[**豆つかみ**]

● 大豆とビーズをつまみ、紙コップへ移す。

[**片づけ**]

● レジャーシート、アメ、ティッシュ、ハンカチ、クレヨン、スケッチブック、お弁当箱、箸、風船などを分けて片づける。

● 運動テスト

● カードが置いてある場所をタッチしながらゴールする。
● 行進 → スキップ → 片足ケンケン → 両足跳び。
● 歩く、ケンケン、スキップ。
● ボールを投げあげて、1回転して取る。
● ボールを投げあげて、1回手を叩いて取る。
● ボールを受け取る。
● 片足バランス
● 先生と手押し車

● 行動観察

（4人グループ）

● みんなで本、ボール、タオル、縄跳びをする。
● 何も使わずにお友達と遊ぶ。
● ペットボトルを並べて、紐を引っかけて倒すボーリングごっこ。
● 鬼ごっこ。
● 紐を使ってしっぽ取りゲームをする。
● 電気を消してカーテンを閉め、子どもが布を被ってお化けごっこをし、先生を怖がらせる。

面接

親子同伴の面接が、考査当日におこなわれます。面接時間は10分程度。

父親へ
◎ 志望理由はいろいろあると思いますが、1つ教えてください。
◎ 本校の魅力はどのような点ですか。
◎ お子様には将来どのようになってほしいですか。

母親へ
◎ お子様の紹介をしてください。
◎ 今日のお子様のようすは、ふだんと同じですか。
◎ お子様を最近褒めたことはどんなことですか。
◎ お子様が1番成長したと思うことは何ですか。
◎ ご自宅が遠いようですが、通学に不安な点は無いですか。

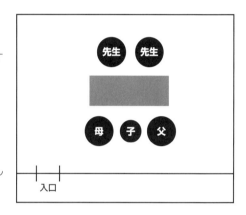

子どもへ
◎ お名前を教えてください。
◎ 幼稚園の名前を教えてください。
◎ 幼稚園で仲のよいお友達を教えてください。…何をして遊びますか。
◎ 好きな本を教えてください。
◎ どんなとき叱られますか。

 # お母様の受験 memo

◎試験当日のこと…
● 控え室から面接室前の椅子まで案内され、前の組が終わると面接官が外まで迎えに来ていただき、なかへと案内されました。
● 面接の際には、大きな荷物は控え室に置いておくように案内がありました。
● 面接はなごやかな雰囲気でした。
● 考査はとても楽しく取り組めたようで、先生方の配慮を感じました。

◎アドバイス、etc.…
● 学校説明会の際に、「面接ではお子さんの良いところを中心に聞きます」とおっしゃっていました。
● 先生の前にアクリル板があるので、大きな声で話さないと聞こえづらそうでした。

国立音楽大学附属小学校

- **校長** 松本 絵美子
- **児童数** 281名

- **併設校** 国立音楽大学附属幼稚園
  国立音楽大学附属中学校
  国立音楽大学附属高等学校
  国立音楽大学
  国立音楽大学大学院

沿革 & 目標

幼稚園から大学までの一貫教育をするために、1953年（昭和28年）に創立されました。「よく考え、進んで行動する子ども」「思いやりのある、心の温かい子ども」「元気よく遊べる子ども」を教育目標として、豊かな感性を土台とする人間形成を何よりも大切にしています。身近な自然や社会に興味・関心を高め、美しいものや尊いものにあこがれを抱く、豊かな心の育成を、21世紀を担う子どもたちと共に実現していきます。

学費 ※昨年度のものです。授業料等は、入学後、変更になる場合もあります。

- **入学手続時** 入学金 210,000円、施設設備費 120,000円（入学時のみ）
  ※授業料、維持運営費の1期（3カ月）分をあわせて納入。
- **それ以降** 授業料 459,000円（年額）、維持運営費 90,000円（年額）、学級費 95,000円（年額）、
  わかば（PTA）会費 6,000円（年額）
  ※課外レッスン（くにおんアカデミージュニアミュージック・アトリエ）希望者は、
  　別途レッスン費（コース・回数により異なる）が各期ごと（3ヵ月分）に加算されます。
  ※学級費の金額は学年により異なります。2年生以上は、行事費など別途徴収します。

所在地 & 最寄り駅

- **住所** 〒186-0005 東京都国立市西1-15-12
  ☎042（572）3531

- **アクセス** JR中央線／国立駅から徒歩約13分
  JR南武線／矢川駅よりバス5分「音高」下車5分

ホームページ https://www.onsho.ed.jp/

学校の特色

● **学習指導**　〈**少人数クラス編制**〉全学年25名前後の少人数学級編制となっています。子どもたちの学習面や生活面における、よりきめ細かな指導を実現することで、子どもたちの思考力を高め、互いの考えを理解し尊重する態度を養っています。

〈**英語教育**〉なるべく多くの時間、英語と触れあえるように、1年生は週1時間、2年生以上は週2時間、英語の時間を設けています。耳から覚える英語から始め、言葉にして話すことにも重点を置きながら、読み書きも徐々に習います。3年生からは基本的な文法を学びながら、自分の周りにあるものを文章で表現できるようになります。

〈**くにおんアカデミージュニアミュージック・アトリエ**〉校舎の3階が「課外レッスン室」になっており、希望者はピアノ、ヴァイオリン、フルート、クラリネット、打楽器、ソルフェージュの個人レッスンを受講できます。

● **音楽教育**　「音楽」「リトミック」「器楽」「コーラス」からなる多彩なカリキュラムにより、感性の育成を目指しています。特に、身体を動かして音楽を学ぶリトミックでは、創造性や表現力だけでなく、協調性や社会性、集中力や注意力なども育まれます。一般教科は基礎学力の習得と自ら考える力の育成に重点を置いています。音楽・英語・造形・理科・体育は専科制を導入しています。

● **校外学習**　1・6年生は「防災泊（学校）」、2・3年生は「森の学校（名栗村）」、4年生は「星の学校（丸沼高原）」、5年生は「星の学校（丸沼高原）」「冬の学校（菅平高原）」、6年生は「夏の学校（菅平高原）」「山の学校（菅平高原）」と自然に触れ親しむ体験学習（宿泊行事）をおこないます。

● **昼食**　弁当持参もしくは注文弁当（月～金曜日）
弁当注文システム有り

● **編入試験**　欠員が生じた場合に実施（7月、2月）。募集人数は欠員数による。

● **併設校への進学状況**

　小→中　〈**演奏・創作コース**〉進路指導のための演奏。個別の進路指導を踏まえて。

　　　　　〈**総合表現コース**〉個別の進路指導を踏まえて。

Data 2024年度入試データ　※2023年実施済みです。

[募集要項] ※2023年実施済み
■**募集人員**　〈第1回・第2回・第3回あわせて〉男女計 60名
（附属幼稚園内部推薦者を除く）
■**要項配布**　11月27日まで
■**願書受付**　〈第1回〉10月4日～20日（web）
〈第2回〉10月4日～11月7日（web）
〈第3回〉10月4日～11月27日（web）
■**考査料**　23,000円
■**考査月日**　〈第1回〉11月2日
〈第2回〉11月15日
〈第3回〉12月2日
■**面接日**　考査の当日
■**結果発表**　〈第1回〉11月2日（郵送・web）
〈第2回〉11月15日（郵送・web）
〈第3回〉12月2日（郵送・web）

■**入学手続**　〈第1回〉11月16日・17日
〈第2回〉11月24日
〈第3回〉12月8日

[入試状況]
非公表。

[考査の順番]
願書提出順。

[インフォメーション]
（プレスクール）　2024年7月21日
（公開授業）　　2024年6月4日
（学校説明会）　2024年6月4日、7月21日、
　　　　　　　　　9月8日

過去の出題　ペーパー　行動観察　運動

● 行動観察

- 1人でチューリップの歌を歌う。
- 「か」から始まることばを言う。

● 運動テスト

- ケンケンパー。
- 平均台。

面接

保護者面接が考査当日におこなわれます。時間は15分程度。子どもには考査中に質問があります。

父親へ

- ◎ 志望理由を教えてください。
- ◎ しつけで大切にしていることは何ですか。
- ◎ お仕事について教えてください。
- ◎ 子育てでご両親がお互いに望むことは何ですか。
- ◎ 何か聞いておきたいことはありますか。

母親へ

- ◎ 幼稚園の先生からどのように言われていますか。
- ◎ 休日は何をして遊びますか。
- ◎ 友達とトラブルがあったとき、どのように対処しますか。
- ◎ お仕事について教えてください。

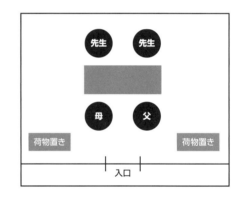

お母様の受験 memo

◎試験当日のこと…

- 受付のあと体育館に案内され、時間になると子どもたちは試験会場に向かいます。親は受付で渡された紙に書いてある時刻になったら、1階の教室で面接を受けました。
- 来校回数はチェックされているようでした。

国立学園小学校

- **校長** 佐藤 純一
- **児童数** 男子 332名
  女子 229名

- **併設校** 国立学園附属かたばみ幼稚園

沿革&目標

教育における環境の重要性を認識していた堤康次郎により、模範的な学園都市建設の一環として創設されました。1926年（大正15年）の創設以来、「豊かな人間性を培う」ことを教育理念とし、「自ら考え、自ら学び、自ら行動する子ども」の育成を目指しています。
かたばみ幼稚園を併設しています。

学費 ※昨年度のものです。授業料等は、入学後、変更になる場合もあります。

- **入学手続時** 入学金 360,000円
- **それ以降** 授業料 648,000円（年額）、他学級費・後援会費あり
  他 ICT費・学級費・後援会費・終身同窓会費あり

所在地&最寄り駅

- **住所** 〒186-0004 東京都国立市中2-6
  ☎ 042（575）0010

- **アクセス** JR／国立駅から徒歩10分

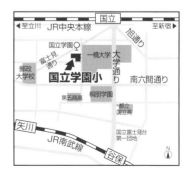

ホームページ https://www.kunigaku.ac.jp/

学校の特色

- ●**学習指導**　低学年の音楽・図工・体育・読書・英語は専任教師が指導にあたり、3年生から社会または理科も専科となります。4年生から全教科が専任教師によって指導されます。
  5・6年生の算数と6年生の国語は、2人の教師によって指導しています。
  1人の児童に対して複数の教師が指導にあたるので、学級担任を中心に各教師は相互連絡、連携を密にして指導にあたっています。

- ●**進学指導**　児童一人ひとりについて、関係教師全員による連絡会議を設け、児童の特性を伸ばす指導に努めています。
  進学指導資料を整備し、保護者との連携協力を密にしています。
  6年生は年10回のテストをおこない、進学指導に役立てています。

- ●**クラブ活動**　科学、美術、ブラスバンド、パソコン、歴史、サッカー、野球、卓球、料理、バドミントン、バスケットボール、陸上、鉄道研究、ショートテニス。

- ●**学校行事**　校外学習（1・6年、2・4年、3・5年）、高原学校（4・5年生）、サマースクール（3年生）、修学旅行（6年生）、授業参観、運動会、しらかば祭、社会科見学、など。

- ●**昼食**　弁当（月～金曜日）※弁当注文システム有

- ●**転入試験**　欠員が生じた場合に実施（3月・7月）。対象学年は新2年～新4年生（7月は1年生も対象）。

- ●**帰国児童**　欠員が生じた場合に実施（3月・7月）。対象学年は新2年～新5年生（7月は1年生も対象）。

- ●**卒業生の国・私立中学合格実績**（最近5カ年）

  男子校　麻布8、海城19、開成9、学習院5、慶應普通部3、駒場東邦17、巣鴨22、聖光学院5、筑波大駒場7、武蔵8、桐朋47、立教新座40、早稲田8、灘2、暁星8

  女子校　浦和明の星34、鷗友学園8、桜蔭13、学習院女子3、吉祥女子15、共立5、晃華18、大妻中野16、女子学院7、白百合4、豊島岡13、日本女子大附2、雙葉3、立教女学院5、他

  共・別学　青山学院1、慶應中等部3、国学院久我山55、成蹊13、中大附4、渋谷教育学園渋谷9、渋谷教育学園幕張9、東邦大学附属東邦6、日大第二12、明大明治6、明大中野八王子10、早稲田実業7、法政大2、頴明館35、広尾学園8、東京農大一8、他

Data 2024年度入試データ　※2023年実施済みです。

［募集要項］※2023年実施済み

■**募集人員**	〈Ⅰ日程〉男女計 100名　〈Ⅱ日程〉男女計 5名
	〈Ⅲ日程〉男女計 若干名
	（内部進学者約30名を含む）
■**願書配布**	9月1日～11月23日
■**願書受付**	〈Ⅰ日程〉10月1日～7日（web）
	〈Ⅱ日程〉10月1日～11月9日（web）
	〈Ⅲ日程〉10月1日～11月23日（web）
■**考査料**	23,000円
■**考査月日**	〈Ⅰ日程〉11月1日・2日
	〈Ⅱ日程〉11月11日
	〈Ⅲ日程〉11月25日
■**面接日**	〈Ⅰ日程〉10月12日～21日
	〈Ⅱ日程〉11月11日
	〈Ⅲ日程〉11月25日
■**結果発表**	〈Ⅰ日程〉11月2日（web）
	〈Ⅱ日程〉11月11日（web）
	〈Ⅲ日程〉11月25日（web）
■**入学手続**	〈Ⅰ日程〉11月4日まで
	〈Ⅱ日程〉11月13日まで
	〈Ⅲ日程〉11月27日まで

［入試状況］※Ⅰ・Ⅱ・Ⅲ日程の合計

■**応募者数**	男女計 262名
■**合格者数**	男女計 105名
	（内部進学者約17名を含む）
■**補欠者数**	非公表

［考査の順番］
願書提出順

［インフォメーション］
2020年度より1～3年生対象のアフタースクール「放課後Lab」を開設。2021年度より4～6年生対象のアフタースクール「放課後プラス」を開設。

2024年度入試内容　ペーパー　行動観察　運動　個別

● 言語

［話の聞き取り］

「ゴリラのパンやさん」（作：白井 三香子／金の星社）のお話を聞いて質問に挙手して答える。

● ゴリラはどうしてキツネにパンを渡したと思いますか。

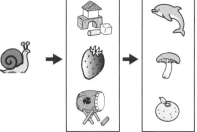

［ことばの音］

● 左の絵からスタートして、しりとりのように前の言葉の真ん中の音に、最初の音がつながるものを選びましょう。

● 構成

［パズル］

● 2色に塗り分けられた正方形のカードを使って、お手本と同じように模様をつくりましょう。

● 数量

［数の合成］

● ウサギが矢印からスタートして果物のマス目を通って、その果物をネコに届けます。ネコのお皿の数と同じ数になる道を選んで、カード（透明）を置きましょう。

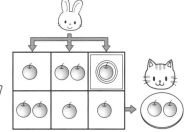

● 個別テスト

［知識］

● ボルトとナットが提示されて質問に答える。
　　「この道具を見たことがありますか」
　　「何をするために使いますか」
　　「違うところはどこですか」

● 行動観察

［模倣構成］

● グループで協力してソフト積み木、ボール、ペットボトル、紙コップなどさまざまな道具を使い、お手本と同じものをつくる。終了後、みんなで片付ける。

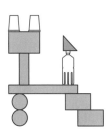

● 運動テスト

- フープをケンパーで進む。
- 跳び箱に斜めにかけられた平均台を渡って、跳び箱を登り、降りる。

過去の出題

● 構成

- パターンブロックを使用して、指示された形をつくる。
  六角形が3つ書かれており、その中に当てはまるようにブロックを置く。
  （赤の台形2つ、青のひし形3つ、緑の三角形6つ）
  大きな六角形が1つ書かれており、その中に当てはまるようにブロックを置く。
  （黄色の六角形2つ、赤の台形1つ、青のひし形3つ、緑の三角形3つ）
  もう1度別のブロックで六角形をつくる。
  （黄色の六角形2つ、赤の台形2つ、青のひし形2つ、緑の三角形2つ）

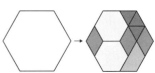

● 数量

［**数の操作**］

- うさぎがサイコロの目の数だけ進み、ゴールまで行きます。リスのところに止まると2つ、キツネのところでは4つおはじきをもらえます。オオカミのところに止まると2つ、クマのところに止まると3つ取られてしまいます。最後におはじきはいくつになりましたか。その数だけ○を書きましょう。おはじきを使いながら考えましょう。

● 推理

［**ジャンケン迷路**］

- ジャンケンで勝つように進みます。左からスタートして、進むほうに○をつけましょう。3つある四角はどれか1つを選びましょう。

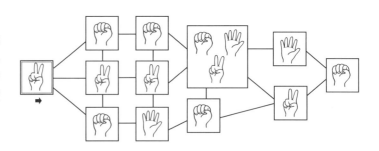

面接

親子同伴（片親可）の面接が、考査日以前（Ⅱ日程、Ⅲ日程は考査当日）におこなわれます。面接時間は10分程度。

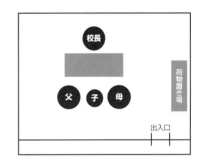

父親へ
◎ 志望理由を教えてください。
◎ 本校に期待することは何ですか。
◎ お子様を叱るのはどんなときですか。
◎ お子様の成長を感じたのは、どんなことですか。
◎ 何かご質問はありますか。

母親へ
◎ 志望理由を教えてください。
◎ 本校の印象を教えてください。
◎ 本校をどのように知りましたか。
◎ お子様を一言で言うと、どのようなお子様ですか。
◎ お子様の健康状態について教えてください。
◎ 遠いようですが、通学は大丈夫ですか。

子どもへ
◎ お名前を教えてください。
◎ 好きな食べ物は何ですか。
◎ 将来の夢は何ですか。
◎ 好きな遊びは何ですか。
◎ 好きなおもちゃを教えてください。
◎ 小学校に入ってやりたいことは何ですか。
◎ お父さん、お母さんに褒められるのはどんなときですか。
◎ どんなお手伝いをしていますか。
◎ お母さんがつくる料理で、好きなものは何ですか。

 ## お母様の受験 memo

◎**考査当日のこと…**
● 面接を含めて、とてもなごやかな学校だと思いました。
● 面接ではソファは壁側に寄せてあり、荷物置きになっていました。パイプ椅子に座って面接を受けました。
● 考査日の控え室は体育館でした。教頭先生のお話を聞いたあと、運動会の映像（30分程度）を見ました。

桐朋学園小学校

- ●**校長** 原口 大助
- ●**児童数** 男子 214名
  女子 213名

- ●**併設校** 桐朋幼稚園
  桐朋中学校（男子）
  桐朋女子中学校
  桐朋高等学校（男子）
  桐朋女子高等学校
  桐朋学園短期大学部（女子）
  桐朋学園大学

沿革&目標

戦後、東京教育大学が山水育英会を引継ぎ、発足させた学園です。桐朋学園小学校は1959年（昭和34年）に開校しました。「一人ひとりの心のすみずみにまでわたる教育を」を目標に、豊かな自然に恵まれた教育環境を活かして、伸びやかでたくましく成長させることを大切にしている。

学費 ※2023年度のものです。授業料等は、入学後、変更になる場合もあります。

- ●**入学手続時** 入学金 270,000円、建設資金 130,000円
- ●**それ以降** 授業料 41,200円（月額）、施設拡充費 10,000円（月額）、児童諸費 2,500円（月額）、
  PTA会費 12,800円（年額）、教材費 29,500円（年額）
  ※学園債1口 100,000円（卒業時返還）

所在地&最寄り駅

- ●**住所** 〒186-0004 東京都国立市中3-1-10
  ☎ 042(575)2231

- ●**アクセス** JR／国立駅から徒歩15分
  谷保駅から徒歩15分

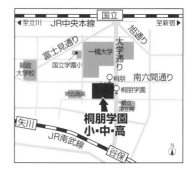

ホームページ https://www.tohogakuen-e.ed.jp/

学校の特色

- **学習指導**　国語・算数・社会・理科などの基本教科の知識・技能を身につけることをおろそかにせず、問題解決の能力を育成しています。

  観察力・表現力・構成力を必要とする日記の指導もおこなっています。

  〈**生活科**〉1年から6年生まで生活科を設け、具体的な事物を通して直接体験することにより、生きていくうえで必要な知識を深めていきます。また、広い視野から人間を育んでいる自然や社会について知識を深め、人間はどう生きるかということについてより深く考える姿勢を育てていきます。

  通信簿はありません。そのかわりに個人面談で学校でのようすや成績が報告されます。

- **校外学習**　3年生は2泊3日の御岳林間学校、4年生は3泊4日の西湖湖畔学校、5年生は3泊4日の奥蓼科林間学校、6年生は3泊4日の岩井臨海学校、3泊4日の修学旅行などがあります。

- **クラブ活動**　5年生から参加します。サッカー、バスケット、バドミントン、卓球、一輪車、科学、など。

- **昼食**　弁当（月〜金曜日）。お弁当注文システムあり。

- **編入試験**　欠員が生じた場合、年度末に実施。新1年生と新6年生はなし。

- **併設校への進学状況**

  小→中　〈**男子**〉卒業生のほとんどが桐朋中学校へ進学。学校長の推薦進学の制度がある。

  　　　　〈**女子**〉卒業生のほとんどが桐朋女子中学校へ進学。学校長の推薦進学の制度がある。

  中→高　〈**男子**〉桐朋中卒業生のほとんどが桐朋高等学校へ進学。

  　　　　〈**女子**〉桐朋女子中卒業生のほとんどが桐朋女子高等学校へ進学。

Data 2025年度入試データ ※2024年実施予定です。必ず学校発表の入試要項でご確認ください。

[募集要項] ※2024年実施予定

- **■募集人員**　男女計 72名
- **■願書受付**　10月1日〜3日（Web）
- **■考査料**　25,000円（銀行振込）
- **■考査月日**　11月5日〜8日のうち1日
- **■面接日**　なし
- **■結果発表**　11月10日（Web）
- **■入学手続**　11月12日
- **■学校説明会**　4月20日、5月18日、9月5日
- **■校舎見学会**　6月15日

[入試状況]

- **■応募者数**　男子 437名　女子 209名
- **■合格者数**　男子 36名　女子 36名

[考査の順番]

受験番号は生年月日順だが考査の順番は不定。

[インフォメーション]

通学区域は、「ふつうの通学方法で60分程度で通えるところ」となっています。地域はホームページで公表。出願、合格発表などはWeb。

2024年度入試内容 （ペーパー）（行動観察）（運動）（絵画制作）

● 個別テスト

［構成］

4色のブロックを使って形をつくる。

● 同じ色のブロックを2つ組み合わせて、台紙の形をつくりましょう。

● 台紙の形をつくりましょう。どれを使ってもよいです。

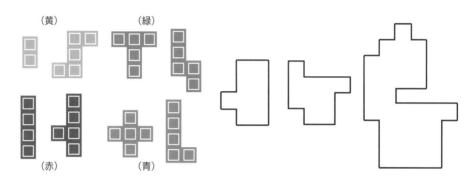

● 絵画制作

● 表・裏の色が異なる画用紙を筒状に丸めて、テープで2か所留める。筒の上から半分の長さまで、何本か手でちぎる。片面段ボールやお花紙、羊毛などを使って筒と組み合わせて「世界で1つしかないもの」をつくる。

● 行動観察

［動物表現］

● 指示された人数でグループをつくり、円のなかに入って、指示された動物の動き（先生がお手本を見せる）をする。（ウサギ→3人、ゾウ→2人、カンガルー→5人、ワニ→4人）
毎回違う人とグループをつくるように指示がある。

［秘密基地づくり］

● 4〜5人グループで協力して、「秘密基地」をつくる。ジョイントマットを使用。最後は指示の通りに箱のなかに片付ける。

過去の出題

● 個別テスト

[思考力]

ブレインフレークス（歯車の形をしたブロック）を使用。

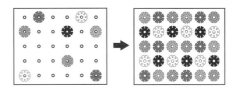

① 縦横等間隔に5列ずつ並んだ台紙があり、その何か所かにブロックの絵も描かれている。縦横斜めにできるだけ同じ色が並ばないように、（ルンルンにならないように）歯車の絵のないところに手元の赤・青・黄の3色のブロックを置く。※縦横斜めに5つ同じ色が揃うことを「ルンルン」と表現する。

2問目も同じように、同じ色が並ばないようにブロックを置く。

② ブロックの凸凹を噛み合わせて立体的な形をつくる。プリントの完成見本図を見て、同じ形をつくる。

③ ②の形に残りのブロックをつけ足して、プリントの完成見本図と同じ形にする。

● 行動観察

[鬼退治ゲーム]

● 最初に鬼の音声が聞こえ、ゲームの指示がある。床に置いてあるいろいろな形、模様の紙コップを、剣を使ってお友達と協力して運ぶ。運んでいるものと同じ写真が貼られたカゴに入れる。2人組のペアをつくり、発泡スチロール製の剣で紙コップを運ぶ。紙コップは2〜6個ほどつなげてあり、紙コップの穴に剣を差し込むように工夫して、カゴに入れる。自分でペアを探して毎回違う人と組み何度も運ぶ。

 # 面接

保護者面接はおこなわれていません。

 ## お母様の受験 memo

◎考査当日のこと…

● 時間まで校内に入れないので、外に並んで待ちます。6年生が受付やビブスのつけ方など案内してくれました。ビブスをつけると子どもはそのまま試験会場へ向かい、親は多目的ホールで待機しました。

● 制作でセロハンテープは筒をつくるときのみ使用との指示でしたが、横に置いてあるので、間違えて使ってしまったかもしれないと子どもが言っていました。

● 携帯電話の使用は禁止でした。

◎アドバイス、etc.…

● 子どもを引き渡してからはトイレの時間が無いため、必ずトイレは済ませておいたほうがよいです。

● 洋服の予備一式は持参したほうがよいと、あらためて思いました。会場に向かう途中転んでしまい、雨上がりだったため靴下が泥だらけになり交換しました。

東京創価小学校

- ●**校長** 塩田 誠一郎
- ●**児童数** 男子 285名
  女子 288名

- ●**併設校** 創価中学校
  創価高等学校
  創価女子短期大学
  創価大学・大学院

沿革&目標

本校は1978年（昭和53年）4月、玉川上水のせせらぎと武蔵野の雑木林が残る恵まれた自然のなかに開校しました。「明るい子・思いやりのある子・ねばり強い子」「闊達・友情・根性」の3モットーのもと、「健康にして人間性豊かな英才の育成」を教育目標に掲げ、子どもたちの可能性を引き出す教育の実践に励んでいます。創立者池田大作先生の人間教育の理念にもとづいて、友情を尊び、平和を守る心を育てる教育に力を入れていて、豊かな創造性を持った幅広い国際人の育成をめざしています。

学費 ※昨年度のものです。授業料等は、入学後、変更になる場合もあります。

- ●**入学手続時** 入学金 170,000円、維持費 200,000円
- ●**それ以降** 授業料 36,800円（月額）、教育充実費 6,000円（月額）、給食費 5,400円（月額）、その他制服・ランドセルなど諸経費約 100,000円（年額）

所在地&最寄り駅

- ●**住所** 〒187-0023 東京都小平市上水新町2-20-1
  ☎ 042(345)2611

- ●**アクセス** 西武国分寺線／鷹の台駅から徒歩約15分
  立川バス／国立駅北口から「東京創価小学校」、「東京創価小学校循環」、「並木町二丁目」行き約15分

ホームページ https://tokyo-elementary.soka.ed.jp

学校の特色

● **学習指導**　英語では、1〜3年生が週1時間、4〜6年生が週2時間、ネイティブの講師と日本人の英語専科教員が、全時間ティームティーチングで授業をし、「語学は世界へのパスポート」との思いで、楽しく学びます。体育では水泳やなわとびなどでステップを細かくした「がんばり表」や「検定表」をつくり、段階的に技が磨かれ、力がつくことを実感できるようにしています。また、音楽・図工・書写・家庭の各教科では、専科制を導入し、生活と文化を尊び大切にする心を耕しています。

● **施設**　池田記念館には、「おとぎ食堂」（1階）、3万6,000冊を蔵する「ロマン図書館」（2階）、学校の歴史と創立精神を学ぶ「池田記念館」（3階）があります。校庭の他に、「おとぎの森」「元気農園」「ししの子グラウンド」「おとぎの道」などがあり、豊かな自然と希望あふれる教育環境となっています。

● **校外学習**　五感をゆさぶり、磨き、鍛える野外での体験学習は、教室という狭い空間から飛び出し、教科という枠を超えた各学年の総合学習の場となります。教科書では学ぶことのできない、さまざまな環境に触れることで、柔軟なものの見方や考え方を培います。

● **安全管理**　保護者のみなさまにも安心していただくために連絡システムを導入しています。登下校通知システムおよび緊急連絡システムで、安心の対応をおこなっています。また、交通防災などの安全教室を定期的におこない、安全に通学できるよう指導しています。

● **昼食**　給食（月〜土曜日）

● **併設校への進学状況**

　小→中　〈**男女**〉　原則として全員が創価中学校に進学できる。

2024年度入試データ　※2023年実施済みです。

[募集要項] ※2023年実施済み

■**募集人員**	男女計 約100名
■**願書配布**	要項はホームページに掲載
■**願書受付**	9月4日〜10月2日（web）
■**考査料**	15,000円（銀行振込）
■**考査月日**	11月1日〜5日のうち1日
■**面接日**	考査日と同日
■**結果発表**	11月10日（郵便/web）
■**入学手続**	11月10日〜14日

[入試状況]

■**合格者数**　男子 48名　　女子 48名

[インフォメーション]

Webによる出願。

（学校説明会）　2024年7月21日・28日
（入試説明会）　2024年8月31日、9月8日

2024年度入試内容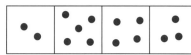

● 数量

［数の合成］

● 左の数にするには、どれとどれを合わせればよいですか。

● 知覚

● 左の形が重なるとどうなりますか。○をつけましょう。

● 行動観察

［模倣体操］

● 「ジャンボリーミッキー」の曲に合わせて、先生の踊りのまねをする。

［ポーズ］

● 3つの虫ポーズがあり、「カマキリ」は両手を上にあげ、「ダンゴムシ」は体を小さく丸める、「トンボ」は両手を広げるポーズをする。先生から質問があり、ポーズで答える。
　「飛べない虫はなーんだ」

［積み木］

● 先生3〜4人のグループでソフト積み木を使って「タワー」か「かっこいい乗り物」をつくる。その後テーマが変わり、「お母さんが喜びそうなもの」をつくる。

［ビデオ鑑賞］

● 自由遊びの順番待ちのとき、「おさるのジョージ」を見る。

［自由遊び］

● ボールプール。靴は脱がなくてよい、お友達に当てないという約束がある。
● 段ボールの舟やお城コーナー。
● ワニワニパニック、黒ひげ危機一髪、魚釣りなど。

● 運動テスト

［連続運動］

● スキップでコーンまで進み、クマ歩きで戻ってくる。
● ケンケンパーで進み、平均台（グネグネしている）を渡る。平均台を渡り終えたら、ボールでドリブルを3回して先生に渡す。
　運動が終わるとカードをもらい、その番号のところに座る（ビブスとは違う番号）。

過去の出題

● 言語

[話の記憶]

動物たちが、タヌキさんの家でクリスマスパーティーをするお話。

- サルさんはどうして転んでしまいましたか。
- ケーキができ上がったのはいつですか。

● 数量

- 多少判断。白と黒、どちらが多いか。

● 推理

[回転]

- 左の絵が右のように動いたとき、足りない形を書きましょう。

● 知覚

[点図形]

- お手本と同じように点を結びましょう。

[位置の移動]

- 動物が左右に、上下に移動する。出題を聞き、マス目に○、△、×をつける。

● 行動観察

グループごとに誘導されて好きな遊びをする。順番を待っている間に「おさるのジョージ」のビデオ鑑賞をする。

- プラレール、ミニカー、レゴブロックなどのコーナー。
- ままごとセットのコーナー。
- ぬいぐるみ、変身ベルト、妖怪ウオッチ、キャラクターのおもちゃなどのコーナー。
- 着せ替えドレス、おもちゃのピアノなどのコーナー。
- 魚釣り、ボーリング、ワニワニパニックなどで自由に遊ぶ。

● 運動テスト

[連続運動]

- ケンパー、ケンパー、ケンケンパー → 台ののぼり降り → 先生が投げたボールをキャッチ → ボールを上に投げ、床にバウンドさせてキャッチ → ボールをカゴに戻す。

面接

面接は考査当日におこなわれ、親子で入室し、親は面接が終了すると退室し、そのあと子どもだけの面接がおこなわれます。面接時間は親が15分程度、子どもが5分程度。面接当日に面接資料を記入し、入室時に提出します。

👨 父親へ

◎ 志望理由を教えてください。
◎ これまでに大切にしてきたことは何ですか。
◎ 家族として大切にしていることは何ですか。
◎ 家族の絆が深まったエピソードをお聞かせください。
◎ お父様のお仕事について、お子様にどのように話していますか。
◎ 幼稚園では何をして遊んでいますか。
◎ この6年間で創立者のことをどう伝えていきますか。
◎ 3人が似ているところについて、話し合って発表してください。

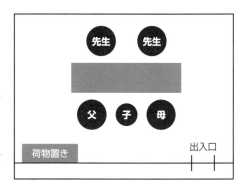

👩 母親へ

◎ 志望理由を教えてください。
◎ お仕事されていますか。…お子様が体調不良の際はどのように対応しますか。
◎ ふだん大切にしていることは何ですか
◎ 「思いやり」を育てるために、ご家庭でどう関わっていますか。
◎ 池田先生のことをお子様にどのように伝えていますか。

👧 子どもへ

◎ お名前を教えてください。
◎ 幼稚園の名前を教えてください。…クラスは何組ですか。
◎ 仲よしのお友達はいますか。…お友達と何をして遊びますか。
◎ どこの小学校に行きたいですか。…それはどうしてですか。
◎ 小学校に入ったら何がしたいですか。
◎ 池田先生はどんな人ですか。
◎ お父さんの好きなところはどこですか。
◎ お父さん、お母さんに褒めらるのはどんなときですか。

◎ 生年月日を教えてください。
◎ 担任の先生の名前を教えてください。

◎ 好きな食べ物と嫌いな食べ物を教えてください。
◎ 兄弟げんかをしたとき、どうしますか。
◎ お休みの日はどこに行きたいですか。

😊 お母様の受験 memo

◎試験当日のこと…

● 体育館で待機のあと控え室に移動しました。控え室ではアンケートの記入がありました。
● 当日記入するアンケートは、「本校を知ったきっかけと印象」「本校に期待すること」「お子様と何を大切にしてきたか」「園での遊びやようす」などでした。
● アンケートを記入したあと教室へ移動して待っていると、子どもが戻ってきました。その後3人で面接となりました。
● 面接はとてもなごやかな雰囲気でした。どちらが答えてもよい質問もありました。

◎アドバイス、etc.…

● ペーパーよりも、行動観察や面接にウェイトを置いているように感じました。他者との協調性がとても重要だと感じました。
● 面接では、子どもが自分の考えで答えているかを確認しているように感じました。

菅生学園初等学校

- ●**校長** 布村 浩二
- ●**児童数** 男子 60名
  女子 84名

- ●**併設校** 多摩学院幼稚園
  東海大学菅生高等学校中等部
  東海大学菅生高等学校

沿革&目標

東京の西部、あきる野市に2007年（平成19年）に開校。建学の精神「自然が教科書だ」の下、この地の利を生かした教育の充実に努め、豊かな自然環境のなかで、みずみずしい感性を培い、自立への道をたくましく歩むことができる力を養う。また自然との共生のなかで人としてのあり方・生き方を考え、探究心をふくらませて確かな学びをおこなう「歩き、考え、学ぶ」を教育の基本理念にしている。

学費 ※昨年度のものです。授業料等は、入学後、変更になる場合もあります。

- ●**入学手続時** 入学金 250,000円
- ●**それ以降** 授業料 480,000円（年額）、教育運営管理費 144,000円（年額）、
  その他教材費・宿泊学習費・父母の会費 約50,000円（年額）
  ※スクールバス代 96,000円～132,000円（年額）は別途。

所在地&最寄り駅

- ●**住所** 〒197-0801 東京都あきる野市菅生1468
  ☎ 042（559）9101

- ●**アクセス** スクールバス／小作駅、秋川駅、八王子駅、昭島駅、拝島駅、
  福生駅、羽村駅、河辺駅、高尾駅より

ホームページ https://www.sugao.ed.jp/

学校の特色

- **学習指導**　〈少人数クラス編成とアフタースクールの充実〉

  本校では少人数のクラス編成を進め、きめ細やかな指導をおこなってきています。また、放課後のアフタースクールでは英語やパソコン等の技能検定や受験への講座を設け、充実した学びのなかで共働きの家庭でも安心してお子さんをあずけることができます。

  〈週6日制と独自のカリキュラムの中での学習〉

  土曜日も授業を設定し、十分な学習時間の確保のもと学びの充実を図っています。1年生から週3時間の英語の時間では、ネイティブの先生の指導を進め、卒業までに英検3級を目指しています。また全学年で漢字の時間を週2時間設定し、オリジナルの漢字辞典を作成するなどして言語力も磨いています。漢字検定で8年連続優秀団体賞も取得しました。

- **校外学習**　山での生活、雪のある生活、海での生活、歴史探訪など、学年ごとにテーマを定めた宿泊行事を実施しています。また、本校の自然豊かな環境を生かし、春は椎茸の植菌や竹の子掘り、夏は蛍鑑賞や田植え、秋には野菜の収穫やサツマイモ掘りなど四季折々の体験活動も進め、自然の変化や恵みに思いを寄せ、行動できる豊かな心や態度の高揚を図っています。

- **安全管理**　大切な子どもたちの安全・安心を確保するため、防犯カメラ、防犯ベルの設置はもとより、子どもたちにICタグを携帯させて保護者に登下校を迅速にお知らせしています。また、300台の駐車場とロータリーが完備されており、自家用車での送迎も安全におこなうことができます。

- **アフタースクール**　〈すがめき-F（15:45～16:45）〉月曜日から金曜日の放課後におこなわれる学びの時間です。3つの分野から個々のニーズに応じて種目を自由に選ぶことができます。好きなことを夢中に取り組むなかで、自らのよさや能力を一層伸ばします。

  〈すがめき-S（15:30～最大19:00）〉19時までの放課後児童預かりをおこなっています。

- **昼食**　給食（月～金曜日）。

- **転入試験**　1～5年生を対象に7月・2月に実施。

- **併設校への進学状況**（2023年4月時）

  小→中　〈**男女**〉卒業生の約60%が東海大学管生高等学校中等部へ進学。

Data 2024年度入試データ　※2023年実施済みです。

[募集要項]※2023年実施済み

- **募集人員**　男女計60名
- **要項配布**　4月下旬～
- **出願**　〈第1回〉10月1日～20日
  　　　　〈第2回〉10月1日～11月4日
- **考査料**　25,000円
- **考査月日**　〈第1回〉11月1日　〈第2回〉11月5日
- **面接日**　〈第1回〉10月10日～26日
  　　　　〈第2回〉10月23日～11月2日
- **結果発表**　〈第1回〉11月1日　〈第2回〉11月5日
- **入学手続**　〈第1回〉11月6日まで　〈第2回〉11月10日まで

[入試状況]※全入試の合計

- **応募者数**　男子26名　女子7名
- **合格者数**　男子19名　女子7名

[考査の順番]

生まれ月の早い順

[インフォメーション]

- **スッガニア**　2024年5月11日、6月29日、9月21日、
- **オープンスクール**　2024年6月8日
- **入試チャレンジ**　2024年9月7日
- **菅生祭**　2024年9月28日
- **入学試験日**　（第1回）2024年11月1日
  　　　　　　（第2回）2024年11月16日
  　　　　　　（第3回）2024年12月14日

日出学園小学校

- **校長** 萩原 巌
- **児童数** 男子 318名
  女子 294名

- **併設校** 日出学園幼稚園
  日出学園中学校
  日出学園高等学校

沿革&目標

1934年（昭和9年）、「児童の個性と特質を伸ばす」という理想のもと創立されました。「なおく・あかるく・むつまじく」を柱として、心身ともに健康で潤いのある人間性を養い、基礎学力と創造力を伸ばすよう指導がおこなわれています。

学費 ※昨年度のものです。授業料等は、入学後、変更になる場合もあります。

- **入学手続時** 入学金 150,000円、施設設備費 200,000円、同窓会入会費 10,000円、
  振興会入会金 30,000円
- **それ以降** 授業料 30,000円（月額）、教育充実費 15,000円（月額）、学習諸費 19,800円（年額）、
  光熱費 12,000円（年額）、預り金 64,300円（年額）
  ※寄付金1口 100,000円（任意／2口以上）

所在地&最寄り駅

- **住所** 〒272-0824 千葉県市川市菅野3-23-1
  ☎ 047（322）3660

- **アクセス** 京成線／菅野駅から徒歩5分
  JR／市川駅から徒歩15分
  バス／JR市川駅より市川学園・本八幡駅行き「日出学園」下車、
  地下鉄本八幡駅より市川駅行き「日出学園」下車

ホームページ https://elementary.hinode.ed.jp/

学校の特色

- **学習指導** 　〈**専科制**〉1年生から3年生は音楽・図工・体育・読書の専科制。4年生から6年生までは教科担任制がとられ、授業担当教員による内容の濃い授業展開を行っています。

　　　　　　　〈**言語表現の時間**〉国語教育の一環として、週1時間「言語表現の時間」を設けて、1年生から日本語の表現に親しむ機会をつくっています。

　　　　　　　〈**総合学習**〉情報授業を3年生から6年生まで週1時間おこなっています。タブレットの活用から、リテラシー、シティズンシップなどのモラルやマナーを学ぶのと同時に、WordやExcelの技術を学びます。また、SDGsや子ども経済学、キャリア教育を学年に応じて実施しています。

　　　　　　　〈**英語教育**〉ネイティブによる英会話（1年〜4年1週1コマ、5・6年1週2コマ）、教科型英語授業（3・4年1週1コマ、5・6年1週2コマ）に加え、朝のモジュールタイムにオリジナル教材を活用した英語プログラムの実践。希望者を対象に夏休み英語キャンプを実施します。

- **校外学習** 　4・5・6年生では「自然教室」を体験します。豊かな自然環境のなかで、級友・先生と24時間をいっしょに過ごし、社会的な視野を広げ、協調性と自立心を養っています。また、3・4年生全員による林間学校（2泊3日）、5・6年生の希望者による臨海学校（3泊4日）、4・5年生の希望者によるスキー教室（4泊5日）など、さまざまな校外学習の場が設けられています。

- **安全通学** 　学年別の学年集会を毎週開いて、通学途上の安全に注意しています。警備員が常駐し、授業中は正門以外の門を閉鎖、各通用門および校内に防犯カメラ・安全確認用カメラを設置しています。また、避難訓練を学期ごとにおこない、職員は防犯研修や救急救命講習を毎年おこなって万一の事態に備えています。緊急時には一斉メール配信を実施します（緊急地震速報、登下校時メール配信システム）。

- **アフタースクール** 　2022年度より「ひのキッズ」を開設。

- **昼食** 　弁当（月〜金曜日）。注文弁当可。

- **編入試験** 　定期募集（7月、12月、3月）。対象学年は1〜5年生。募集は若干名。

- **併設校への進学状況**（2023年4月時）

　　小→中　　　〈**男女**〉卒業生42名が日出学園中学校へ進学。
　　　　　　　　　　　校内試験の成績により進学判定。

　　中→高　　　〈**男女**〉卒業生の約90％が日出学園高等学校へ進学。

Data　**2025年度入試データ**　※2024年実施予定です。必ず学校発表の入試要項でご確認ください。

[募集要項]※2024年実施予定

■**募集人員**	男女計 102名（内部進学者を含む）
■**要項配布**	9月1日〜11月14日（web）
■**web出願**	〈第一志望〉10月1日〜10日
	〈一般・第1回〉10月1日〜22日
	〈一般・第2回〉10月1日〜11月14日
■**考査月日**	〈第一志望〉10月16日
	〈一般〉10月24日
	〈一般・第2回〉11月16日
■**面接日**	考査日と同日
■**結果発表**	〈第一志望〉10月17日
	〈一般・第1回〉10月25日
	〈一般・第2回〉11月18日
■**入学手続**	〈第一志望〉10月21日まで
	〈一般・第1回〉11月9日まで
	〈一般・第2回〉11月20日まで

[入試状況]

■**応募者数**	男子 114名	女子	69名
■**受験者数**	男子 106名	女子	67名
■**合格者数**	男子 66名	女子	60名
■**補欠者数**	非公表		

[考査の順番]
願書提出順

[インフォメーション]

■**学校説明会**	6月6日、9月7日
■**授業体験会**	6月18日
■**親子体験会**	8月27日
■**日出祭**	10月1日・2日

2024年度入試内容 ペーパー 行動観察 個別

● 言語

[話の聞き取り]

おじいちゃんの誕生日会のお話。ユキちゃんはプレゼントを買うために、お金を1000円持ってお花屋さんに行きました。赤いチューリップ3本と黄色を1本、花束にしてもらいました。お父さんとお兄ちゃんは部屋の飾りつけをしていました。お母さんはご馳走をたくさんつくってくれて、みんなでお祝いをしました。

- 誰のお誕生日でしたか。
- プレゼントを買いに行ったのは誰ですか。
- どのお店に買いに行きましたか。
- 花束に黄色は何本ありましたか。その数だけ〇を書きましょう。
- 何人でお誕生会をしましたか。その数だけ〇を書きましょう。

[しりとり]

- 左の絵からしりとりでつながるように絵を選びましょう。

● 数量

[数の多少]

- 3番目に数が多いものに〇をつけましょう。

● 構成

[図形合成]

- 左の形をつくるのに、どれとどれを使いますか。〇をつけましょう。

 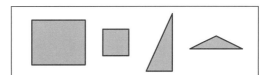

● 思考

[回転図形]

- ロボットがマス目を進みます。ロボットはリモコンで動きます。リモコンのボタンは、△、▽はその方向に進み、矢印は向きを変えます。今、ロボットは▲のところにいます。絵のようにボタンを押したとき、ロボットはどこにいますか。

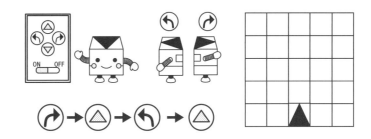

● 行動観察

［ジャンケンゲーム］

● 小さいリングバトンを2人で持って走る（10m程度）。そこで先生とジャンケンをして、勝ったらバンザイをして、負けてしまったら泣くまねをする。

［箱積み競争］

● 紙コップや箱、積み木を使って、高く積み上げる競争をする。

● 個別テスト

［口頭試問］

● 面接時に絵を見せられ、「あなたはお友達と楽しそうに遊んでいます」と言われたあと、2枚の絵を見せられて「同じ遊びを違うお友達としました」と言われ、2枚の絵の違うと思うところを答える。また、「もし遊んでいる子がこのようになったら、あなたはどうしますか」と聞かれる。

［巧緻性］

● お手本と同じように紐を通す。余分なカードも用意されている。

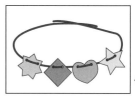 

過去の出題

● 行動観察

［模倣ダンス］

● 10人グループに分かれて、サル、カエル、ゾウ、ネコのなかから好きなものを選び、その絵の描かれたシールを貼る。（他の人と重複して、決められた人数を超えたときはジャンケンで決める）フープのなかに入り、「アイアイ」「かえるの合唱」「ぞうさん」「ねこふんじゃった」の曲が流れてきたら、自分の動物と関係のある曲に合わせて動物のまねをしながら踊る。

［猛獣狩りにいこうよ］

● 男女にわかれて競争。コーンは赤と青の2色。赤、青、赤、青と並んでいる。コーン前に5つのガムテープの輪がある。「猛獣狩りに行こうよ」の歌を歌い、指示通り動く。
「赤いクマ」と言われたら、白い玉を2つ拾って赤いコーン前の輪のなかに玉を置き、輪のなかで起立。
「青いトラ」と言われたら、白い玉を2つ拾って青いコーン前の輪のなかに玉を置き、輪のなかに起立。
笛の合図で元の場所に戻って体操座りをする。

● 個別テスト

［口頭試問］

● （電車のなかの絵を見せられて）いけないことをしている人は誰ですか。…どうしてですか。
● 電車のなかでお腹の大きい人がいたらどうしますか。…どうしてですか。
● （電車のドアが閉まりそうになったときに、男の子が走って乗ろうとしている絵を見せられて）あなたがこの男の子だったらどうしますか。

面接

親子いっしょに入室して、親子別々の面接が考査当日におこなわれます。面接時間は親子ともに5分程度。

父親へ
◎ 日頃お子様とどのようにかかわっていますか。
◎ 子育てで失敗したと思うことはありますか。
◎ 家族の自慢できることは何かありますか。

母親へ
◎ 子どもどうしのトラブルには、どう対処しますか。
◎ お子様にどのようなときに我慢させますか。
◎ いじめにあってしまったら、どう対処しますか。

子どもへ
◎ お名前を教えてください。
◎ 友達が遊んでいるおもちゃをとったらどうしますか。
◎ 幼稚園の名前を教えてください。
◎ 習い事は何をしていますか。

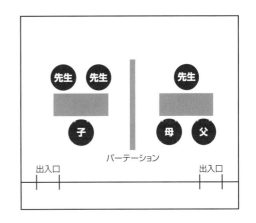

 ## お母様の受験 memo

◎**試験当日のこと…**
- 控え室では番号順に座り、番号の早いグループから考査に行きました。
- 面接は親子同室ですが、真ん中にパーテーションがあり、親と子は別々に面接を受けます。

◎**アドバイス、etc.…**
- 当日のアンケートは、かなり記入することがありました。
- 集合から終了までかなりの時間がかかるため、待ち時間用に本などが必要です。

昭和学院小学校

- ●**校長** 山本 良和
- ●**児童数** 男子 274名
  女子 294名

- ●**併設校** 昭和学院幼稚園
  昭和学院中学校
  昭和学院高等学校
  昭和学院秀英中学校
  昭和学院秀英高等学校
  昭和学院短期大学

 ## 沿革&目標

1940年（昭和15年）に設立された商業学校を母体に、昭和学院として発展を続け、現在は幼稚園から短期大学までの一貫教育体制が整っています。知・徳・体の調和のとれた人間の育成をめざしつつ、学力の向上と道徳心の充実を図っています。

 ## 学費 ※昨年度のものです。授業料等は、入学後、変更になる場合もあります。

- ●**入学手続時** 入学金 160,000円 入学施設費 160,000円
- ●**それ以降** 授業料 31,000円（月額）、施設費 17,000円（月額）、PTA会費 1,000円（月額）、
  教育諸費 5,930円（月額）

 ## 所在地&最寄り駅

- ●**住所** 〒272-0823 千葉県市川市東菅野2-17-1
  ☎ 047（300）5844（直）

- ●**アクセス** JR・地下鉄／本八幡駅からバス5分
  京成線／京成八幡駅からバス5分
  JR／市川駅からバス10分
  JR・北総線／東松戸駅からバス15分
  （本八幡駅、東松戸駅、市川駅よりスクールバスの運行あり）

ホームページ http://www.showagakuin.jp/

学校の特色

- **学習指導**　〈**英語**〉1年生から6年生までは週に3時間、英語授業を実施しています。本校独自のカリキュラムは、初期の段階で「聞くこと」と「きれいに発音すること」に多くの時間を費やします。
  〈**国語・読書・作文**〉すべての学習の基礎となる言語力の育成に力を入れています。感想文や読書記録への取り組みで、学年の成長に応じた読む力・書く力を高めており、各種コンクールでも高く評価されています。
  〈**国語・算数**〉3年生までは担任が、4年生以上は教科担任制をとっています。一人一人が自分の頭で考え、創り出していく楽しさを味わわせる授業が、子どもを学びに向かわせます。
  〈**専科制**〉個性を伸ばし、豊かな創造力を養うため、英語・音楽・体育・図工は専科教員が指導にあたり、充実した授業を展開します。高学年は理科も専科教員が指導しています。

- **校外学習**　〈5月〉校外学習(全学年)、〈6月〉なかよしキャンプ(2年)、白然教室(4年)、〈7月〉イングリッシュキャンプ(6年)、林間学校(5年)、〈11月〉校外学習(全学年)、〈2月〉スキー教室(5年)、〈7月〉夏の学校(希望者)、〈8月〉オーストラリア研修(3年以上希望者)

- **教育環境**　体育館、温水プール、オープンスペースの他に特別室(音楽・絵画・工芸・算数ルーム・英語ルーム・パソコンルーム・理科・家庭科・図書室)を完備し、充実した学習がおこなわれています。2021年秋に増築棟完成。木のぬくもりのある学びの空間ができました。

- **昼食**　給食(週2回)、弁当(週3回)

- **編入試験**　欠員があった場合募集(各学期末)。対象学年は1～5年生。その学年にふさわしい学力をもっていること。国・算試験(80%以上の成績)、親子面接で選考。

- **併設校への進学状況**(2023年4月時)
  - **小→中**　卒業生の約50%が昭和学院中学校、昭和学院秀英中学校へ進学。在学中の成績により進学判定(内部生は優先扱いあり)。
  - **中→高**　昭和学院中卒業生は原則として全員が昭和学院高等学校へ進学できる。
    昭和学院秀英中卒業生は原則として全員が昭和学院秀英高等学校へ進学できる。

Data　2024年度入試データ　※2023年実施済みです。

[募集要項]※2023年実施済み

- **■募集人員**　〈推薦〉男女計 約70名
  〈一般〉男女計 約35名
- **■願書配布**　5月13日～
- **■願書受付**　〈推薦〉(web) 9月23日～30日
  書類は10月2日必着
  〈一般〉(web) 10月14日～22日、
  書類は24日必着
- **■考査料**　22,000円
- **■考査月日**　〈推薦〉10月17日
  〈一般〉11月5日
- **■面接日**　〈推薦〉10月10日～13日
  〈一般〉10月30日～11月1日
- **■結果発表**　〈推薦〉10月19日(郵送)
  〈一般〉11月8日(郵送)
- **■入学手続**　〈推薦〉10月19日・20日
  〈一般〉11月8日・9日

[入試状況]　※推薦・一般の合計(2024年度入試)

- **■応募者数**　男子 99名　女子 91名
- **■受験者数**　男子 88名　女子 83名
- **■合格者数**　男子 50名　女子 62名
- **■補欠者数**　なし

[考査の順番]
願書提出順
(願書提出後グループに分け、時間をずらして実施)

[インフォメーション]
考査当日は午前8時50分までに登校します。
2021年4月の新入生から3クラス編成になりました。
- **■オープンスクール・学校説明会**
  2024年5月18日、6月12日
  7月12日、9月7日

2024年度入試内容　ペーパー　行動観察　運動　個別　絵画制作

● 言語

[話の聞き取り]

むかしむかし、あるところに、まずしいおじいさんとおばあさんがいました。家にはもう、何も食べるものはありません。2人の家は森のなかにありましたので、そこでクリを拾って食べていました。すると、クリが1つおばあさんの手からころがって、床のすき間から地面に落ちてしまいました。しばらくしてクリは芽を出し、たちまち大きくなって、床を突き破るほどになりました。そこで、おじいさんは、床の板をはずしてやりました。すると今度は、天井につっかえるほど、大きくなりました。「クリの木よ、空に届くほど大きくなあれ」おじいさんは、じゃまな天井をこわしてやりました。クリの木は、本当に空にとどくほど大きくなりました。あまりに大きくて、上の方は雲に隠れてみえません。「いったい、この木はどこまでのびているんだろう」そう思ったおじいさんは、クリの木をドンドンドンドン登っていきました。てっぺんまで登ると、そこは雲の上でした。見ると、目の前に小さな家があります。なかには1羽のにわとりと古いお鍋が置いてあるだけです。「こんな家にニワトリを置いておくなんてかわいそうに。この鍋だってまだ使えるのに」おじいさんは、ニワトリとお鍋を大事そうに抱えて持って帰りました。「おばあさん、おみやげだよ」おじいさんは、ニワトリを鳥小屋に入れ、お鍋は丁寧に磨いてピカピカにしました。すると、ふしぎなことに、お鍋のふたを開けるたびに、パンとソーセージが出てくるではありませんか。おじいさんとおばあさんは大よろこびで、パンとソーセージをおなか一杯に食べました。このお鍋のうわさは町にも広がりました。そして、このうわさを耳にした欲張りな男が、さっそくおじいさんとおばあさんのところへやってきました。「ねえ、おじいさん、おばあさん、そのお鍋を売ってくれないかね。お金はいくらでも出すから「とんでもない!お金を山のようにつまれても、これを売るわけにはいきません」朝になりました。ところが大変なことに、お鍋がありません。昨日の夜、おじいさんとおばあさんがねむっているすきに、あの男が盗んでしまったのです。　　　　〜以下省略〜

- お鍋から出てきたものを選んで〇で囲みましょう。
- 欲張りな男が飼っていた動物を、全部選んで〇で囲みましょう。
- ニワトリがいた場所が描かれています。お話しの順番に並んでいるのはどれですか。

● 数量

[水の量]

- コップの水2杯でペットボトル1本がいっぱいになります。ペットボトル1本とコップ1杯でバケツがいっぱいになります。バケツ2つをいっぱいにするには、コップの水は何杯必要ですか。コップの分だけ〇を書きましょう。

[長さ]

- 紐をまっすぐに伸ばしたとき、1番長いものに赤のクーピーで、1番短いものに青のクーピーで、□のなかに〇を書きましょう。

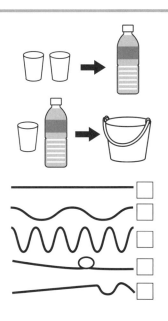

● 推理

[回転図形]

● 左の形の小さい四角が何回かまわりました。正しいものはどれですか。

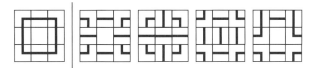

● 知覚

[重ね図形]

● 形を赤い矢印、青い矢印の順に重ねていくとどうなりますか。

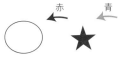 　　

● 知識

[生活]

● お母さんが□のなかのような料理をしています。お手伝いをしようと思います。どれを使えばよいですか。

● 個別テスト

[お話づくり]

● 4枚の絵を好きな順番に並べてお話をつくる。

[しりとり]

● 5枚のカードを選んで、最後が「ん」で終わるように並べましょう。

● 絵画制作

● 折り紙、クーピー、ノリ、ハサミを使って電車をつくり、線路を描いて、まわりに動物の絵を描く。

● 運動テスト

● ダンス
● クマ歩きでコーンまで行き、帰りはスキップで戻る。

● 行動観察

● グループでトイレットペーパーの芯と段ボールを使って、高く積み上げる競争をする。

面接

親子同伴の面接が考査日以前におこなわれます。面接時間は15分程度。

父親へ
◎ 志望理由を教えてください。
◎ いつ頃から小学校受験をお考えになりましたか。
◎ 私立小と公立小の違いは何だと思いますか。
◎ 休日はお子様とどのように過ごしますか。
◎ 最近お子様が興味を持っていることは何ですか。
◎ お仕事について教えてください。…最寄り駅はどちらですか。
◎ 本校の行事に参加されたことはありますか。
◎ 学校でトラブルがあったとき、どう対処されますか。

母親へ
◎ お父様の志望理由につけ加えることはありますか。
◎ 本校に期待することは何ですか。
◎ お仕事について教えてください。
◎ オープンスクールには参加されましたか。…感想をお聞かせください。
◎ お子様は本が好きですか。

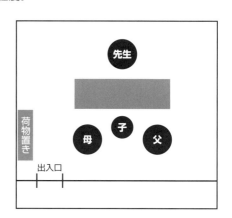

子どもへ
◎ お名前を教えてください。　　　　　　　◎ 生年月日を教えてください。
◎ 住所、電話番号を教えてください。　　　◎ 家族全員の名前を教えてください。
◎ 幼稚園の名前を教えてください。
◎ 担任の先生の名前を教えてください。…どんな先生ですか。…叱られたことはありますか。
◎ 幼稚園では何をして遊びます。
◎ ここまでどうやって来ましたか。…電車のなかでやってはいけないことは何ですか。
◎ 朝ご飯は何を食べましたか。
◎ 好きな食べ物、嫌いな食べ物を教えてください。…学校の給食で嫌いなものが出たらどうしますか。
◎ お父さん（お母さん）の素敵なところを教えてください。
◎ お手伝いは何をしていますか。　　　　　◎ 道を歩くときに気をつけることは何ですか。
◎ 本は好きですか。　　　　　　　　　　　◎ 行きたい小学校の名前を教えてください。
◎ 小学校でやりたいことは何ですか。　　　◎ 将来の夢は何ですか。

 # お母様の受験 memo

◎**考査当日のこと…**
- 面接日は1階のオープンスペースで待機しました。呼ばれるまで絵本や折り紙をして待ちました
- 面接は2部屋同時進行でした。
- 面接は終始おだやかな雰囲気でした。
- 考査日の控え室は体育館でした。終了の30分前に戻れば外出も可でした。3割程度の方が残っておりました。
- 考査日は10月にしては暑かったので、直前でベストは脱がせました。

◎**アドバイス、etc.…**
- 考査の出題範囲が広いので、いろいろな学習が必要だと思いました。
- 行動観察は、お友達と仲よくできるか、楽しんでいるか、ふざけすぎていないかを見ていると校長先生がおっしゃっていました。

国府台女子学院小学部

- **学院長** 平田 史郎
- **児童数** 女子 336名

- **併設校** 国府台女子学院中学部
  国府台女子学院高等部

✎ 沿革&目標

本学院は浄土真宗の仏教教育を基盤として、女性としてのたしなみを重んじ敬虔・勤労・高雅の三大目標の具現を図る、1926年（大正15年）に開設された女子教育のための高校までの学院です。小学部は、1960年（昭和35年）に開設されました。

✎ 学費 ※昨年度のものです。授業料等は、変更になる場合もあります。

- **入学手続時** 入学金 100,000円、施設設備費 50,000円、その他（各会の入会金）36,500円
- **それ以降** 授業料 360,000円（年額）、教材費 20,000円（年額）、その他 184,800円（年額）

✎ 所在地&最寄り駅

- **住所** 〒272-8567 千葉県市川市菅野3-24-1
  ☎ 047（322）5644
  FAX 047（322）5655

- **アクセス** 京成線／市川真間駅から徒歩8分
  JR／市川駅から徒歩15分
  JR／市川駅からバスで10分、菅野6丁目バス停下車
  徒歩1分

ホームページ https://www.konodai-gs.ac.jp/

学校の特色

- ● **宗教教育** 1日の始まりと終わりには必ず合掌礼拝をおこないます。毎週1回仏教朝礼があり、仏の教えに触れるため仏教行事も大切にしています。
- ● **学習指導** 美しい文字を書く力・集中力を養うことをねらいとし、1年生から専科教員が書道の指導をおこなっています。また、英語の早期教育を実践し、ネイティブの教員2名が1クラスを2つに分け少数で1年生から週1時間の授業を、さらに4年生からは日本人教員が文法の指導を加え、計週2時間の英語の指導をすすめています。
  書道、英語を含め、理科、音楽、図工、体育、家庭科、総合、読書、仏教（道徳）では、専科の教員が指導にあたり、質の高い授業を目指しています。毎日の宿題（国語、算数）を通して、家庭学習の習慣と基礎基本の定着を図っています。
- ● **特別活動** 児童会では、礼拝・生活規律・図書・美化整理・飼育・栽培・保健体育・放送の委員会があり、自主的な活動を展開しています。
  クラブ活動には、コンピュータ、民舞、イラスト、アンサンブル、美術、運動競技、一輪車、科学、リズムなどのユニークな活動があります。
- ● **校外学習** 4年生の高原学校（2泊3日）、5年生のスキー学校（3泊4日）、6年生の修学旅行（3泊4日）などがあります。秋の遠足では学年の枠を外した縦割りグループでの活動を通して、児童間の連帯感を深めています。
- ● **放課後学習** 月曜日から金曜日放課後5時40分まで英会話を含め、児童の都合に合わせて選択できます。それぞれの児童が自分の必要な学習に取り組みスタッフは児童の自主的な学習を支援し、自ら学ぶ姿勢の習慣化を図っています。希望制、有料です。
- ● **昼食** 弁当（月～金曜日）※弁当注文可。
- ● **アフタースクール** 1～6年生を対象に、週1日～5日コースより選択してご利用頂きます。ネイティブ講師によるイングリッシュアクティビティ、スクールスタッフによるスペシャルアクティビティ（実験、学習、工作など）お預かりの中でおこなう習い事など、放課後を有意義に過ごすことができるアフタースクールです。また、学習習慣を身に付けることを目標とし、毎日の宿題チェックサポート、週3日の学習教室を実施しております。
- ● **転入試験** 欠員が生じた場合に実施（2月）。対象学年は1～4年生。
- ● **編入試験（帰国子女）**
  1～5年生対象。5年生の2学期まで随時。
- ● **併設校への進学状況**
  - **小→中** 原則として全員進学できるが、中学部進学判定テストをおこなう。
  - **中→高** 原則として全員進学できるが、高等部進学判定テストをおこなう。

Data 2025年度入試データ ※2024年実施予定です。必ず学校発表の入試要項でご確認ください。

[募集要項] ※2024年実施予定
- ■ **募集人員** 女子 約80名
- ■ **要項配布** 5月10日～11月17日
- ■ **願書受付** 〈第1回〉10月1日～15日（Web出願）
  〈第2回〉11月1日～11日（Web出願）
- ■ **考査料** 22,000円（銀行振込）
- ■ **考査日** 〈第1回〉10月26日 〈第2回〉11月17日
- ■ **面接日** 〈第1回〉10月27日 〈第2回〉11月17日
- ■ **結果発表** 〈第1回〉10月28日(web) 〈第2回〉11月17日(web)
- ■ **入学手続** 〈第1回〉10月28日～30日 〈第2回〉11月17日～19日
- ■ **学校説明会** 5月11日、7月6日、9月14日
- ■ **学校見学** 5月15日、6月19日・26日、7月3日、9月4日

[入試状況]（2023年実施）
- ■ **応募者数** 女子 114名
- ■ **受験者数** 女子 105名
- ■ **合格者数** 女子 90名
- ■ **補欠者数** なし

[考査の順番]
願書提出順

[インフォメーション]
- ■ **行事日程**（予定）
  - （運動会） 2024年6月上旬
    幼児競走有り
  - （学院祭） 2024年9月下旬
  - ※学院祭で個別相談あり。
  - ※学校見学、学校説明会は予約が必要です。

2024年度入試内容 ペーパー 行動観察

● 言語

[話の聞き取り]

今日は、ゆうなさんの大好きなおばあさんのお誕生日会です。ゆうなさんは、お父さん、お母さん、妹の4人で、電車に乗って、おばあさんの家に行きました。おばあさんは、お父さんのお母さんで、海の見える町に住んでいます。途中で、デパートにより、おばあさんへのお誕生日プレゼントを買いました。1つ目に、おばあさんに、ハンドバッグを買いました。2つ目に、お花が大好きなおばあさんに、花束を買いました。そして3つ目に、みんなで食べるイチゴのショートケーキを6個買いました。ゆうなさんは「おばあさん、私たちからのプレゼントを喜んでくれるかなあ。」とわくわくしながら、おばあさんの家に行きました。玄関のドアを開けると、おばあさんは、よろこんでむかえてくれました。この日のためにゆうなさんが一生懸命練習したお誕生日の曲をピアノて弾いて、みんなでお祝いの歌を歌いました。それから、みんなでショートケーキを食べて楽しいお誕生日会をし ました。

● おばあさんの家には何で行きましたか。その絵に○をつけましょう。

● ゆうなさんが演奏した楽器は何の楽器でしたか。その絵に○をつけましょう。

● ショートケーキは何個買いましたか。その数だけ○をかきましょう。

[ことばの音]

● 左の絵の2つ目の音を使うと、右の絵のどれになりますか。

● 記憶

[位置の記憶]

● バナナがあった場所はどこですか。同じ場所に○をつけましょう。
● リンゴがあった場所はどこですか。同じ場所に×をつけましょう。

[絵の記憶]

● (絵を見たあと)今見た絵と違うところが3つあります。○をつけましょう。

● 推理

［切り開き図形］

● 左の折り紙の黒いところを切り
取って開くとどうなりますか。

● 数量

［対応］

● 左の動物が食べ物を同じ数ずつ
分けます。1頭分はいくつですか。

［重さ］

● シーソーが絵のようになるには、
どれを乗せればよいですか。

● 知識

［昔話］

● 左の絵のお話に出てこないものに〇をつけましょう。

● 行動観察

キリン、パンダ、ウサギ、ゾウのチームに分かれる。

［リレー］

● チームで協力してものを運ぶリレー。1回目はボールを運ぶ。2回目からはピンポン玉、スポンジボール、紙コップ、缶のなかから運ぶものを1つ選ぶ。

［耳を澄ませて!ゲーム］

● キツネが言ったことだけをする。その他の動物のときは何もしない。キツネが「ライオンが来た」と言ったら、自分の動物チームの札をかけている先生のところまで歩いて行く。
「キツネが言いました。その場に座ってください」「ネコが言いました。片手をあげてください」
「ライオンが来たとキツネが言いました」

［黙想］

● 目を閉じて、息をゆっくりはいたり、すったりして気持ちを落ちつかせる。
● みんなで先生の法話を聞く。

面接

親子同伴の面接が、第1回入試では考査日の翌日に、第2回入試では考査当日におこなわれます。
面接時間は10分程度。

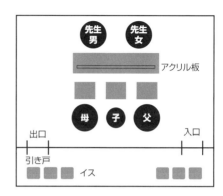

父親へ
◎ 志望理由を教えてください。
◎ 本校のことは以前からご存じでしたか。
◎ 学院祭の印象を教えてください。
◎ お母様の子育てについてどう思われますか。
◎ お子様にはどのように育ってほしいですか。

母親へ
◎ 本校の印象を教えてください。
◎ お父様の子育てについてどう思われますか。
◎ 子育てで大事にしていることは何ですか。
◎ お仕事をされていますか。
◎ ご両親以外に、お子様の面倒を見てくれる人はいますか。
◎ お父様がいて、頼りになるときはどんなときですか。

子どもへ
◎ お名前を教えてください。
◎ お父さんとお母さんの名前を教えてください。
◎ 幼稚園の名前を教えてください。
◎ お友達の名前を教えてください。
◎ 好きな遊びは何ですか。
◎ 好きな絵本を教えてください。
◎ 将来の夢は何ですか。

お母様の受験 memo

◎考査当日のこと…
● 面接日の控え室は多目的ホールで、考査日は寿光殿でした。
● 面接は滞りなく進行していて、指定時間より前に面接室に案内されました。
● 面接はなごやかな雰囲気で笑いもありました。

千葉日本大学第一小学校

- ●**校長** 寺山 光雄
- ●**児童数** 男子 241名
  女子 179名

- ●**併設校** 千葉日本大学第一中学校
  千葉日本大学第一高等学校
  日本大学第一中学校
  日本大学第一高等学校
  日本大学短期大学部
  日本大学 他

沿革&目標

日本大学までの一貫教育体制の確立のため、千葉日本大学第一中学校・高等学校に続き、1986年（昭和61年）に開設された小学校です。平成9年度入学の児童より、女子の募集も開始して男女共学となりました。児童一人ひとりに目を向け、その個性や特性を正しくとらえた「一人ひとりの子どもが輝く学校」をめざしつつ、確かな学力を身につけるために力を入れ、取り組んでいます。

学費 ※昨年度のものです。授業料等は、入学後、変更になる場合もあります。

- ●**入学手続時** 入学金 200,000円、施設費 100,000円
- ●**それ以降** 授業料 25,000円（月額）、教育充実費 10,000円（月額）、
  入学記念図書費 10,000円（入学年次）、施設設備費 11,500円（月額）、
  父母の会・児童会入会金 7,000円、父母の会・児童会費 26,400円（年額）

所在地&最寄り駅

- ●**住所** 〒274-0063 千葉県船橋市習志野台8-34-2
  ☎ 047（463）6621

- ●**アクセス** 東葉高速鉄道／船橋日大前駅から徒歩15分
  スクールバス／津田沼駅、北習志野駅より

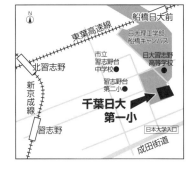

ホームページ https://www.nichidai-sho.ed.jp/

学校の特色

- **学習指導** 〈**専科制**〉理科·音楽·図工の学習は専科制を取り入れ、学習指導の質的向上を図っています。
  〈**英語**〉1年生より外国人教員と日本人教員による授業を実施しています。2年生から簡単な文法の学習を始めます。英検を受験。5·6年生で5級以上の保有率約62%です。
  〈**自学**〉全員に「自学ノート」を配付。家庭と協力の上「自学できる子ども」の育成に力を入れています。

- **校外学習** 豊かな自然環境に親しみながら、社会的視野を広げ、集団生活を通して体力の増進を図り、人間性豊かな子どもの育成に努めています。全学年にわたって校外学習を積極的におこなっており、3年生以上は自然教室（宿泊）を実施しています。

- **特別活動** 人間性豊かな児童を育てるため、特別活動にも力を入れており、学校行事や児童活動を工夫しています。全学年によにがる縦割りグループの活動は、さくらタイム（月2〜3回）やお楽しみ会でおこなわれています。

- **一貫教育** 小学校から大学までの一貫教育をおこなっています。

```
                    ┌── 日本大学第一中学校 ───── 同高等学校 ───┐
千葉日本大学第一小学校 ─┤                                        ├── 日本大学
                    └── 千葉日本大学第一中学校 ── 同高等学校 ───┘
```

- **昼食** 週2日ランチサービス（給食）
- **編入試験** 定期募集（1月·7月）。ただし欠員が生じた学年のみ。
- **併設校への進学状況**
  - **小→中** 〈**男女**〉卒業生の約60%が千葉日本大学第一中学校へ進学。約10%が日本大学第一中学校へ進学。
  - **中→高** 〈**男女**〉日大第一中卒業生の約90%が同高等学校へ進学。千葉日大第一中卒業生の約90%が同高等学校へ進学。在学中の成績を考慮して進学を判定。
  - **高→大** 〈**男女**〉日大第一高卒業生の約80%が日本大学へ優先入学。
    千葉日大第一高卒業生の約60%が日本大学へ優先入学。

Data 2025年度入試データ ※2024年実施予定です。必ず学校発表の入試要項でご確認ください。

［募集要項］※2024年実施予定

- ■**募集人員** 男女計 80名(I期·II期あわせて)
- ■**要項配布** 4月〜
- ■**出願** web出願
- ■**考査料** 20,000円
- ■**考査月日** 〈I期〉10月11日　〈II期〉10月30日
- ■**面接日** 〈I期〉10月10日　〈II期〉10月30日
- ■**結果発表** 〈I期〉10月11日(web)
  〈II期〉10月30日(web)
- ■**入学手続** 〈I期〉10月11日〜(web)
  〈II期〉10月30日〜(web)
- ■**学校説明会** 4月20日、7月20日、9月7日
- ■**見学会** 6月14日

［入試状況］

- ■**応募者数** 非公表

［考査の順番］

願書提出順

2024年度入試内容 ペーパー 行動観察 運動 絵画制作

● ペーパー

- 話の聞き取り。夏祭りの話。
- ブラックボックス（魔法の箱）。
- 公衆道徳。電車のなかでいけなことをしている人に○をつける。
- 果物の断面。
- 花の葉っぱを選んで線で結ぶ。
- 四方観察。

● 絵画制作

- チューリップをつくる。赤い折り紙でチューリップをつくりノリで貼る。葉は緑の折り紙を使う。茎は最初から描かれているので、緑色で塗る。

● 行動観察

- グループごとに話し合って、10本のピンを並べてボウリングをする。

● 運動テスト

- 全力で走る。
- ケンケンパー
- クマ歩き。

過去の出題

● 言語

［話の聞き取り］

みきは、魔法使いです。1年に1回、魔法使いのテストがあります。今年のテストは、1週間で3人、困っている人を助けるというものです。みきは、1年前のテストは、落ちてしまいました。そのテストは、夏休みの間にセミを100匹つかまえるというものでした。今年のテストは、絶対に合格しようと考えていました。困っている人を3人助けるなんて簡単じゃないの‥‥1週間あれば何とかなる。合格しないと友だちに馬鹿にされてしまう。みきは、とりあえず、今日は1人助けてみようと思いました。

算数の勉強が始まりました。プリントが配られます。気をつけて周りを見ると、斜め前の太郎君が、そわそわしています。どうしたのかと見ていると筆箱やお道具箱のなかを何度も見て、何か探し物をしているようです。プリントに書いた答えを指でこすって消そうとしています。そうか消しゴムがないのか。みきは、魔法で太郎君の指の先を消しゴムにかえました。そうとは知らない太郎君は、指の先に息をふきかけ、ちょっとなめてからこすりました。すると綺麗に消せるのでびっくりです。太郎君は、驚いて指の先ばかり見ていました。　　　　　　〜以下省略〜

- 1年前のテストは、何を捕まえることでしたか。
- 今年のテストは何人助ければよいですか。
- 太郎君が探していたものは何ですか。
- みきがカレンダーに付けた印は何ですか。
- ゆみさんの傷テープにあった絵は何ですか。

● 数量

［多少判断］

● どちらのほうが数が多いですか。多いほうに○をつけましょう。

［広さ］

● 色のついたところが、1番多い形に○をつけましょう。

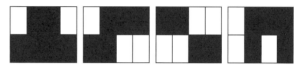

● 知覚

［点図形］

● 左と同じように右側に線を書きましょう。

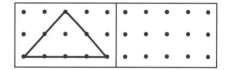

● 知識

［季節］

● 左の絵と同じ季節のものが2つあります。○をつけましょう。

● 行動観察

● 先生のお手本と同じものを、黒板で大きなパズルをつくる。
● 配布された絵に、指示された色で塗る。
● パズルを並べてヨットをつくり、ノリづけする。
● 自己紹介。1人ずつ立って名前を言う。
● はじめに先生が言った言葉から、列ごとにしりとりをする。
● 「長いもの」「硬いもの」「速いもの」など、先生が言った言葉にあてはまるものを答える。
● 2グループに分かれてボーリング遊びをする。
● みんなで相談してパズルを完成させる。
● 桜の木の幹だけが描かれている用紙に、桃色の折り紙をちぎり貼っていく。桜の花びらの絵の部分をよけて貼る。

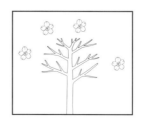
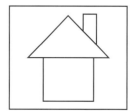

面接

親子同伴の面接が、I期では考査日の前日に、II期では考査当日におこなわれます。
面接時間は10〜15分程度。

父親へ
◎ 志望理由を教えてください。
◎ ご家庭の教育方針を教えてください。
◎ 学校で授業を受けるときに気をつけることを、この場で
　実際に指導してみてください。

母親へ
◎ 志望理由を教えてください。
◎ 休日にやりたいことは何ですか。

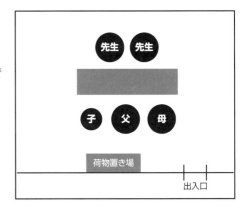

子どもへ
◎ お名前を教えてください。
◎ 幼稚園の名前を教えてください。
◎ 幼稚園では何をして遊びますか。
◎ お友達は何人いますか。
◎ この学校の名前を言ってください。
◎ お父さんに叱られたことはありますか。
◎ 朝はどうやって起きますか。
◎ お手伝いをしていますか。…何をしていますか。

お母様の受験 memo

◎**考査当日のこと…**
● 面接日の控え室は理科室でした。面接は複数の会場で同時進行でした。
● 面接はとてもなごやかに進行しました。
● 考査日の控え室は教室でした。お茶の用意がありました。

聖徳大学附属小学校（共学）

せいとく

- ●**校長** 三須 吉隆
- ●**児童数** 男子 230名　女子 203名
- ●**併設校** 聖徳大学附属幼稚園他6園
  光英VERITAS中学校（共学）
  光英VERITAS高等学校（共学）
  聖徳大学附属取手聖徳女子中学校
  聖徳大学附属取手聖徳女子高等学校
  聖徳大学（女子）
  聖徳大学短期大学部（女子）
  聖徳大学幼児教育専門学校（女子）
  聖徳大学大学院（共学）

沿革 & 目標

聖徳大学附属小学校は、1986年（昭和61年）に開校し、現在では幼稚園から大学院まで充実した一貫教育が可能となっています。「和」の精神を建学の理念として、「礼節」「知育」「勤労」の教育方針を掲げ、理想の人間教育をめざしています。

学費 ※昨年度のものです。授業料等は、入学後、変更になる場合もあります。

- ●**入学手続時** 入学金 230,000円、施設設備費 120,000円
- ●**それ以降** 授業料 27,500円（月額）、設備維持費 15,500円（月額）、保健費 1,700円（月額）、
  空調費 4,300円（月額）、教養費 1,500円（月額）、卒業記念品費 1,000円（月額）、
  教育行事・教材費 32,000円（年額）、校外学習費 40,000円（年額）、
  その他、制服代、会食費、児童総合補償費、児童会費、教育後援会費などあり

所在地 & 最寄り駅

- ●**住所** 〒270-2223 千葉県松戸市秋山600
  ☎ 047（392）3111

- ●**アクセス** 北総線／秋山駅から徒歩10分
  ※松戸駅、北国分駅、市川駅、市川真間駅より
  　直行バス運行

ホームページ https://seitoku-primary.ed.jp/

学校の特色

- ●**学習指導** 社会の変化にしなやかに対応できる子を目指し、「問題解決学習」「グローバル教育」「聖徳オリジナルカリキュラム」を教育の3本柱にすえた、「**生涯学び続けるチカラ**」を育む教育を実施。「**問題解決学習**」では、問い（**Question**）、見通し（**Outlook**）、活動（**Action**）、振り返り（**Reflection**）から成る**QOARサイクル**による授業を行い、問題解決力を養う。
　　　　　　　「**グローバル教育**」では、英語の授業を中心に、1年生から「使える英語」に親しみ、5年生の海外修学旅行に備える。「**聖徳オリジナルカリキュラム**」では、「小笠原流礼法」授業を始め、学年縦割りの「明和班」活動、親子音楽鑑賞会など豊かな心を育む教育を行う。
- ●**教育環境** 校庭には、1〜6年生までの理科・国語・音楽の教科書に登場する樹木をすべてそろえました。3階まで吹き抜けの「ふれあい広場」、礼法教育のための本格的な礼法室、全校児童が入れる食堂（じきどう）など、本校独自の発想から教育環境の整備をおこなっています。
- ●**礼儀作法** 毎週1回、小笠原流による本格的な礼法の授業を実施しています。
- ●**昼食** 給食（月〜土曜日）
- ●**アフタースクール** 月〜金曜日実施「聖徳アフタースクール（19時まで）」、業者委託による充実したプログラム内容。
- ●**編入試験** 欠員がある場合実施。対象学年は現1〜4年生。
- ●**帰国児童** 相談により試験を経ての入学制度あり。
- ●**併設校への進学状況**（2023年4月時）
　　小→中 〈**共学**〉 卒業生の約20%が光英VERITAS中学校へ進学。

Data **2024年度入試データ** ※2023年実施済みです。

［募集要項］ ※2023年実施済み
- ■**募集人員** 男女計105名（全入試の合計）
- ■**要項配布** 7月23日〜
- ■**web出願** 〈専願・Ⅰ期〉9月1日〜10月4日
　　　　　　〈Ⅱ期〉10月10日〜11月8日
　　　　　　〈Ⅲ期〉11月14日〜11月29日
　　　　　　〈Ⅳ期〉12月5日〜1月10日
- ■**考査料** 20,000円
- ■**考査月日** 〈専願・Ⅰ期〉10月7日　〈Ⅱ期〉11月11日
　　　　　　〈Ⅲ期〉12月2日　　〈Ⅳ期〉1月13日
- ■**面接日** 考査日と同じ
- ■**結果発表** 〈専願・Ⅰ期〉10月10日　〈Ⅱ期〉11月13日
　　　　　　〈Ⅲ期〉12月4日　　　〈Ⅳ期〉1月15日
- ■**入学手続** 〈専願・Ⅰ期〉10月12日・13日
　　　　　　〈Ⅱ期〉11月16日・17日
　　　　　　〈Ⅲ期〉12月7日・8日
　　　　　　〈Ⅳ期〉1月20日

［入試状況］ ※全入試の合計。
- ■**応募者数** 男子 36名　女子 27名
- ■**受験者数** 男子 29名　女子 24名
- ■**合格者数** 男子 29名　女子 23名

［考査の順番］
受験料支払い手続き順

［インフォメーション］
郵送による出願は行っていません。（すべてWeb出願）
車で来校する場合は出願時に申し出ます。
合格発表は、正午に本校Webページで行います。
（学校説明会）　2024年5月25日、6月22日
（入試説明会）　2024年8月24日、9月7日、
　　　　　　　　10月26日
（運動会）　　　2024年5月19日
（オープンスクール）2024年7月27日
（聖徳祭）　　　2024年10月（舞台発表）
　　　　　　　　2025年2月（展示発表）
※日程は変更する場合があります。

2024年度入試内容 ペーパー 行動観察 運動 個別

● ペーパー

- 話の聞き取り。誕生日会のお話。
- 左の絵と同じ仲間に○をつけましょう。
- 1番重いものはどれですか。

● 絵画制作

- 好きな絵を描く。面接のときに描いた絵について質問される。

● 行動観察

- 大型積み木を使って、電車と橋をつくる

● 運動テスト

- 平均台。前歩き →カニ歩き →足をクロス

- マット。ボールを持ってマットを転がる。
- 跳び箱(8段)の乗り降り。

過去の出題

● 言語

[話の聞き取り]

ネズミのチュー吉は、近所の「なかよし公園」がお気に入り。大好きなお砂場や、すべりだいが、あるからです。今日も、弟達を連れて遊びに行きました。「ねえ、お兄ちゃん。お砂場でお山つくろうよ」「いいよ」チュー吉は、トンネルができあがると、持って来た「ワニのマークのバケツ」に水を入れて流しました。すると、水は勢いよく流れてトンネルから出てきました。「わーい。川だ。川だー」弟達は、大喜びです。そこへ、うさぎのぴょん太とうさ子、犬のわん太がやってきました。「ねえ、チュー吉君。僕たちといっしょに、鬼ごっこしようよ」「いいよ」ぴょん太や、わん太といっしょに、鬼ごっこを始めました。夢中で遊んでいると、もうおやつの時間。チュー吉は、弟達に手を洗わせて、持って来たクッキーを食べました。もちろん、ぴょん太やうさ子、わん太もいっしょです。「いただきま〜す」「チュー吉君のお母さんが焼いたクッキー、おいしいね」「本当、何枚でも食べられちゃう」みんなでおしゃべりをしながら、おいしく、クッキーをいただきました。そろそろ、おうちに帰る時間です。ベンチから立ち上がって、帰ろうとしたときです。チュー吉は、ベンチが、泥だらけになっていることに気づきました。「大変だ。ちょっと後ろを向いて」弟達のズボンを見ると、おしりの所も泥だらけです。はたいても落ちません。「どうしよう・・・」そこへ、ねずみのお母さんが迎えにやってきました。

〜以下省略〜

- 今のお話に出てくる絵に○をつけましょう。

● 数量

［**長さ**］

● 3番目に長い矢印はどれですか。

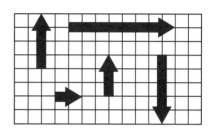

● 推理

［**ブラックボックス**］

● 上のような決まりがあります。●の数はいくつになりますか。その数だけ○を書きましょう。

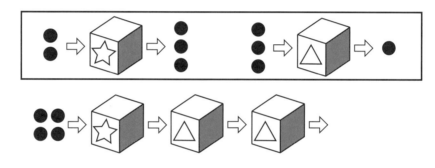

［**系列**］

● サイコロがある決まりで並んでいます。□にに入るのは何ですか。

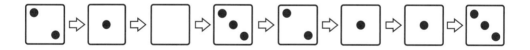

● 絵画制作

● 紙に書かれている線を使って、絵を描きましょう。

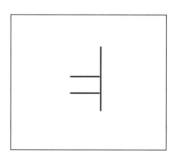

面接

親子別々の面接が、考査当日におこなわれます。面接時間は10～15分程度。

父親へ

◎ お子様の名前と生年月日を教えてください。
◎ ご家庭の教育方針を教えてください。
◎ お仕事について教えてください。
◎ 災害時の対応はどのようにお考えですか。

母親へ

◎ 通学経路教えてください。
◎ お子様の長所と短所を教えてください。
◎ 入学後、慣れるまでの送迎の予定はありますか。
◎ 子育てで1番気をつけていることは何ですか。

子どもへ

◎ お名前を教えてください。
◎ 住所と電話番号を教えてください。
◎ 幼稚園の名前を教えてください。
◎ お父さんに怒られる（褒められる）のはどんなときですか。
◎ 好きな絵本は何ですか。
◎ 好きな遊びは何ですか。…お外とお部屋のなかで遊ぶのはどちらが好きですか。
◎ 好きな（嫌いな）食べ物を教えてください。…嫌いなものは給食に出たらどうしますか。

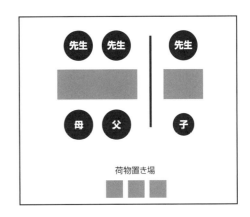

お母様の受験 memo

◎試験当日のこと…

● アンケートを当日記入しました。内容は「志望理由」「子どもの長所、短所」「通学経路」「入学時に伝えておきたいこと」などでした。筆記用具の持参が必要です。
● 面接では先生方から「リラックスしてください」と声をかけていただきました。

◎アドバイス、etc.…

● 説明会や行事にはすべて参加しました。

暁星国際流山小学校

- ●**校長** 田川 清
- ●**児童数** 男子 128名
  女子 173名
- ●**併設校** 暁星国際流山幼稚園
  暁星君津幼稚園
  暁星国際学園新浦安幼稚園
  暁星国際小学校
  暁星国際中学校
  暁星国際高等学校

沿革&目標

「国際的感覚」「新時代に対応」「諸機能の調和」「健全な社会人」など4つの力を持った児童の育成を教育目標として、2016年（平成28年）4月に開校されました。どの国の人々とも積極的にコミュニケーションができる能力と勇気を培うとともに、将来国際人として活躍できる人材の育成をおこなっていきます。

学費 ※授業料等は、入学後、変更になる場合もあります。

- ●**入学手続時** 入学金 200,000円、施設設備費 100,000円
- ●**それ以降** 授業料 35,000円（月額）、施設維持費7,000円（月額）
  教材費5,000円（月額）、その他児童会費、給食費等あり

所在地&最寄り駅

- ●**住所** 〒270-0152 千葉県流山市前平井175-2
  ☎ 04(7150)4141

- ●**アクセス** つくばエクスプレス／流山セントラルパーク駅前

ホームページ https://www.gisn.jp/

学校の特色

● **学習指導**　〈**イマージョン教育により世界水準の英語力を**〉本校では、外国語を教科としてではなく一つのツールとし、幼い頃から外国語環境に浸し、教科学習と外国語学習を同時に行う「イマージョン教育」を実施します。具体的には、英語で算数や理科や図工などの教科の授業を行い、外国人講師やバイリンガルの日本人教師とのコミュニケーションを学校生活の中でより多く設けることで、外国語習得の環境を整えています。卒業時には半数以上の児童が英検2級以上を取得しています。

　〈**フランス語の習得**〉第二外国語として、多くの国や地域、国際連合の公用語として使われているフランス語を学びます。英語とも近しいことから、双方を同時に学ぶことは非常に効率的であると言われています。ネイティヴの教師による授業で、発音や文法なども楽しく習得しながら世界のさまざまな異文化に触れ、国際的コミュニケーションの素地を養います。

　〈**ICT教育**〉ICTルームの222.8インチの電子黒板を用いた情報共有、1人1台のタブレットPCでシンキングツールや学習アプリを活用しての授業、英語で行うプログラミング教育など、本校のICT環境は学習意欲の喚起はもちろん、学びを広げることにつながっています。また、家庭でも英語教材で学習できるWebサイトや、英語やフランス語の本をデジタルで読めるアプリの活用も行っています。

　〈**日本語力の向上**〉国際人育成において外国語習得と並んで重要であり、すべての教科を学ぶベースともなるのが、母語の力です。本校は、日本語や日本の伝統・文化も尊重し、日本語の語彙力、表現力を高め、日本語を豊かに使うことのできる児童を育てます。そのため国語科指導の充実を図り、外国語習得に有効に働く国語力を身につけさせます。

　〈**心の教育**〉本校は、キリスト教精神に基づいた価観と信念の涵養に努め、「誠実・敬愛・勤勉」がいつの時代にも人として最も大切にするべき姿であると考えています。本校は、さまざまな国の児童が在籍していますが、自分らしさも相手の「らしさ」も肯定的に受け止め、お互いに高め合っていけるよう、言語でのコミュニケーションだけでなく、“真の国際人”として豊かな心でコミュニケーションできる児童を、全職員で、すべての教育活動において育てていきます。

● **各種検定**　英語検定、漢字検定など、子どもたちの可能性を引き出し伸ばすために、各種の検定取得にチャレンジしていきます。

● **昼食**　給食（月～金曜日）

● **編入試験**　11月に実施。帰国生は随時相談受付。

 **2024年度入試データ** ※2023年実施済みです。

[**募集要項**] ※2023年実施済み

■**募集人員**　男女計 70名 ※第1回、第2回の合計
■**願書配布**　7月～
■**願書受付**　〈第1回〉9月16日～28日(郵送/窓口)
　　　　　　〈第2回〉10月23日～30日(郵送/窓口)
■**考査料**　20,000円
■**考査月日**　〈第1回〉10月7日
　　　　　　〈第2回〉11月11日
■**面接日**　事前面接
■**結果発表**　〈第1回〉10月8日(郵送)
　　　　　　〈第2回〉11月12日(郵送)
■**入学手続**　〈第1回〉10月11日・12日
　　　　　　〈第2回〉11月14日・15日

[**入試状況**]
■**応募者数**　非公表

2024年度入試内容

● 言語

[しりとり]

● しりとりでつなげると、1つだけつながらないものがあります。その絵に×をつけましょう

● 数量

[計数]

● 同じ形を見つけて、その数だけ○を書きましょう。

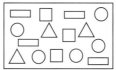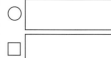

[釣り合い]

● 絵のように釣り合っているとき、□にミカンをいくつ乗せると釣り合いますか。その数だけ○を書きましょう。

● 知覚

[四方観察]

● テーブルの上のお椀と箸を3つの方向から見るとどう見えますか。

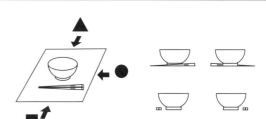

[欠所補充]

● 絵を見て、足りないところを描き足しましょう。

● 知識

[仲間はずれ]

● 4つの絵のなかから、仲よしでないものを1つ選んで○をつけましょう。

[英語]

● 自分の名前をアルファベットの大文字小文字で書く。

● 行動観察

[お弁当づくり]

● 4人グループで相談してお弁当をつくる。画用紙、折り紙、紙テープ、クレヨン、ハサミ、ノリなどが用意されている。終わったら何をつくったのか、英語で発表する。

● 運動テスト

[玉入れ]

● 1人1個ずつカゴに玉を投げ入れる。
運動の前に体操服に着替えて、服はたたんで袋に入れ、カバンにしまう。(5分)

面接

保護者の面接が考査日以前におこなわれます。面接時間は約20分。
子どもには考査中に質問があります。

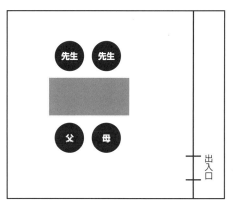

父親へ

◎ お名前をお願いいたします。
◎ お仕事について教えてください。
◎ 幼稚園の先生に褒められたことは何ですか。
◎ 電車通学のマナー教育にご協力いただけますか。
◎ 学校での話し合いの際には、できるだけご両親揃って
　参加してほしいのですが、ご協力いただけますか。

母親へ

◎ お名前をお願いいたします。
◎ お子様の課題は何ですか。
◎ 併願校はありますか。
◎ お仕事について教えてください。
◎ 緊急時、お迎えに来ていただけますか。
◎ 本校をどのように知りましたか。
◎ 子育ての1番の課題は何ですか。

お母様の受験 memo

◎アドバイス、etc.…

● 考査日は11時45分まで決められた席で待ちます。待ち時間が長いので、飲み物、本
　など持参したほうがよいと思います。
● 親の事前面接は平日の限られた時間におこなわれるので、願書は初日に窓口で提出し
　たほうがよいです。
● 学校説明会、体験授業などで、かなりラフな格好でいらっしゃる方もおりますが、親も子
　も受験の服装で参加されるほうがよいと思います。

星野学園小学校

- **校長** 星野 誠
- **児童数** 男子 210名
          女子 213名

- **併設校** 星野学園中学校
            星野高等学校共学部
            星野高等学校女子部
            川越東高等学校（男子）

沿革&目標

1897年（明治30年）、星野りちによって創設された川越星野塾を母体として設立。2000年（平成12年）には星野学園中学校を現在地に開校して中高一貫教育を実現、さらに2003年（平成15年）には星野女子高等学校を星野高等学校に変更し共学部を創設しました。創立110周年に合わせて、星野学園小学校が開校し、"恵まれた自然環境と充実した施設・設備のもと文武両道の精神で心身を鍛える"を教育方針に、豊かな人間性をはぐくむとともに自覚を持って自立していく志を育て、21世紀の社会を動かす人材を育てる教育をおこなっています。

学費 ※昨年度のものです。授業料等は、入学後、変更になる場合もあります。

- **入学手続時** 入学金 250,000円、施設費 150,000円
- **それ以降** 授業料 30,000円（月額）、施設維持費 10,000円（月額）、給食費 10,340円（月額）、
            図書費 500円（月額）、教材・行事費など 120,000円（年額）、冷暖房費 5,000円（年額）
            PTA入会金 3,000円

所在地&最寄り駅

- **住所** 〒350−0826埼玉県川越市上寺山216−1
          ☎049（227）5588

- **アクセス** スクールバス／川越駅西口、本川越駅東口、
              入間市駅南口、宮原駅より

ホームページ https://www.hoshinogakuen.ed.jp/hes/

学校の特色

- **学習指導**　「骨太な人づくり」をめざし、情操教育・英語教育・学力養成教育を柱にした教育をおこないます。

  〈**情操教育**〉芸術鑑賞や舞台発表、図画工作に力を入れ、音楽では箏曲など日本の伝統を取り入れ、豊かな感受性と好奇心を育み、心身ともに健やかな人を育みます。

  〈**英語教育**〉異文化に対する理解、国際的なコミュニケーション能力を養うため、1年次からネイティブ講師による授業を実施し、ゲームや劇を交えながら実践的な英語表現を学びます。一方で、日本文化を海外へきちんと紹介できるよう世界のなかの日本人としての自覚を養います。5年生でニュージーランドへの修学旅行を実施しています。

  〈**学力養成教育**〉論理力も思考力も表現力も、読み・書き・計算する基礎があってこそ、という理念から、徹底した基礎学習で学習習慣を身につけ、進んで学ぶ楽しさを実感してもらいます。

- **教育環境**　式典や芸術鑑賞、演奏会等が開催される県下有数の講堂「ハーモニーホール」や、マルチメディア機器を完備した「小ホール」。体育施設として、「重層体育館」「星野ドーム」「床上下可動式室内温水プール」「ロッククライミング広場」等も充実。また、自然豊かなビオトープが隣接する「天神橋グラウンド」があり、子どもたちの体力向上に努めます。

- **学校行事**　体育祭、農場体験、遠足、水泳大会、宿泊学習（2・3年：自然学習／富士・河口湖、4年：京都・奈良／伝統文化学習、6年：広島／平和学習）、文化祭、合唱祭、お正月会、マラソン・ドッジボール大会、ニュージーランド修学旅行（5年）

- **昼食**　給食（月〜金曜日）

- **アフタースクール**　「星野キッズ」として平成29年4月に開校。月〜金曜日の下校時間から18時30分まで。長期休み期間は、月〜金曜日の8時30分〜18時30分まで。

- **編入試験**　欠員が生じた場合に実施。

- **併設校への進学状況**

  小→中　〈**男女**〉卒業生のほとんどが星野学園中学校へ進学。

Data　2024年度入試データ　※2023年実施済みです。

[**募集要項**]※2023年実施済み

- ■**募集人員**　男女計 80名
- ■**願書受付**　〈第1回〉8月17日〜9月5日
  〈第2回〉9月7日〜9月19日
  〈第3回〉9月21日〜10月11日
- ■**考査料**　25,000円
- ■**考査月日**　〈第1回〉9月15日　〈第2回〉10月4日
  〈第3回〉10月21日
- ■**面接日**　〈第1回〉（単願）9月3日
  　　　　　（一般）9月3日・9日・10日
  〈第2回〉9月23日
  〈第3回〉10月15日
- ■**結果発表**　〈第1回〉単願：9月15日、一般：9月16日
  〈第2回〉10月4日
  〈第3回〉10月21日
- ■**入学手続**　〈第1回〉単願：9月15日〜19日
  　　　　　一般：9月16日〜11月6日
  〈第2回〉10月4日〜11月6日
  〈第3回〉10月21日〜11月6日

[**入試状況**]※全入試の合計

- ■**応募者数**　男子123名　女子136名
- ■**受験者数**　男子116名　女子128名
- ■**合格者数**　男子101名　女子126名
- ■**補欠者数**　なし

[**考査の順番**]
願書提出順

2024年度入試内容 ペーパー 行動観察 運動 絵画制作

● 言語

[話の聞き取り]

● 動物たちが遠足に行くお話を聞いたあと質問に答える。

● 数量

[計数]

● 絵の動物を探して、その数だけ○をかきましょう。

[対応]

● 牛乳にストローを1本挿します。足りないストロー
の数だけ○をかきましょう。

● 積み木を使って絵のような形をつくります。いくつ
できますか。できる数だけ○をかきましょう。

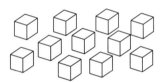

[水の量]

● 大きいペットボトル1本で、コップ3杯分、小さいペットボトルではコップ2杯分の水が入っています。
コップ4つに水が余らないように入れるとき、どの組み合わせにするとよいですか。

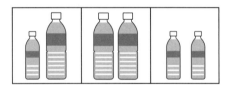

● 推理

● 上の絵のように、じょうろで水をあげると葉っぱが
出てきます。?はどんな葉っぱになりますか。

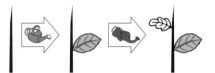

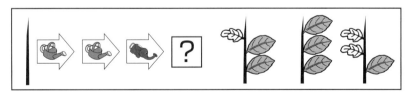

● ある決まりで順番に並んでいます。?に入るのはどれですか。

● 知覚
● 左の鍵穴に合う鍵はどれですか。

● 知識

[仲間はずれ]
● 仲間はずれはどれですか。○をつけましょう。

● 運動テスト

待っているときは、後ろを向いて体操座りで待つ。
● 横向きでケンパー
● フープに足を入れて、手を使って1周する。
● カニの絵を見ながらポーズをする（30秒）。

● 行動観察

● ポシェットをつくる。用意されたものに紐をつける。別の紙に自分の顔を描いて切って貼る。配られたおかずや果物のカードをポシェットに入れる。お友達とジャンケンをして、勝ったら相手のカードをもらう。カードを渡す人は「どうぞ」と言って渡し、もらう人は「ありがとう」と言う。

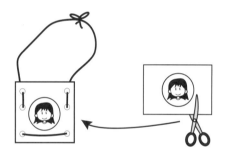

✎ 面接

親子同伴の面接が、考査日前におこなわれます。時間は10分程度。

 父親へ

◎ 志望理由を教えてください。
◎ 私立を選んだ理由を教えてください。
◎ 説明会には参加されましたか。
◎ 全人教育についてどのように思いますか。
◎ ご家庭の教育方針を教えてください。
◎ ご両親で考えが違うときどうしますか。
◎ 通学経路と所要時間を教えてください。
◎ お子様の性格を教えてください。
◎ お子様の長所を教えてください。
◎ コロナ禍ではどのような工夫をして過ごされましたか。
◎ お子様が学校に行きたくないと言ったらどうしますか。
◎ いじめなどトラブルがあったときどう対応しますか。

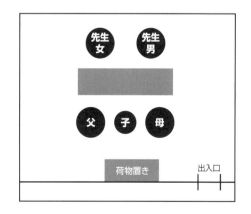

母親へ

◎ 本校を選んだ理由は何ですか。

◎ 他の方に本校を勧めるとき、どのように説明しますか。

◎ 全人教育に期待することは何ですか。　　　◎ 緊急時のお迎えの対応は大丈夫ですか。

◎ お子様のよいところを、エピソードとともに教えてください。

◎ お父様のことをお子様に「このような人」と説明するなら、どのように言いますか。

◎ 剣道の授業がありますが大丈夫ですか。　　◎ 幼稚園の欠席理由を教えてください。

◎ お子様の短所を教えてください。　　　　　◎ 子育てで気をつけていることは何ですか。

◎ お子様にアレルギーはありますか。　　　　◎ お子様の成長を感じたことは何ですか。

◎ お子様が学校から泣いて帰ってきたらどうしますか。

◎ 園のお母様同士のコミュニケーションで、気をつけていることは何ですか。

子どもへ

◎ お名前を教えてください。　　　　　　　　◎ 生年月日を教えてください。

◎ 幼稚園の名前と担任の先生の名前を教えてください。

◎ お友達の名前を2人教えてください。…いつも何をして遊んでいますか。

◎ お友達とケンカすることはありますか。…ケンカしてしまったらどうしますか。

◎ どんな絵本を読みますか。　　　　　　　　◎ お手伝いをしますか。

◎ 朝は何を食べてきましたか。…それは誰がつくりましたか。

◎ 習い事はしていますか。　　　　　　　　　◎ 1番の宝物は何ですか。

◎ 夏休みの思い出を教えてください。

◎ お父さん、お母さんにどんなときに叱られ（褒められ）ますか。

◎ お父さんといっしょに遊びますか。　　　　◎ お誕生日のプレゼントは何が欲しいですか。

◎ この学校に来たいですか。　　　　　　　　◎ 小学校に入ったら何がしたいですか。

◎ 大きくなったら何になりたいですか。

お母様の受験 memo

◎考査当日のこと…

● 面接日の控え室は体育館でした。アンケートの記入がありました。

● 面接では、先生が子どもに対して優しく質問してくれたので、とても話しやすかったです。

● 考査日はホールで待機（約2時間半）しました。途中、校長先生、教頭先生より試験について
説明がありました。

◎アドバイス、etc.…

● 幼児教室の指導の通りにおこなえば問題ないと思います。

● 考査日の待ち時間が長いので、本や飲み物を持参されたほうがよいと思います。

● 考査の日は、受付が済むとすぐに子どもと離れるので、トイレは駅で済ませました。

● 面接はふだんの心構えや日常生活のようすが、そのまま出てしまう場だと思いました。
家の手伝いや休日の過ごし方、毎日の食事など日々の生活を大切にすることが、質問に
しっかり答えられる土台になると思いました。

青山学院大学系属浦和ルーテル学院小学校

- ●**校長** 福島 宏政
- ●**児童数** 男女計 446名

- ●**併設校** 青山学院大学系属浦和ルーテル学院中学校
  青山学院大学系属浦和ルーテル学院高等学校

沿革&目標

1953年（昭和28年）、ルーテル教団により浦和市（現さいたま市）に設立。1963年（昭和38年）に中学校を、1970年（昭和45年）に高等学校を設置し、12年一貫教育を確立。2015年（平成27年）、教育内容のいっそうの充実を期して新校舎を浦和美園に竣工し移転。2018年（平成30年）、青山学院大学と系属校協定を結び、2019年（平成31年）には校名を「青山学院大学系属浦和ルーテル学院」と変更。進学基準を満たせば同大学への入学が可能になりました。

浦和ルーテル学院は「ギフト教育」で子どもの才能を大きく育てます。子どもは誰でも神さまからの「ギフト」として、かけがえのない才能や個性を与えられています。一人ひとりの「ギフト」を活かし、世界に貢献していく人間を育てます。まわりの人々を幸せにすることで、自らも幸せな人生を歩むこと、それが浦和ルーテル学院の願いです。「ギフト教育」を実現するため、少人数教育、12年一貫教育、英語・国際教育、キリスト教主義などの特色ある教育をおこなっています。

学費 ※昨年度のものです。授業料等は、入学後、変更になる場合もあります。

- ●**入学手続時** 入学金 300,000円、授業料等納付金 75,800円（4月分）
- ●**それ以降** 授業料 38,000円（月額）、施設維持費 16,000円（月額）、教材・図書費 2,500円（月額）、
  保健衛生費 1,200円（月額）、後援会費 1,000円（月額）、PTA会費 800円（月額）、
  冷暖房費 800円（月額）、クラブ費 400円（月額）、学級費 100円（月額）、
  諸費徴収預り金 13,000円（月額）、山の上学校活動費 2,000円（月額）
  ※施設設備整備資金寄付金1口 100,000円（2口以上）、学校債1口 100,000円（1口以上）

所在地&最寄り駅

- ●**住所** 〒336-0974 埼玉県さいたま市緑区大崎3642
  ☎048（711）8221
- ●**アクセス** 埼玉高速鉄道／浦和美園駅から徒歩15分
  バス／浦和駅より浦和美園駅西口行き「大門上」20分下車3分、浦和美園駅より浦和駅東口行き「大門上」3分下車3分
  スクールバス／北浦和駅、東川口駅、北越谷駅、浦和美園駅より

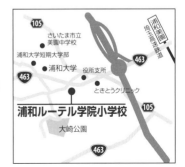

ホームページ https://www.uls.ed.jp/

学校の特色

- **学習指導**
  - 1クラス25名、1学年3クラスの少人数教育を実践。すべての教師がすべての児童をみる家庭的指導をおこなっています。
  - 4年生までは学級担任中心の全人格教育を重視。5年生からは学習内容の深化にともない中高も担当している専門の教科担当教師が学習指導をおこなっています。
  - ルーテル学院伝統の英語教育は1年生より外国人と日本人教師によるティームティーチングを実践。アメリカからの研修生との交流で国際感覚を育成しています。
  - 毎日、朝と帰りに礼拝をおこない、祈りの時をもちます。キリスト教主義にもとづき、思いやりと感謝の心を育てます。
  - 福島県天栄村の山の上学校で夏は登山やキャンプ、冬はスキーレッスンをおこない、心身の鍛錬、協調性、自然からの学びを実践しています。
  - 併設された温水プールで週1回の水泳授業を実施。6年間で4泳法の修得を目標にしています。
- **安全管理**　安全な通学のために、登下校時には最寄り駅の北浦和駅・東川口駅・北越谷駅・浦和美園駅との間にスクールバスを運行しています。またICカードを用いた登下校確認システムの導入や連絡網メールの整備、警備員の常駐、防犯カメラ、入校者証明書などによって安全性の確保に努めています。
- **昼食**　弁当(月〜金曜日)給食注文あり
- **転入試験**　欠員が生じた場合、年1回2月に実施。
- **帰国児童**　欠員が生じた場合、随時実施。継続して1年以上海外居住し、帰国後1年以内の者。
- **併設校への進学状況**
  - **小→中**　〈**男女**〉　卒業生の約80%が青山学院大学系属浦和ルーテル学院中学校へ進学。原則として基準を満たせば全員進学できる。

Data 2024年度入試データ　※2023年実施済みです。

[募集要項]※2023年実施済み

- ■募集人員　男女計 75名
- ■要項配布　5月19日〜
- ■出願　8月1日〜20日(web)
- ■願書郵送　8月21日まで
- ■考査料　25,000円
- ■考査月日　9月21日および22日・23日のどちらか1日
- ■面接日　8月24日〜25日・28日・29日のいずれか1日
- ■結果発表　9月26日(Web)
- ■入学手続　9月27日〜10月4日

[入試状況]

- ■応募者数　男女計 301名
- ■受験者数　男女計 284名
- ■合格者数　男女計 169名

[考査の順番]

受験番号順

[インフォメーション]

2019年4月より青山学院大学系属校となりました。

2024年度入試内容　ペーパー　行動観察　運動　絵画制作

● 言語

[話の聞き取り]

優子は小学1年生。今日は、お父さん、お母さん、弟のさとしといっしょに、山へキャンプに行く日です。「荷物の準備はできたかい?」と、お父さんが言いました。優子は、荷物をもう一度見直しました。子どもたちがリュックサックに入れたのは、長ズボンと長袖のシャツ、水着、帽子、うちわ、水筒です。「花火も持っていかなきゃ!」とさとしが家へ探しに行こうとしました。すると、お父さんが、「キャンプ場で花火はできないんだ。夜はみんなで蛍を見に行こうね。」と言ったので、花火は帰ってきてからの楽しみに取って置くことになりました。車にテントも積み込み、キャンプ場へ出かけていきました。キャンプ場に着くと、蝉がいつもよりたくさん啼いていました。まず、家族みんなでテントを立てました。一仕事を終えて、お昼ご飯にサンドウィッチを食べました。その後、お父さんと子どもたちは川遊びに出かけました。川の中に小さな魚がいたので優子は捕まえようとしましたが、なかなか上手く捕れません。お父さんが、「そーっと近づいてごらん。」と教えてくれたのでやってみると、やっと1匹捕まえることができました。テントへ戻ると、お母さんが夜ご飯のバーベキューの準備をしていました。優子とさとしは、ナスとトウモロコシを切るお手伝いをしました。お父さんが焼いてくれたお肉をお腹いっぱい食べました。食事のあとは、4人で蛍を見に行きました。さとしは、「花火もきれいだけど、蛍はもっときれいだね」と満足そうです。帰り道、お父さんが木にクワガタムシがいるのを見つけました。

● 優子が捕まえた生き物は何ですか。
● お話に出てこなかった食べ物は何ですか。
● 家を出るときに優子がリュックサックに入れたものはどれですか。

[ことば]

● 絵に合うことばを下から選んで○をつけましょう。

きゃべつ	れたす	はくさい

● 数量

[数の差]

● リスがネズミよりもドングリを4つ多く持っている絵を、1つ選んで○をつけましょう。

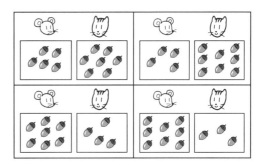

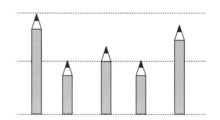

［**長さ**］
● 3番目に長い鉛筆に〇をつけましょう。

● 推理

［**系列**］
● あるきまりによって、矢印から絵が順番に並んでいます。●、▲に入る絵の組み合わせで、正しいもの
を選んで〇をつけましょう。

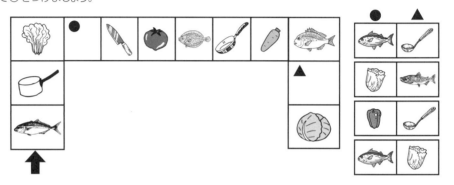

● 絵画制作

［**制作**］
● 見本と同じロケットを制作する。ロケットの形をした
3枚の紙を中央で谷折りし、貼り合わせて立たせる。
屋根、窓、ハート、星などに色を塗る。

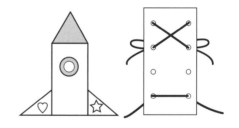

［**巧緻性**］
● 穴の開いたボードに紐を通して、蝶結び、かた結びを
する。

● 運動テスト

● 連続運動。クマ歩き→　クモ歩き→　スキップ→　手を頭の上でたたきながらスキップ
● 大縄跳び。
● ボールを体の周りでまわす。

● 行動観察

● 自由遊び。
● 6人のグループで布を持ち、ボールを運ぶ競争。
● 6人のグループで、大・中・小の段ボールを積む競争。
● 授業形式でおこなう。間違い探し。間違いを見つけ、挙手をして、前に出て答えを言う。

面接

親子面接が考査日前におこなわれます。時間は20分程度。

父親へ
◎ 志望理由を教えてください。
◎ キリスト教についてどのようにお考えですか。
◎ ギフト教育についてどう思いますか。
◎ 小・中・高一貫教育についてどう思いますか。
◎ 家庭で大切にしていることは何ですか。
◎ お仕事について教えてください。
◎ お子様との時間をどのようにつくっていますか。
◎ お子様の成長を感じたエピソードを教えてください。
◎ お子様の長所、短所について教えてください。
◎ お子様たちにとってどのようなお母様ですか。

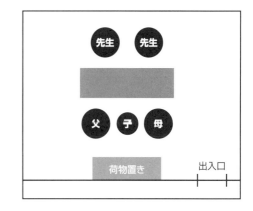

母親へ
◎ 志望理由を教えてください。
◎ ご家庭の教育方針を教えてください。
◎ キリスト教教育についてどう思いますか。
◎ 説明会の印象を教えてください。
◎ 併願をされていますか。
◎ 学校行事には参加していただけますか。
◎ 緊急時のお迎えは大丈夫ですか。
◎ 通学経路を教えてください。
◎ ふだんお子様とどのように過ごしていますか。
◎ お子様にアレルギーはありますか。
◎ 家ではどのようなお父様ですか。
◎ アフタースクールは利用されますか。

子どもへ
◎ お名前を教えてください。
◎ 生年月日を教えてください。
◎ 何人家族ですか。
◎ 幼稚園で仲のよいお友達を3人教えてください。
◎ ここまでどうやって来ましたか。
◎ 小学校に入ったら何がしたいですか。
◎ 電車に乗ったとき、気をつけることを3つ教えてください。
◎ （描いた絵について）いつ、どこで、誰と、何をした絵ですか。
◎ （"のりもの"と書かれた紙を見せられて）これについて3人で話し合ってください。
　　※他に「あそび」「おもちゃ」などあり。
◎ （笑った顔のマークを見せられて）この顔になるのはどんなときですか。お父さんと相談してください。
◎ （怒った顔のマークを見せられて）どういうときにこのような顔になりますか。このあとどうしますか。お母さんと話してみてください。

お母様の受験 memo

◎**考査当日のこと…**

● 面接日の控え室は2階の教室で、3組ずつ椅子と机が用意されていました。

● 面接日の進行がとてもスムーズで、待ち時間はほとんどありませんでした。

● アンケートを30分程度で記入します。その間に子どもは課題の絵を描きますが、絵についてのアドバイスなどしないよう言われました。面接のなかで絵についての質問がありました。

● 絵画の課題は「夏に楽しかったこと」でした。

● アンケートの内容は、面接日が「地球環境問題でSDGsが叫ばれるなか、どのように家庭で取り組んでいるか」というもので、考査日が「子育てのなかで印象に残っていることは何か」というものでした。

● 面接は終始おだやかで、真摯に話に耳を傾けてくださいました。

◎**アドバイス、etc.…**

● 面接はとても温かく気さくな雰囲気で、子どもが話しやすいようにしてくださいました。そんななかでも、子どものことをしっかり見ていらっしゃいました。日頃から何のためにどうして来ているかなど、子ども自身の力で考えられることが大切だと思います。

● 小学校受験に家族で取り組むことができ、経験して本当によかったと思います。何より子どもの成長を感じることができました。泣き言も言わず塾で切磋琢磨できたことは、心の成長にも繋がりたくましくなったと思います。

開智小学校（総合部）

- **●校長** 西田 義貴
- **●児童数** 男子 430名
  女子 390名
  ※小1〜中2までの合計

- **●併設校** 開智学園中高一貫部

沿革&目標

開智学園は、1983年（昭和58年）に男女共学の埼玉第一高等学校として設立されました。1997年（平成9年）には、6年間の中高一貫教育をおこなう開智中学・高等学校を新設すると同時に、名称を開智に統一しました。その後2004年（平成16年）に開智小学校を新設し、4-4-4制の12年一貫教育をおこなっています。「国際社会に貢献する、心豊かな、創造力・発信力をもったリーダーを育てる」ことを目標としています。

学費 ※昨年度のものです。授業料等は、入学後、変更になる場合もあります。

- **●入学手続時** 入学金 250,000円
- **●それ以降** 授業料 480,000円（年額）、教育充実費 128,000円（年額）、
  その他積立金、セキュリティー費、後援会費などあり
  ※寄付金1口 50,000円（任意／4口以上）

所在地&最寄り駅

- **●住所** 〒339-0004 埼玉県さいたま市岩槻区徳力186
  ☎048（793）0080

- **●アクセス** 東武野田線／東岩槻駅から徒歩15分
  スクールバス／東岩槻駅、東川口駅、浦和美園駅、
  さいたま新都心駅より

ホームページ https://sougoubu.kaichigakuen.ed.jp/wp/

学校の特色

● **学習指導**　開智学園総合部は、「国際社会に貢献する心豊かな創造力・発信力をもったリーダーの育成」を教育方針にかかげ、「異学年齢学級」や「探究」といった独自のカリキュラムで、子どもたちの主体性・リーダーシップ・思いやりの心を育てます。

　　　　　　　〈**異学年齢学級**〉小中高の12年間を、小1～4年までの「プライマリー」、小5～中2までの「セカンダリー」、中3から高3までの「ターシャリー（中高一貫部に合流）」と、4年ごとの3つのステージに分けて指導します。そして「プライマリー」と「セカンダリー」のそれぞれ4年間で異学年齢学級を編成します。例えば「プライマリー」では、1～4年生までの児童各10名ずつで40名程度の「Team」をつくり、学校生活を過ごすことで、リーダーシップや思いやりの心を育てます。

　　　　　　　〈**パーソナルの授業**〉子ども達が学習したいことを自分自身で計画し、実行する「パーソナル」の授業を行います。「主体的に学ぶ姿勢」や「学び方を学習する」ことで、生涯にわたって活用できる「学ぶ力」を培います。

　　　　　　　〈**探究**〉自らの興味関心から、子ども達それぞれが「探究テーマ」を設定し、「課題設定～仮説～検証～振り返り～プレゼンテーション」といった活動を通して、深く学びをおこないます。

● **英語教育**　1年生から週5時間、ネイティブ教員による英語の授業をおこない、コミュニケーション活動を中心に、英語に慣れ親しみます。英語を学ぶだけでなく、英語で学ぶ「活用者」を育てます。

● **ICT教育**　タブレット端末（iPad）を導入し、授業や様々な活動で活用しています。また、探究活動ではPC（プレゼンソフト）を活用したプレゼンテーションなどをおこないます。

● **校外学習**　〈**フィールドワーク・野外活動**〉1年生から毎年1回、宿泊を伴う校外学習（フィールドワーク）をおこないます。山・森・海・雪国・地域など、さまざまな自然や社会に触れ、体験を通して断片的な知識を総合的に活用する能力を育てます。

● **アフタースクール**　学童保育（お預かり）とさまざまな習い事（運動・英語・プログラミング・ピアノなど）を複合させた「開智アフタースクール」を開設し、充実かつ安心の放課後を実現しています。

● **昼食**　　　給食か弁当の選択制

● **編入試験**　例年、新小学校2年～新6年生を対象に、12月に編入試験を実施。（翌年4月編入）海外もしくは遠方からの転居を理由とした場合については、随時実施。

● **併設校への進学状況**

　小→中　　卒業生のほとんどが開智中学校へ進学。

Data　2024年度入試データ　※2023年実施済みです。

［募集要項］※2023年実施済み
■**募集人員**　男女計120名
■**願書受付**　〈第1回〉
　　　　　　（第一志望者）7月28日～9月10日
　　　　　　（併願志望者）7月28日～9月15日
　　　　　　〈第2回〉9月26日～10月27日
　　　　　　（いずれもweb出願）
■**考査料**　　30,000円
■**考査月日**　〈第1回〉9月23日　〈第2回〉11月3日
■**面接日**　　〈第1回〉第一志望者は事前面接。
　　　　　　併願志望者は考査当日。
　　　　　　〈第2回〉考査当日。
■**結果発表**　〈第1回〉9月26日　〈第2回〉11月7日
　　　　　　（いずれもweb）

■**入学手続**　〈第1回〉
　　　　　　（第一志望者）9月26日～29日
　　　　　　（併願志望者）延納を希望する場合は、11月10日もしくは、12月8日まで延納が可能。
　　　　　　〈第2回〉
　　　　　　11月7日～10日

［入試状況］
■**応募者数**　396名
　　　　　　※2回の試験合計、開智所沢小併願者含む
■**合格者数**　219名

［考査の順番］
生年月日順にグループ分け

［インフォメーション］
オンラインで過去の学校説明会などの動画を配信中です。
詳しくはホームページをご覧ください。

2024年度入試内容 ペーパー 行動観察 運動 絵画制作

● 数量

[対応]

● 動物たちがイチゴとミルクを合わせて、イチゴミルクをつくります。上の絵のように、動物によって使うイチゴの数とミルクの本数が違います。左のように動物がいるとき、ミルクとイチゴはいくつ必要ですか。正しいものを選んで〇をつけましょう。

● 知識

[スリーヒント]

● お話の内容に当てはまるものを選びましょう。
「私は2つで1組です」「私の仲間には、長いものがあります」「私は食べるときに役立ちます」

[仲間はずれ]

● 生き物が生活している場所で、仲間はずれはどれですか。

● 推理

[条件推理]

● 笑顔の子がいます。いつも笑顔ですが、蜂が飛んでくると、びっくりして泣いてしまいました。誰かが泣いてしまったとき、その子は笑顔になりますが、隣にいる笑顔の子はびっくりして泣いてしまいます。びっくりした子や泣いている子は、となりの子が泣いても気づきません。白い顔のところは、どのような顔をしているか考えて、笑顔の顔すべてに〇をつけましょう。

● 絵画制作

- 「角の生えた不思議な海の生き物が飛び出してくる、不思議な水族館」をつくる。画用紙に印刷されたものを指示の通りに切って貼り、飛び出す仕組みをつくる。あいているところに海の生き物などを描く。

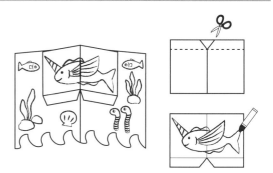

● 運動テスト

- ボールを投げ上げて、手をたたきキャッチ。
- バランスディスクの上で片足バランス。
- グー、パーのジャンプで進む。
- 足を輪のなかに入れて、腕だけの力で移動する。

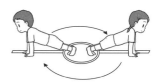

● 行動観察

［神経衰弱］

- 20枚のカードを使って神経衰弱をおこなう。最後にそのカードを使って、しりとりをする。

面接

親子別室での面接が第1回の第1志望者は考査日前に、第1回の一般志望者と第2回は考査当日おこなわれます。面接時間は親子ともに10分程度。

父親へ

- ◎ 志望理由を教えてください。
- ◎ お子様の性格を具体的に教えてください。
- ◎ お子様にとっての課題は何ですか。
- ◎ お子様の成長を感じるのはどんなときですか。
- ◎ 公立と比べて、私立のよい点は何ですか。
- ◎ 併願校はどちらですか。

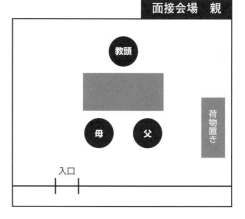

母親へ

◎ どのようにして本校を知りましたか。
◎ どのような大人になってほしいですか。
◎ 家庭教育で意識していることは何ですか。
◎ 小学校に入学したら、どんなことを楽しみにしていますか。
◎ お子様が体験楽習や入試トライアルに参加したとき、どのようなようすでしたか。
◎ お子様は本校に合っていると思いますか。
◎ 何か本校に伝えたいことはありますか。

子どもへ

◎ お名前を教えてください。
◎ 幼稚園の名前を教えてください。
◎ 幼稚園ではどんな遊びをしていますか。
◎ 小学校に入ったら、楽しみなことは何ですか。
◎ お父さん、お母さんと何をして遊びますか。
◎ 開智に何回来ましたか。
◎ 大きくなったら何になりたいですか。…どうしてそう思いましたか。
◎ （イラストが描かれているカードを使って、先生とジャンケンゲームをする。ジャンケン・ポンで同時に1枚カードをめくる）どっちが勝ったと思いますか。…それはどうしてですか。

お母様の受験memo

◎考査当日のこと…

● ホールに全保護者が待機していると、5,6名の名前が呼ばれて、面接控え室に誘導されました。
● 控え室には、特に何かをチェックをしている先生はおりませんでした。比較的自由な雰囲気でした。
● 面接官は1人で、威圧感もなく話しやすい雰囲気でした。学校を理解しているかを確認されているようでした。
● 面接は形式ばった質問ばかりでなく、どちらかというと対話という印象でした。
● 親の面接と子どもの自己発信の時間がずれている場合があります。その場合、子どもが終わって控え室に戻ってきても、親がいないケースがありますが、先生がフォローしてくださり、保護者面接が終わるまで廊下で先生といっしょに待っているようでした。
● 考査日の控え室はプレイルームでした。席は自由です。前方に椅子が用意されており、時間になるとそこに子どもが集合します。今日は番号で呼ぶことや、廊下は走らない、トイレに行きたいときは先生に教えるなどの説明のあと、保護者に向かって「行ってきます」と言って考査に向かいました。

◎アドバイス、etc.…

● 面接では親が子どもに願う未来像が、開智の教育方針と一致しているかを気にしていらっしゃいました。
● ペーパーの苦手をなくすことを目標に、毎日コツコツと問題をやりました。また、リフレッシュを兼ねて毎日外に行き、運動対策（過去の出題ベース）もしました。子どもが開智に入りたいという強い気持ちを持ち、それを支える家族のサポートがあればきっと合格をいただけると思います。

さとえ学園小学校

- ●**校長** 吉田 賢司
- ●**児童数** 男子 244名
  女子 244名

- ●**併設校** 栄東中学校
  栄東高等学校
  埼玉栄中学校
  埼玉栄高等学校
  平成国際大学　他

沿革&目標

2003年（平成15年）に「人間是宝」を建学の精神とする栄東高等学校を母体とし、同中学との一貫教育体制をさらに充実したものにするべく、新しい世紀の複合型小学校として設立されました。「心の教育の実践」「主体的に学ぶ授業」「体験型教育環境」を教育の三本柱とし、「学ぶ楽しさを知る」ことを大切にし「知識を知恵」にかえ「21世紀を生きぬく力」を育成していきます。

学費　※昨年度のものです。授業料等は、入学後、変更になる場合もあります。

- ●**入学手続時** 入学金 250,000円
- ●**それ以降** 授業料 40,000円（月額）、施設設備拡充費 180,000円（年額）、諸費 150,000円（年額）
  給食費 10,000円（月額）、児童会費 10,000円（年額）、保護者会費 12,000円（年額）、
  後援会費 5,000円
  ※任意寄付金1口 100,000円（3口以上）

所在地&最寄り駅

- ●**住所** 〒331-0802 埼玉県さいたま市北区本郷町1813
  ☎048（662）4651

- ●**アクセス** JR／土呂駅から徒歩20分、東大宮駅から徒歩15分
  スクールバス／宮原駅、土呂駅、大宮公園駅、日進駅より

ホームページ https://satoe.ed.jp/

学校の特色

- **学習指導** 質の高い学力の習得には、その土台として「心」の成長が不可欠です。「心」が育たなければ本当の学力にはなりません。本校では、建学の精神やグランドデザインをもとに4つの「心」（①考え、工夫する心を育てる ②思いやりの心を育てる ③感謝の心を育てる ④強い身体と、たくましい心を育てる）の教育に力を注いでいます。この4つの「心」は、生き抜くために必要とされる基本的なものです。授業はもちろんのこと、行事や校外学習などあらゆる場面でこの4つの「心」を養成していきます。

- **複合型教育** 日本のこれまでの公教育は「平等主義」を根幹にしていました。すべて横並びの教育は得てして「もっと学びたい子ども」の存在を押し潰すこともあったのです。本校は「子どもたちの伸びようとする芽」を存分に伸長させる教育を目指します。複合型教育の目的は、子どもたちの「可能性の開発」です。子どもたちの豊富な好奇心や探求心を、上手く引き出すことが指導者には求められます。そのためには、毎日、子どもたちと多くの時間を共有している教職員こそ「子どもたち一人ひとりの現状を把握」でき、「可能性の開発」を育てることができます。本校の施設や、専門的な知識と技能を備えた教職員のもとでの「教育環境」こそが、複合型教育の神髄です。

- **アクティブラーニング** 本校の教育スタイルの基本は、「体験型教育」です。一番効果的な学習は、実際にやってみることです。「正しい知識」は体験を積み重ねることで得られます。本校では水族館やプラネタリウム、キッズファームなどを持ち、学習に活用しアクティブラーニング「主体的に学ぶ」姿勢を育てています。

- **昼食** 給食（月～金曜日、土曜日は希望者のみ）、弁当（土曜日、希望者のみ）
- **編入試験** 原則、実施しない。帰国、転居等の場合、要相談。
- **併設校への進学状況**
  - **小→中** 小学校在席中の成績が基準以上。
  - **中→高** 卒業生のほとんどが栄東高等学校へ進学。

2024年度入試データ ※2023年実施済みです。

[募集要項] ※2023年実施済み
- **募集人員** 男女計 72名
- **願書配布** 7月2日～
- **願書受付** 8月28日～9月1日（郵送）
- **考査料** 30,000円
- **考査月日** （男子）10月1日
  （女子）10月2日
- **面接日** 9月15日・16日
- **結果発表** 10月4日
  （Web／同日郵送）
- **入学手続** 10月11日（郵送消印有効）

[入試状況]
- **応募者数** 男女計 467名

[考査の順番]
願書提出順

[インフォメーション]
試験は受験番号順にグループ分けがあり、グループで時間が異なります。時間と面接日時は「面接日時・入学試験時刻通知書」で知らされます。

- **学校説明会** 2024年5月25日、6月26日、7月7日

2024年度入試内容 ペーパー 行動観察 運動

● 言語

[話の聞き取り]

たぬきの家族が釣りに行ったお話。

● お話に出てきたものはどれですか。

● 釣りに持って行ったものはどれですか。

● 家から池までの道順を線でかきましょう。

● 知覚

[同図形発見]

● 左の絵と同じものを見つけて
〇をつけましょう。

● 運動テスト

● クマ歩き　　● ケンパー　　● ジャンプ

● 行動観察

● 的あてゲーム。

過去の出題

● 言語

[話の聞き取り]

3匹のウサギが、切り株の下の小さな穴に住んでいました。夜になると穴から出てお月様を見ていました。雨の日や曇りの日は、お月様は見えなかったけれど、何日かしたらお月様がまん丸くなってきているのに気づきました。さらに何日かたったら、まん丸お月様になりました。それを見ていたタヌキが「石をこするとまた細いお月様になるんだよ」と言いました。

● ウサギの住んでいた場所、まん丸お月様に何日したらなったのか、などの問いがある。

● 数量

[ひもの長さ]

● ひもの点線のところを切ります。右の四角のひもの長さと同じにするには、どちらの点線を切ればよいですか。正しい点線をなぞりましょう。

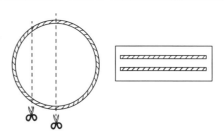

[つり合い]

● 左のようにミカンとリンゴがつり合っているとき、正しいはかりに〇をつけましょう。

● 知識

[常識]

● 割りばしの持ち方で、正しいものに○をつけましょう。

● えんぴつの持ち方で、正しいものに○をつけましょう。

● 行動観察

[お店屋さんごっこ]

● グループで相談して、何屋さんになるか決める。色画用紙、折り紙、綿、テープ、棒、はさみなどを使って品物をつくる。お店は綿あめ屋、くじ引き屋、金魚すくい屋、輪投げ屋などがある。

[おみこしづくり]

● お祭りのおみこしをつくる。材料は折り紙、画用紙、はさみ、テープが用意されていて、5人で協力してつくる。つくったおみこしを、みんなで持って廊下を1周して遊ぶ。

[釣りを使ったカードゲーム]

● 動物や生き物のカードが裏側に伏せてある。釣り道具（磁石がついている）で、足の数を足して8本になるように、2枚のカードを釣り上げる。4人グループで、全員が釣り竿を持っている。釣る順番はグループで相談して決める。（カタツムリやヘビは0本）

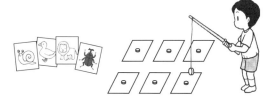

[パズルと絵画]

● 大きな紙に川の絵が描いてあり、橋のところに4ピースほどのパズルを完成させる。終わったら背景をクレヨンで描く。

● 運動テスト

● 模倣体操。

● 目をとじて両足10秒、目を開けて片足10秒。

● ケンパー　→お手玉を箱に3回投げ入れる。入らなかったボールは箱に戻す。

● 三角コーンにボールをのせて、折りたたまれたマットをのぼる。

● クマ歩き。

[ボール投げ]

● グループ対抗で、ボールを箱のなかに投げ入れ、得点を競う。1点、2点、5点の箱があり、フープなかから順番にボールを投げ入れる。

面接

親子同伴の面接が考査日以前におこなわれます。面接時間は約20分。

父親へ

◎ 志望理由を教えてください。

◎ 本校を一言で表すとどのようになりますか。

◎ 私立小学校を志望する理由は何ですか。

◎ お子様の元気がないとき、どう接しますか。

◎ けじめをつけるために、家でやっていることはありますか。

◎ どんなときに褒めますか。

◎ お子様の成長を感じたことはどのようなことですか。

◎ 通学に時間がかかるようですが大丈夫ですか

```
┌─────────────────────────┐
│              ┌──┐        │
│        父    │  │        │
│              │  │   先生 │
│   荷物  子   │  │        │
│   置き       │  │        │
│        母    │  │        │
│              └──┘        │
│  ┌──┐                    │
│  出入口                  │
└─────────────────────────┘
```

母親へ

◎ 本校を一言で表すとどのようになりますか。

◎ 説明会には参加されましたか。…説明会の印象を教えてください。

◎ お子様のことで最近うれしかったことは何ですか。

◎ ご家庭での兄弟の接し方を教えてください。

◎ お子様の長所は何ですか。

◎ 今日のお子様のようすをどう思われますか。

子どもへ

◎ 名前、年齢、生年月日を教えてください。

◎ 幼稚園の名前を教えてください。…何組ですか。

◎ 仲のよいお友達は何人くらいいますか。…そのうち2人の名前を教えてください。

◎ お友達とは何をして遊びますか。　　　　◎ お友達とケンカをすることがありますか。

◎ この学校の名前を知っていますか。　　　◎ いつも何時に寝て、朝は何時に起きますか。

◎ 朝起きてから何をしますか。　　　　　　◎ どんなお手伝いをしていますか。

◎ 今頑張っていることはありますか。　　　◎ 小学校で頑張りたいことは何ですか。

◎ 大きくなったら何になりたいですか。…なぜですか。

 ## お母様の受験 memo

◎**考査当日のこと…**

● 面接日は受付のあと控え室の教室に案内されました。3組の家族が待っていました。

● 面接日は待ち時間もさほどなく、受験番号で呼ばれて面接室へ案内されました。面接では子どもへの質問が多かったです。

● 考査日は親子で試験の教室へ行き、しばらくしてから親だけ控え室に移動しました。飲み物が廊下に用意されていました。

西武学園文理小学校

- **校長** 古橋 敏志
- **児童数** 男子 179名
  女子 154名

- **併設校** 西武学園文理中学校
  西武学園文理高等学校
  西武文理大学（看護学部など）
  西武学園医学技術
  専門学校など8校

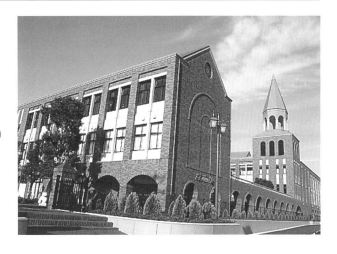

沿革&目標

本学園は「学識と技術の錬磨」「報恩の精神」「不撓不屈の精神」を建学の精神とし、21世紀を担う、日本人としてのアイデンティティをもった「世界のトップエリート」を小中高12年一貫教育の中で育成しています。その中で小学校では、具体的な3つの教育の柱を「心を育てる」「知性を育てる」「国際性を育てる」に設定し、日々の教育活動の中で実践しています。さらに、大きな夢を持ちチャレンジ精神あふれる児童を育てるために、知識の活用力・思考力・判断力・表現力の育成、国際理解教育、英語教育にも力を注いでいます。

学費 ※昨年度のものです。授業料等は、入学後、変更になる場合もあります。

- **入学手続時** 入学金 250,000円
- **それ以降** 授業料 450,000円（年額）、施設設備費 150,000円（年額）、教材費 79,700円（年額）、
  給食費 127,800円（年額）、その他諸費用 239,800円（年額）
  ※寄付金1口 200,000円（任意／1口以上）
  ※教材費にはタブレット端末利用料金を含む

所在地&最寄り駅

- **住所** 〒350-1332 埼玉県狭山市下奥富600
  ☎04（2900）1800

- **アクセス** 西武新宿線／新狭山駅から徒歩10分
  スクールバス／川越駅、稲荷山公園駅、東飯能駅より

ホームページ https://www.seibubunri-es.ed.jp/

学校の特色

- **学習指導**　小学校6年間を前半と後半に大別した3・3制を基本としています。前半の1～3年生は、学ぶことの楽しさを体感させて、自ら学ぶ姿勢を身につけさせるとともに、読み・書き・計算を重点とした学力の基礎を養成しています。後半の4～6年生は、基礎学力をもとに、理解力、思考力、応用力、表現力を育成し、最終的には中学入試にも対応しうる学力を養成しています。また、学習指導とは別に「心を育てる」ことも教育の重点としています。挨拶・礼儀・作法の教育を徹底したり、異学年交流を通して、上級生は下級生を思いやり、下級生は上級生を敬う気持ちを育てたりしながら、人間性あふれる心豊かな子どもを育てます。

- **情報教育**　週1時間、iPadを使ってケーススタディメソッドによる学習（課題解決型学習）を行います。卒業までに、ワードプロセッシング、スプレッドシート、プレゼンテーションソフトなどの基本的な操作を身につけ、論理的思考力を養います。3～4年生は、外国人英語講師も加わり「文理イマージョンプログラム」で行います。

- **英語教育**　本校には8人の外国人英語講師がおり、登校から下校までいつでも英語を使える環境を用意しています。英語の授業は、日本人の英語教員と外国人英語講師がティームを組んで教えています。また、英語の授業の時間のほかに、音楽、図工、体育、情報の授業でも英語を導入し、一週間に約10時間の授業で英語に触れることができます。そして、卒業時までに英語の4技能「聞く、話す、読む、書く」をバランスよく習得し、全員が英検3級以上の取得を目指します。

- **国際教育**　国際社会でリーダーシップを発揮できる人材となるためには、まず日本人としてのアイデンティティを持つことが必要です。本校では礼儀・作法、マナーのほか、日本の伝統的な文化を正しく理解することを重視した教育を実践しています。また他国の児童・生徒との交流などを通じて、諸外国の異文化理解と国際社会に対する広い視野を持つよう指導しています。5年次にはイギリス短期留学、6年次にはアメリカ研修を実施し、他国の児童と共に生活しながら英語を学び、異文化を体験・吸収し、国際人としての素養と英語力に磨きをかけます。

- **昼食**　給食（月～金曜日）※誕生日会の特別昼食などを通した「食育」も実践しています。

- **併設校への進学状況**
  　小→中　卒業時に一定の基準を満たした者に限り、西武学園文理中学校への進学が認められます。

- **併設高校から主要大学への合格実績**（2022年度実績／小中高12年一貫 第8期生）
  　東京大1、電気通信大1、東京学芸大1、東京農工大1、信州大1、防衛大学校1、杏林大（医）1、順天堂大（医）1、昭和大（医）1、東邦大（医）1、東京医科歯科大（歯）1、日本歯科大（歯）1、北里大（獣医）1、東京薬科大（薬）3、慶應義塾大1、早稲田大4、上智大3、東京理科大5、中央大2、明治大3 ほか多数

Data 2024年度入試データ ※2023年実施済みです。

[募集要項]※2023年実施済み

■募集人員	男女計 96名
■要項配布	ホームページより
■出願	〈第1回〉8月18日～28日
	〈第2回〉9月28日～10月4日
	〈第3回〉11月9日～17日
■考査料	20,000円（銀行振込）
■考査月日	〈第1回〉9月15日～17日のうち1日
	〈第2回〉10月21日・22日のうち1日
	〈第3回〉11月18日
■面接日	〈第1回〉9月2日・3日のうち1日
	〈第2回〉10月14日・15日のうち1日
	〈第3回〉11月18日
■結果発表	〈第1回〉9月19日（web）
	〈第2回〉10月23日（web）
	〈第3回〉11月20日（web）

■入学手続	〈第1回〉9月28日（延納11月10日）
	〈第2回〉10月31日（延納12月4日）
	〈第3回〉12月4日

[入試状況] ※第1回、第2回、第3回の合計

■応募者数	男子 345名 女子 305名 合計650名
■受験者数	男子 329名 女子 286名 合計615名
■合格者数	男子 263名 女子 269名 合計532名

[インフォメーション]
延納手続き制度があります。
（アフタースクール）
宿題のきめ細かなフォローの他、文章力や表現力を身につけるための日記学習や復習および発展の算数・国語等の学習を行っています。また、英会話（1年生全員と2～6年生希望者）は初級・中級の2コースから1コースを選択することができます。

2024年度入試内容 ペーパー 行動観察 運動 絵画制作

● 言語

[話の聞き取り]
● 動物たちが自分たちの作品が飾られている美術館へ行くお話。

[ことば]
● 左の絵と最初の音が同じものに○をつけましょう。
● 左の絵と同じ音で終わるものに○をつけましょう。

● 数量

[広さ]
● マス目の白と黒ではどちらが広いですか。黒はイチゴに、白は
ぶどうに○をつけましょう。

● 知覚

[位置の移動]
● マス目のなかにかかれた男の子、女の子、おばあさんが指示されたように動いたとき、その場所に印を
つける。

[図形模写]
● ×、□、△、○の順に、形をかいていく。

● 推理

[回転図形]
● 左のように回転したらどうなりますか。
○をつけましょう。

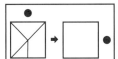

[観覧車]
● ゴンドラにそれぞれ○が数個ずつかかれていて、観覧車に乗る順番などの質問。

● 構成

[図形分割]
● 左の形をつくるのに使わない形を見つけて○をつけましょう。

● 運動テスト

[連続運動]
● 平均台を歩く　→フープでケンパーをする　→マットの上の赤線のに手をつ
いてカエルの足打ち　→前転　→スキップ

● 絵画制作

● 台紙に描かれた家の色を塗ったり、点線をつないだりする。また、紙の上部の曲線や斜め線をハサミで切り、空いているスペースには「家で遊んでいる絵」や「お手伝いをしている絵」を描く。

● 行動観察

[**ゼスチャーゲーム**]

● 先生がゼスチャーをして、グループのみんなで相談して答えを伝える。

[**グループづくり**]

● 公園のカードや果物、楽器などがかかれたカードを1人1枚ずつもらい、同じ仲間のチームに分かれる。

過去の出題

● 数量

[**数の操作つりあい**]

● □の絵のように釣り合っているとき、下のシーソーが釣り合うためには、何をあといくつ右側にのせればよいですか。その果物に○をつけて、その数だけ○を書きましょう。

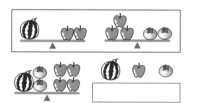

● 知識

[**常識**]

● 夏のものに○をつけましょう。

● 水をこぼしたらどうしますか。○をつけましょう。

● 本が破けてしまったとき、修理するために必要なものに○をつけましょう。

● 推理

[**ブラックボックス**（魔法の箱）]

● 左の絵のように変わる箱があります。□のように変わるにはどの箱を使えばよいですか。

● 絵画制作

● 台紙の点線に沿ってはさみで切る。鉄棒を好きな色で塗る。余白に自分が友達と遊んでいる絵をかく。（グループによって、「ボール遊び」「鬼ごっこ」などの指示がある）

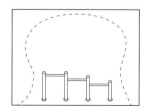

● 行動観察

［紙コップ積み］

● 昔話の登場人物や品物の絵がかかれたカードが1枚ずつ配布されて、同じ昔話のカードの人を探してグループになる。グループで協力して紙コップタワーをつくる。終わったら箱に片付ける。

● 運動テスト

［連続運動］

● 鉄棒ぶら下がり（5秒）　→カエルジャンプ（足打ち3回）　→平均台を歩く　→フープをケンパーで進む　→スキップ。

面接

親子同伴の面接が、考査日前におこなわれます。面接時間は15分程度。

父親へ

◎ ご家族の自己紹介をしてください。
◎ 差し支えなければ、お仕事について教えてください。
◎ 志望理由を教えてください。
◎ 願書の志望理由のなかで、最も優先順位の高いものは何ですか。
◎ 併願校について教えてください。
◎ 私立と公立の違いは何だと思いますか。
◎ 学校行事には参加していただけますか。
◎ 休日のお子様との過ごし方を教えてください。
◎ お子様と接するときに、大切にしていることは何ですか。
◎ お子様の短所について、改善に向けてどのようなことを心掛けていますか。

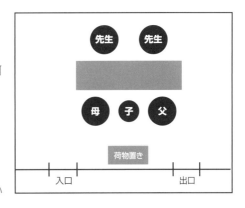

母親へ

◎ 本校への志望理由として、決め手になった出来事や印象を、具体的に教えてください。
◎ 説明会に参加されましたか。…対応した教員はいかがでしたか。
◎ 学校行事への参加についてどのように考えていますか。
◎ お子様の性格を具体的に教えてください。
◎ お子様の長所と短所を教えてください。
◎ お子様が最近失敗したことは何ですか。
◎ どんなお子様ですか。
◎ 幼児教室には通っていますか。
◎ 幼児教室に通って成長したところはありますか。
◎ 最近、お子様の成長を感じたのはどんなことですか。
◎ 考査のときに留意することはありますか。
◎ 学校でお子様がトラブルにあった場合、どう対処しますか。

子どもへ

◎ お名前を教えてください。

◎ お誕生日はいつですか。

◎ お家の住所を教えてください。

◎ 幼稚園の名前を教えてください。

◎ 担任の先生の名前を教えてください。…先生のどんなところが好きですか。

◎ 仲のよいお友達の名前を3人教えてください。

◎ お友達とは何をして遊びますか。…外では何をして遊びますか。

◎ お休みの日にお父さんと遊びますか。…何をして遊びますか。

◎ 夕食は何が好きですか。…誰がつくってくれますか。

◎ 好きな食べ物と嫌いな食べ物は何ですか。…嫌いなものが給食に出たらどうしますか。

◎ この小学校の名前を知っていますか。…来たことはありますか。

◎ この学校のどんなところが好きですか。

◎ 好きな絵本は何ですか。

◎ 小学校では何を頑張りたいですか。

◎ どんなお手伝いをしますか。…どんなところが難しいですか。

◎ 大きくなったら何になりたいですか。

◎ 将来の夢は何ですか。…それはどうしてですか。

お母様の受験 memo

◎考査当日のこと…

● 控え室はBAホールでした。受付で番号を渡されるので、その番号の席に座りました。トイレなど自由に行けました。

● 待ち時間は、子どもは折り紙をして待ちました。本を読んでいるお子さんが多かったです。

● 面接室はA～Fまでありました。荷物置き場と椅子の間が狭く、身動きがとりにくかったです。先生方は優しく丁寧に対応してくださいました。

● 面接は終始おだやかで、笑顔で迎え入れてくださいました。子どもに対しての質問が多かったのですが、応答に詰まってしまっても「頑張ってそこまで伝えてくれてありがとう」と声をかけてくださいました。

● 考査日は、終了の10分程前に校長先生からお話しがありました。「子どもたちはみんな頑張っていました。ねぎらいの言葉をかけてあげてください」とおっしゃっていたことに、とても胸が熱くなりました。

◎アドバイス、etc.…

● 考査日の待ち時間が長いので、本などの持参は必須です。

● ペーパーは少し変わった問題があったりと、難しめの問題だと思います。

● 両親への質問は一般的な内容でしたが、子どもには多くの質問があり会話形式でどんどん聞かれますので、事前に練習が必要だと思いました。

● 子どものことをしっかりと見ている印象でした。自立しているか、お話をよく聞いているか、受け答えを最後まであきらめないかなどを重視しているように思いました。

開智所沢小学校

- ●**校長** 片岡 哲郎
- ●**児童数** 2024年4月開校

- ●**併設校** 開智所沢中等教育学校

沿革 & 目標

開智所沢小学校は令和6(2024)年4月に開校しました。

【教育理念】平和で豊かな世界の実現のために貢献する、創造力、発信力、コミュケーション力を持ったリーダー・スペシャリストの育成。

【教育目標】探究型の学びにより自身の得意分野を深化させながら、多様な他生徒との関係性を通じて他者を思いやる豊かな心を醸成し、社会とのつながりの中で共同性を学び、豊かな未来を作る力を習得する。

1. 主体性: 主体的に学ぶ探究を通して自分の興味や関心に取り組み、深めることにより、専門分野で活躍するために主体的に学ぶ。
2. 多様性: 他者との関わりで学ぶ多様な生徒との関わりの中で思いやりや公正さなど豊かな心を育み、幅広い教科の学びとともに教科横断の学びを通じて高い教養を身に付ける。
3. 協働性: 社会や世界との関わりを基に皆で学ぶ学びと実社会のかかわりを意識し、豊かな社会を創るために生徒と共に考えて活動し、協働しながらより深く学ぶ。

学費 ※※学校公表のものでご確認ください。

- ●**入学手続時** 入学金 250,000円、授業料 200,000円(入学時)
- ●**それ以降** 授業料 340,000円(入学手続時納入金を除く年額)、教育充実費 108,000円(年額)
  その他児童会費、保護者会費、後援会費などあり ※寄付金1口 50,000円(任意/4口以上)

所在地 & 最寄り駅

- ●**住所** 〒359-0027 埼玉県所沢市大字松郷169
  ☎04(2951)808

- ●**アクセス** JR武蔵野線/ 東所沢駅から徒歩約12分

ホームページ https://primary.kts.ed.jp/

学校の特色

● **教育の特徴**　〈**21世紀型学びの推進**〉先進的な設備・施設を備えた新校舎で、世界トップレベルの日本の教育と国際的な教育を融合し、子どもたちが大人になったときに本当に必要な力を育みます。児童の「なぜ」「どうして」からはじまる問いを、仲間と知恵を出し合い、追究していく探究型の学びを行います。思考力はもちろん、発信力やコミュニケーション力も同時に身についていきます。

〈**学びの基礎となるスキルや知識教育の充実**〉探究型の授業や宿泊行事などの行事を通して、体系化された知識や実社会で通用するスキルのベースを築き上げます。特に個人探究発表会で「個人のテーマ決め」「疑問出し」「仮説立案」「実験・調査・観察等」「発表」「振り返り」の一連の過程を通して自己管理スキルやメタ認知力などを育成します。

〈**日本や世界のトップレベルの大学への進学教育を徹底**〉未来を見すえた学びに加えて理数教育にも力を入れます。理科では数多く実験を行い、児童が知りたいと思うテーマや課題に対して追究する場を設けます。算数では、ただ答えを出すだけでなく答えに至るまでの過程を大切にすることで筋道立てて考える力を育みます。夏期講習では探究と理科を融合したカリキュラムなど長期休みならではの学びにも取り組みます。

〈**グローバル化に対応した英語教育とICT教育の強化**〉ネイティブやバイリンガルの英語教育を専門とする教員の指導のもと、毎日の英語の授業とともに長期休みの海外語学研修などの行事を通して、使える英語力を育てます。高速インターネットを導入した施設でiPadを利用した授業の展開、AIを活用した家庭学習など最先端のICT教育を進めます。

● **アフタースクール**　校舎内で実施します（希望制）。専属スタッフが対応し、充実した放課後を過ごすことができます。

● **昼食**　給食か弁当の選択制。

Data
2024年度入試データ ※2023年実施済みです。

[募集要項]※2023年実施済み
■**募集人員**　男女計 100名
■**出願**　〈第1回〉
（第一志望者）7月28日〜9月10日
（併願志望者）7月28日〜9月15日
〈第2回〉9月26日〜11月7日
（いずれもweb出願）
■**考査料**　30,000円
■**考査月日**　〈第1回〉9月23日〈第2回〉11月11日
■**面接日**　〈第1回〉第一志望者は事前面接
併願志望者は考査当日
〈第2回〉考査当日
■**結果発表**　〈第1回〉9月26日(web)
〈第2回〉11月14日(web)
■**入学手続**　〈第1回〉
（第一志望者）9月26日〜29日
（併願志望者）延納を希望する場合は、11月10日
もしくは、12月8日まで延納が可能
〈第2回〉
11月14日〜17日

[入試状況]※全入試の合計
■**応募者数**　男女計 400名
■**受験者数**　男女計 375名
■**合格者数**　男女計 251名

[インフォメーション]
■**学校説明会**　2024年4月27日、5月18日、
7月6日、8月25日

2024年度入試内容 〈ペーパー〉〈行動観察〉〈運動〉〈絵画制作〉

● 言語

[話の聞き取り]

今日は雲1つないあたたかい春の一日です。子猫のミーちゃんはお母さん猫にお使いをたのまれました。そこで青色の買い物かごをもってスーパーマーケットに行くことにしました。家を出てすぐの道の両側には赤・青・黄色のたくさんのチューリップが咲いていました。横断歩道を渡ると公園がありました。そこではお友達の牛のもーくんが弟と一緒にシーソーでたのしそうに遊んでいました。公園を過ぎると橋がありました。橋を渡ると交番があり、ここにはパトカーが止まっていました。犬のおまわりさんが立っていたのでミーちゃんは挨拶をして通り過ぎました。ミーちゃんがスーパーマーケットで買い物をしているとお父さんと手を繋いで歩いている豚のぷーた君と会いました。ミーちゃんはお母さんにたのまれたものを買い外に出ました。帰りも行きと同じ道を通って帰りました。帰り道では羊のメリーさんに会いました。今日買ってきたものでお母さんがつくってくれる料理を楽しみにしながらお家に帰りました。

- 子ネコのミーちゃんがお買い物に持って行ったカゴはどれですか。
- 子ネコのミーちゃんがお買い物の途中で見た花はどれですか。

- ウシのモーくんが、弟といっしょに遊んでいたものはどれですか。

- 子ネコのミーちゃんがお使いの途中で見た車はどれですか。

[しりとり]

- 左の絵からしりとりでつなげたとき、つながらないものを1つ選んで○をつけましょう。

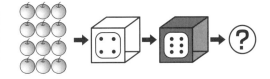

● 推理

[ブラックボックス（魔法の箱）]

- サイコロの目の数だけ数が変わります。白の箱は目の数だけ増え、黒の箱は目の数だけ少なくなります。絵のように箱を通ったとき、いくつになりますか。その数だけ○を書きましょう。

● 知覚

[対象図形]

- 左の絵のように、筆で形をかき、真ん中の線で折って開いたとき、どのようにうつっていますか。正しいものに○をつけましょう。

● 推理

- 雷のマークがかいてある紙があります。男の子と
女の子でジャンケンをして、勝った方から順に紙を
線のところで切ります。最後に雷のマークのある方
をもらうと負けになります。絵のように男の子が勝
って、太線のように切りました。女の子は勝つため
にどこを切ればよいですか。○をつけましょう。

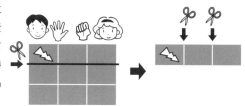

● 絵画制作

- 「空飛ぶ乗り物とその乗り物に乗っている不思議な
生き物」つくる。画用紙に耳が2つと長いしっぽの
不思議な生き物を描く。紙コップにハサミで6つ
以上切込みを入れ、切ったところを外側に折り曲げ
る。紙コップに描いた絵を貼る。

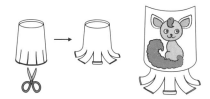

● 行動観察

［神経衰弱］

- 3～4人のグループになり、神経衰弱をする。カードには動物の絵が描いてある。グループで対抗戦を
おこなう。そのあと神経衰弱のカードの絵柄を仲間分けする。

● 運動テスト

- □の印のなかで、ボールを1回ドリブルしてキャッチする。
- クマ歩き。
- 両足ジャンプ。
- お盆にものを乗せて、平均台の上を歩く。

面接

親子別々の面接が、考査日前におこなわれます。面接時間は15分程度。

父親へ

◎ 受験番号とお子様の名前を教えてください。

◎ 志望理由を教えてください。

◎ 本校を第一志望に決めた理由は何ですか。

◎ ご家庭の教育方針を教えてください。

◎ いつ頃から幼児教室に通いましたか。

◎ 幼稚園でのお子様のようすを教えてください。

◎ お子様の名前の由来を教えてください。

◎ お子様の成長を感じるのはどんなときですか。

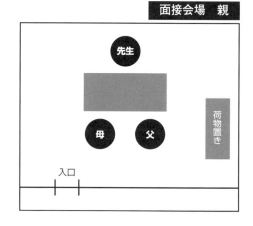

👩母親へ

◎ 小学校受験を考えたきっかけは何ですか。　　◎ 本校を知ったきっかけは何ですか。

◎ お子様にはどんな大人になってほしいですか。

◎ 自己発信の練習を始めてから感じた、お子様の成長はどこだと思いますか。

◎ 本校に期待することは何ですか。　　　　　　◎ どのようなお子様ですか。

👧子どもへ

◎ お名前を教えてください。　　　　　　　　　◎ 誕生日を教えてください。

◎ 幼稚園の名前を教えてください。　　　　　　◎ 担任の先生の名前を教えてください。

◎ 何人家族ですか。…家族の名前を教えてください。　◎ 朝ご飯は何を食べましたか

◎ 夏休みに楽しかった思い出は何ですか。　　　◎ 小学校に入ったら、何を頑張りたいですか。

◎ 好きな食べ物（嫌いな食べ物）は何ですか。　◎ 好きな絵本は何ですか。

◎ ここまでどうやって来ましたか。　　　　　　◎ 得意なことは何ですか。

◎ 魔法使いが願いをかなえてくれるとしたら、何になりますか。

◎ 将来の夢は何ですか。…それはなぜですか。

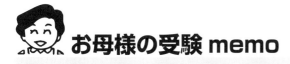

お母様の受験 memo

◎考査当日のこと…

● 面接、自己発信は角川ミュージアムでおこなわれました。待機部屋が無いため、面接室前の通路が待機場所でした。

● 面接は終始なごやかな雰囲気でした。「これからつくりあげていく学校ですから、お子様がご入学いただくことになったら、ご両親もいっしょにご入学いただく気持ちでご協力いただきたい」という言葉が印象的でした。

● 面接というよりも、対話をするという感じでした。

◎アドバイス、etc.…

● ペーパーに目が行きがちですが、行動観察、運動、制作もふだんの生活が反映されるので、道具や文房具などの使い方は、早いうちから意識して正しく使えるようにしておくとよいと思います。

● 子どもの面接が大切だと思います。子どもの発信力などを重視しているように感じました。

● すべての試験がなごやかな雰囲気でした。特に面接については、親の考え、志望理由、子どもの将来についてなど明確にしておけば問題ないと思います。

● 親に対しても子に対しても、その人の持つ能力を見てくださる学校だと思います。とても好感を持ちました。

カリタス小学校

- ●**校長** 　小野 拓士
- ●**児童数** 　男女計 643名

- ●**併設校** 　カリタス幼稚園
　　　　　　カリタス女子中学校
　　　　　　カリタス女子高等学校

沿革 & 目標

本校はその名が示す通り「CARITAS」（愛）を実践する学園として、今日まで歩んでまいりました。神さまから預かった一人ひとりの子どもを大切に見守り、育てることに力を入れています。子どもは多くの人と出会うことによって成長し、教師と子どもの関係はもとより、子どもと子どものかかわりも大切にしています。人を受け入れ、また自分の持っているものを惜しみなく発揮できる子どもに育ってほしいです。（校長　内藤貞子先生）

学費 ※昨年度のものです。授業料等は、入学後、変更になる場合もあります。

- ●**入学手続時** 　入学金 200,000円、施設拡充費 200,000円
- ●**それ以降** 　授業料 432,000円（年額）、維持費 120,000円（年額）、学習費 72,000円（年額）、
　　　　　　後援会入会金 1,000円、後援会費 30,000円（年額）、積立金 90,000円（年額）
　　　　　　※寄付金1口 50,000円（3口以上）

所在地 & 最寄り駅

- ●**住所** 　〒214-0012 神奈川県川崎市多摩区中野島4-6-1
　　　　☎ 044(922)8822

- ●**アクセス** 　JR／中野島駅から徒歩10分
　　　　　バス／JR南武線・小田急線登戸駅よりスクールバス、
　　　　　市営バス「カリタス学園前」下車。
　　　　　または、小田急「向ヶ丘遊園」よりスクールバス

ホームページ https://www.caritas.or.jp/

学校の特色

● **宗教教育** 週１時間の宗教の時間と生活のなかに祈りの時間を設けています。マリア祭・クリスマス会・感謝ミサなどの宗教行事も大切にしています。

● **学習指導** 〈**総合教育活動**〉子どもたちが持っている興味や関心をもとにして、自然、人間、社会、文化、言語、数、表現といった幅広い分野に題材を求め、体験的な活動をします。これまでのテーマは、山羊・羊・うさぎ飼育、多摩川探検、野菜づくり、たまごのひみつ、稲、保存食・豆腐づくり、家づくり、染め物、落語、聾学校との交流、プラネタリウムづくりなど多岐にわたっています。
〈**語学学習**〉１年生から、男女共に英語仏語を学ぶ複言語教育をおこなっています。全学年少人数制の授業です。また、全ての外国語授業で電子黒板を使用し、沢山の音に触れ学びます。

● **課外活動** （例年）バスケットボール、陸上、相撲、水泳、聖歌隊など。各種大会や活動ごとに参加者を募る。月に数回男子児童全員対象のサッカー練習があり、交流試合もおこなう。
児童会活動には奉仕活動があり、アルミ缶の回収や募金活動をおこなっています。
〈**宿泊活動**〉集団で宿泊することにより仲間意識を育て、ふだんの学校生活ではできない体験をします。１年生は秋祭り、２年生は学校、３年生は山中湖、４年生・５年生は黒姫、６年生は岩手。

● **アフタースクール** 学園内にある専用施設で活動。小学校の学事日程に合わせて、開室を設定しています。家庭的な雰囲気を大切にする放課後スクールです。

● **昼食** 弁当（月～金曜日）

● **編入試験** 欠員が生じた場合に実施（男子は欠員の有無にかかわらず実施）。帰国子女及び東京都を除く県外からの転居者に限る（但し、男子はこの限りではありません）。欠員の状況により年３回募集（７月・12月・３月）。

● **併設校への進学状況**
　　小→中 〈**女子**〉卒業生の約80％がカリタス女子中学校へ進学。一定程度の学力を有する者。
　　中→高 〈**女子**〉卒業生のほとんどがカリタス女子高等学校へ進学（高校からの外部募集なし）。

Data 2024年度入試データ ※2023年実施済みです。

[募集要項] ※2023年実施済み

■**募集人員** 男女計 108名（内部進学者を含む）
■**要項配布** ホームページより
■**出願** ９月１日～25日
■**考査料** 25,000円（銀行振込）
■**考査月日** 10月20日
■**面接日** 10月13日・14日のうち１日
■**結果発表** 10月21日（web）
■**入学金納入** 10月21日～23日
■**入学手続** 10月27日（午前９時30分～11時30分）
■**学校説明会** ６月10日、９月９日

[考査の順番]
願書提出順

過去の出題 （ペーパー）（行動観察）（個別）

● 言語

［話の聞き取り］

リス、ウサギ、ヒツジ、クマ、キリンが川に探検に行き、川のそばに家を建てるお話。

- 出てきた動物に○をつける
- 動物たちが家を建てるときに使ったものを線で結ぶ。

［地図］

- 話を聞いて八百屋さんの場所に○をつける。

● 数量

［同数］

- 積み木と同じ数のものを線で結び
  ましょう。

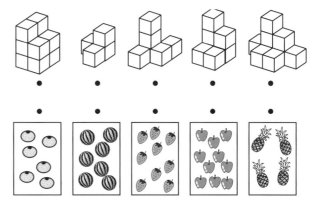

● 知識

［生き物］

- 卵を産む昆虫に○をつけましょう。

● 行動観察

- 画用紙に魚の絵がかいてあり、線に沿って切る。新聞紙で細い棒をつくり、クリップがついているタコ
  紐を留める。魚には輪ゴムをテープで留める。
- グループで円になり自己紹介をする。
- 制作でつくった魚釣りで遊ぶ。
- グループで相談して、紙コップをできるだけ高く積む。時間までは崩れても続ける。

● 個別テスト

［プレート構成］

- 7枚のプレート（三角形、正方形、平行四辺形）を、紙に書かれている絵に置く。

［短文の読み］

- ひらがなを読む。「おとうさんが　まいにち　いろいろなことを　しています」

面接

親子同伴の面接が、考査日前におこなわれます。保護者と受験児は同室で別々に面接を受けます。子どもは椅子に座って面接を受け、次に机のそばに立ってお話づくりをします。保護者は子どものお話づくりが終わるまで後ろの椅子で待機し、終わったら子どもと交代し、前の椅子に移動し面接を受けます。その間子どもは後ろの椅子で待機します。面接時間は15分程度。

父親へ

◎ 自己紹介をお願いします。
◎ 趣味は何ですか。
◎ お仕事は忙しいですか。
◎ 本校のどこに共感して志望されましたか。
◎ 子育てにどのようにかかわっていますか。
◎ お子様の長所を教えてください。

母親へ

◎ 自己紹介をお願いします。
◎ 趣味は何ですか。
◎ 本校のどこに共感して志望されましたか。
◎ 説明会や行事には参加したことがありますか。
◎ 子育てで大変だったことは何ですか。
◎ 通学に時間がかかるようですが大丈夫ですか。

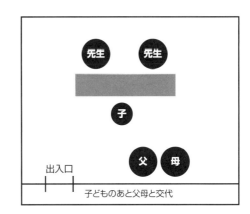

子どもへ

◎ お名前を教えてください。
◎ 朝何時に起きましたか。
◎ 夜は何時に寝ますか。
◎ 幼稚園で何をしているときが楽しいですか。
◎ 家族で楽しいときはどんなときですか。
◎ お母さんがしてくれることで嬉しいことは何ですか。
◎ 小学校でやりたいことは何ですか。
◎ これを読んでください。「よるは　しっかり　はを　みがきましょう」
◎ 4枚のカードを使いお話をつくる。最初の1枚は先生が話す。

 # お母様の受験 memo

◎**試験当日のこと…**

● 面接では最初に子どもが先生の前に座り面接を受けます。そのあと先生のそばまで行ってお話づくりをしました。終わったあとは両親と交代します。

● 控え室では折り紙や読書をされている方が多かったです。

洗足学園小学校

- ●**校長** 田中 友樹
- ●**児童数** 男子 215名
  女子 236名

- ●**併設校** 洗足学園大学附属幼稚園
  洗足学園中学校（女子）
  洗足学園高等学校（女子）
  洗足こども短期大学
  洗足学園音楽大学・大学院

沿革 & 目標

洗足学園は1924年（大正13年）に創立、小学校は1949年（昭和24年）に開校されました。建学の精神「理想は高く、実行は卑近に」の大目標のもと、幼稚園から大学院まで擁する学園に成長し、今日に至っています。小学校のめざすところは、「社会のリーダーを育てる学校」です。「人や社会に奉仕、貢献できる人材の育成」を目標として、学力向上はもちろんのこと、豊かな心や協調性の育成、礼儀作法の指導にも力を入れています。

学費 ※昨年度のものです。授業料等は、入学後、変更になる場合もあります。

- ●**入学手続時** 入学金 400,000円、施設費 240,000円
- ●**それ以降** 授業料 660,000円（年額）、PTA会費 12,000円（年額）、積立金 84,000円（年額）、
  ※洗足学園教育振興金（任意の寄付金）あり。詳細は入学後に案内。

所在地 & 最寄り駅

- ●**住所** 〒213-8580 神奈川県川崎市高津区久本2-3-1

- ●**アクセス** 東急田園都市線・大井町線／溝の口駅から徒歩8分
  JR南武線／武蔵溝ノ口駅から徒歩8分

ホームページ https://www.senzoku.ed.jp/

学校の特色

● **学習指導**　自立心を育み、また表現力を育成するために一日の行動を記録した日記を毎日提出させます。
2年生以上に年2回、日本漢字能力検定協会の漢字検定を実施しています。
また全学年、各学年ごとに筆算能力検定を年8回実施しています。
朝は、読書の時間を設け、活字文化に親しみ「読破ノート」により読書の習慣を培っています。
学校生活の中にICTを文房具のように活用しています。

● **音楽教育**　音楽を楽しみ、音楽が溢れる学校として、1年生から専科教員が指導しています。また洗足学園小学校オーケストラがあり、学校行事を中心に活動の輪を広げています。

● **体験学習**　学年毎の農園で、1～6年生まで各学年とも毎年違った作物を植えて、大きくなる過程を観察しながら収穫する喜びを体験します。人工庭園（ビオトープ）では稲を栽培します。

● **校外学習**　春の全校遠足、理科野外実習、多くの社会科見学、林間学校（3年生以上、黒姫高原）などを通じて本物に触れる体験をすることにより、社会的資質・集団活動に対する意欲を育てています。

● **進路指導**　3年生には年間2回、4年生には年間3回、5年生には年間4回、6年生には年間5回校内模擬テストを実施。進路サポートルームなど、保護者との面談を密にして適切なアドバイスをおこない、児童の志望する進路に細かく対応します。

● **昼食**　弁当（月～金曜日）

● **編入試験**　欠員が生じた場合に実施（3月）。対象学年は欠員学年。

● **併設校への進学状況**

　小→中　〈**女子**〉 内部推薦入試に合格することで洗足学園中学校へ進学。

　中→高　〈**女子**〉 卒業生は原則として全員が洗足学園高等学校へ進学できる。

● **併設高校から主要大学への合格実績**（2023年度入試）

　　　　海外大11、東大22、京都大1、一橋大5、東北大2、東工大2、筑波大1、茨城大1、
名古屋大1、千葉大3、お茶の水女子大3、東京外国語大4、横浜国立大16、東京農工大2、
電通大2、横浜国立大3、防衛医科大2、防衛大2、等
国公立大計92、医学部医学科49、早稲田大127、上智大108、慶應義塾大104　他

Data 2024年度入試データ　※2023年実施済みです。

［募集要項］※2023年実施済み

■**募集人員**　男女計 約50名（内部進学者を含まず）

■**願書受付**　9月6日～11日（インターネット出願）

■**考査料**　28,000円（銀行振込）

■**考査月日**　〈1次〉10月17日・18日・19日より
生まれ月により指定
〈2次〉男子10月21日、女子10月22日

■**結果発表**　10月24日・25日（web）

■**入学手続**　10月24日・25日

［入試状況］

■**応募者数**　男子 343名　　女子 331名

■**受験者数**　男子 327名　　女子 299名

■**合格者数**　男子 52名　　女子 48名

［インフォメーション］

通学の制限として、通常の交通手段を使用して片道1時間以内で通学可能な家庭（保護者と同居が原則）の児童、とあります。

考査当日は簡単な運動検査があるので、動きやすい服装がよいでしょう。

■**学校説明会**　2024年5月（online）

■**公開授業**　2024年6月13日

■**個別相談会**　2024年6月29日

■**入試説明会**　2024年8月25日

2024年度入試内容 ペーパー 行動観察 運動 絵画制作

● ペーパー

- ● 昔話。お話と関係のあるものを選ぶ。 ● マス目の移動 ● 四方観察
- ● 言葉の音。最初の文字をつなげてできるものを選ぶ。

● 行動観察

- ● 4人のチームに分かれて、お話をつくる。1人1枚、女の子が描かれた紙に絵を描く。それをノリで貼ってつなげる。お話ができたらグループで発表する。

● 運動テスト

- ● その場で両足ジャンプ。
- ● 2つのグループにわかれ、両端から同時にスタート。途中で出会ったら1つのボールを背中で挟んで運ぶ。

● 絵画制作

- ● 星の形を濃い色と薄い色で塗り分ける。
- ● 動物園に行って、今まで持ったことがない動物を持ったときの顔を描く。時間が余ったらまわりに絵を描く。指示の通りに折って、蝶結びをする。

過去の出題

● 知覚

[四方観察]

- ● 鳥とネコが積み木を見ています。鳥から見える形に×、ネコから見える形に○をつけましょう。

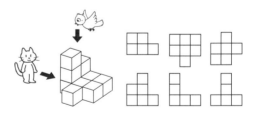

● 推理

[系列]

- ● 絵が回転しながら並んでいます。2重四角のところに入るものを考えて、○をつけましょう。

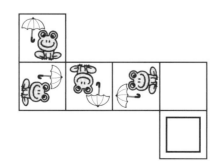

［**ブラックボックス**］

● パンダとサルの箱を通ると形が変わります。約束を考えてどのようになるか書きましょう。

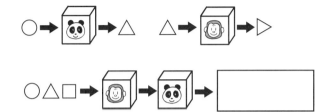

［**回転図形**］

● 左の図が右に何回か倒れたあとの絵を見つけて○をつけましょう。

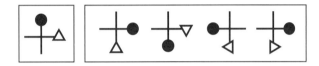

● 数量

［**水の量**］

● コップのなかに玉が入っています。玉を取り出したときコップの水はどうなりますか。

● それぞれ水の量が違う同じ大きさのコップに、同じだけ砂糖を入れたとき、1番甘いものに○、2番目に甘くないものに×をつけましょう。

● 絵画制作

● 雲を1つ薄い青で塗りましょう。雨粒を2つ濃く橙で塗りましょう。雨が上がって、それを見ている自分の顔を描きましょう。

● 行動観察

● グループで相談して、作品をつくる。昆虫、お菓子、恐竜、乗り物、ロボットからテーマを決める。
● グループで相談して、いろいろな紙（お花紙、クレープペーパー）を使って、お弁当をつくる。最後に発表をする。

● 運動テスト

- 模倣運動。映像を見て指示の動きをする。その場でジャンプ、前後左右にジャンプ、グージャンプをして3回目に手をたたく、床に手をつく。
- 連続運動。直線を歩く→くま歩き→フープの中でジャンケン。勝ったらお手玉を箱のなかに置く→戻って次の子と交代。
- ドンジャンケン。進んで行くまでにケンケンをして、ジャンケンに勝ったらボールを置き、次の人にタッチする。
- バンザイをしながらなかほどまで歩き、そこからグージャンプで端まで行く。ドンジャンケンをして、勝ったら机の上のティッシュを1枚丸めてカゴに入れる。フープに入って、目を閉じて片足バランス。

面接

2024年度入試では、面接はおこなわれませんでした。

お母様の受験 memo

◎**考査当日のこと…**

- 今年から面接が無くなりました。
- 当日に記入するアンケートがありました。内容は併願校、習い事、好きな本、好きな遊び、本校を知ったきっかけ、説明会やイベントへの参加状況、週に何冊本を読むかなどでした。選択する質問と記入するものがありました。記入欄は1行程度でした。

◎**アドバイス、etc.…**

- イベントへの参加回数をアンケートで記入しますので、両親で参加しておいたほうがよいと思います。

桐光学園小学校

- **校長** 斎藤 滋
- **児童数** 男子 230名
  女子 188名

- **併設校** 桐光学園みどり幼稚園
  桐光学園寺尾みどり幼稚園
  桐光学園中学校（別学）
  桐光学園高等学校（別学）

沿革 & 目標

1996年（平成8年）に開校。「きめ細かい指導」を念頭に置き、日々の教育活動をおこなっています。児童が生き生きと学校生活を送りながら、高い学力、自己表現力を身に付けていくことができるようにします。

「意志」「表現」「感謝」の3つを校訓のキーワードとし、児童の発達段階を考慮した具体的な教育目標（育てたい児童像）を設定しています。また、教員・保護者が気持ちを一つにして一人ひとりの児童を支援していくことで、児童が安心して学校生活を送り、自らの可能性を広げていくことができるようにします。

学費 ※昨年度のものです。授業料等は、入学後、変更になる場合もあります。

- **入学手続時** 入学金 230,000円
- **それ以降** 授業料 558,000円（年額）、教材費約 20,000円（年額）、施設費 280,000円（初年度のみ）、
  父母会費 1,500円（月額）、父母会入会金 10,000円（初年度のみ）、
  スクールバス代 2,000円（月額）
  ※寄付金 100,000円以上（任意）

所在地 & 最寄り駅

- **住所** 〒215-8556 神奈川県川崎市麻生区栗木3-13-1
  ☎ 044（986）5155

- **アクセス** 小田急多摩線／栗平駅から徒歩15分
  ※1～3年生は栗平駅よりスクールバス

ホームページ https://www.tokoes.ed.jp/

学校の特色

- **学習指導** 〈**英語教育**〉1～4年生で週1時間、5～6年生は週2時間おこなっています。英語の音やリズムに親しみながら、自然に自分の言いたいことを伝えられる英語力と簡単な英語の本を読む力を養います。

  〈**総合的な学習**〉全学年の児童が取り組む農園活動では、作物を育てることを通して、季節を身体いっぱいに感じるとともに、自然の恵みに感謝する心、農作物という小さな生命を大切にする心を育てます。3年生からはコンピュータも積極的に活用していきます。ローマ字入力や観察記録での活用、6年間の思い出をまとめたアルバム作りなどをおこなっています。5・6年生では、Keynoteを使って研究発表をおこないます。興味を抱いたテーマについて探求し、スライドにまとめて発表することを通して、わかりやすく伝える力を育てています。

  〈**専科・複数担任制**〉全学年を通じて英語・音楽・図工・体育は専科教員が担当します。1～3年生の表現、3年生以上の社会・理科、4年生以上の国語・算数でも担当教員による授業がおこなわれます。複数の教員とのかかわりや教科の専門性を高めるねらいがあります。

- **週5日制** 〈**土曜日の活動**〉4年生では国算理社の教科の枠にとらわれない総合的な学習指導、5・6年生からは国算理社の発展的な学習指導をおこなっています。また、希望者対象の活動として1～3年生は制作活動（風鈴づくりやガラスの置物など。父母の参加可）や、ふれあい活動（歌や鬼ごっこなど。父母の参加可）、4年生以上は合唱部があります。

- **登下校** 1～3年生は登下校の安全を考慮して、栗平駅から学校までをスクールバスで送迎しています（4年生以上は徒歩となります）。

- **昼食** 弁当（月～金曜日）

- **編入試験** 欠員が生じた場合に実施。対象学年は1～3年生。

- **併設校への進学状況**

  小→中 〈**男女**〉 卒業生のほとんどが桐光学園中学校へ進学。原則として全員が進学できる。

  中→高 〈**男女**〉 卒業生のほとんどが桐光学園高等学校へ進学。

Data 2024年度入試データ ※2023年実施済みです。

[募集要項] ※2023年実施済み

■募集人員　男子 36名　女子 36名
■要項配布　4月1日～（Web/窓口）
■出願　〈第1回〉9月1日～30日（Web）
　　　　〈第2回〉－
■考査料　20,000円
■考査月日　〈第1回〉10月17日
　　　　　　〈第2回〉－
■結果発表　〈第1回〉10月17日（Web）
　　　　　　〈第2回〉－
■入学手続　〈第1回〉10月17日・18日
　　　　　　〈第2回〉－
■学校説明会　9月2日

[入試状況]

■受験者数　男子 138名　女子 78名
■合格者数　非公表
■補欠者数　非公表

[考査の順番]

願書提出順

[インフォメーション]

第2回入試は、欠員が出た場合のみ実施します。

過去の出題　ペーパー　行動観察　絵画制作

● 知覚

[模写・点図形]

● 左と同じように、右に
書きましょう。

  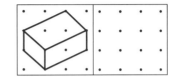

● 絵画制作

[巧緻性]

● 花の蜜を吸っているちょう、虹、雲、チューリップの葉っぱ
が描かれた台紙に、クレヨンで色を塗り、折り紙でチュー
リップを折って貼る。折り紙は全員で練習したあとに、別
の紙で折る。ノリは指でつけるため、最後にウエットティッ
シュで手を拭く指示がある。

● リスがウサギにリンゴをあげようとして、ウサギがリスに
ドングリをあげようとしている絵に、□や○がかかれた紙
から、形を切り取って絵に貼る。

● 好きな色のクレヨンで塗りましょう。
ただしヒトデと魚は塗ってはいけません。

● 塗り絵。コックさんが料理をしている絵。野菜をハサミ
で切って貼る。

● 行動観察

● ウレタンのブロックを使ってグループで街をつくる。
● ジャンケン列車。
● カードを引いて、描かれている絵をジェスチャーで表現する。
● グー、チョキ、パーのポーズでジャンケンをする。
● 風船運びゲーム（4人グループで）。
● 積み木で自由に遊ぶ。

青山学院横浜英和小学校 (2020年度より校名変更)

- ●**校長** 中村 貞雄
- ●**児童数** 男子 117名
  女子 271名

- ●**併設校** 横浜英和幼稚園
  青山学院横浜英和中学高等学校

 ## 沿革&目標

1880年（明治13年）にアメリカのメソジスト・プロテスタント教会の宣教師ハリエット・G・ブリテンによって創立されたブリテン女学校が前身です。その後，横浜英和女学校と改称し、2016年度中学高等学校が青山学院大学と系属校になり校名変更，2020年度小学校も系属校化し校名が青山学院横浜英和小学校に変更されます。1900年（明治33年）、神奈川県下では初めて小学校として正式の許認可を受けました。2020年（令和2年）には創立140周年を迎えました。スクールモットーは「心を清め　人に仕えよ」で、1.神をおそれ，真理を追い求める　2.視野を広くし、深く考える　3.個性を伸ばし，自主性を養う　4.自分を大切にし隣人を敬愛する　5.意志的に行動し、責任を遂行する　6.他人と協調し社会に貢献するを教育目標に掲げて個性を生かした人間形成をめざしています。

 ## 学費 ※昨年度のものです。授業料等は、入学後、変更になる場合もあります。

- ●**入学手続時** 入学金 280,000円、施設費 120,000円
- ●**それ以降** 授業料 52,000円（月額）、施設費 5,000円（月額）、教育充実費 5,500円（月額）、
  旅行積立金 2,000円（月額）、PTA会費 800円（月額）、後援会費 100円（月額）
  ※その他に、給食費及び学級費があります。

 ## 所在地&最寄り駅

- ●**住所** 〒232-8580 神奈川県横浜市南区蒔田町124
  ☎045(731)2863

- ●**アクセス** 市営地下鉄／蒔田駅から徒歩8分

ホームページ https://www.yokohama-eiwa.ac.jp/shougakkou/

学校の特色

- **宗教教育**　キリスト教の教えのもと「心を清め人に仕える」ことのできる子どもの育成をめざし、毎朝の礼拝、特別礼拝（イースター、花の日・こどもの日、クリスマスなど）、聖書の授業など、さまざまな学校行事を通じてその充実に努めています。

- **学習指導**　授業は1クラス33名でおこなわれ、きめ細かい教育を実践しています。学級担任制ですが,音楽・図工・聖書・英語の授業は1年生から専科教師が指導にあたり（理科は4年生から、体育は3年生から）、英語は日本人教師と外国人教師によるティームティーチングでおこなわれています。

- **教育環境**　周囲を豊かな緑に囲まれた小高い丘の上に立地し,都会の喧噪を受けることのない環境にあります。校舎は廊下が広く、1階から3階までが吹き抜けとなって自然の光がたくさん差し込みます。また,理科・音楽・図工・英語・家庭科の特別教室に加え、パソコンルームが設置され、1人につき1台が使用できる学習環境が整っています。また、敷地内でカブト虫を採集することができます。

- **クラブ活動**　4～6年生の全員が,ハンドベル・理科・工芸・聖書・パソコン・和太鼓・テニス・卓球・バスケットボール・サッカー・スポーツ,11のクラブに分かれて活動しています。

- **昼食**　給食（月・火・木・金曜日）／弁当（水曜日）

- **編入試験**　欠員が生じた場合、2月に実施（1～4年のみ）。

- **帰国児童**　通常の編入学試験を受験。

- **併設校への進学状況**（2024年4月時）
  - **小→中**　卒業生62名中、男女50名が青山学院横浜英和中学校に進学。

Data 2025年度入試データ　※2024年実施予定です。必ず学校発表の入試要項でご確認ください。

[募集要項]※2024年実施予定

- **募集人員**　男女計66名（内部進学者含む）
- **要項配布**　4月～（web）
- **出願**　9月5日～11日（web）
- **考査料**　20,000円
- **考査月日**　10月22日
- **面接日**　9月26日～27日
- **結果発表**　10月23日
- **入学手続**　10月23日～25日
- **学校説明会**　6月8日
- **入試説明会**　9月7日

[入試状況]

- **応募者数**　男子97名　女子149名
- **合格者数**　男子22名　女子50名
  （内部進学者を含む）

[考査の順番]
生年月日を考慮した順番

過去の出題 ペーパー 行動観察 運動 個別

● ペーパー

［言語］
- 話の記憶。ジョン君がお友達の家に遊びに行くお話。話に合っている絵に〇をつける。

［知覚］
- 点図形。
- 重ね図形。重ならないところを見つける。
- 空間知覚。積み木を上から見たらどう見えるか。

［数量］
- 合わせた数。同数。差。

［構成］
- 図形合成。

［塗り絵］
- お弁当の絵。
- 指示の塗り絵。手袋は青のクーピー、帽子は赤のクーピーで塗る。

● 絵画制作

- いろいろな絵が描いてあるプリントが配られ、お魚屋さんに売っているものをハサミで切り、ビニール袋に入れる。
- 折り紙を3回三角に折って、ビニール袋に入れる。最後にビニール袋を蝶結びする。

● 個別テスト

- お友達が花瓶を割ってしまいました。どうしますか。
- （ざらざらした棒を見せられて）お母さんに電話で伝えてください。
- お母さんの優しいところは、どんなところですか。

● 行動観察

- バナナ鬼ごっこ。
- 自由遊び。フープ、縄跳びなどで自由に遊ぶ。
- 大きな積み木でお城をつくる。

● 運動テスト

- テニスボールの投げ上げ。ボールを頭より上に投げ上げてキャッチ。
- コーンまでケンケン。走って戻る。
- コーンまでスキップ。走って戻る。

面接

親子同伴の面接が考査日以前におこなわれます。面接時間は約20分。

保護者へ

◎ 家が遠いようですが、どのようにお考えですか。

◎ 他の私立を併願していますか。

◎ 本校を志望した理由を教えてください。

子どもへ

◎ お名前を教えてください。

◎ 幼稚園の名前を教えてください。

◎ 幼稚園では何をして遊びますか。…年下の子とも遊べますか。

◎ 今日の朝ご飯は何を食べてきましたか。

◎ 嫌いな食べ物はありますか。…○○が出てきたらどうしますか。

◎ 休みの日は誰と遊びますか。…お父さんと何をして遊びますか。

◎ 将来何になりたいですか。…それはどうしてですか。

◎ お父さんの職業は何ですか。

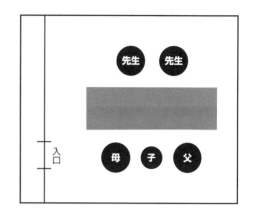

お母様の受験 memo

◎試験当日のこと…

● 面接は前の人が出たら入室します。着席後、3人ともマスクを外して手に持ちます。

● 考査は午前が100番以降、午後が1番から99番でした。

● 募集定員は附属幼稚園からの20数名が含まれます。

関東学院小学校

- ●**校長** 岡崎 一実
- ●**児童数** 男子　217名
　　　　　女子　209名

- ●**併設校** 関東学院大学
　　　　　関東学院中学校高等学校
　　　　　関東学院六浦中学校・高等学校
　　　　　関東学院六浦小学校
　　　　　関東学院のびのびのば園
　　　　　関東学院六浦こども園

沿革&目標

1884年、横浜山手に創設された横浜バプテスト神学校を母体とし、1919年、現在地に中学関東学院を創設、1949年には幼稚園から大学までを含む関東学院の教育の一つとして関東学院小学校が開校されました。「人になれ　奉仕せよ」の校訓を掲げて、変わることのない価値観・道徳を子どもたちの心に根づかせ、世界的視野をもった信頼される人間の育成に努めています。

学費 ※昨年度のものです。授業料等は、入学後、変更になる場合もあります。

- ●**入学手続時** 入学金 250,000円、特別施設費 200,000円
- ●**それ以降** 授業料 360,000円（年額）、施設費 128,400円（年額）、校費 96,000円（年額）、
　　　　　父母の会会費 2,000円（月額）、同窓会費 200円（月額）　その他教材費などあり

所在地&最寄り駅

- ●**住所** 〒232-0002 神奈川県横浜市南区三春台4
　　　　☎045（241）2634

- ●**アクセス** 京浜急行／黄金町駅から徒歩5分
　　　　　地下鉄／阪東橋駅から徒歩10分

ホームページ https://es.kanto-gakuin.ac.jp/

学校の特色

● **学習指導**　国語と算数の基礎力・応用力を付けるための効果的な学習をすすめています。1日10分の黙読などで読書を取り入れ、個々の実力にあわせて漢字検定を受検するなど、漢字の読み書きに力を入れている他、算数では独自のステップテストを実施して学力の向上をはかっています。英語は本校独自のプログラムを利用し、国際・異文化教育をあわせて学べる工夫がなされています。

● **学校行事**　〈**1学期**〉イースター礼拝、春の遠足、ペンテコステ礼拝、春の屋内なかよし会（運動会）、花の日礼拝、みどりの学校（宿泊学習）、イングリッシュキャンプ
〈**2学期**〉秋の屋内なかよし会（運動会）、創立記念礼拝、オリブ祭、ブックフェア、収穫感謝祭礼拝、アドベント礼拝、クリスマス礼拝
〈**3学期**〉TGG体験、学習発表会（1年〜4年）

● **クラブ活動**　野外スポーツ、インドアスポーツ、模型、陸上、おばあちゃんの家庭科、科学実験、ブラスバンド、トーンチャイム、クワイア

● **教育環境**　近隣には動物園で有名な野毛山公園があり、市街地とは思えないほど緑があふれています。私鉄や地下鉄、バスなど交通の便もよく、みなとみらいや元町、中華街など新旧さまざまな街に囲まれています。

● **昼食**　給食と弁当

● **転入試験**　年に一度1月に実施。

● **帰国児童**　特別の制度はなし。一般の転入試験として実施。

● **併設校への進学状況**

　小→中　〈**男女**〉卒業生の約70％が関東学院中学校に進学。小学校在学中の成績が基準以上の者。

2024年度入試データ　※2023年実施済みです。

［募集要項］※2023年実施済み

■ **募集人員**　男女計 72名（内部進学者含む）
■ **願書配布**　5月11日〜
■ **願書受付**　〈A〉8月28日〜30日
　　　　　　　〈B〉10月31日〜11月1日
■ **考査料**　22,000円
■ **考査月日**　〈A〉10月17日
　　　　　　　〈B〉11月18日
■ **面接日**　〈A〉9月8日〜10月6日のうち1日
　　　　　　〈B〉11月9日〜13日のうち1日
■ **結果発表**　〈A〉10月18日（郵送）
　　　　　　　〈B〉11月20日（郵送）
■ **入学手続**　〈A〉10月19日
　　　　　　　〈B〉11月21日

［入試状況］

■ **受験者数**　120名
■ **合格者数**　96名

過去の出題 ペーパー 行動観察

● 言語

[話の聞き取り]

いたずら好きのコビトくんは、寝るのが大好きです。いつもカエルさんの巣で寝ています。冬の間カエルさんといっしょに寝ていたコビトくんは、暖かくなったある日「あーよく寝た。外のようすを見てこよう」と言って出かけていきました。歩いていくと子どもたちが遊ぶ声が聞こえてきました。コビトくんは見たこともない賑やかな場所にびっくり。そこは幼稚園でした。お部屋を除くとコマやカルタで遊んでいる子どもたちのなかでタケシくんは１人で本を読んでいました。コビトくんは「ちょっといたずらして驚かせてやろう」と、先生の机の上にあったカギを、バケツのなかに隠しました。先生がお部屋に入ってきて、机の下や引き出しのなかをさがしますが、カギは見つかりません。タケシくんがいっしょに探すと、カギはバケツのなかから見つかりました。先生は「タケシくんありがとう」と言いました。コビトくんは面白くありません。そこで、お部屋に置いてあったカブトムシ、クワガタ、キリギリス、スズムシのケースのなかからカブトムシをとりだし、ティッシュケースのなかに隠し、カーテンの後ろに隠れて見ていました。お友達がたくさんお部屋に戻ってきて、みんないっしょに探しました。けれどなかなか見つかりません。しばらくするとタケシくんが「あった」と、ティッシュケースのなかからカブトムシを見つけました。みんなは「タケシくんはものを見つける名人だ」、「すごいすごい」と言いました。お友達が「これからいっしょに、サッカーをしようよ」と言いました。タケシくんは「ぼくはサッカーがうまくできないんだ」と言いましたが、みんなに誘われたので、教えてもらいながら楽しく遊びました。コビトくんは「いたずらしちゃったけど、タケシくんがみんなとサッカーができるようになってよかった」と思いました。

- コビトくんが寝ている場所はどこですか。
- コビトくんがカギを隠した場所はどこですか。
- コビトくんが２番目に隠した生き物はどれですか。
- コビトくんが２番目に隠した場所はどこですか。
- タケシくんがみんなに誘われてした遊びは何ですか。

● 行動観察

- 折り紙で好きなものを折る。
 （５人くらいのグループでおこなう）
- 海のようす（イルカ、ヒトデ、魚、貝、イカ、ヤドカリ、サンゴ、岩など）が描かれた絵に、クレヨンで色を塗る。
 （20～30人くらいのグループでおこなう）
- 太鼓の音を聞いて、その数と同じ人数のグループになる。
- ジャンケンをして勝ち負けによって指示された場所に移動する。
- ドンジャンケン。床のマス目をケンケンで進み、相手に出会ったらジャンケンをする。負けたら列の後ろに並ぶ。

面接

親子同伴の面接が考査日前におこなわれます。面接時間は10分程度。

父親へ

◎ 志望理由をお聞かせください。

◎ 他の小学校ではなくどうして本校なのですか。

◎ お子様の長所と、伸ばしてほしいところはどこですか。

◎ お子様とは何をして遊びますか。

◎ 子どもに読み聞かせをして、ご自身が楽しめる本は何ですか。

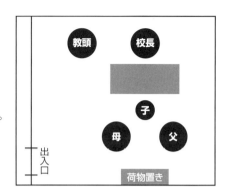

母親へ

◎ 今日のお子様のようすはいかがですか。

◎ PTA活動にご協力いただけますか。

◎ 説明会での印象を聞かせてください。　　◎ 宿泊学習は大丈夫ですか。

◎ アレルギーなど健康面は大丈夫ですか。　◎ 緊急時のお迎えは大丈夫ですか。

子どもへ

◎ お名前を教えてください。　　　　　　　◎ 幼稚園の名前を教えてください。

◎ 園庭には何があって、何で遊ぶのが好きですか。

◎ 運動会は終わりましたか。…いつですか。…何に出ますか。

◎ どんな讃美歌を知っていますか。…歌ってみてください。…お弁当の前の歌は何ですか。

◎ 家族を教えてください。　　　　　　　　◎ お兄さんとケンカするのはどんなときですか。

◎ 習い事をしていますか。

お母様の受験 memo

◎試験当日のこと…

● 控え室には3組待っていました。本を読んだり折り紙をして待ちました。係の先生はパーテーションの向こう側にいて、直接部屋のなかは見ていらっしゃいませんでした。

● 面接では、まず最初に子どもへの質問が続き、一気に質問を終えてから両親への質問になります。

● 子どもの椅子は親よりも前にあり、先生との距離は1.5mくらいです。教頭先生はメモを取られるのみでした。

● 校長先生は非常に優しく質問され、子どもの素の部分を引き出そうとされているのがわかりました。家族の名前が言えたときは、「すごいね。わかるんだね」と言ってくださり、返答につまったときは「ゆっくり考えてみよう。思い出せないかな」などと子どもの緊張を解こうとしてくださいました。

◎アドバイス、etc.…

● 面接のウエイトが高く、校長先生の質問に子どもらしく元気に答えられるかがとても重要と聞いていたので、当日は子どもがどう振る舞うのかわからず、非常に緊張しました。桐杏学園で過ごした楽しい時間とさまざまなアドバイスが後押ししてくれたようで、最初の頃は何も発言できなかった子どもも、試験後には「僕ちゃんとできたよ」と自身満々でした。

関東学院六浦小学校

- ●**校長** 黒畑 勝男
- ●**児童数** 男子139名
  女子102名

- ●**併設校** 関東学院六浦こども園
  関東学院のびのびのば園
  関東学院六浦中学校・高等学校
  関東学院中学校高等学校
  関東学院大学

沿革&目標

1884年（明治17年）、横浜山手に創設された横浜バプテスト神学校を母体とし、1919年（大正8年）三春台に中学関東学院を創設、1949年（昭和24年）六浦に幼稚園からの卒園生を受け入れる学校として関東学院小学校が創設されました。1952年（昭和27年）三春台に小学校が分かれ関東学院小学校を創設するにあたり、関東学院六浦小学校と改称しました。今年創立70周年を迎えました。

本校は、校訓である『人になれ　奉仕せよ』を掲げ、特色あるキリスト教に基づいた教育を実践しています。聖書の教えを基に、一人ひとりを愛し育み、人への信頼と自己肯定感を育むこと、幅広い知識と教養、豊かな情操と創造力を培い、健やかな心身を養い、真理を求め、社会に奉仕する人を育てることを教育理念としています。

学費 ※昨年度のものです。授業料等は、入学後、変更になる場合もあります。

- ●**入学手続時** 入学金 250,000円、特別施設費 200,000円
- ●**それ以降** 授業料 33,000円（月額）、施設費 11,700円（月額）、校費 6,000円（月額）、
  児童会費 30円（月額）、同窓会費 200円（月額）、PTA会費 2,000円（月額）

所在地&最寄り駅

- ●**住所** 〒236-0037 神奈川県横浜市金沢区六浦東1-50-1
  ☎045（701）8285

- ●**アクセス** 京浜急行／金沢八景駅から徒歩15分
  バス／金沢八景駅バスターミナルより
  　　　関東学院循環「関東学院東」下車

ホームページ https://www.kgm-es.jp

学校の特色

- **学習指導**　子どもたちの「のびる」を伸ばす可能性を追求するため、2019年度より新しい教育プログラム「六浦小モデル19-23」を始めました。学習の個性化をはかり、学びの方法を子ども自らが決める私の「パレット」、好きなもの、得意なことをとことん追求する個人総合、私の「ポケット」、もっと学校をわくわくする空間に変える、私の「ドア」の3本柱をすすめています。

- **特別活動**　〈**キリスト教行事**〉花の日礼拝ではお世話になっている交通機関や病院や施設に花を届けます。イースター・ペンテコステ・収穫感謝・国際理解・クリスマスの礼拝を守ります。
  〈**児童会**〉月に一度、3〜6年生の委員・議員が児童委員会と児童議会を開き、学校作りに児童主体で関わります。歓迎遠足の企画運営、運動会の進行、会長選挙などをおこないます。新聞委員会が発行する「こどもかんらん」は1956年(昭和31年)創刊で現在625号を発行しています。
  〈**自然学校・スキー教室**〉1・2年生は1泊2日、3・4年生は2泊3日、5・6年生は3泊4日でおこなう宿泊学習です。御殿場、天城、軽井沢、黒姫、清里でおこないます。スキー教室は5年生が新潟県赤倉でおこないます。

- **クラブ活動**　希望参加の特別クラブ(合唱団・サッカー・トランペット鼓隊)があります。

- **国際理解活動**　タイの山岳民族(カレン族)支援を始めて22年目、教員・児童・保護者のタイ訪問団は17回目になりました。夏休みと冬休みにEnglish Day Camp(国内)を実施。アフリカ・ルワンダの平和と和解の活動支援をおこなっています。

- **安全管理**　登下校安全管理システムを導入し、ゲートを通過すると登下校の時刻が配信され、緊急時の一斉メール配信が可能です。警備員が24時間常駐し、児童の在校時は巡回をおこなっています。昇降口ドアは施錠します。

- **昼食**　弁当(月〜金)です。申し込み制により週3日または5日の給食弁当(マナランチ)サービスがあります。

- **アフタースクール**　〈**放課後預かりカナン**〉登校日は毎日、18時30分(19時までの延長も可能)までお預かりします。長期休暇も8時から開校しています。急な休校日(警報での休校など)にも対応。当日、急な事情での申し込みもできます。

- **転入試験**　7月と1月に実施。ただし、対象学年:7月は2〜5年・1月は1〜4年で若干名の募集。

- **併設校への進学状況**(2023年4月時)
  小→中　卒業生の約80%が関東学院六浦中学校に進学。2019年度より関東学院中学への推薦を実施。

Data　2025年度入試データ　※2024年実施予定です。必ず学校発表の入試要項でご確認ください。

[募集要項]※2024年実施予定

- **募集人員**　〈A日程〉30名　　〈B日程〉30名
  　　　　　　〈C日程〉8名
- **出願**　〈A日程〉8月19日〜9月16日(web)
  　　　　〈B日程〉8月19日〜10月22日(web)
  　　　　〈C日程〉8月19日〜12月4日(web)
- **考査料**　20,000円
- **考査月日**　〈A日程〉10月22日
  　　　　　　〈B日程〉10月25日
  　　　　　　〈C日程〉12月7日
- **面接日**　〈A日程〉9月27日・28日
  　　　　　〈B日程・C日程〉考査日と同日
- **結果発表**　考査の当日にwebによる
- **入学手続**　〈A日程〉10月22日〜24日
  　　　　　　〈B日程〉10月25日〜29日
  　　　　　　〈C日程〉12月7日〜10日

[入試状況]※全入試の合計

- **応募者数**　男女計　52名
- **合格者数**　男女計　39名

[考査の順番]
願書提出順

[インフォメーション]
合格発表後、指定の期限までに納付金の納入と手続き書類の提出がない場合は失格となります。

過去の出題 ペーパー 行動観察 運動

● 言語

[**話の聞き取り**]

おじいちゃんに誕生日プレゼントとしてサッカーボールを買ってもらう。公園で遊んだあと、
電車とバスで帰宅する話。

- プレゼントの内容。
- 帰りの乗り物。

● 知識

[**仲間はずれ**]

- 果物のなかにキリンや、家具のなかに鳥など。

[**仲間さがし**]

- 仲間どうしで線を結ぶ。

● 運動テスト

- マット運動。

● 個別テスト

- 先生とおままごとをしながら質問を受ける。

● 絵画

- 先生のお話を聞いたあと、その話に出てくるもののなかで、好きなものの絵を描く。

慶應義塾横浜初等部

- **部長** 馬場 国博
- **児童数** 648名
- **系列校** 慶應義塾幼稚舎
  慶應義塾普通部
  慶應義塾中等部
  慶應義塾湘南藤沢中等部
  慶應義塾高等学校
  慶應義塾女子高等学校(女子)
  慶應義塾志木高等学校(男子)
  慶應義塾湘南藤沢高等部
  慶應義塾ニューヨーク学院(高等部)
  慶應義塾大学・大学院

沿革 & 目標

基礎学力の重視はもとより、「体験教育」「自己挑戦教育」「言葉の力の教育」を3つの柱として、2013年(平成25年)に開校しました。6年間を通じて、知力、体力、気力、表現力、人の心を思いやる力、異なる価値観を超えて協力する力、社会的責任感と倫理観など、多様な資質を育みます。

学費 ※授業料等は、入学後、変更になる場合もあります。

- **入学手続時** 入学金 340,000円
- **それ以降** 授業料 960,000円(年額)、教育充実費 470,000円(年額)、
  給食費 120,000円(年額)

所在地 & 最寄り駅

- **住所** 〒225-0012 神奈川県横浜市青葉区あざみ野南3-1-3
  ☎045(507)8441

- **アクセス** 東急田園都市線／江田駅から徒歩10分

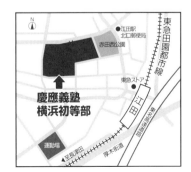

ホームページ https://www.yokohama-e.keio.ac.jp/

学校の特色

- **学習指導** 週6日制を実施して十分な授業時間数を確保し、詰め込みや前倒しではない真のゆとりある授業を進めています。低学年から音楽、図画工作、体育、英語などの教科は専科制を取り入れ、高学年（5・6年）はすべての教科で教科担任制を実施する予定です。また、言語技術教育を積極的に取り入れて言葉の力を磨くとともに、身のまわりの具体的な事柄についてデータを基に考える統計教育にも力を入れています。

- **校外活動** 横浜初等部の教育の柱の1つである「体験教育」を実践する場として、学校での授業や活動だけではなく、さまざまな場所に積極的に出かけて校外活動をおこないます。生徒の好奇心や理解を深め、それが身近な空間から地域社会、国際社会へと広がることを期待しています。

- **学習環境** 明るく広々とした教室や図書館で探求的な学習に取り組み、天然芝のグラウンドで思う存分身体を動かし、独立自尊の精神を育みます。校舎には学年ごとに用意された多目的教室、充実した専科教室に加え、音楽練習室、和室なども備えています。校庭には、2つのグラウンド、プール（水深調節機能付き）、ビオトープが設けられています。

- **安全対策** 東急田園都市線江田駅からの通学路をはじめ、学校周囲については、複数体勢で配備された警備員が監視しています。大きな地震災害に対しては、校舎は十分な耐震性を計算して設計施工がなされ、校舎内の書架や家具にも十分注意しています。災害時のために非常食や毛布、水なども備蓄しています。

- **昼食** 給食（月〜金曜日）

Data 2024年度入試データ ※2023年実施済みです。

[募集要項] ※2023年実施済み

■**募集人員**	男子66名　女子42名
■**要項配布**	9月1日〜7日（窓口） 9月8日〜29日（慶應義塾大学三田キャンパス警備室）
■**出願登録**	9月1日〜29日（web）
■**書類受付**	9月28日・29日（郵送）
■**考査料**	30,000円
■**考査月日**	〈1次〉11月11日 〈2次〉11月22日〜25日
■**結果発表**	〈1次〉11月17日 〈2次〉11月29日
■**入学手続**	〈書類配付日〉11月30日 〈手続日〉12月4日
■**学校説明会**	7月15日〜21日（動画配信）
■**学校見学会**	7月22日

[入試状況]

■**応募者数**	男子 804名　女子 625名
■**合格者数**	男子 66名　女子 42名

[考査の順番]

生年月日順

2024年度入試内容 ペーパー 行動観察 運動 絵画制作

● ペーパー

[話の聞き取り]
● お父さんと遊園地に行ったお話。

[知覚]
● 同図形発見

[推理]
● 系列

● 絵画制作

● 壁に動物の絵が貼ってあり、画用紙、アルミホイル、モール、コピー用紙などで「耳」や「たてがみ」をつくって貼る。最初にどの動物のものをつくるのか先生が聞いてくるので、それぞれ決めてからつくる。時間は5分程度。

● 運動テスト

● 準備運動。
● かけっこ。
● 連続運動。平均台、片足立ち、ボール投げ、クマ歩き。

● 行動観察

● グループで相談してボウリングゲームをおこなう。ペットボトルに少しだけ水が入っている。投げるものとして、トイレットペーパーの芯、ガムテープの芯、ざる、ゴムのボールなどが用意されていて、どれを使うか相談して決める。

 # 過去の出題

● 数量

[組み合わせ]
● 見本のようにおでんをつくります。おでんはいくつできますか。

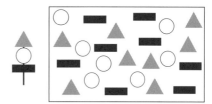

● 知覚

[白黒反転]
● 左の絵を見て、白と黒が逆になっているものを見つけて、○をつけましょう。

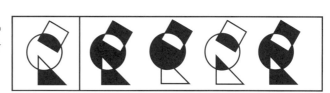

［並び］

● 左の絵と同じ並び方のところを見つけて、
○で囲みましょう。

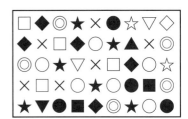

［点図形］

● お手本と同じように線をかきましょう。

● 言語

［話の聞き取り］

おじいさんは話すことが苦手ですが、動物が好きです。ハムスターなどを飼っています。おじいさんの家に行くと、棒の先についたソーダ味のアイスを食べます。おじいさんは男の子に「お母さんに叱られていないかい」「困ったことがあったら、いつでもおじいさんのところに来るのだぞ」と言ってくれました。おじいさんは、動物のなかでも特に犬が好きです。でも名前をつけるのは下手なのです。あるとき、会社の人から3匹の子犬をもらいました。3匹の犬の名前は、ワン、ツー、スリーです。プッチという犬は、おじいさんといつでもどこでもいっしょです。山に行くときも、川に行くときも、畑に行くときも、いつもおじいさんがバイクに乗ると後ろのカゴにプッチは乗ります。おじいさんが入院しました。入院する前の日、庭にあるツゲの木の2本をひもでつないで、そこにプッチのひもをくっつけて、自分で運動できるようにしました。ある日、おじいさんが亡くなりました。天国に行きました。その1か月後にプッチも死んでしまいました。天国に行ったのです。その夜男の子は、おじいさんをプッチが一生懸命追いかけている夢を見ました。「頑張れ、頑張れ、おじいさんに追いつけ」と言っている声で目が覚めました。

● いつもおじいさんがくれるものは何ですか。

● おじいさんがとプッチが、いっしょに行かなかったところはどこですか。

● 入院する前の日に、おじいさんがしたのはどんなことですか。

● 男の子が見た夢はどんな夢でしたか。

［話の順番］

● 絵を見て順番を考えます。1番の絵は○が1つついています。そのあとの順番を、○を1つずつ増やしながら書きましょう。（絵のなかには、余るものもある）

● 行動観察

［新聞紙くぐりゲーム］

● 新聞紙に丸く穴が開いているものを使用する。4人1組で頭から新聞紙を順にくぐり抜ける。最後の人は新聞紙をコーンにかけてくる。合図があるまで何枚もくぐり、多くの新聞がたまったチームが勝ちとなる。途中で新聞紙が破れてしまったら、先生に渡して新しいものをもらい、スタートからやりなおす。

［うちわ運び］

● 青線からスタートして、青かごのなかのボール（ピンポン玉くらいの大きさ）を、持ってるうちわにのせて、そのままコーンをまわって、青線まで走る。その場にある白いかごに、手を使わずにボールを入れる。2チームで競争して、白かごのなかのボールの数で競う。途中でボールを落としたら、拾って落としたところから再び始める。また、前の人が青線を越えてゴールしたら、次の人がスタートする。

● 運動テスト

［準備運動］　各自マークのあるところでおこなう。
- 膝まわし（左右10回）、前屈（方愛を前にクロスして出す。左右）、屈伸、片足ケンケン。

［模倣体操］
- ①ライオン（足を前後に開いて、手を指先を前にして、上下に大きく開いて前に出す）
  ②ウサギ（しゃがんで指先を立てて、手を頭上にのせる）
  ③クジャク（片足立ちになり、手を左右閉じて真上にあげてから、左右に横にそのまま広げる）
  この3つの動きをはじめは先生といっしょにおこない、次は子どもだけでおこなう。1つの動きから、2つ3つの動きを先生の指示の順番通りに動く。

［連続運動］
- 赤マットから机まで走る　→ボール投げ　→次のマットの上をカエル跳び　→飛び石のようになっているところを歩く（高さが多少異なる。落ちたらそこからやり直す）　→コーンをまわって青マットまで走る（猛スピードで走るという指示）

● 絵画制作

指示通りに紙を折って四角柱をつくる。四角柱ができたら、それを使って海に行って遊ぶ道具を考えてつくる。作業中に「何をつくっていますか」と先生から質問がある。

［粘土］
- お正月にあったらよいと思うものをつくりましょう。
- お誕生会にあったらよいと思うものをつくりましょう。
- お祭りであったらよいと思うものをつくりましょう。

［条件画］　※作業中に先生から質問がある。
- （画用紙にテーブルと椅子の絵が描かれている）誰と何を食べるとおいしいですか。その絵を描きましょう。
- （草むらの絵が描いてある）ここで誰と何をしたいですか。必ず人を描きましょう。
- 無人島に持っていきたいものを描きましょう。

 ## お母様の受験 memo

◎アドバイス、etc.…
- 今年のペーパーは難しかったようです。1次通過のために、ペーパー対策は強化したほうが安心だと思います。
- 願書での課題がここ数年「福翁百話」が続いているので、早い段階で読んでおくことをお勧めします。
- トイレは長い列ができていたため、駅などで済ませたほうがよいと思います。

精華小学校

- ●**校長** 臼井 公明
- ●**児童数** 男女計 479名

- ●**併設校** 神奈川学園中学校（女子）
  神奈川学園高等学校（女子）

沿革&目標

1922年（大正11年）、個性尊重と人格主義の高い教育理念を掲げて開校されました。自主自律の心をもった強い子、愛他・相扶の情をそなえた優しい子を育成するその校訓は「人のおせわにならぬよう、人のおせわのできるよう」です。

学費 ※昨年度のものです。授業料等は、入学後、変更になる場合もあります。

- ●**入学手続時** 入学金 300,000円
- ●**それ以降** 授業料 474,000円（年額）、施設拡充費 300,000円（入学後納入）、
  教育管理費 264,000円（年額）、父母と教師の会入会金 20,000円（入学時）、
  会費 18,000円（年額）、児童費 2,700円（年額）、
  学年費（年額）60,000円

所在地&最寄り駅

- ●**住所** 〒221-0844 神奈川県横浜市神奈川区沢渡18
  ☎ 045（311）2963

- ●**アクセス** JR／横浜駅から徒歩12分

ホームページ https://www.seika-net.ed.jp/

学校の特色

● **学習指導**　体力の増強と他学年とのつながりのため、毎朝始業前にグラウンドを全員が走ります。
　　　　　　　個性尊重の一面として日々の学習をはじめ、特別活動・学校行事等すべてにわたり全児童に
　　　　　　　できる限り平等に活動の機会を与え、責任を分担させています。
　　　　　　　教科構成は一般小学校と同じですが、専科制に準ずる組織をもって授業をおこなっています。

● **特別活動**　宿泊を伴う行事を3年生の夏からおこなっています。夏には夏季教室（3年：保田海岸、4年：
　　　　　　　野辺山、5年：那須高原、6年：富士山）、秋には教育旅行（3年：横浜市内、4年：県内、5年：東
　　　　　　　海）をおこなっています。5年の春休みには関西方面の教育旅行をおこないます。
　　　　　　　JRC（青少年赤十字）委員会は、横浜市最古の伝統を持つ精華少年赤十字団を受け継ぎ、
　　　　　　　国際親善や救援募金など幅広い活動をおこなっています。
　　　　　　　クラブ活動は、造形、音楽、パズル、サッカー、パソコン、バスケットボール、バドミントン、読
　　　　　　　書、科学研究、卓球、ボール、ホーム、囲碁・将棋など。

● **学校行事**　運動会・七夕学芸会・文化祭等行事の練習過程を大切に考え、各種行事がおこなわれています。
　　　　　　　〈お話を聞く会〉伝承民話を中心に豊かな情操を養うため、日本人の貴重な財産である「語り」
　　　　　　　（お話）を聞く会があります。その他、球技大会、科学者と語る会、星空観察会などがあります。

● **昼食**　　　弁当（月〜金曜日）

● **編入試験**　欠員が生じた場合に実施。対象学年は1〜5年生。※事前登録

● **併設校への進学状況**（2023年4月時）

　　小→中　卒業生のほとんどが他私立・国立（公立）中学へ進学。
　　　　　　　進学先：開成中、麻布中、桜蔭中、女子学院中、慶應義塾（中等部・普通部・湘南藤沢中等部）、
　　　　　　　浅野中、筑波大附属駒場中、駒場東邦中、栄光学園中、聖光学院中、逗子開成中、
　　　　　　　サレジオ学院中、鎌倉学園中、フェリス女学院中、鎌倉女学院中、広尾学園中、
　　　　　　　豊島岡女子学園中　　他

Data　2025年度入試データ　※2024年実施予定です。必ず学校発表の入試要項でご確認ください。

[募集要項]※2024年実施予定
■**募集人員**　男女計 80名
■**Web出願**　8月26日〜30日
■**考査料**　25,000円（指定口座へ振込）
■**考査月日**　10月22日
■**面接日**　9月24日〜
■**結果発表**　10月22日（20:00〜から）
　　　　　　　10月23日（15:00まで）
　　　　　　　※発表は精華小学校ホームページにてお
　　　　　　　　こないます。
■**入学手続**　10月23日

[入試状況]
■**応募者数**　男女計 316名
■**補欠者数**　非公表

[考査の順番]
願書出願順（web）

[インフォメーション]
Web出願（含考査料振込）後、出願書類をプリントアウトし郵送。面接・考査の集合時間は、出願後にウェブサイトにて確認します。欠席・遅刻とも認められませんから十分確認して、当日は集合時刻までに受付を済ませておきましょう。
入学手続きの際、納付金は現金を取り扱いませんので、指定口座へお振込みください。

■**校舎施設見学会**　5月11日
■**学校説明会**　　6月8日

過去の出題 ペーパー 行動観察 運動 個別 絵画制作

● 数量

[積み木の数]

● 左の数と同じ数の積み木を見つけて、○をつけましょう。

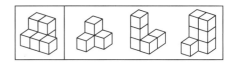

● 推理

[回転図形]

● 左の図形を回転させたものがあります。
正しいものを見つけて○をつけましょう。

[切り開き図形]

● 左の折り紙の黒い部分を切り取って開いたらどうなるでしょう。○をつけましょう。

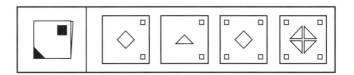

● 構成

[同型判断]

● 左の形と同じ形を使っていない絵に○をつけましょう。形が大きくなったり、小さくなったりしている
形はよいですが、曲がったり、違う形が入っている絵は同じではありません。

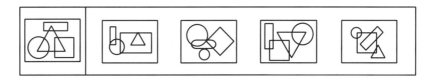

● 知覚

[マス目の移動]

● ×印からスタートして、指示の通りに進む。
たどり着いたところに×をつける。

[あみだくじ]

● 上の印はどこにたどり着きますか。印を下に書きましょう。

● 巧緻性

[シール貼り]

● 台紙にかいてある三角形の上に、青の三角シールを枠の中にきちんと貼る。やめと言われるまで
続ける。

● 個別テスト

［話の聞き取り］

ウサギさんとキツネさんは仲よしです。2人で折り紙をして遊んでいました。ウサギさんは鶴が折れません。自分で折ってみたかったのに、キツネさんが「折ってあげるよ」と言って取り合いになりました。そこへタヌキさんがやってきて、「ケンカはやめたほうがいいよ」と言いました。

● あなたがウサギさんだったらどうしますか。

● キツネさんのどんなところがいけなかったと思いますか。

［口頭試問］ お話を聞いて質問に答える

今日はクマくんの遠足の日です。「自分で起きるようにしましょう」とお母さんに言われたので、目覚まし時計を借りて寝たのに、朝寝坊してしまいました。それでクマくんは「どうしてお母さんは起こしてくれなかったんだ」と言って、怒って出かけてしまいました。

● このときお母さんはどんな気持ちだったと思いますか。お母さんの気持ちになってお話ししましょう。（話の続き）クマくんは遠足から帰ってきました。お母さんはクマくんの話を、まったく聞いてくれませんでした。

● このときクマくんはどう思ったと思いますか。

● 絵画制作

● 魔法の窓を通ると大きいものは小さく、小さいものは大きくなります。自分が小さくなったようすをかきましょう。

● 野菜たちが滑り台で遊んでいるようすの絵をかきましょう。

● 運動テスト

● 鉄棒ぶら下がり。

● 右へ、左へ指示通りにジャンプする。先生の終わりの合図まで続ける。

● お手玉を上に投げて、1回拍手して片手でキャッチする。終わりの合図まで続ける。

● 行動観察

［ピンポン玉を運ぶ競争］

● 1チーム6〜7人でおこなう。跳び箱の上にお皿が置いてあり、それにピンポン玉を置く。お玉かスプーンで運ぶので、どちらにするか相談して決める。落としてしまったら、その場所からやり直す。

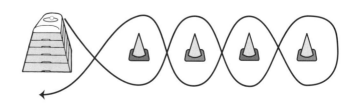

面接

親子同伴の面接が、考査日前におこなわれます。日時は願書受付の際に通知されます。面接時間は10分程度。

父親へ
◎ 本校の教育に期待することは何ですか。
◎ 中学受験についてどのようにお考えですか。

母親へ
◎ お子様が悩んでいるようなようすが見られたときどうしますか。
◎ どのように育ってほしいですか。

子どもへ
◎ お名前を教えてください。
◎ 幼稚園の名前を教えてください。
◎ この学校の名前を知っていますか。
◎ 今日は何で来ましたか。…電車の窓から何が見えましたか。
◎ 絵本を読んでもらうことはありますか。…好きな絵本は何ですか。…どんなところが面白いですか。
◎ お友達に嫌なことをされたらどうしますか。…それでもやめなかったらどうしますか。

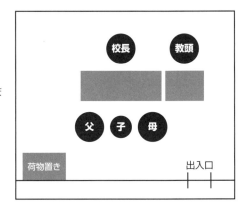

お母様の受験 memo

◎試験当日のこと…
● 面接ではお互いにマスクを外して、顔の確認がありました。マスクをまた着用してから面接が始まりました。
● 質問は校長先生のみで、教頭先生はメモをとっていらっしゃいました。

◎アドバイス、etc.…
● 自分だったらどうしますかなどの質問があるため、自分の意見をはっきり言えるようにすることだと思います。

聖ヨゼフ学園小学校

- ●校長　清水 勝幸
- ●児童数　男子 184名
  女子 181名

- ●併設校　聖ヨゼフ学園中学校（共学）
  聖ヨゼフ学園高等学校（共学）

沿革&目標

カトリックの男子修道会アトンメントのフランシスコ会が、勝野巌神父を初代校長として1953年に鶴見聖ヨゼフ小学校として設立しました。異なる文化に対する理解と尊重の気持ちを持ち、平和でよりよい世界の実現に貢献できる児童を育みます。

学費 ※昨年度のものです。授業料等は、入学後、変更になる場合もあります。

- ●入学手続時　入学金 200,000円
- ●それ以降　授業料 32,000円（月額）、施設設備資金 140,000円（入学時）、
  施設設備維持費 10,000円（月額）、教育振興費 15,000円（月額）、
  IB教育費20,000円（月額）、その他
  教材費・宿泊体験学習費などあり。

所在地&最寄り駅

- ●住所　〒230-0016 神奈川県横浜市鶴見区東寺尾北台11-1
  ☎ 045（581）8808

- ●アクセス　臨港バス／JR鶴見駅・東急東横線綱島駅・菊名駅より
  　　　　「二本木（聖ヨゼフ学園前）」下車
  　　市営バス／JR新横浜駅・鶴見駅より
  　　　　「陸橋下聖ヨゼフ学園前」下車

 ホームページ https://www.st-joseph.ac.jp/

学校の特色

- **宗教教育** 週に１時間、宗教の時間を設けています。カトリック精神にもとづく宗教教育をおこなっています。

- **学習指導** 〈**国際バカロレア（IB）教育プログラム**〉本校のカリキュラムは、基礎基本の充実と個々の能力を高めるために、学習指導要領をもとに長年研究してきたものです。国際バカロレア初等教育プログラムは、3歳から12歳までを対象とし、精神と身体の両方を発達させることを重視しています。本校の教育に国際バカロレアの教育プログラムを導入することで、世界標準の初等教育プログラムを取り入れたものへと深まります。教科の枠を超えた学びを自ら活用し、将来必要な知識やスキルを自ら獲得し、ユニバーサルな思考を自ら持てる人となるように導きます。

    〈**英語教育**〉聞く、話す、読む、書くという言語活動を通して、英語の基礎的な言語感覚を養います。また、言語や文化に対する関心を高め、豊かな心情を養い、国際理解の基盤を培っていきます。すべての学年で週2時間の英語の授業をおこなっています。

- **クラブ活動** サッカー、バスケットボール、野球、理科、音楽など、さまざまな活動のなかで自主性や協調性を育てています。

- **学校行事** 〈**4月**〉全校ミサ〈**6月**〉運動会、3年体験学習（西湖、2泊3日）、2年体験学習（山中湖、2泊3日）、6年体験学習（白神山地、3泊4日）〈**9月**〉全校ミサ、1年体験学習（山中湖、1泊2日）〈**10月**〉4年体験学習（西湖、2泊3日）、5年体験学習（益子、3泊4日）〈**11月**〉音楽会・校内レクリエーション大会〈**12月**〉クリスマスの集い〈**1月**〉創立記念行事〈**3月**〉卒業感謝ミサ、など

- **昼食** 弁当（月〜金曜日）※パン・牛乳販売あり

- **編入試験** 事務室で登録し、欠員が生じた場合に随時連絡。

- **併設校への進学状況**

    小→中 〈**共学**〉 原則として全員が聖ヨゼフ学園中学校へ進学できる。成績等の総合評価による。

    中→高 〈**共学**〉 原則として全員が聖ヨゼフ学園高等学校へ進学できる。

Data 2025年度入試データ ※2024年実施予定です。必ず学校発表の入試要項でご確認ください。

[募集要項]※2024年実施予定
- **募集人員** 〈A日程〉男女計 70名
  〈B日程・C日程〉男女若干名
- **要項配布** 6月〜
- **出願** 〈A日程〉9月〜（web）
  〈B日程〉11月〜（web）
  〈C日程〉2025年1月〜（web）
- **考査料** 20,000円
- **考査月日** 〈A日程〉10月22日 〈B日程〉11月16日
  〈C日程〉1月21日
- **面接日** 〈A日程〉10月上旬
  〈B・C日程〉考査当日
- **結果発表** 考査当日ホームページにて発表
- **入学手続** 〈A日程〉10月22日
  〈B日程〉11月16日
  〈C日程〉2025年1月18日

- **学校説明会** 6月22日、8月31日
- **夕暮れ説明会** 7月10日
- **B日程説明会** 10月30日
- **C日程説明会** 2025年1月10日

[インフォメーション]
①web出願
②考査の午前・午後の別は出願の際に選べます。
③通学区域の制限はありませんが、通学時間は1時間以内が望ましい、とあります。
- **行事日程**
  （運動会）6月8日
  （音楽会）11月2日
  （クリスマス会）12月19日

過去の出題 行動観察 個別

● 個別テスト

（先生と1対1での口頭試問による）

○記憶

[絵の記憶]

● 提示された絵を見て覚えたあと、2枚目の絵のなかで増えたものを答える。

 →

○数量

[減算]

● ケーキが9個あります。3つ食べたらいくつのこりますか。

[水の量]

● 絵のように砂糖を溶かしたとき、1番甘くなるのはどれですか。

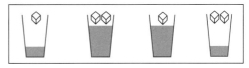

○言語

[ものの名前と使い方]

● ハンガーの絵を見て、名前と使い方を答える。

[話の順番]

● 聞いたとおりにカードを並べる。
「花子さんはお母さんとお花屋さんに行きました。ヒマワリを買ったあと、暑かったので八百屋さんによってスイカを買いました。家に帰って食べました。」

○知識

● （ヒマワリの絵を見て）同じ季節の花を選びましょう。
● （生き物の絵を見て）海の生き物はどれですか。肉を食べるのはどれですか。

○巧緻性

● ハサミで線のところを切りましょう。

● 行動観察

● トムとジェリーの映像を見て、どうしたら仲よくなれるか、意見を言う。
● 自由遊び。

面接

親子同伴の面接が、考査日前（B・C日程は当日）におこなわれます。日時は願書受付の際に通知されます。面接時間は10分程度。

父親へ

◎ ご家庭の教育方針を教えてください。

◎ 志望理由をお聞かせください。

◎ 国際バカロレアについてどう思いますか。

◎ 学校と教育方針が違ったらどうしますか。

◎ お子様の成長を感じるのはどんなときですか。

母親へ

◎ お子様が帰宅後、いつもとようすが違うとき、どのように対応しますか。

◎ キリスト教教育についてどのようにお考えですか。

◎ ご家庭の自慢を1つ教えてください。

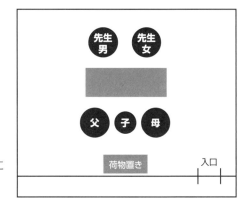

子どもへ

◎ お名前と年齢を教えてください。

◎ 幼稚園の名前を教えてください。

◎ 幼稚園での係は何ですか。

◎ 今日はここまでどうやって来ましたか。…電車のなかで気をつけることは何ですか。

◎ 小学校で頑張りたいことは何ですか。

◎ 今1番行きたい小学校はどこですか。

◎ 宝物は何ですか。

◎ お手伝いはしますか。

◎ お父さん、お母さんのすごいところはどこですか。

お母様の受験 memo

◎**試験当日のこと…**

● 控え室は図書室でした。

● 面接では、手元のリストを見ながら質問されていました。

● 先生方の口調がおだやかで、落ち着いた印象でした。

◎**アドバイス、etc.…**

● 待ち時間のために、本、折り紙、お絵描きなど持参するとよいと思います。

捜真小学校

- ●**校長** 内藤 伸人
- ●**児童数** 男子 122名
  女子 222名

- ●**併設校** 捜真女学校中学部
  捜真女学校高等部

沿革&目標

1886年（明治19年）、宣教師シャーロット・ブラウンにより横浜山手の地に設立されました。その後、捜真女学校に改称し、大正時代には現在地に移転、戦災のため一時は全校舎を失いましたが、1957年（昭和32年）に男女共学の小学校として再開され、現在に至っています。「聖書にある真理を探し求める」人格教育を土台に、子どもの個性の発見と、それを生かす教育をめざし、男子は男子として、女子は女子としての特性が十分にあらわれるよう少人数で、きめ細かい教育がおこなわれています。

学費 ※昨年度のものです。授業料等は、入学後、変更になる場合もあります。

- ●**入学手続時** 入学金 250,000円
- ●**それ以降** 授業料 37,500円（月額）、施設拡充費 150,000円（入学時）、施設維持費 11,000円（月額）、
  教育拡充費 5,000円（月額）、給食費 1,200円（月額）、教材費 1,700円（月額）、
  旅行積立 3,000円（月額）、PTA会費 1,100円（月額）、同窓会積立 200円（月額）、

所在地&最寄り駅

- ●**住所** 〒221-8720 神奈川県横浜市神奈川区中丸8
  ☎045（491）4227
- ●**アクセス** 市営地下鉄／三ツ沢下町駅から徒歩10分
  東急東横線／反町駅から徒歩15分
  バス／横浜駅西口より市営バス50系統
  「捜真学院前」下車

ホームページ https://www.soshin.ac.jp/primary/

学校の特色

- **宗教教育** 　毎朝、神への礼拝（全校礼拝・学年礼拝）をもって一日がはじめられ、自然教室および宗教行事、奉仕活動などによって畏敬の念と感謝の気持ちを養います。
- **学習指導** 　1学年2学級、1学級30名の少人数制がとられ、きめ細かい教育を実践しています。英語の授業が1年生からおこなわれる他、理科・音楽・造形の各教科では教科担任制により学習が進められます。
- **校外学習** 　御殿場（静岡）にある本校施設で、1・2・3年生と4・5・6年生に分かれ、毎年3日間、自然教室が開かれています。普段の生活では経験できない大自然のなかで、上級生や下級生と、また友達どうしとの集団生活を体験します。
- **教育環境** 　横浜港を見下ろす高台の閑静な住宅街の一角に位置しています。校内にはグラウンド脇に、鳥や昆虫、草花など動植物があふれる森「ベタニヤ・ガーデン」や「ビオトープ」もあり、木登りをしつつ、自然の営みから多くの生命力や創造性を感じることができます。
- **昼食** 　弁当（月・火・水・金曜日）。お弁当給食（木曜日）
- **アフタースクール** 　放課後、本校敷地内で最大で18時30分までお子様をお預かりいたします。週1回〜5回のコースから選ぶことができ、学校の長期休みは午前中からお預かりいたします。学習のサポートや季節の行事、そろばん教室やスポーツ教室といった習い事もご用意しております。
- **編入試験** 　随時実施。対象学年は2年生〜5年生。
- **併設高校から主要大学への合格実績**
　東京工業大、お茶の水女子大、東京都立大、横浜市立大、早稲田大、慶應義塾大、上智大、国際基督教大、立教大、明治大、青山学院大、学習院大、中央大、法政大、東京理科大、東京女子大、日本女子大　他

Data　**2025年度入試データ** ※2024年実施予定です。必ず学校発表の入試要項でご確認ください。

[募集要項] ※2024年実施予定		[入試状況]	
■募集人員	〈A日程〉男女計 50名	■結果発表	〈A日程〉（第1回）10月22日〜（web）（第2回）10月23日〜（web）
	〈B日程〉男女計 10名		〈B日程〉10月26日〜（web）
	〈C日程〉男女あわせて若干名		〈C日程〉11月16日〜（web）
■要項配布	2月25日〜11月	■入学手続	〈A日程〉（第1回）10月22日〜24日（第2回）10月23日〜25日
■願書受付	〈A日程〉8月3日〜9月11日（web）		〈B日程〉10月26日〜28日
	〈B日程〉9月2日〜27日、10月1日〜25日（web）		〈C日程〉11月16日〜18日
	〈C日程〉10月28日〜11月15日（web）		
■考査料	20,000円	[入試状況]	
■考査月日	〈A日程〉（第1回）10月22日（第2回）10月23日	■応募者数	男子 73名　女子 100名
	〈B日程〉10月26日	[考査の順番]	
	〈C日程〉11月18日	願書提出順	
■面接日	〈A日程〉9月24日〜10月2日	■行事日程（予定）	
	〈B日程〉10月7日・8日・26日	（学校説明会）2024年6月6日、9月5日	
	〈C日程〉11月16日		

過去の出題 ペーパー 行動観察 運動 絵画制作

● ペーパーテスト

[言語]
- 話の聞き取り。てんとう虫が池に落ちた動物を助けるお話。
- しりとり

[知識]
- 絵と関係のあるものを右から選びましょう。

[推理]
- ブラックボックス。

[知覚]
- 迷路。

[数量]
- 重さ比べ。

● 絵画制作

- 描かれている線を使って絵を描く。

● 運動テスト

- 音楽に合わせて歩く、スキップ。

● 行動観察

- 2人でペアになり、何かをつくる。
- 自由遊び。

 # 面接

親子面接が考査日前におこなわれます。アンケートは当日記入します。面接時間は10分程度。

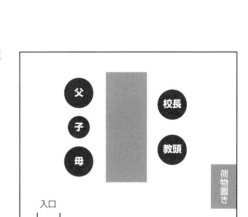

😊父親へ

◎ 志望理由についてお聞かせください。
◎ 本校の説明会や公開授業には参加されましたか。
◎ 本校の校訓についてどのように思われますか。
◎ お教室には通われましたか。

😊母親へ

◎ 幼稚園・保育園から帰宅するお子様を、どんな心構えで迎えていますか。
◎ 幼稚園・保育園に行きたくないと言われたら、どのように対応しますか。
◎ 本校の説明会や公開授業には参加されましたか。
◎ 本校の校訓についてどのように思われますか。
◎ お子様とお風呂に入るときにどういうコミュニケーションを取っていますか。

😊子どもへ

◎ お名前を教えてください。
◎ 幼稚園・保育園から帰ったら何をしますか。
（他、なぞなぞが2、3問出題される）
◎ 幼稚園・保育園の名前を教えてください。
◎ お誕生日はいつですか。

お母様の受験 memo

◎試験当日のこと…

- 8時に受付、控え室で待機。15分に点呼、子どもは行動観察のテストへ。9時に戻ってきて終了。
- 8時50分に受付、控え室で待機。9時20分に子どもは廊下に並んで考査へ、親はそのまま待つ。10時15分に子どもが戻ってきて終了。
- 10時に受付、教室で待機。25分から考査開始、7人ほどのグループで各部屋へ。11時25分に子どもが戻ってきて終了。

◎面接では…

- とてもなごやかな雰囲気でした。はじめになぞなぞなので、リラックスして臨めました。待機中にアンケートを書くため、えんぴつと消しゴムが用意されていました。おもに宗教的なことについて聞かれましたが、毎年同じような内容だと思いますので、事前に準備しておけば大丈夫です。
- 受付後に控え室で番号札を付け、アンケートに記入します。教頭先生が兄の担任だったこともあり、終始明るく楽しく時が流れました。20分前に到着し、予定時刻より20分ほど遅れて開始されましたので、子どもが退屈していました。折り紙や本を持って行くとよいと思います。
- 親子3人とも左胸に番号札を付け、面接開始までにアンケートを書きます。上の子が通っていたためか、なごやかな雰囲気でした。「なぞなぞ」で家庭の雰囲気を見られている感じがしました。願書の備考欄に家族の出身校や勤務先などを書いたので、仕事等に関する質問もなく、聞かれたのは志望理由のみといった感じでした。子どもについても願書に書く欄がたくさんありましたので、難しい質問は一切ありませんでした。

◎アドバイス、etc.…

- 子どもにとってはとにかく楽しい考査だったようです。行くときは真剣だったのが、帰りにはほぼ全員が楽しんでしまい、跳びはねながら、おしゃべりをしながら、戻ってきてしまいました。当たり前のことですが、緊張感を最後まで保てるお子さんが有利だと感じました。
- 順番を待つようす、友達とのかかわり、協調性、意欲、お行儀が大切なテストだと思いました。テストがはじまる前に、子どもたちに「今日は何でここまで来た？」と質問があり、「車の子？」「タクシーの子？」「電車の子？」「歩きの子？」と聞かれたそうです。
- 兄弟枠以外にどれくらいの人数を採るのか確認されたほうがいいです。とりあえず受験はできますが、今年は兄弟がおられる方が多かったので狭き門となったようです。ただし男子には定員に余裕があるようです。

桐蔭学園小学校

- ●**校長**　森 朋子
- ●**児童数**　男子 334名
　　　　　　女子 246名

- ●**併設校**　桐蔭学園幼稚園（共学）
　　　　　　桐蔭学園中等教育学校（共学）
　　　　　　桐蔭学園高等学校（共学）
　　　　　　桐蔭横浜大学（共学）
　　　　　　桐蔭横浜大学大学院（共学）

沿革&目標

　1964年（昭和39年）に桐蔭学園が設立され、小学校は1967年（昭和42年9に開校しました。現在では幼稚園から大学までの総合学園に発展しています。「すべてのことに『まこと』をつくそう」「最後までやり抜く『強い意志』を養おう」という二つの校訓を掲げ、将来の知識基盤社会を生き抜く力を持つ「自ら考え 判断し 行動できる子どもたち」の育成を目指しています。

　自分で考え、行動し、仲間に支えられ、失敗をも経験しながら目標に向かって前進する、そのような経験を積み重ねることで子どもたちは「生き抜く力」を身に付けます。桐蔭学園小学校は、これまで以上に「子どもを中心とした学び」を押し進め、子ども自身が深く考え、それらを発信することを教育の基盤に据えていきます。そのために、学校教育目標下に育成すべきコンピテンシー（資質・能力）として「思考力」「創造力」「チャレンジ力」「メタ認知力」「思いやり」「エージェンシー」の6つを設定しました。一人ひとりの子どもたちの個性ある豊かな成長へ中等教育学校・高校・大学とも連携しながら『21世紀を生き抜く子どもたち』へ育っています。

学費　※昨年度のものです。授業料等は、入学後、変更になる場合もあります。

- ●**入学手続時**　入学金 310,000円、施設設備費 298,000円、授業料（4月〜6月分）153,000円、
　　　　　　　　教育活動費（4月〜6月分）22,800円、スクールバス代（4月〜6月分）15,600円、
　　　　　　　　給食費（4月〜6月分）26,400円、保護者会入会金 10,000円、
　　　　　　　　保護者会費（1年間分）18,000円
　　　　　　　　※上記の他に空調費17,200円（年額）、iPad・制服・文具代等がかかります。詳細は学園公式
　　　　　　　　Webサイトの児童募集要項をご確認ください。

所在地&最寄り駅

- ●**住所**　　〒225−8502 神奈川県横浜市青葉区鉄町1614
　　　　　　☎ 045（971）1411
- ●**アクセス**　バス／あざみ野・市が尾・青葉台・柿生の各駅より
　　　　　　　　「桐蔭学園前」「もみの木台」下車

ホームページ　https://toin.ac.jp/

学校の特色

- **特徴と特色** 「子どもを中心とした学び」で6つの力が育ちます。
  - **＊思考力** 疑問を抱き、自問自答し、他との違いや共通項を見出す楽しさを知り、自分が考えたことを論理的に他者に伝えることができる。
  - **＊創造力** 自分の思いのなかに「やりたいこと」を作り出し、考えを深めながら既存の考えを超えて新しい価値を見出すことができる。
  - **＊チャレンジ力** 自分に「できること」ではなく、「やりたいこと」を見つけ出し、難しいことにも挑戦することを楽しみながら、最後まで「やり抜こう」と努力することができる。
  - **＊メタ認知力** 自らの思考や行動を振り返り、うまくいかなかったところや問題点などを見つけ出し、失敗を今後の成功の糧として自分自身を成長させることができる。
  - **＊思いやり** 他者の立場を思いやる創造力を持ち、お互いに尊重し合い、共感し、本音で向き合い、高め合えるような信頼関係を築くことができる。
  - **＊エージェンシー** 自らが身につけた「思考力」「創造力」「チャレンジ力」「メタ認知力」「思いやり」を自分のクラス、学校、家族、社会がより良く変わるために活用することができる。
- **独自の教育** **＊「わかる」「できる」授業の展開** 低学年は学級担任中心の学習指導と、実技科目の教科担任制を採り入れています。3年からは完全な教科担任制で専門性の高い授業を展開することで、「わかる」授業で「できる」自信と「考える」楽しさをつかみ、次へ向かう意欲が育まれます。
  ＊ICT教育を積極的に推進しています 全学年全ての児童にタブレットPC（iPad）を導入しています。1人1台のタブレット環境での学習に適した授業支援アプリ「ロイロノート・スクール」も導入し、資料のやりとり、思考の可視化、意見の共有が簡単にできるようになり、子どもたちが自ら考え表現する協同的な学びが可能となりました。児童の思考を深め、主体性や他者との協働性を高めるデジタル版シンキングツールも導入し、ICTを活用して学びを深めています。
- **内部進学（推薦入学制度）について** 本校6年児童の上級学校への内部進学については、ご家庭からの希望に対し、一定条件に基づいて小学校が推薦を行います。その推薦内容を基に中等教育学校が入学の可否を判定します。
- **Topics** **＊学内食堂で作る週4日の給食**（水曜はお弁当）**＊アフタースクールあり**（NPO法人への業務委託／下校後〜最長18:30まで／下校バスあり）

Data **2024年度入試データ** ※2023年実施済みです。

［募集要項］※2023年実施済み
- **■募集人員** 〈アドベンチャー入試〉約10名
  〈一般入試〉男子 約30名、女子 約30名
- **■募集要項** 5月15日よりWeb閲覧開始
- **■願書受付** 〈アドベンチャー入試〉9月11日10:00〜10月9日23:59
  〈一般入試〉9月11日10:00〜24日23:59
  ※いずれもWeb出願のみ。顔写真はデータアップロードのみ。
- **■考査料** 25,000円（クレジットカード決済のみ）
- **■考査月日** 〈アドベンチャー入試〉11月1日
  〈一般入試〉（男子）10月18日（女子）10月19日
- **■面接日** 〈アドベンチャー入試〉考査当日（保護者のみ）※受験児の面接はなし
  〈一般入試〉（受験児）考査当日 （保護者）事前
- **■結果発表** 〈アドベンチャー入試〉11月2日10:00〜3日16:00
  〈一般入試〉10月21日10:00〜10月22日18:00
  ※いずれも個別合否照会システムによる発表
- **■入学手続** 〈アドベンチャー入試〉11月9日13:00まで
  〈一般入試〉10月26日13:00まで
- **■学校説明会** 5月15日、6月1日・17日、7月15日、9月7日
- **■個別相談会** 6月21日〜7月7日

［入試状況］
- **■応募者数** 〈アドベンチャー入試〉
  男女計 32名
  〈一般入試〉
  男子 266名　女子 182名

［考査の順番］
願書提出順

［インフォメーション］
2022年度入試より、桐蔭学園小学校は「アドベンチャー入試」を導入いたしました。AI時代の到来やコロナ禍など、私たちを取り巻く環境は大きく変化しています。これからの時代に必要な教育は、知識偏重でテストでよい点数をとることだけではなく、自ら考える力やあきらめない心など、「学びに向かう力」を育むことであると確信し、学園が一丸となって教育改革にまい進しています。

過去の出題 ペーパー 行動観察

● ペーパー
- 短文の聞き取り ● 回転図形 ● 重ね図形 ● 模写 ● 積み木の合成

● 行動観察
- 輪投げ、ボウリング、紙コップ、紙皿、スポンジ、折り紙、お絵描きなどで自由に遊ぶ。
- 口頭試問。「あなたのお名前は何ですか」「もし雲に乗れるとしたら、どんな形がいいですか」

面接

保護者面接が、考査日前におこなわれます。時間は15分程度。
アドベンチャー入試では、考査当日におこなわれます。

父親へ
- ◎ 本校のイメージはどのようなものですか。
- ◎ お子様が興味・関心があることは何ですか。
- ◎ お子様が20歳になる頃、社会はどうなっていると思いますか。
- ◎ ふだんどのくらい、お子様と接していらっしゃいますか。

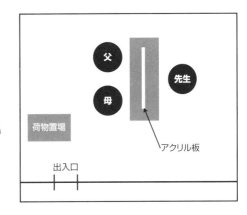

母親へ
- ◎ 本校のイメージはどのようなものですか。
- ◎ どのようなお子様ですか。
- ◎ 食べ物の好き嫌いがあると思いますが、どうしていらっしゃいますか。
- ◎ お子様が20歳になる頃、社会はどうなっていると思いますか。

お母様の受験 memo

◎試験当日のこと…
- 面接は3部屋同時進行でした。
- 面接中は特にメモを取ることもなく、おだやかな雰囲気でした。
- 面接・考査ともに、ほとんどのご家庭が車で来ていらっしゃいました。
- 面接日は道が混んでおり、5分前ぎりぎりの到着になってしまいました。
- 考査日は車で行った場合、車内で待機でした。

◎アドバイス、etc.…
- 学校が進めている改革への理解がカギかと思います。

森村学園初等部

- ●**校長** 田川 信之
- ●**児童数** 男子 345名
  女子 357名

- ●**併設校** 森村学園幼稚園
  森村学園中等部
  森村学園高等部

沿革&目標

学園創立者、森村市左衛門は幕末から大正期にかけて活躍した実業家です。日米貿易の先駆者でもあり、ノリタケ、TOTO、INAX、日本碍子、日本特殊陶業など世界的な企業の基をつくりました。次世代を担う若者を育成するために、私財の多くを慶應・早稲田・日本女子大学などに寄付しました。晩年（1910年）、人の勧めもあり自宅の一部に幼稚園・小学校を開設しました。以来110年以上にわたって、「正直・親切・勤勉」の校訓の下に、男女共学による「社会に役立つ人の育成」を目指した教育活動をおこなっています。学園の建学の精神は「独立自営」、教育理念は「仁徳を備え、自らの力で人生を切り拓き、世界の力、社会の力となる人財の育成」です。学園全体として「言語技術教育」「英語教育」「ICT教育」に重点を置いており、未来志向型の教育活動を展開しています。

学費 ※昨年度のものです。授業料等は、入学後、変更になる場合もあります。

- ●**入学手続時** 入学金 250,000円、施設維持費 125,000円（延納あり）
- ●**それ以降** 授業料 609,000円（年額）、給食費 124,800円（年額）
  PTA会費 10,000円（年額）、施設維持費 120,000円、
  教材費 32,000円（年額、学年によって異なります）
  ※寄付金1口 50,000円（任意／4口以上を入学手続後に）

所在地&最寄り駅

- ●**住所** 〒226-0026 神奈川県横浜市緑区長津田町2695
  ☎ 045(984)2509・2519

- ●**アクセス** 東急田園都市線／つくし野駅から徒歩5分

ホームページ https://www.morimura.ed.jp

インスタグラム インスタグラムでも学校生活の様子を伝えています。

学校の特色

● **学習指導**　初等部では義務教育段階のスタートとなることから、基礎学力や応用力等の高い学力を身につけるだけでなく、心身共に健やかな、バランスの取れた人間形成を目標としています。
〈きめ細かい指導〉多くの教科に専科制を採用しています。低学年ではダブル教員制を設け、全授業2名体制できめ細かい指導を実施。算数は3年生ではTT（ティームティーチング／1クラス2名教員）、4年以上は1クラス2分割で授業をおこない、より深い理解を促します。
〈英語〉イギリスの公的機関「ブリティッシュ・カウンシル」より3名のネイティブ講師による授業を1年生よりおこなっています。4年以上はクラスを二つに分けての授業です。5年生以上の希望者対象にオーストラリアでの夏季短期語学研修をおこなっています。2024年度より指導体制を　部変更の予定。
〈言語技術教育〉1年生より、言語技術教育プログラムを実施し、批判的思考や論理的思考力を育成していきます。
〈ICT教育〉全教室に電子黒板を設置し、wi-fiを整備し、全児童1人1台のiPadを使用しています。2020年度よりメディアルームを設置、ICT教育担当の専任教諭が着任しました。ロボティクス・トイ Sphero、Viscuit等を用いたプログラミングの授業をおこなっています。

● **校外学習**　3年（高尾）、4年（富士見）、5年（戸隠）、6年（志賀高原）は林間学校を実施。また、1・2月には5・6年生のスキー学校が蔵王で開かれます。

● **教育環境**　総面積81,587㎡の広大な敷地に幼稚園、初・中・高等部の校舎が点在し、緑と清澄な空気に恵まれて、勉学と学校生活に最適な環境をつくっています。

● **校外指導**　下校時に1・2年生の担任は駅のホームまで児童に付き添い、無事に乗車するまでを確認します。3年生以上は下校指導の教員がホームに立ち、児童の安全を見守ることにしています。

● **昼食**　給食（月〜金曜日）

● **転・編入試験**　欠員が生じた場合に実施（6月・11月・2月）。

● **帰国児童**　優先ではないが、一般募集と同日に実施。海外在住の理由が父母の勤務上・職業上の必要によるものであること、入学考査・入学時までに2年以上海外に在住したこと、入学考査時より1年前以降に帰国したか、入学時までに帰国の予定であることが条件。

● **併設校への進学状況**（2023年4月時）
　小→中　在学中の成績等、総合評価により初等部校長が推薦を決定。卒業生のほとんどが森村学園中等部へ進学。
　中→高　卒業生は原則として全員が森村学園高等部へ進学できる。

2025年度入試データ
※2024年実施予定です。必ず学校発表の入試要項でご確認ください。

[募集要項] ※2024年実施予定
- **募集人員**　男女計 約80名
- **願書配布**　8月下旬より初等部HPより出願サイトにて
- **願書受付**　9月4日〜11日
- **考査料**　25,000円
- **考査月日**　〈女子〉10月26日
　　　　　　〈男子〉10月27日
- **面接日**　10月5日・12日・13日
- **結果発表**　10月28日
- **入学手続**　10月31日（午後4時まで）
- **学校説明会**　4月27日、8月31日、2025年3月2日
- **授業公開**　6月4日・6日

[入試状況]（2024年度入試）
- **応募者数**　男子 325名　女子 250名
- **合格者数**　男子 75名　女子 66名
- **補欠者数**　非公表

[考査の順番]
生まれ月の遅い順

[インフォメーション]
考査当日の集合時刻は願書受付の際に指示があります。

2024年度入試内容 [ペーパー] [行動観察] [運動] [絵画制作]

● ペーパー

- 話の記憶 ● しりとり
- 言葉の音。名前に隠れているものを探す。 例)れい(ゾウ)こ ア(いす)クリーム
- 数量。数の違い。

● 行動観察

- 自由遊び。すごろく、ボウリング、トランプなど。
- 3人でチームになって、新聞紙、セロテープを使い高いタワーをつくる競争。

● 絵画制作

- 鳥の羽を切ってノリで貼り、まわりに自由に絵を描く。

過去の出題

● 推理

[条件推理]

- ♥を通ると右に1回、★を通ると左に1回まわります。下の絵のように通るとどうなりますか。

[ジャンケン]

- グーで勝つと1個、チョキだと2個、パーだと3個もらえます。間違っているものに〇をつけましょう。

● 数量

[計数]

- トマトとキュウリの数だけ〇を書きましょう。
- トマトとキュウリの数の違いはいくつですか。その数だけ〇を書きましょう。
- 〇のなかにあるトマトとピーマンの数の違いはいくつですか。その数だけ〇を書きましょう。
- 〇と△の重なっているところの、キュウリとナスを合わせた数だけ〇を書きましょう。

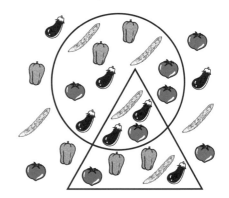

[数の対応]

- リンゴ1個はミカン2個と交換できます。栗1個はミカン4個と交換できます。クマがリンゴ2個と栗1個を持っているとき、ミカン何個と交換できますか。

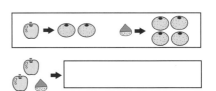

[水の甘さ]

● 大きさの異なるコップに角砂糖を入れて、同じ甘さになるものに〇をつけましょう。

[長さ]

● 1番長い線に〇をつけましょう。

● 構成

● 左の形のうち2つ□を動かしてできるものはどれですか。

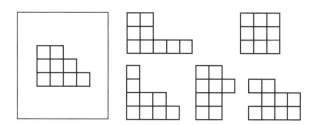

● 絵画制作

● 台紙に黄色の紙を切り取り貼る。空いているところに、好きな動物の絵をクレヨンで描く。

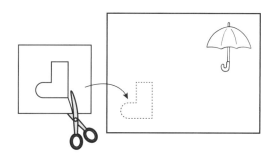

● 行動観察

[魚つりゲーム]

● 画用紙に好きな海の生き物をかく。まわりを切ってクリップをつける。できたらもう1つつくってもよい。できた生き物を青いシートの上に置き、魚釣りゲームをする。

[自由遊び]

● 輪投げ、ボウリング、トランプなどで自由に遊ぶ。

[劇遊び]

● 5人ずつのグループで「3匹のこぶた」か「桃太郎」のどちらかを選び、役を決めて好きな場面をおこなう。

[ボーリング]

● ペットボトルでつくったピンを、ボールで倒す。1人ずつ交代で投げる。ただし、倒れなかった人はもう1度投げてもよい。

[発表]

●「最近楽しかったこと」を順番に話す。先生とお友達に聞こえるようにと指示がある。

[指示による動き]

● 先生が「右」と言ったら左にジャンプ。「前」と言ったら後ろにジャンプ。

面接

保護者のみの面接が、考査日前におこなわれます。日時は願書提出の際に通知されます。面接時間は10分程度。

父親へ

◎ 志望理由を教えてください。
◎ IT教育についてどのようにお考えですか。
◎ 今日、お子様はどうされていますか。
◎ お仕事について教えてください。
◎ 休日はお子様とどのように過ごしますか。

母親へ

◎ 志望理由を教えてください。
◎ どんなお子様ですか。
◎ 説明会に参加されましたか。…本校の印象を教えてください。
◎ 幼稚園でのようすを教えてください。
◎ お子様が最近できるようになったことは何ですか。
◎ お子様はどんな本が好きですか。

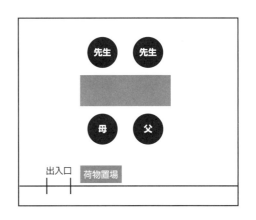

 ## お母様の受験 memo

◎考査当日のこと…

● 面接日は控え室でアンケートの記入がありました。内容は、子どもが入学に際して楽しみにしていること、身支度など自分でどの程度できるかなどでした。
● 考査日は体育館が控え室でした。受験番号のエリアごとに分かれます。

横浜雙葉小学校

- ●校長　池田 純一郎
- ●児童数　女子 491名

- ●併設校　横浜雙葉中学校（女子）
　　　　　横浜雙葉高等学校（女子）

沿革 & 目標

本校ではカトリックの女子校として、神様から創られた子どもたちの存在そのものが素晴らしいこと、それぞれに神様から素敵な恵みをいただいていることを日々の教育活動の中で伝え、学習や行事を通して子どもの心を豊かに育てていくよう努めています。

学費　※昨年度のものです。授業料等は、入学後、変更になる場合もあります。

- ●入学手続時　入学金 300,000円、施設設備資金 250,000円
- ●それ以降　授業料 45,000円（月額）、その他校納金 29,000円（月額）、児童経費 9,240円（月額）、

所在地 & 最寄り駅

- ●住所　〒231-8562 神奈川県横浜市中区山手町226
　　　☎　045（641）1628
　　　Fax 045（664）2410
- ●アクセス　■「みなとみらい線元町・中華街駅」または「JR根岸線山手駅」より徒歩15分
　　　■横浜市営バス「上野町バス停」または「妙香寺バス停」、神奈川中央交通「元町公園前バス停」より徒歩5分
　　　■「学校〜桜木町駅」を直通で結ぶスクールバスが、登校と下校の時刻に合わせて運行されています。

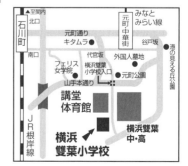

ホームページ https://www.y-futaba-e.com/

学校の特色

- **宗教教育** 　週１時間の宗教や朝と帰りの祈り、ミサなどを通して神に生かされていることに感謝し、一人ひとりを大切にする心、すべての生命を大切にする心を育てていきます。
- **総合学習** 　３〜６年生は、総合学習として夏期学校・林間学校・沖縄修学旅行をおこないます。自然の豊かさを感じとることに加え、仲間との交流、地域の人々とのふれあいを実感することができます。特に沖縄修学旅行では、文化や歴史を学び、戦争の傷跡を通して平和について考えていきます。
- **自然体験** 　校内に小川、校外に瀬上自然教室を設け、自然観察、田植え、稲刈りなどを実施し、自然の豊かさを感じ取っていきます。
- **情報教育** 　図書館は蔵書数３万冊で、子どもたちの多様な学習、読書ニーズに応えられるようになっております。ICT 環境については、WindowsPC、Chromebook、iPad など各種機器を配備し、校内のどこからでもつながるネットワークが構築されています。調べ学習の際だけでなく、日ごろの授業のツールとしても ICT 機器を活用しています。技能面だけでなく、安全面やリテラシーなども学んでいます。
- **教育環境** 　普通教室、特別教室、図書館、体育館、教材園、講堂、など。
- **クラブ・児童会** 　自主性や創造性を養うために、園芸・音楽・球技・手話などのクラブ活動や児童会の広報・環境・宗教・飼育栽培 などの委員会活動が、活発におこなわれています。
- **昼食** 　弁当（月〜金曜日）
- **編入試験** 　新３年生で欠員が生じた場合のみ試験を実施。
- **帰国児童** 　編入試験を受験。
- **併設校への進学状況**
  - **小→中** 　〈**女子**〉 卒業生は原則として全員が進学できる。
  - **中→高** 　〈**女子**〉 卒業生は原則として全員が横浜雙葉高等学校へ進学できる（高校からの外部募集なし）。

Data 　**2024年度入試データ** ※2023年実施済みです。

[募集要項] ※2023年実施済み

■募集人員	女子約80名
■出願	8月1日〜3日（web）
■考査料	25,000円（銀行振込）
■考査月日	10月17日
■面接日	9月頃
■結果発表	10月19日インターネットにて発表
■入学手続	10月20日・23日
■校内見学会	5月16日・23日

[入試状況]

■応募者数	女子　343名
■合格者数	女子 約80名
■補欠者数	非公表

[考査の順番]

願書提出順

[インフォメーション]

小学生という事を考えて、原則として通学時間を1時間以内としています。

過去の出題　ペーパー　行動観察　運動　絵画制作

● 言語

［話の記憶］

「あかいリボンのおくりもの」（作：藤田良子・絵・末崎茂樹／金の星社）を聞いて質問に答える。

● このお話に合っているものを選んで〇をつけましょう。

［言葉の音］

● 「ん」がつくものに〇をつけましょう。

● 知覚

● どんな形が隠れていますか。

［欠所発見］

● 四角のなかに入る正しいものはどれですか。

［重ね図形］

● 2枚の形が重なるとどうなりますか。

● 推理

［回転図形］

● 左の図形を回転させるとどうなりますか。

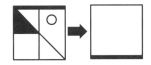

［折り目］

● 絵のように折り紙を折ったら、開いたときどのように折り目がつきますか。

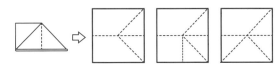

● 数量

［計数・対応］

図書館の絵を見て

● ウサギの数を数えて○を書きましょう。

● 椅子に座っている動物を数えて○を書きましょう。

● 悪いことをしている動物に×をつけましょう。

● この図書館では、1人5冊まで借りることができます。クマさんは今2冊本を借りました。あと何冊本を借りることができますか。その数だけ○を書きましょう。

● 知識

［昔話］

● キジが出てくるお話に×をつけましょう。

● 「シンデレラ」と「おむすびころりん」に出てくる動物に○をつけましょう。

● 絵画制作

指示に従って「ふたばちゃん」をつくる。はさみ、ノリ、えんぴつ、折り紙を使用。

● 顔を描きましょう。

● とんがり帽子をつくって貼りましょう。

● ズボンは折り紙を同じ形に切って貼りましょう。

● カバンに模様を描きましょう。

● ふたばちゃんの顔と同じ大きさのボールを折り紙でつくりましょう。
それを右手に持たせましょう。

● 運動テスト

● コーンの間を全速力で走る。

● ボール投げ。壁に白線があり、その線より上に投げて、跳ね返ったボールをキャッチ。

● クマ歩き。

● 模倣運動。

● 行動観察

色の帽子で分かれ、6～7人ずつのグループでおこなう。

● グループごとにトランプで遊ぶ。

● グループごとに、ドミノ、輪投げ、バスケットボールなどで自由に遊ぶ。途中で魔女（先生）が登場して、騒ぐように仕向ける（決していっしょに騒いではいけない）。

● 自由にお弁当を食べる。15分で食べて片づける。

面接

親子同伴の面接が、考査日前におこなわれます。時間は10分程度。

父親へ
◎ 週末はどのようにお子様とかかわっていますか。
◎ お子様から贈られたもので、嬉しかったものは何ですか。

母親へ
◎ お子様が今夢中になっていることは何ですか。
◎ 本校に来たことはありますか。
◎ 通学時間がかかりますが、どのようにお考えですか。
◎ お子様の好きな遊びは何ですか。

子どもへ
◎ お名前を教えてください。
◎ 幼稚園でお友達はいますか。…たくさん遊んでいますか。
◎ お母様と何をして遊んでいますか。

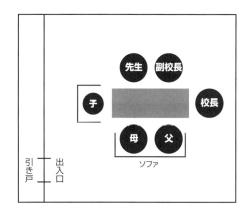

※親子でカードゲーム
カード（船、水兵さんなど絵柄、色が少しずつ違う）が3列（12枚ほど）に並べられて
◎ お父さんお母さんが1枚選んで、それについてヒントを出し、お子様がどのカードか当ててください。

お母様の受験 memo

◎試験当日のこと…
- 面接の順番が、控え室に掲示されていました。
- 手荷物は貴重品を除いて控え室に置いておきます。
- 面接はおだやかに進行しました。願書を事前によく読んでいらっしゃるようです。
- 面接では志望理由を聞かれませんでした。

◎アドバイス、etc.…
- 面接では家庭のようすを見ていると思います。
- 6時間もの長い考査ですので、受験生みんなのよいところ、悪いところすべて出たように感じます。共同作業では、話を聞いてくれなかったり、好き勝手にする子もいたそうです。相手の話を聞く、悪口を言わないなど、ふだんから注意しておくことが大切だと感じました。
- 学力はもちろんですが、日常の生活において、自分で考え行動できるようになることが必要かと思います。
- とても公平な試験だと思います。
- 面接の質問はそれほど多くないので、一つ一つ丁寧に答える必要があります。言いたいことをできる限り多く話せるよう、工夫して面接に臨みました。
- 面接も考査も、家族全体の素養が見られている気がしました。入念な準備が必要です。

湘南白百合学園小学校

- ●**校長** 小暮 温
- ●**児童数** 女子 617名

- ●**併設校** 湘南白百合学園幼稚園
  湘南白百合学園中学校（女子）
  湘南白百合学園高等学校（女子）
  白百合女子大学

沿革&目標

本学園は、ローマに本部を置き、教育、社会福祉事業に献身しているフランスのシャルトル聖パウロ修道女会を設立の母体としています。1936年（昭和11年）湘南の地に「片瀬乃木幼稚園」を創設、1937年（昭和12年）には「片瀬乃木小学校」、翌年「乃木高等女学校」を設置し、幼・小・中校の一貫教育の土台が築かれました。戦後の学制改革に伴い、校名を改称。1979年（昭和54年）"赤い瓦に白い壁"として親しまれた中学・高等学校校舎は、片瀬目白山に移転しました。1985年（昭和60年）、その跡地に小学校校舎を新改築し、施設の充実を図ってきました。このように着実に歩み続けてきた本学園は、2016年（平成28年）、創立80周年を迎え、今日に至っています。本学園小学校は、キリスト教の精神に根ざした価値観を養い、神と人の前に誠実に歩み、愛の心をもって社会に奉仕できる女性を育成することを目的としています。

学費 ※昨年度のものです。授業料等は、入学後、変更になる場合もあります。

- ●**入学手続時** 入学金 300,000円
- ●**それ以降** 授業料 40,500円（月額）、施設設備費 12,000円（月額）、
  入学時施設設備費 200,000円
  ※寄付金1口 100,000円（任意／3口以上）

所在地&最寄り駅

- ●**住所** 〒251-0035 神奈川県藤沢市片瀬海岸2-2-30
  ☎ 0466（22）0200
- ●**アクセス** 小田急線／片瀬江ノ島駅から徒歩5分
  江ノ電／江ノ島駅から徒歩10分
  湘南モノレール／湘南江の島駅から徒歩10分

ホームページ https://www.shonan-shirayuri.ac.jp/syougakkou/

学校の特色

● **宗教教育**　1年生では神様のこと、2・3年生ではイエス様の生涯やたとえ話、4・5年生では旧約聖書を学び、6年生では神と自分との関わりのなかで自身をみつめていきます。また、神父様に授業をしていただくこともあります。日々の生活のなかで神と人を愛する心と、祈る気持ちの大切さを知り、神に喜ばれる生き方について考えます。

● **学習指導**　小学校で学ぶ6年間の基礎を、1年生の時期にきめ細かく指導します。挨拶、返事、人の話をしっかり聴く、通学時のマナーなど、生活の基本をはじめ、これからの学習の基礎となる国語と算数は、基本がしっかり身につくように徹底した指導をおこないます。また、進んで学ぶ習慣も、1・2年生の時期に身につくように指導します。3年生からは、発展学習をステップアップさせ、学習の向上、応用力へとつなげます。

● **クラブ活動**　手芸、フラワー、イラスト、科学、演劇、パソコン、声楽、器楽、放送、文芸、室内遊び、茶道、テニス、バスケットボール、卓球、バドミントン、体操、陸上、サッカー、ドッジボール、ダンスなどがあり、4年生から参加します。

● **昼食**　弁当（月～金曜日）。注文弁当・パンあり。

● **アフタースクール**　「**Little Lilies Elementary**」オールイングリッシュによるアフタースクール。隣接する併設幼稚園の園舎で実施しています。
　　　　　　　　　　　「**Marie Anne（マリアンヌ）**」理英会校内アフタースクール。小学校敷地内の専用スペースで実施しています。また、民間学童との提携もあります。

● **帰国児童**　復学希望者に限り優先入学制度あり。

● **併設校への進学状況**
　　小→中　〈**女子**〉 卒業生のほとんどが湘南白百合学園中学校へ進学。
　　中→高　〈**女子**〉 卒業生のほとんどが湘南白百合学園高等学校へ進学。
　　　　　　　　　　（高校からの外部募集なし）

● **併設高校から主要大学への合格実績**（2023年度入試）
　　　　　　東京大1、東京医科歯科大1、京都大1、千葉大2、横浜市立大3、慶應義塾大27、
　　　　　　上智大23、青山学院大25、早稲田大18、中央大23　他

2025年度入試データ　※2024年実施予定です。必ず学校発表の入試要項でご確認ください。

[募集要項]※2024年実施予定
■**募集人員**　〈A日程〉女子約60名　〈B日程〉女子約10名
　　　　　　〈C日程〉女子若干名
■**要項配布**　ホームページにて
■**出願**　〈A日程・B日程〉9月2日～9日（web）
　　　　〈C日程〉12月2日～25日（web）
■**考査料**　25,000円
■**考査月日**　〈A日程〉10月22日　〈B日程〉10月23日
　　　　　　〈C日程〉2025年1月11日
■**面接日**　〈A日程・B日程〉9月中旬
　　　　　〈C日程〉考査当日
■**結果発表**　〈A日程・B日程〉考査当日の20時～翌日23時
　　　　　　〈C日程〉2025年1月14日10時～15日23時まで
■**入学手続**　〈A日程〉10月24日
　　　　　　〈B日程〉10月25日
　　　　　　〈C日程〉2025年1月18日
■**学校説明会**　5月11日
■**学校公開**　6月11日、2025年2月6日
■**オープンスクール**　7月6日

[入試状況]※全入試の合計
■**応募者数**　女子 163名
■**合格者数**　女子 132名

[考査の順番]
願書提出順

[インフォメーション]
面接の日時は出願時に受験番号でご確認ください。
少人数見学会を7月、8月に予定しています。

過去の出題 ペーパー 行動観察 絵画制作

● 言語

[話の聞き取り]
● お花の種をもらったウサギさんが転んで、種をなくしてしまったお話。

[しりとり]

● 数量

[つり合い]
● メロン1個とミカン2個で釣り合います。それ
ぞれのシーソーはどうなりますか。重くなるほ
うに○をつけましょう。釣り合うときは真ん中
につけましょう。

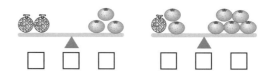

[計数]
● 傘、女の子、長靴、ネコを数えて○を書きましょう。

● 知覚

[点図形]
● 左と同じように書きましょう。

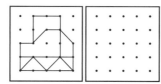
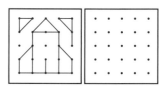

● 推理

[回転図形]
● 2回まわしたときどうなりますか。
右に書きましょう。

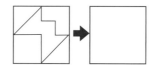
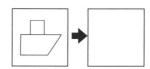

● 絵画制作

● 「男の人の絵」を鉛筆で描く。消しゴムは無いので、
ゆっくり丁寧に描きましょう。

● 行動観察

● タオルをたたんでカゴに入れましょう。
● 20人くらいのグループを2つに分けて「ドンジャン
ケン」をする。
● 「さんぽ」の曲に合わせて模倣体操。
● 自由遊び。図書館のなかで本を読む以外は、的当
て、ままごと、風船などで自由に遊ぶ。

面接

親子同伴の面接が考査日前におこなわれます。日時は受験票交付の際に通知されます。
面接時間は約20分。

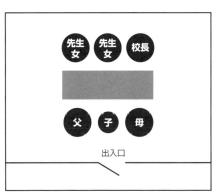

父親へ
◎ 志望理由をお聞かせください。
◎ お仕事について教えてください。
◎ 小学校にあがるにあたって、お子様に必要な準備は何だと思いますか。

母親へ
◎ 学習を定着させるために試みていることは何ですか。
◎ 子育てで重視していることは何ですか。
◎ お母様同士のSNSの利用については、どのように思いますか。
◎ お子様の長所と短所を教えてください。

子どもへ
◎ お名前を教えてください。
◎ 住所を教えてください。
◎ 幼稚園の名前を教えてください。
◎ 好きな本を教えてください。…それはどうしてですか。
◎ お手伝いは何をしていますか。
◎ 電車のなかで騒いではいけないことを知っていますか。…どうしてだと思いますか。

（リボンのついた箱のお手本を見せられて）
◎ 3人でこれと同じように仕上げてください。

 ## お母様の受験 memo

◎試験当日のこと…
● 控え室には折り紙と絵本が並べてありました。
● 面接はとてもあたたかい雰囲気で進行しました。校長先生が子どもの答えに、にこやかにうなずいてくださいました。
● 真ん中の先生からおもに質問されました。子どもが答えに詰まっても、優しく声をかけてくださいました。

湘南学園小学校

- ●**校長** 林田 英一郎
- ●**児童数** 男子 312名
  女子 264名

- ●**併設校** 湘南学園幼稚園
  湘南学園中学校
  湘南学園高等学校

沿革&目標

1933年（昭和8年）、湘南鵠沼の地に父母と教師が手をつなぎあい誕生した湘南学園小学校は、2023年に創立90周年を迎えました。創立80周年事業として誕生した新校舎は、湘南の自然を生かすと共に、北欧の教育施設の影響を受けた時代に先がけた学校建築です。「個性豊かにして身体健全気品高く社会の進歩に貢献できる明朗有為な実力のある人間の育成」を建学の精神に、「豊かな学びと人間性の追及」を主題として、以下の3つの重点を掲げています。
①子ども達一人ひとりに「豊かな学力」を保障する。
②社会に貢献できる民主的で良識ある市民の育成。
③命と健康の大切さを自覚する児童の育成。

学費 ※昨年度のものです。授業料等は、入学後、変更になる場合もあります。

- ●**入学手続時** 入学金 230,000円、施設費 190,000円
- ●**それ以降** 授業料年 35,000円（月額）、学習費 8,000円（月額）、施設維持費 9,000円（月額）、
  PTA会費 7,200円（年額）、スクールメールシステム利用料 3,168円（年額）、
  積立金 6,000円（月額）、食育推進費 6,000円（年額）

所在地&最寄り駅

- ●**住所** 〒251-8505 神奈川県藤沢市鵠沼松が岡4-1-32
  ☎0466(23)6613
- ●**アクセス** 小田急線／鵠沼海岸駅から徒歩8分
  江ノ電／鵠沼駅から徒歩8分

ホームページ https://www.shogak.ac.jp/

学校の特色

- **学習指導**　教科の本質と学び合いを大切にした授業と、探求的な学びで問題解決能力を育む総合学習を大切にしながら、豊かな学力の形成をめざしています。
〈**英語教育**〉ネイティブと日本の2人の教員の指導により、1年生からおこなわれています。
〈**専科制**〉理科・音楽・図工・家庭科・体育・英語は実施しています。
〈**たてわり班活動**〉児童会では、1～6年生までをたてわりにしたグループをつくり、活発な活動が展開されています。月1回以上の集まりを持っているので、異学年どうしがとても仲良しです。4月におこなわれる伝統行事「交歓会」では、1年生から6年生までが協力し合って大自然に接し、「砂の造形」をつくり、親睦を深めています。「たいいく表現まつり」でも児童会班（たてわり班）種目があり、交流が盛んです。

- **校外学習**　教科学習はもちろん、体験を重視しさまざまな校外学習と共に学びを展開しています。主な宿泊学習は3年生は「海の学校（2泊3日）」、4年生は「山の学校（2泊3日）」、5年生は「雪の学校（3泊4日）」、6年生は京都・奈良への「修学旅行（3泊4日）」がおこなわれています。

- **特別活動**　環境教育の国際認証「エコスクール」の認定を受け、5・6年生をメンバーとしたエコスクール委員会を中心に、節電や校内の生き物を増やすなどの活動に取り組んでいます。

- **クラブ活動**　4年生から6年生まで、バスケットボール、バドミントン、ダンス、サッカー、野球、理科、クッキングクラブ等10数のクラブが活動しています。

- **安全管理**　〈**安全対策**〉警備員や防犯カメラを設置し、入校証でのチェック、登下校メールの配信をおこなっています。各所にAEDが設置されています。
〈**災害時対策**〉年間防災防犯訓練計画を策定し、全学年での「防災訓練」を学期ごとに複数回実施し、消防署などの協力の下で起震車や煙小屋などの体験学習を実施しています。

- **教育環境**　湘南海岸の松林に囲まれた温暖、閑静な地で安心して勉学に打ち込むことができます。子どもたちの安全を第一に設計された新校舎が平成24年8月に完成し、理想的な教育環境の拡充に努めています。

- **昼食**　弁当（月～金曜日）。希望者には、カフェテリアから安心安全なお弁当が配食されます。

- **転入試験**　年2回実施しています。詳しくはホームページで公開します。

- **併設校への進学状況**（2023年4月時）
　小→中　〈**男女**〉 卒業生の約80％が湘南学園中学校に進学。

Data　2024年度入試データ　※2023年実施済みです。

[募集要項]※2023年実施済み
■募集人員	男女100名程度（内部進学者を含む）
■要項配布	ホームページから
■出願	〈A入試〉8月28日～9月1日
	〈B入試〉8月28日～9月28日
	〈C入試〉10月2日～26日
■考査料	20,000円
■考査月日	〈A入試〉10月17日
	〈B入試〉10月18日
	〈C入試〉10月28日
■面接日	〈A・B入試〉9月11日～10月13日
	〈C入試〉10月16日～27日
■結果発表	考査当日にWebにて
■入学手続	〈A入試〉10月17日～20日
	〈B入試〉10月18日～20日
	〈C入試〉10月28日～11月1日
■学校説明会	4月22日、6月24日
■体験授業	5月13日、7月29日
■入試説明会	8月26日

[考査の順番]
願書提出順

[インフォメーション]
2014年4月より、湘南学園小学校アフタースクールが開校しました。本物や一流にふれるプログラムと、安心安全な預かりを通して、子どもたち一人ひとりの個性を伸ばし、子育てをサポートしています。また、カフェテリアから希望者にお弁当の配食をおこなっています。最新情報はすべてホームページで公開しています。

過去の出題 ペーパー 行動観察 運動 個別

● 言語

［**話の聞き取り**］

● 数量

● 犬1匹に、骨を1本ずつあげます。
骨は何本たりないでしょう。○を書きましょう。

● 構成

［**パズル**］

● 左のパズルをつくるとき、
使わないものに○をつけましょう。

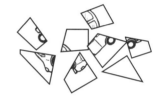

● 個別テスト

● 半袖シャツをたたんでロッカーにしまう。
● ロッカーからハンカチを持って来る。

● 運動テスト

● ケンパー → 平均台 → ジグザグ走り → ボールの遠投。

● 行動観察

● グループに分かれて輪つなぎ競争。用意された短冊形の紙をノリやテープでとめて輪にしてつなげ、長さを競う。同じ色を続けてつなげてはいけない約束がある。

● 魚釣りゲーム、ラジコンなどで自由に遊ぶ。

面接

親子同伴の面接が考査日前（C入試は考査当日）におこなわれます。面接時間は15分程度。

父親へ
◎ 志望理由をお聞かせください。
◎ お子様の家庭でのようすをお聞かせください。

母親へ
◎ なぜ本校を受験しようと思いましたか。
◎ お子様の長所と短所を教えてください。

子どもへ
◎ お名前を教えてください。…何歳ですか。
◎ 幼稚園の名前を教えてください。
◎ お友達の名前を教えてください。
◎ お友達と何をして遊びますか。
◎ お父さんと何をして遊びますか。
◎ お母さんのお手伝いはしますか。…どんなお手伝いですか。
◎ 小学校に入ったら何がしたいですか。

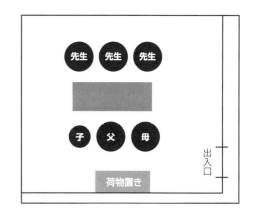

 お母様の受験 memo

◎試験当日のこと…
● 面接はなごやかな雰囲気でした。
● 面接は雑談も多く、質問されるというよりも、校長先生のお話を聞いている感じでした。
● 面接の控え室は無く、廊下に椅子が用意されていました。
● 両親の服装はさまざまで、全員が同じようなお受験ルックということはありませんでした。

日本大学藤沢小学校

- ○ **校長** 加藤 隆樹
- ○ **児童数** 平成27年4月開校
  （6学年　246名）

- ○ **併設校** 日本大学藤沢中学校
  日本大学藤沢高等学校

沿革&目標

日本大学は、明治時代の「日本法律学校」創立から130余年の歴史と伝統を持ち、卒業生が110万人をこえる総合大学です。学祖・山田顕義による建学の精神「自主創造」を教育理念として掲げ、「自ら学ぶ」「自ら道をひらく」という「自主創造」の姿勢と能力を備えた人間を育成する教育をおこなっています。本校はその土台となる力を育成するために「自主性」と「創造性」を理念として児童の育成に努めています。学校が一方的に教育するのではなく、学校と児童・生徒・学生が響き合う学修によって教育理念が具現化され、「自主創造」はもたらされます。そうした人間性を高める学びの機会を数多く用意しています。

学費 ※授業料等は、入学後、変更になる場合もあります。

- ● **入学手続時** 入学金　300,000円
- ● **それ以降** 授業料　600,000円（年額）、施設費180,000円（年額）、教材費 約70,000円（年額）

所在地&最寄り駅

- ● **住所** 252-0885 神奈川県藤沢市亀井野1866
  ☎ 0466（81）7111

- ● **アクセス** 小田急線江ノ島線　六会日大前駅から徒歩15分

 **ホームページ** http://fujisawa.es.nihon-u.ac.jp/

学校の特色

● **学習指導**　〈**英語教育**〉全学年でネイティブスピーカーと関わりをもちます。1・2年生は毎日20分の英語の授業をおこないます。歌やゲームなど、英語に親しむこと（英語を嫌いにならないような取り組み）から始まります。授業では発表の場を設け、はずかしがらずに発表ができるように練習しています。学年が上がるにつれて、ライティングや文法の学習も取り入れ、中学での学習の準備も始めます。また、5年次には希望者によるオーストラリアへの語学研修も企画され、発展的な英語教育を展開しています。

〈**ICT教育**〉各教室にプロジェクターと電子黒板システムを導入し、PCルームにはノート型のPCが完備されています。PCルームでは、1年生からPCを使っての授業があり、1〜2年生は、Word・Excel・Power Pointといった代表的なソフトを使用して、PCの基本操作を習得します。電源のつけ方から始まって、マウス操作、タイピング練習、Wordを使ったカード作り、Excelの表計算と段階を踏んで学習を進めていきます。また、4年生からはタブレットPCも使用し、6年ではプログラムを組む授業もおこなわれます。教師と児童、児童と児童など双方向のやり取りのある授業を通して、主体性やコミュニケーション能力・論理的思考を身につけていくことも目標の1つとなっています。

〈**宿泊体験学習**〉夏の林間学校は、3年〜5年で取り組んでいます。学年ごとに、雄大な自然を楽しみながら友達と励まし合い、ハイキングをおこないます。また、飯盒炊飯や星空観察、キャンプファイヤーなどの活動を異学年と共に体験して、縦と横の繋がりを深めます。林間学校を通して、一人ひとりの成功体験とチーム力が養われ、二学期からの学校生活に活かされています。冬には、希望者を募りスキー教室をおこないます。

〈**イベントプログラム**〉夏祭りやハロウィン、クリスマス会など季節を感じられるプログラムや、スポーツ、理科実験などの多彩なイベントプログラムも実施されています。

● **昼食**　お弁当（月〜金曜日）※ご家庭の都合により大学の食堂にお弁当を頼むことができます。

● **アフタースクール**　日本大学藤沢小学校アフタースクールは、2021年4月に開校しました。【特徴】①学校内での取り組みであるため、安心かつ安全で、学校施設を最大活用できます。②理英会の「楽しくてためになるプログラム」が随所に開催されます。③学習習慣を構築する、充実の学習プログラムがあります。

Data　2024年度入試データ　※2023年実施済みです。

[募集要項]※2023年実施済み

■募集人員	男女計72名
■要項配布	5月7日〜9月20日
■願書受付	9月1日〜20日（web）
■考査料	20,000円
■考査月日	〈第1回〉10月17日
	〈第2回〉10月19日
■面接日	10月12日〜15日
■結果発表	〈第1回〉10月18日（web）
	〈第2回〉10月20日（web）
■入学手続	〈第1回〉10月18日
	〈第2回〉10月20日

[入試状況]（第1回,第2回の合計）

■応募者数	男女	88名
■受験者数	男女	78名
■合格者数	男女	63名
■補欠者数	無し	

[インフォメーション]

■**学校説明会**　2024年5月11日、6月16日、7月6日
8月25日、9月14日
※お申し込みはホームページからお願いします。

■**オープンスクール**
2024年4月27日、7月29日

■**授業公開・保護者講演会**
2024年6月28日、9月7日
2025年1月25日、2月25日

面接

親子同伴の面接が考査日前におこなわれます。面接時間は20分程度。

父親へ
◎ 志望理由をお聞かせください。
◎ 本校の校風とどこがお子様にあっていると思いますか。
◎ 教育方針を教えてください。
◎ ふだんお子様とどのように関わっていますか。

母親へ
◎ お子様にはどのように育ってほしいですか。
◎ 自立心を養うためにどうしていますか。
◎ 母親としてお子様の将来をどのようにお考えですか。

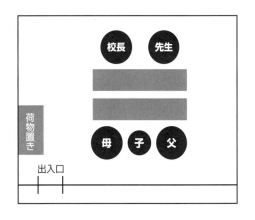

子どもへ
◎ お名前を教えてください。
◎ 幼稚園の名前を教えてください。
◎ 小学校に入ったら何をしたいですか。
◎ お手伝いは何をしていますか。
◎ 朝ご飯は何を食べましたか。…毎日食べますか。
◎ 好きな本は何ですか。…自分で読むのですか。
◎ 今何か頑張っていることはありますか。

お母様の受験 memo

◎**試験当日のこと…**
- 面接資料は当日記入します。時間は15分。家族構成、最寄り駅、幼児教室名、併願校について などでした。
- 自由画では、子どもは動物と自分の顔を描きました。

◎**アドバイス、etc.…**
- ペーパーの量が多く、難しい問題もありました。年々難しくなっているようです。
- 面接は包み隠さずありのままを伝えるとよいと思います。

清泉小学校

- ●**校長** 有阪 奈保子
- ●**児童数** 男子　84名
　　　　　　女子 410名

- ●**併設校** 清泉女学院中学校
　　　　　　清泉女学院高等学校
　　　　　　長野清泉女学院中学校
　　　　　　長野清泉女学院高等学校
　　　　　　清泉女学院短期大学
　　　　　　清泉女学院大学
　　　　　　清泉女子大学
　　　　　　清泉インターナショナル学園

沿革 & 目標

スペインの聖心侍女修道会によって開設された清泉寮学院が母体となり、1947年（昭和22年）、横須賀に清泉女学院小学校が創設されました。1953年（昭和28年）には鎌倉にも開校し、その後両校が合併、1969年（昭和44年）に清泉小学校と改称し、現在に至っています。キリスト教的価値観「神のみ前に　清く　正しく　愛深く」を校訓に、仲間とともに学び成長する喜びを感じる豊かな心と、人に流されずに正しいことを選び実行できる力の育成に努めています。

学費　※昨年度のものです。授業料等は、入学後、変更になる場合もあります。

- ●**入学手続時** 入学金 300,000円、施設拡充費 200,000円
- ●**それ以降** 授業料 34,000円（月額）、維持費 13,000円（月額）、図書費 5,000円（入学時）、
　　　　　　泉会費 2,000円（月額）

所在地 & 最寄り駅

- ●**住所** 〒248-0005 神奈川県鎌倉市雪ノ下3-11-45
　　　　☎0467（25）1100

- ●**アクセス** JR／鎌倉駅から徒歩約20分
　　　　　　バス／鎌倉駅東口より4番・5番乗り場より京急バスに乗車
　　　　　　「岐れ道」下車
　　　　　　※4年生までは鎌倉駅よりスクールバスにて登校

ホームページ https://seisen-e.ac.jp/

学校の特色

- **宗教教育** 　毎日、朝礼・昼食の前後・下校前に祈りを捧げます。毎週1回、宗教の授業があり、聖書の言葉から心を育てる教育をおこなっています。
- **学習指導** 　〈**総合学習**〉1年生から3年生までの宗教・音楽・体育・英語を除いた学級担任がおこなう授業時間を「いずみ」と呼び、教科の枠にとらわれない横断的な内容や、ドリル学習的な漢字・計算・読書などクラス、学年で決めたテーマを中心に児童が主体的に進める学習が実践されています。
　〈**基礎学習**〉「聞く」「話す」「読む」「書く」「計算」の5つの基礎学力の充実を1年生から6年生まで一貫した指導でおこなっています。
　〈**英語教育**〉1・2年生は週2時間、3年生は週3時間、4年生以上は週4時間の授業をおこないます。英語にふれる機会を多く持ち、英語によるコミュニケーション能力を育てます。
　〈**ICT教育**〉全クラスにプロジェクター、電子黒板を入れ、協働学習を目的として活用しています。2年生からは個人用iPadを用意します。
- **校外学習** 　〈**三浦自然教室**〉緑の自然を教室として豊かな人間性を育てたいとの思いから1978年（昭和53年）に建設されました。約1万坪の敷地には、山林、田畑、果樹園、広場、池、湿地が広がり、生物観察、作物栽培、合宿生活（5月・11月）、集い（春・秋）、ミカンの収穫など、年間10数回の体験学習をおこなっています。
　〈**鎌倉調べ**〉3年生は学校周辺の史跡、神社仏閣、石碑などをめぐって鎌倉について1年間学習します。年度末には学習したことをかるたやパンフレットにして残します。
- **慈善活動** 　毎週金曜日のお弁当を「ご飯」のみにして「おかず代」を寄付する活動や、クリスマスの時期には「クリスマスチャリティー」など、多くの慈善活動をおこなっています。
- **昼食** 　弁当（月〜金曜日）、スクールランチ（事前注文／火曜日と木曜日のみ）
- **編入試験** 　1月末。対象学年は新2年生〜新5年生。
- **帰国子女** 　相談の上、日時決定。対象学年は1年生2学期〜新5年生。
- **併設校への進学状況**（2023年4月時）
　小→中 　〈**女子**〉卒業生69名中、59名が清泉女学院中学校に進学。
　　　　　〈**男子**〉栄光学園、逗子開成中、中央大附属横浜、他私立中へ進学。

Data 2025年度入試データ
※2024年実施予定です。必ず学校発表の入試要項でご確認ください。

[募集要項]※2024年実施予定
- **募集人員** 　〈A日程〉男女計90名　〈B日程〉男女計10名
　　　　　　〈C日程〉男女計10名　〈D日程〉男女計4名
- **出願** 　〈A日程〉9月1日〜20日（web）
　　　〈B日程〉9月1日〜20日（web）
　　　〈C日程〉9月1日〜10月25日（web）
　　　〈D日程〉10月29日〜11月29日（web）
- **考査料** 　25,000円
- **考査月日** 　〈A日程〉10月22日　〈B日程〉10月23日
　　　　　〈C日程〉10月26日　〈D日程〉11月30日
- **面接日** 　〈A日程〉9月16日・21日・23日のいずれか1日
　　　〈B日程〉10月23日　〈C日程〉10月26日
　　　〈D日程〉11月30日
- **結果発表** 　考査日の21時〜（web）
- **入学手続** 　〈A日程〉10月24日　〈B日程〉10月25日
　　　　　〈C日程〉10月29日　〈D日程〉12月3日

[入試状況]（全日程の合計）
- **応募者数** 　男子37名　女子107名
- **受験者数** 　男子30名　女子96名
- **合格者数** 　男子22名　女子74名
- **補欠者数** 　なし

[考査の順番]
願書提出順

過去の出題 ペーパー 行動観察 絵画制作

● 言語

- 話の聞き取り。

● 知覚

[点図形]

● 記憶

[絵の記憶]

● 絵画制作

- 海のなかを水中メガネでのぞいたときの、魚を描く。
  絵を描いたあとに質問される。

● 行動観察

- 「動物狩りに行こうよ」を歌って、好きな動物を言う。
  「キリン」 3人1組になって座る。
- 電車ごっこ。
- 自由遊び。

面接

A日程では親子別々の面接が考査日前におこなわれます。面接時間は15分程度。B日程・C日程・D日程では、考査当日におこなわれます。

父親へ
◎ 志望理由を教えてください。
◎ 父親の役割についてどのようにお考えですか。
◎ ご家庭では優しいですか。厳しいですか。
◎ 休日はお子様と何をして遊んでいますか。

母親へ
◎ お子様を褒めるとき、叱るときは、どのようなときですか。
◎ 子育てで悩んだことは何ですか。
◎ お子様が生まれてからご自身が変わったところはどこですか。
◎ 公開行事でのお子様の反応を教えてください。
◎ 通学時間はどのくらいですか。

子どもへ
◎ お名前を教えてください。
◎ 幼稚園の名前を教えてください。
◎ 兄弟はいますか。…兄弟の名前を教えてください。

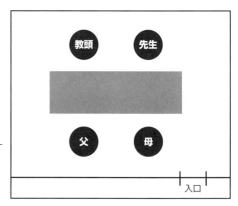

お母様の受験 memo

◎**試験当日のこと…**
● 控え室は10組ごとに指定された席に着きます。廊下に先生がいらっしゃったので、とても静かでした。
● 面接では先生方の対応があたたかく、こちらの話をじっくりと聞いてくださいました。

◎**アドバイス、etc.…**
● 遠方からの受験でしたので、通学時間（約60分）に関してあらためて確認されました。制限は設けられていませんが、長距離通学は懸念されているようでした。

鎌倉女子大学初等部

- **部長** 目﨑 淳
- **児童数** 男子 247名
  女子 215名
- **併設校** 鎌倉女子大学幼稚部（共学）
  鎌倉女子大学中等部（女子）
  鎌倉女子大学高等部（女子）
  鎌倉女子大学短期大学部
  鎌倉女子大学

沿革&目標

1951年（昭和26年）に京浜女子短期大学附属小学校として創立されました。1989年（平成元年）に鎌倉女子大学初等部と名称変更され現在に至っています。建学の精神である「感謝と奉仕に生きる人づくり」を基盤として、「豊かなこころ」と「確かな学力」、「健やかなからだ」を身につけた品位ある初等部生の育成をめざしています。

学費 ※昨年度のものです。授業料等は、入学後、変更になる場合もあります。

- **入学手続時** 入学金 300,000円
- **それ以降** 授業料 30,000円（月額）、教育充実費 30,000円（月額）、

所在地&最寄り駅

- **住所** 〒247-8511 神奈川県鎌倉市岩瀬1420
  ☎ 0467（44）2112

- **アクセス** JR／本郷台駅から徒歩15分
  大船駅からバス10分「鎌倉女子大前」下車
  京浜急行／上大岡駅、金沢八景駅からバス
  「鎌倉女子大前」下車

ホームページ https://www.kamakura-u.ac.jp/elementary/index.html

学校の特色

- **学習指導** 「感謝と奉仕に生きる人づくり」のために、豊かなこころを育てる「徳育」、確かな学力を養う「知育」、健やかなからだをつくる「体育」の調和が理想の教育の姿です。これからの社会が求める「自主自発性」と「創造性」にあふれ、真の品位を備えた初等部生の育成をめざします。本年度より鎌倉女子大学初等部は、教育関連施設を大きく拡充いたします。これまでにも増し、ダイナミックな教育課程を創造し、同時に丁寧できめ細やかな授業を展開していきます。「授業第一主義」を掲げ、1時間1時間をていねいに積み上げることが、子どもたちや保護者の皆さまの信頼に応える唯一の道であり、私たちの使命です。

  〈**少人数教育**〉各学年とも上限1クラス30人という少人数制なので、児童が学習内容をよく理解するまで、きめ細かな指導を受けることができます。

  〈**ダブル担任制**〉小学校のスタートとなる1年次は、生活態度や学力がきちんと身につくように、きめ細かく2人の教員が担当する「ダブル担任制」をとっています。また、2年以上の各学年に副担任やサブ担任を置き、教員の目が児童一人ひとりに行き届くので、教員と児童、教員同士のコミュニケーションが密になり、児童の個性を尊重しながら長所を伸ばすことができます。特に担任は、学校生活のみならず、家庭における指導のあり方、児童がより良く生きていくためのあり方を、きめ細やかに保護者と連携をとりながら模索しています。

  〈**専科制**〉理科、英語、音楽、図工など専門性の高い教育については、専科の教員が専門性を活かして指導します。

  〈**複数教員制**〉学力差が生じやすい算数については、2年生以上、さらに高学年の理科でも2人の教員が担当し、しっかり学べる環境を整えています。
- **昼食** 原則として弁当持参。弁当、パンなどの販売あり。
- **アフタースクール** 鎌倉女子大学初等部アフタースクールは、「理英会」と協同して鎌倉女子大学初等部の児童のために大船駅前に設置した放課後スクールです。放課後の時間帯、留守家庭を中心にコミュニティ不足になりがちな児童たちにとって、いっしょに過ごす仲間がいる貴重な生活の場としてその役割を担っています。
- **編入試験** 1月末に試験を実施。年1回（要問合せ）。帰国生も同様。
- **併設校への進学状況**

  小→中 〈**女子**〉校内試験の成績が基準以上。

Data 2025年度入試データ ※2024年実施予定です。必ず学校発表の入試要項でご確認ください。

[募集要項] ※2024年実施予定

■**募集人員**	〈第Ⅰ期〉男女計 80名
	〈第Ⅱ期〉男女計 10名
	〈第Ⅲ期〉男女計 若干名
■**願書配布**	5月6日〜
■**願書受付**	〈第Ⅰ期〉8月26日〜9月17日
	〈第Ⅱ期〉10月16日〜11月15日
■**考査料**	15,000円
■**考査月日**	〈第Ⅰ期〉10月22日
	〈第Ⅱ期〉11月19日
■**面接日**	〈第Ⅰ期〉9月20日·21日のうち1日
	〈第Ⅱ期〉考査当日
■**結果発表**	考査日にwebにて
■**入学手続**	〈第Ⅰ期〉10月23日·24日
	〈第Ⅱ期〉11月20日·21日

[入試状況] ※全入試の合計

■**応募者数**	男子 56名	女子 37名
■**受験者数**	男子 56名	女子 37名
■**合格者数**	男子 52名	女子 34名

[考査の順番]
願書提出順

[行事日程]（予定）
（学校説明会） 2024年5月25日、9月7日、
2025年2月15日
（オープンスクール）
2024年6月15日、7月20日
（運動会） 2024年5月18日
（みどり祭） 2024年11月9日·10日

LCA 国際小学校

- **校長** 山口 紀生
- **児童数** 男子147名
  女子140名

- **併設校** LCA国際プリスクール

✎ 沿革 & 目標

小学校で教鞭をとっていた代表者山口紀生が、新しい教育のあり方を求めて、子どもたちに少しでもよい教育環境を提供しようと1985年（昭和60年）に私塾として設立。学習とともにアウトドアの活動もおこなう。アメリカでホームステイをおこなった際、日本の子どもたちの受けている英語教育の問題点を痛切に感じ、LCA英会話スクールを開設。その後、LCA幼児教室、英語で指導する幼稚園、LCAインターナショナルスクールを開設。2005年（平成17年）にLCAインターナショナルスクール小学部が開校。国からの国際教育特区の認可を受けて2008年（平成20年）4月、LCA国際小学校として開校。

✎ 学費 ※昨年度のものです。授業料等は、入学後、変更になる場合もあります。

- **入学手続時** 入学金 1,000,000円、保証金 300,000円
- **それ以降** 授業料 120,000円（月額）、施設費 140,400円（年額）、給食費 10,500円（月額）、
  諸経費 128,700円（年額）、ICT教育費 等
  ※寄付金1口 100,000円（任意）

✎ 所在地 & 最寄り駅

- **住所** 〒252-0132 神奈川県相模原市緑区橋本台3-7-1
  ☎042（771）6131
- **アクセス** バス／JR横浜線・京王相模原線橋本駅南口発
  田名バスターミナル行「石宮」下車9分
  上大島行「石宮」下車9分
  峡の原車庫行「金属工業団地」下車8分
  コミュニティバス相模川自然の村行「北の丘センター」下車1分
  タクシー／JR横浜線・京王相模原線橋本駅南口より10分
  （学校・見学説明会へはお車でのご来校も可能です。）

ホームページ https://elementary.lca.ed.jp/

学校の特色

- **特色と活動**　日本人のためのバイリンガル小学校です。（文部科学省認可）
  - ・日本人としての教養を持った国際人を養成
  - ・外国人担任が検定教科書を使用して英語で指導
  - ・1クラス約20名の少人数制
  - ・中学受験に対応できる授業内容
- **昼食**　給食（月〜金曜日）
- **スクールバスあり**　センター南、市が尾、相模大野、橋本、調布、海老名
  - 茅ヶ崎（朝便のみ）
- **編入試験**　定員に空きがあれば随時受付。
- **帰国児童**　定員に空きがあれば編入試験受験可能。

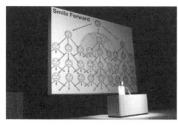

Data　2024年度入試データ　※2023年実施済みです。

[募集要項] ※2023年実施済み

- **■募集人員**　男女計　約60名（内進生を含む）
- **■願書配布**　4月以降
- **■願書受付**　〈第1回〉6月26日〜30日
  - 〈第2回〉11月9日〜15日
  - 〈第3回〉1月10日〜12日
- **■考査料**　30,000円
- **■考査月日**　〈第1回〉7月23日
  - 〈第2回〉11月26日
  - 〈第3回〉1月21日
- **■面接日**　考査日前に面接期間を設定
- **■結果発表**　受験後3日以内に郵送

[インフォメーション]

入試で最も重視されるのは保護者面接（日本語で30分間）です。子どもについては学力を問うのではなく、年齢に応じた成長と英語学習に対する順応性や意欲をみます。

[行事日程] （予定）

- **■オンライン説明会**　2024年5月1日・22日、
  - 6月7日、7月25日

江戸川学園取手小学校

- **校長** 鈴木 克已
- **児童数** 男子 233名
  女子 334名
- **併設校** 江戸川学園取手中学校
  江戸川学園取手高等学校
  江戸川女子中学校
  江戸川女子高等学校
  江戸川大学総合福祉専門学校
  江戸川大学

沿革&目標

1978年（昭和53年）江戸川学園取手高等学校が創立、1987年に江戸川学園取手中学校が併設されました。創立以来、「心豊かなリーダーの育成」を教育理念として将来社会に貢献できる人材の育成に取り組んできました。また「規律ある進学校」として「心力」「学力」「体力」のバランスの取れた三位一体の教育方針を目指し培ってきた教育ノウハウの全てを結集させ、2014年4月、江戸川学園取手小学校設立に至りました。県内初の12か年一貫教育校として、「えどとり」にふさわしい教育環境と学習施設・設備を整えています。

学費

- **入学手続時** 入学金 200,000円、施設・設備費 150,000円
- **それ以降** 授業料 33,000円（月額）、維持費 18,000円（月額）、後援会費 500円（月額）、
  児童会費 500円（月額）

所在地&最寄り駅

- **住所** 〒302-0032 茨城県取手市野々井 1567番地3
  ☎0297(71)3353

- **アクセス** JR／取手駅から車8分　TX／守谷駅から車12分
  関東鉄道／ゆめみ野駅から徒歩15分
  新取手駅から徒歩16分

ホームページ https://edotori.ed.jp/

学校の特色

- **10の特色**　　1　心の教育としての「道徳の授業」を重視し、学ぶ姿勢と基本的な生活習慣を徹底させます。
　　　　　　　　2　小1からネイティブ教師と日本人教師による英語の授業をおこないます（英語教育）。
　　　　　　　　3　「読書指導」に力を入れ、また漢字力（漢字検定の導入）を養成します。
　　　　　　　　4　12年後難関大学への進学を目標に、算数の計算力、応用力、思考力を高め、中等部につな
　　　　　　　　　　がる学力を養成します。
　　　　　　　　5　実験や観察、体験学習などを重視した理科教育をおこないます。
　　　　　　　　6　図画工作、陶芸、書道、音楽、演劇などの芸術分野を充実させます。
　　　　　　　　7　3年生からコンピューターによる情報通信教育（ICT教育）をおこないます。
　　　　　　　　8　12カ年のスパンで発達段階に合わせたキャリア教育（工場見学など）をおこないます。
　　　　　　　　9　基礎体力向上を目指した運動や学校行事、4年生からは放課後のクラブ活動を導入します。
　　　　　　　10　将来のリーダーに必要なコミュニケーション能力や、問題解決能力を育てます（7つの習慣）。
- **英語教育**　　　①　「聞く、話す、読む、書く」の4技能をバランスよく強化。
　　　　　　　　②　オーストラリアの小学校で海外研修（5・6年生対象、希望制）
　　　　　　　　③　ハワイグローバルツアーで現地の大学生と交流（1〜6年生対象、希望制）
- **アフタースクール**　父母の大半が共働きであることを前提に、希望者に対しては学童保育的な位置付けで、学習系・ス
　　　　　　　　ポーツ系・芸術系など、児童のニーズに合わせた講座・教室を開きます。
- **セキュリティ**　　登下校の安全、緊急連絡のためにICカードによるメール配信システムや防犯カメラ・警備員
　　　　　　　　の常駐、スクールバスへの学童指導員の同乗などにより安全管理を強化します。
- **昼食**　　　　　給食（月〜金）
- **併設中学・高校への進学**
　　　　　　　　小・中・高の12カ年一貫教育をおこないますので、原則として全員中等部へ進学、中等部生
　　　　　　　　は原則として全員高等部へ進学していきます。

Data　　2024年度入試データ　※2023年実施済みです。

[募集要項]※2023年実施済み
- **募集人員**　〈第1回〉男女計 75名
　　　　　　〈第2回〉男女計 15名
- **要項配布**　ホームページより
- **web出願**　〈第1回〉9月1日〜12日
　　　　　　〈第2回〉11月1日〜7日
- **考査料**　　20,000円
　　　　　　（複数回受験は合計で30,000円）
- **考査月日**　〈第1回〉9月30日
　　　　　　〈第2回〉11月18日
- **面接日**　　〈第1回〉9月23日・25日
　　　　　　〈第2回〉11月14日
- **結果発表**　〈第1回〉10月3日
　　　　　　〈第2回〉11月21日
- **入学手続**　〈第1回〉10月3日・4日
　　　　　　〈第2回〉11月21日・22日

[入試状況]※第1回・第2回の合計
- **志願者数**　男女 224名
- **合格者数**　男女 116名

[行事日程]（予定）
- **学校説明会**　2024年5月11日・25日
- **1日体験入学**　2024年5月25日
- **授業見学会**　2024年6月10日〜14日、
　　　　　　　　10月7日〜11日
- **オープンスクール**　2024年7月6日
- **入学試験説明会**　2024年8月3日

2024年度入試内容 ペーパー 行動観察 運動 絵画制作

● 言語

［話の聞き取り］

お母さんがサルくんにお使いを頼みました。船の絵が描いてあるバッグを渡して、「ニンジン3本とジャガイモを2個、おせんべいを4つ買ってきてね。それからおせんべいはおじいちゃんの家に行って渡してきてね」と言いました。サルくんはさっそく出かけました。途中の公園では、ゾウくんがクマくんと遊んでいました。ゾウくんが「サルくん、いっしょに遊ぼうよ」と声を掛けました。「ごめんね。今、お使いを頼まれているから、あとで遊ぼう」とサルくんは答えました。公園にはコスモスの花が咲いていました。サルくんがお店でお買い物をすると「たくさん買ってくれてありがとう」と言ってお店の人が飴を2個くれました。サルくんはおじいちゃんの家に行き、おせんべいを渡しました。おじいちゃんはお礼に飴を3個とジュースを1本くれました。サルくんはお使いが終わってから公園に行きました。ゾウくんとクマくんとタヌキさんが遊んでいたので、シーソーに乗りました。ゾウくんとサルくんがいっしょに乗って、クマくんとタヌキさんがいっしょに乗りました。サルくんたちのほうが重かったので、下にさがりました。そのあと滑り台で遊び、お家に帰りました。

- お話しの季節はいつですか。○をつけましょう。
- おせんべいはいくつ買いましたか。その数だけ○を書きましょう。
- サルくんのバッグの絵はどれですか。○をつけましょう。
- サルくんは全部で飴をいくつもらいましたか。その数だけ○を書きましょう。
- シーソーに乗ってさがったのは、誰と誰が乗っているほうでしたか。

［しりとり］
- しりとりでつながらないものが2つあります。どれですか。

［同頭語］
- 「く」で始まるものを見つけて○をつけましょう。

［言葉の音］
- 左の絵と言葉の数が同じものに○をつけましょう。

● 数量

［重さ］
- 1番重いものに○、1番軽いものに×をつけましょう。

● 知覚

［重ね図形］
- 2枚の透明な板を重ねると絵のようになりました。では重ねたもう1枚の板はどれですか。○をつけましょう。

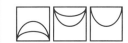

［位置換］
- 約束の通り、絵の下に印をかきましょう。

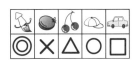

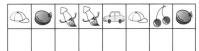

● 構成

[**対象点図形**]
- 真ん中の線で折ったとき、左の形とぴったり重なるように、右に線をかきましょう。

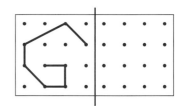

● 記憶

[**位置の記憶**]
- ぶどうのあった場所に○、バナナがあった場所に△をつけましょう。

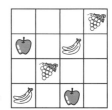

● 推理

[**ルーレット**]
- 外側の動物が動きます。ネコが３つ矢印の方に動きました。どの果物のところに動きましたか。

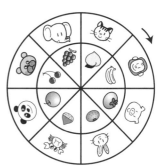

● 知識

[**常識**]
- 「一寸法師」に出てくるものはどれですか。
- ペリカンがよく食べるものはどれですか。
- 同じ季節でないものはどれですか。

● 指示行動

[**運筆**]
- お手本を見ながら同じようにかく。

[**絵画**]
- 好きな動物を、青のクーピーで３つ描く。

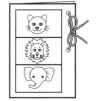

[**巧緻性**]
- 両面に模写した紙を半分に折り、穴に紐を通して蝶結びをする。

● 行動観察

[**ボール運び競争**]
- ６～７人のグループでおこなう。箱のなかに入っているいろいろなボールを、離れた机の上に運ぶ。１人１つずつ運び、机の上から転がり落ちないように注意する。

面接

親子同伴の面接が考査日以前におこなわれます。面接時間は約15分。

父親へ

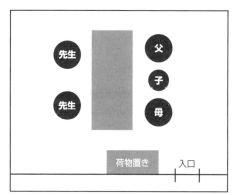

◎ 志望理由を教えてください。
◎ ご家庭の教育方針を教えてください。
◎ 本校に、特に共感していることは何ですか。
◎ 10の特色で1番興味があるのは何ですか。
◎ 12年一貫教育について理解していますか。…中学受験、高校受験はさせませんが大丈夫ですか。
◎ 中・高の特色を理解していますか。
◎ 説明会には何回参加されましたか。…印象に残ったことは何ですか。
◎ 通学時間を教えてください。…電車でのマナーについてどのようにお考えですか。
◎ お子様の長所、短所はどんなところですか。
◎ 短所を改善するために、どのような教育をしていますか。
◎ お仕事について教えてください。
◎ お子様の長所をあらわすエピソードを教えてください。
◎ お子様の名前の由来を教えてください。
◎ 生きる力について、ご家庭で教育していることがあれば教えてください。
◎ 最近、気になるニュースや怒りを覚えたニュースがあれば教えてください。
◎ お子様にものをねだられたとき、どうしますか。
◎ お子様の健康面で学校が気をつけることはありますか。
◎ 宿題がたくさん出ます。家庭での学習環境はいかがですか。
◎ お子様にはどのように育ってほしいですか。

母親へ

◎ 学校説明会には何回いらっしゃいましたか。
◎ 子育てで大切にしていることは何ですか。
◎ 家庭のしつけで気をつけていることは何ですか。
◎ 毎日欠かさずしていることは何ですか。
◎ 本校では1年生からたくさん学習させるのですが、家庭で勉強する環境はいかがですか。
◎ 最近、家族で大笑いしたことがあれば教えてください。
◎ 最近のニュースで憤りを感じたことは何ですか。
◎ 学校見学などで印象に残っていることは何ですか。
◎ お子様が学校から元気なく帰ってきたらどうしますか。
◎ お子様が学校に行きたくないと言ったらどうしますか。
◎ どんなお手伝いをさせていますか。
◎ お子様はどのような性格ですか。
◎ お子様にご褒美をあげていますか。
◎ お子様の成長をどのようなときに感じますか。
◎ 将来どのような人になってほしいですか。
◎ お子様と将来の夢について話すことはありますか。
◎ 家族で大切にしている時間はありますか。

子どもへ

◎ お名前を教えてください。

◎ 生年月日を教えてください。…何歳ですか。

◎ 通っている幼稚園の名前を教えてください。…担任の先生の名前を教えてください。

◎ 幼稚園で好きな遊びは何ですか。

◎ お友達の好きなところはどんなところですか。

◎ お家に帰ってきたら、何と言いますか。

◎ お家で好きな時間はいつですか。

◎ 好きな食べ物、嫌いな食べ物は何ですか。…嫌いな食べ物が給食に出たらどうしますか。

◎ お母さんがつくる料理で、1番好きなものは何ですか。

◎ 叱られたことはありますか。…どんなことで叱れますか。

◎ 最近褒められたのはどんなことですか。

◎ 今、習い事をしていますか。

◎ 本は読みますか。…最近読んだ本は何ですか。

◎ 好きな本を2冊教えてください。

◎ この学校にどうして入りたいと思いましたか。

◎ 小学校に入ったら何を頑張りたいですか。…それはどうしてですか。

◎ 大きくなったら何になりたいですか。…どうしてですか。

◎ 夢はありますか。

お母様の受験 memo

◎考査当日のこと…

- 面接日は体育館で待ちました。10分ごとに10組ずつ面接会場に誘導されました。面接では、最初にマスクをとって顔の確認がありました。
- 面接室は2階に5部屋、3階に5部屋で10会場ありました。
- 体育館では本を読んだり、折り紙などをして待ちました。
- 考査日は8時15分受付開始で、考査終了は11時15分頃でした。
- 面接では、話しやすい雰囲気をつくってくださいました。
- 子どもが返答に困っていると、違う言葉で言い換えてくださいました。
- 面接官との距離が近かったです。

◎アドバイス、etc.…

- 面接では、両親の考えが一致しているか、共有できているかを問われている気がしました。
- 受験準備では、子どもの気持ちを盛り上げ、勉強するときと遊ぶときの「ONとOFF」のメリハリを重視しました。
- 具体的に、入学したら何がしたいのかなど、はっきりとしたイメージを持ったほうがよいと思います。

水戸英宏小学校

- **校長** 田中 久美子
- **児童数** 男子 75名
  女子 71名
- **併設校** 水戸英宏愛宕幼稚園
  水戸英宏平須幼稚園
  水戸英宏中学校
- **系列校** 水戸啓明高等学校
  水戸葵陵高等学校

沿革&目標

水戸英宏小学校は新しい時代を切り開く気概と使命感を持った未来のリーダーを育成するため、「知の創造者たれ」を教育理念に掲げ、2012年4月に開校しました。本校では子どもたちの無限の可能性を伸長させるため、特色のある「EIKOメソッド」を実践し、「進学重視型教育」を推進しています。また、「いじめ・暴力ゼロ宣言」をスローガンとして、子どもたちが安心して学校生活を送ることができるようにしています。本校では、「高度なことを 楽しく 確実に」を学習指導のコアとして、学年の枠にとらわれない先取の学びや、小学校最高水準内容の学び、知力を高める楽しい学びなど、質の高い教育を展開しています。新時代令和を迎え、新しい時代の教育を提供するために「令和のEIKO教育大改革」を推し進め、英語教育、プログラミング教育、SDGs教育などを充実した施設設備・教育環境の中で展開しています。併設の水戸英宏中学校の教職員・生徒との授業や行事での交流を積極的に取り入れ、豊かな人間性の育成に取り組んでいます。

学費 ※昨年度のものです。授業料等は、入学後、変更になる場合もあります。

- **入学手続時** 入学金 150,000円、施設充実費 150,000円
- **それ以降** 授業料 25,000円(月額)、施設費 12,000円(月額)、教育充実費 2,000円(月額)、
  ※上記の他、修学旅行積立金、その他の諸経費が別途必要となります。

所在地&最寄り駅

- **住所** 〒310-0851 茨城県水戸市千波町2369-1
  ☎029(243)7804
- **アクセス** JR／水戸駅から関東鉄道バス 「水戸葵陵高校入口」下車3分
  スクールバス／水戸市内運行①赤塚ルート②水戸駅ルート
  ③県庁・桜の郷ルート

ホームページ https://www.mito-eiko-es.ed.jp/top.html

学校の特色

● **学習指導**　〈**進学重視型カリキュラム**〉1年生から全日40分6時間授業、3年生からは7時間授業を実施します。第1、3土曜日を授業日として、圧倒的な授業時数を生み出しています。先取学習を実践して、主要教科は5年生までに6年生の教科書内容を終了します。4年生からは、最高水準テストを毎月受験して、小学校最高水準内容を授業で教科書と平行して学ぶことができます。「知力・学力デュアル育成メソッド」を取り入れて、1〜3年生は主要教科の「チャレンジ授業」があり、楽しみながら知育に取り組むことができます。

〈**令和のEIKO教育大改革**〉私学品質の授業によって、子どもたちを積極的に学びに参加することのできる「アクティブ・ラーナー」に育成します。国連が提唱する「SDGs（持続可能な接続社会）」を問題解決能力の育成のため、毎週1時間SDGsの授業をおこないます。iPadの導入により、授業のなかで積極的に活用を図ります。プログラミング教材をそろえ、子どもたちは、隔週、ロボットづくりを通したプログラミング教育を受けることができます。

〈**英語教育**〉1年生から週2時間、5年生からは週4時間、豊富な英語の授業数として英語教育に力を入れています。ALTの指導や英検対策講座などにより、小学校卒業時に英検3級取得を目標とします。英会話アプリ「カラオケENGLISH」のモデル校となり、子どもたちはICTを使った先進的な英語教育を受けられるとともに、自宅での英語の音読に毎日取り組むことで、スピーキング力も高めることができます。

● **エクストラスクール　プログラム**　放課後に自由参加・参加無料の「エクストラスクール」を実施します。放課後に+4のExtra！40分×4の無料・自由参加のエクストラスクールを実施しています。子どもが自学自習に取り組み、教師のサポートを受けられる「アクティブスタディ」を中心に、英検講座・実験教室・思考力講座、国語・算数で教科書内容の学び直しができる「振り返りコース」。小中連携教育を活かした、英宏中学校の特別学習会・部活動参加など、多様なプログラムに参加することができます。

● **いじめ・暴力　ゼロ宣言**　本校では、常に「いじめ・暴力」は許されないこと、生活の約束をしっかりと守れるようにすることを徹底して、子どもの人間性の育成・生活指導に力を入れています。高度な学びに安心して取り組めるように、教職員・児童・保護者が協力して早期発見・未然防止に努めています。副校長の教育相談室・参事の子育て応援室・教頭の学習相談室など、子ども・保護者の方が専門的知識のある教員と相談できる環境を整えています。

● **小・中連携**　併設校である水戸英宏中学校と連携し、中学校の教師・生徒との交流活動を積極的に取り入れています。体育的な行事・文化的な行事に一緒に参加したり、高学年児童がサッカーや文芸などの部活動に参加したり、中学校教員のスペシャル授業を受けたりと、心のふれあいや知的交流をおこなっています。

● **EIKO学童クラブ**　エクストラスクール終了後の平日18:30〜20:00まで、お子さまを校内で教員がお預かりする、EIKO学童クラブを実施しています。（有料　月額6500円）落ち着いた雰囲気のなかで、保護者の方のお迎えを待つことができます。

● **昼食**　弁当またはランチプレート（給食）の希望給食制（月〜金）。

● **転入試験**　随時実施。対象学年は欠員が生じている学年。試験科目は国語、算数、面接。

● **併設校への進学状況**
　小→中　原則として全員進学できる。

Data 2024年度入試データ ※2023年実施済みです。

[募集要項] ※2023年実施済み
■**募集人員**　男女計35名
■**要項配布**　4月〜
■**願書受付**　〈第1回〉9月11日〜29日
　　　　　　　〈第2回〉11月20日〜12月8日
　　　　　　　〈第3回〉1月15日〜2月9日
■**考査料**　10,000円
■**考査月日**　〈第1回〉10月7日
　　　　　　　〈第2回〉12月16日
　　　　　　　〈第3回〉2月17日
■**面接日**　考査当日
■**結果発表**　〈第1回〉10月12日
　　　　　　　〈第2回〉12月20日
　　　　　　　〈第3回〉2月21日

[入試状況]
非公表

[考査の順番]
願書提出順。

2024年度入試内容 ペーパー 個別

● 言語

[言葉の音]
- 4文字の野菜に○をつけましょう。

[しりとり]
- かめ→めだか→からす→ストーブ→ぶどう→うし

[話の聞き取り]
- 「桃太郎」の話を聞いて質問に答える。
  「桃太郎があげたものは何ですか」 「桃太郎はどこに行きましたか」

● 知識

[仲間はずれ]
- 1匹だけ違う仲間の生き物がいます。1つ選んで○をつけましょう。

● 数量

- バナナを5本ずつのまとまりにして、
  ○で囲みましょう

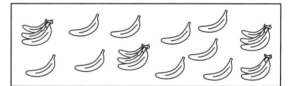

● 推理

[系列]
- 形がある決まりで並んでいます。もくもくには何が入りますか。その形をもくもくのなかに、鉛筆でかきましょう。

[折り目]
- 折り紙を左のように折って開いたとき折り目はどうなりますか。

● 知覚

[同図形発見]
- 左と同じ形を見つけて
  ○をつけましょう。

 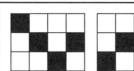

● 個別テスト

- ● ランチョンマットをたたんで、巾着のなかに入れましょう。
- ● 先生のまねをして言ってください。「偕楽園」「笑う門には福来る」
- ● 紙に書いてある字をを読んでください。
- ● 反対語の言葉を言ってください。「長い」「深い」
- ● おはじきを5個と3個に分けてください。
- ● その2枚のカードを使ってお話をつくりましょう。

過去の出題

● 知覚

[**模写**]
- ● お手本と同じ形をかきましょう。

[**位置**]
- ● 左から4番目に赤の○、右から3番目に青の○で囲みましょう。

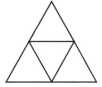

[**四方観察**]
- ● 積み木を矢印の方から見たらどう見えますか。

[**四方観察**]
- ● 積み木を矢印の方から見ると、どう見えますか。

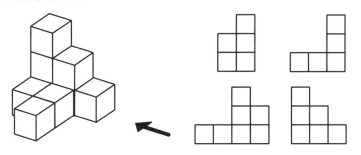

[**置換**]
- ● ホタルの妖精えいこちゃんは、形を変える魔法を使います。○は△に、△は□に、□は○にかえることができます。左の形はどう変わりますか。右に書きましょう。

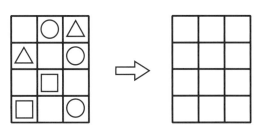

面接

親子同伴の面接が考査日前におこなわれます。面接時間は15分程度

父親へ
◎ 志望理由を教えてください。
◎ お子様のよいところを5つあげてください。
◎ ご家庭の教育方針を教えてください。

母親へ
◎ 志望理由を教えてください。
◎ お子様のよいところを5つあげてください。
◎ ご家庭の教育方針を教えてください。

子どもへ
◎ お名前を教えてください。
◎ 幼稚園の名前を教えてください。
◎ 好きな虫の名前を2つ教えてください。

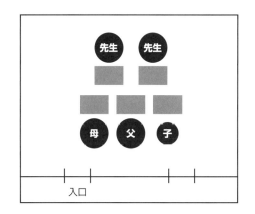

お母様の受験 memo

◎考査当日のこと…
● 控え室は図書室で受験番号順に座っていました。
● 面接は4部屋でおこなわれていました。
● 面接後は控え室に戻らず解散になるので、荷物はすべて持って移動します。
● 子どもとは受付後すぐに別れました。親は控え室でアンケートを記入します。「志望理由」「子どもの成長を感じるとき」「どんな大人になってほしいか」などでした。

◎アドバイス、etc.…
● 子どもが緊張しないように、何度も説明会に行って、雰囲気に慣れることは大切だと思います。
● いろいろな受験生がいますので、動揺しないことが大切だと思います。

開智望小学校
（のぞみ）

- ●**校長** 青木 徹
- ●**児童数** 男子297名
  女子307名
- ●**併設校** 開智望中等教育学校
  開智小学校（総合部）
  開智中学校（中高一貫部）
  開智高等学校（高等部）
  開智未来中学校
  開智未来高等学校
  開智日本橋学園中学校
  開智日本橋学園高等学校
  開智国際大学
  開智所沢小学校・中等教育学校

沿革&目標

創立：2015年

【**教育理念**】世界の人々や文化を理解・尊敬し、平和で豊かな社会の実現に貢献できる人材の育成

【**教育目標**】「得意を伸ばし挑戦する」違いを認め合い、自分の得意分野や独自性を見つけ伸ばし、
さまざまなことに挑戦する
「志を高く学ぶ」自分の目標を高く持ち、その志に向かった努力を実践する
「人のために学び行動する」人のため、社会のために学び、平和で豊かな社会の
実現のため行動する

【**合言葉**】おもいっきり遊び、じっくり学ぶ

学費

- ●**入学手続時** 入学金 250,000円、授業料 480,000円（年額）のうち手続時に200,000円
- ●**それ以降** 教育充実費 128,000円（年額）、諸会費 52,000円（年額）、

所在地&最寄り駅

- ●**住所** 〒300-2435 茨城県つくばみらい市筒戸字諏訪3400
  ☎ 0297（38）6000

- ●**アクセス** 関東鉄道 常総線／「新守谷駅」から徒歩1分

ホームページ https://nozomi.kaichigakuen.ed.jp

学校の特色

● **学習指導** 　「学習指導要領」に「国際バカロレアの初等教育プログラム」を取り入れた、独自の教育課程を実現します。

　〈国際バカロレアPYP認定校〉国際バカロレアPYP(初等教育プログラム)を用いた「探究」の授業を週6時限おこないます。教師からの一方通行で知識を与えられる従来型の授業ではなく、小学校低学年から主体的に物事を考え、また仲間とディスカッションを繰り返しながら「なぜ?どうして?」といった疑問や問題を解決していく授業を展開します。

　〈未来を見据えた「探究型の学び」〉子どもたちの持つ「なぜ」「どうして」という疑問の発見からプレゼンテーションまで、子どもたち自身が主体的に学びます。一連の流れを繰り返すことによって、思考力や問題解決能力を育成します。ここでは、「正しい解答」をだすことよりも、どのように多面的に考え、どのようにスキルを使い、どのように調査・実験・検証したかの方法や過程を大切にします。

　〈グローバル化に対応した「英語教育の充実」〉小学1年生からネイティブ講師による週5時限の英語活動をおこないます。英語が得意な児童は、探究の授業(週6時限)も英語でおこないます。小学校を卒業するころには英文の読み書きや、日常会話ができるようになります。

　〈ICTによる授業展開〉全教室がホワイトボードで、電子黒板による授業を展開します。

● **学校行事** 　運動会、フィールドワーク(1・2年／1泊2日、3年／2泊3日、4年、5年／3泊4日)、秋のエクスカーション(遠足)、望発表会、Exhibition など。

● **系列校の進学状況**(2023年5月時)

高→大 　東京大、北海道大、東北大、筑波大、東京外国語大、東京医科歯科大、埼玉大、千葉大、お茶の水女子大、横浜国立大学、首都大学東京、早稲田大、慶應義塾大、上智大、東京理科大、明治大、青山学院大、立教大、中央大、学習院大、法政大　他

 **2024年度入試データ** ※2023年実施済みです。

[募集要項]※2023年実施済み

■**募集人員**　男女計 110名

■**Web出願**　〈第1回〉 7月10日〜9月15日
　　　　　　　〈第2回〉 10月4日〜18日

■**考査料**　30,000円

■**考査月日**　〈第1回〉 9月30日
　　　　　　　〈第2回〉 10月31日

■**面接日**　〈第1回〉9月16日・19日
　　　　　　〈第2回〉考査当日

■**結果発表**　〈第1回〉 10月3日(web)
　　　　　　　〈第2回〉 10月24日(web)

■**入学手続**　〈第1回〉10月3日〜6日
　　　　　　　〈第2回〉10月24日〜27日

[入試状況]※第1回、第2回の合計

■**応募者数**　男子 122名　女子 91名

■**合格者数**　男子 62名　女子 54名

[インフォメーション]

守谷市・つくばみらい市を除く茨城県在住者の募集人数は12名まで。

■**2024年度日程**(予定)

(学校説明会) 2024年4月20日、7月6日、8月25日

(授業体験会) 2024年6月22日

2024年度入試内容 〔ペーパー〕〔行動観察〕〔運動〕〔絵画制作〕

● 言語

［話の聞き取り］

昨日、森のなかで秋探しをしました。まず、まつぼっくりを拾いました。次に、丸いドングリを拾いました。最後に黄色い銀杏の葉っぱを拾って、私は家に帰りました。家に帰ってからは拾ったもので飾りをつくりました。まず、まつぼっくりにピンクの絵の具を塗りました。その上に顔を描いてドングリの帽子をかぶせました最後に銀杏の葉っぱを2枚貼って、飾りが完成しました。とても楽しかったです。

● 拾った葉っぱはどれですか。
● 拾っていないものはどれですか。
● つくった飾りはどれですか。

［しりとり］

● 左の絵からしりとりでつながるように、線で結びましょう。

● 構成

● 左の形をつくるのに使うものに○をつけましょう。

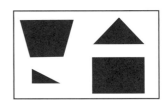

● 絵画制作

● 起き上がりこぼしをつくる。紙を丸めて粘土をテープで留める。紙を丸く切って、指示された生き物の絵を描いて、丸めた紙に貼る。

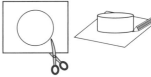

● 運動テスト

● 準備体操。
● グー・チョキ・パー体操。先生のお手本のとおりに模倣する。
● 連続運動。
　バドミントンのシャトルをゴールに向かって投げる→　ポートボール台に乗る
　→　平均台→　アザラシ歩き→　ケンパー

● 行動観察

● コーンと板を使って、鳥が住めるタワーをつくる。材料を運ぶには、2人で協力してクレーンを使って運ぶ。

面接

親子別々の面接が考査日以前におこなわれます。面接時間は10分程度。

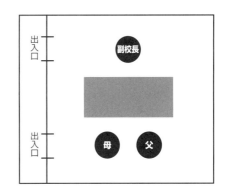

父親へ

◎ 志望理由を教えてください。
◎ 本校をどのように知りましたか。
◎ 学校説明会には参加されましたか。
◎ 本校のどこに興味を持ちましたか。
◎ 本校の英語教育についてどう思いますか。
◎ ご家庭の教育方針を教えてください。
◎ 自己発信の内容を教えてください。
◎ 自己発信の準備の練習を通して、成長をしたことは何ですか。
◎ 併願をしていますか。
◎ 最近、どんなことでお子様を褒めましたか。
◎ お子様の長所と短所を教えてください。
◎ お子様にはどのようい成長してほしいですか。
◎ 何かご質問はありますか。

母親へ

◎ 本校を知ったきっかけを教えてください。
◎ 幼稚園でのようすを教えてください。
◎ 文化祭など、保護者の方の協力が必要ですが、大丈夫ですか。
◎ お子様の長所、短所を教えてください。
◎ お子様の名前の由来を教えてください。
◎ お子様を最近褒めたことはどんなことですか。
◎ 幼児教室はどちらですか。
◎ 通学方法を教えてください。…少し遠いですが大丈夫ですか。
◎ 習い事をしていますか。
◎ どんな本を読み聞かせていますか。

子どもへ

◎ お名前を教えてください。

◎ 住所、電話番号を教えてください。

◎ 朝ご飯は何を食べましたか。

◎ 学校までどうやって来ましたか。

◎ 夏休みは何をしましたか。

◎ 夏休みに1番楽しかったことは何ですか。

◎ 幼稚園では何をして遊びますか。

◎ 将来の夢は何ですか。

◎ 小学校に入ったら何がしたいですか。

◎ （タブレットの動画を見せられて）このあとどうしたらよいと思いますか。

◎ （タブレットを見せられて）この中に悪いことをしている子がいます。誰ですか。

お母様の受験 memo

◎考査当日のこと…

● 面接日は、受付のあと親子別々の控え室に移動します。

● 面接室のすぐ横の教室が控え室でした。

● 面接の順番は受付順でした。面接は終始なごやかな雰囲気でした。

● 考査日は受付でビブスを受け取り、時間まで親子ともに視聴覚ホールで待ちました。ビブスは時間ごとに色分けされていました。時間になると15〜20人ずつ呼ばれて、子どもは考査室へ。親は2時間ほど待ち時間がありました。

● 考査日の待ち時間は、みなさん読書をされていました。

● 先生方がおだやかで、子どもたちが楽しく取り組めるように、声掛けなど工夫してくださっている印象を受けました。

◎アドバイス、etc.…

● 保護者の参加可能なイベントにはすべて参加しました。

● それぞれの試験内容ごとに、トイレの時間があったようです。子どもにはトイレに必ず行くように言っておきました。

● 考査ではいろいろな子がいると思いますので、それに流されず自分のことに集中するように、子どもには日ごろから声をかけていました。

● 面接室に入ってすぐ、受験番号と子どもの名前を言ってくださいと言われるので、受験番号は両親とも必ず覚えておくことです。

● 自己発信は子どもらしいもので、これはなぜそうなっているのかという疑問を調べて発表するというものがよかったのかなと思いました。

つくば国際大学東風小学校

- **校長** 本橋 正範
- **児童数** 281 名
- **併設校** つくば国際大学
  つくば国際短期大学
  つくば国際大学高等学校（共学）
  つくば国際大学東風高等学校（共学）
  つくば国際短期大学附属保・幼稚園

沿革 & 目標

沿革：昭和19年に創立者・高塚半衛が白梅の「花実両全」の姿を建学の精神として「財団法人土浦女子商業学校」を開校。同20年に「財団法人霞ヶ浦学園」に名称変更、同26年には学校法人霞ヶ浦学園に組織変更。 平成6年に「つくば国際大学」を開学。同12年には、「つくば国際短期大学附属幼稚園」開園。同19年「つくば国際百合ヶ丘保育園」を開園。同21年4月に「つくば国際大学東風高等学校」を開校。同22年4月に「つくば国際大学東風小学校」を開校。現在、学校法人霞ヶ浦学園は、大学2校、高校2校、小学校1校、保・幼園6園が属している。

目標：確かな学力の向上を目指し、思いやりの心をもち、自ら学び、知性と感性に富む子どもの育成。

【目指す子ども像】 明るい子…あいさつを交わし合い、誰とでも仲良くする子
考える子…話をよく聞き、考え、学び合う子
丈夫な子…健康に気をつけ、体力作りをする子

学費 ※昨年度のものです。授業料等は、入学後、変更になる場合もあります。

- **入学手続時** 入学金 200,000円、施設費 200,000円
- **それ以降** 授業料 468,000円（年額）、給食費 96,000円、
  教育充実費 180,000円（年額）、「保護者の会」会費 6,000円（年額）

所在地 & 最寄り駅

- **住所** 〒302-0110 茨城県守谷市百合ヶ丘1丁目4808-15
  ☎0297（44）6771
- **アクセス** つくばエクスプレス／守谷駅からスクールバス5分
  JR我孫子駅、天王台駅、取手駅、ひたち野うしく駅、
  つくばエクスプレスつくば駅、研究学園駅、万博記念公園駅、
  みどりの駅、みらい平駅、その他 取手ウェルネス前藤代庁舎
  からも運行

ホームページ https://harukaze-es.ed.jp/

学校の特色

● **学習指導**　校訓「ひたむきさ」「謙虚さ」「誠実さ」をもとに、忍耐力と教養を兼ね備え、柔軟に先を読み、美しく振舞い、人の役に立つ人間、「真のリーダー・真のエリート」を育てます。そのための基盤として、道徳教育の充実・言語力の育成・伝統的な文化に触れる学習（箏曲）・英語力の育成を図っています。

● **確かな学力の向上**
　　　　①基礎的・基本的な内容の確実な定着とそれを活用する力の育成
　　　　②言語力の育成と体験学習の充実
　　　　③課題解決学習による思考力・判断力・表現力の育成
　　　　《東風教育３つの柱》
　　　　①人間力　「学習指導要領　道徳編」作成協力者　齋藤眞弓による全校道徳の授業
　　　　②言語力　ことばの授業やノート指導の徹底
　　　　③伝統文化と国際理解　箏の授業やアフタースクールでおこなう茶道、能、書道。外国人講師による授業

● **アフタースクール**　月〜金曜日の放課後17時までのアフター１、17時〜19時までのアフター２を開設。アフター１は、１日５〜８講座を設け、１年〜６年まで参加できる。アフター２は共働きの保護者様から安心して預けられると好評をいただいています。

● **昼食**　給食（月〜土曜日）

Data 2025年度入試データ ※2024年実施予定です。必ず学校発表の入試要項でご確認ください。

［募集要項］ ※2024年実施予定
■**募集人員**　男女計60名
■**要項配布**　7月〜
■**出願**　〈第１回〉8月10日〜28日（web）
　　　　　〈第２回〉10月18日〜30日（web）
　　　　　〈第３回〉11月18日〜29日（web）
■**考査料**　20,000円
■**考査月日**　〈第１回〉9月7日・8日
　　　　　　〈第２回〉11月10日
　　　　　　〈第３回〉12月8日
■**面接日**　〈第１回〉9月8日
　　　　　　〈第２回〉11月10日
　　　　　　〈第３回〉12月8日
■**結果発表**　〈第１回〉9月10日
　　　　　　〈第２回〉11月12日
　　　　　　〈第３回〉12月10日
■**入学手続**　所定日

［入試状況］
非公表

［考査の順番］
願書提出順。

［インフォメーション］
考査についての諸注意、持ち物等は受験票に記載されています。願書受付終了後、面接日時が記載された封書が郵送されます。不明な点があればホームページからお問い合わせください。
■**行事日程**（予定）
（学校説明会）　2024年4月27日、6月6日〜8日、
　　　　　　　　8月10日
（キッズスクール）
　　　　　　　　2024年7月27日、10月26日

2024年度入試内容 ペーパー 運動

● 言語

[話の聞き取り]

ある秋の日です。うさぎとたぬきは、いっしょにかやを刈りました。刈りおわると2人ともかやを背中いっぱいに背負いました。しばらく行くと、うさぎは火打石をかちっかちっと打ちました。するとたぬきが、「うさぎどん、うさぎどん。カチカチいうのはなんの音かな」と聞きました。「このあたりはかちかちやま。かちかちどりのなきごえさ」 しばらくいくと、たぬきの背中でかやがぼうぼう燃えだしました。そのうちに、背中に火が広がってきました。たぬきは、熱くて熱くて我慢できなくなり、かやをなげすてて、山の奥へ逃げて行きました。

- このお話に出てくるのは誰と誰ですか。
- 「カチカチ言うのは何の音かな」と聞いたのは誰ですか。
- このお話と同じ季節のものに○をつけましょう。

● 数量

[同数]

- 左の○の数と同じ数の絵を、右から選んで○で囲みましょう。

● 知覚

[点図形]

- 左側と同じように、右側に線をかきましょう。

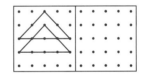

● 推理

- 左のコップのなかの形が、まっすぐ下に落ちます。どうなりますか。右から選んで○をつけましょう。

  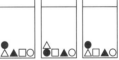

● 言語

[しりとり]

- 左にあるものに続く絵を、右から選んで○をつけましょう。

● 運動テスト

- 準備体操。
- コーンまで走って、歩いて戻ってくる。
- コーンまでスキップ。歩いて戻ってくる。
- ケンケン。白い線で足をかえて、コーンまで行ったら歩いて戻る。
- マットでクマ歩き。

● 行動観察

- グループでソフト積み木を使ってお城をつくる。
- ジャンケンゲーム。

過去の出題 ペーパー 運動

● 推理

［系列］

- 形が約束通りに並んでいます。空いている□には何が入りますか。

● 知識

［季節］

- 左の絵の季節の前に来る季節の絵を、右から選んで○をつけましょう。

● 知覚

［重ね図形］

- ウサギさんが色を塗りました。左側の絵と同じにするにはクマさんはどこに塗ればよいですか。

面接

親子別々の面接が第1回では2日目、第2回・第3回では考査当日におこなわれます。面接時間は保護者約15分、子どもは10分程度。

父親へ

- ◎ 志望理由を教えてください。
- ◎ 本校に望むことは何ですか。
- ◎ ご家庭の教育方針を教えてください。
- ◎ 家庭教育で1番大切にしていることは何ですか。
- ◎ 家庭で約束していること、しつけで気をつけていることは何ですか。
- ◎ どんな大人になってほしいですか。
- ◎ お子様の将来をどのように考えていますか。
- ◎ お子様にどう思われていると思いますか。
- ◎ お子様の長所、短所を教えてください。
- ◎ お子様の夢を知っていますか。

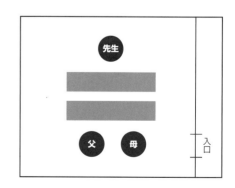

母親へ

◎ 志望理由を教えてください。
◎ 本校に期待することは何ですか。
◎ PTAに協力していただけますか。
◎ お子様が学校生活で困りそうなことはありませんか。

◎ 子ども同士のトラブルには、どのように対応しますか。
◎ 通学方法について教えてください。
◎ お子様にアレルギーはありますか。

子どもへ

◎ お名前を教えてください。
◎ 幼稚園の名前を教えてください。

◎ 生年月日を教えてください。
◎ 幼稚園のお友達の名前を教えてください。

◎ 昨日の試験はどうでしたか。…何が楽しかったですか。
◎ 朝は何時に起きていますか。…ひとりで起きますか。起こしてもらいますか。
◎ お父さん、お母さんの好きなところはどんなところですか。
◎ お手伝いをしますか。…どんなお手伝いですか。
◎ 大きくなったら何になりたいですか。
◎ 好きな食べ物、嫌いな食べ物は何ですか。

◎ 将来の夢は何ですか。
◎ どんなことを褒められますか。…どんなことで叱られますか。

◎ もし羽があったらどこに行きたいですか。

お母様の受験 memo

◎考査当日のこと…

● 校長先生と副校長先生が、控え室にご挨拶にいらっしゃいました。
● 控え室はオーディトリアム、図工室など、受験番号によって違う部屋でした。
● 考査日の控え室では、ほとんどの方が読書をしていました。
● 考査日の待ち時間は2時間ほどでした。
● 考査日に保護者アンケートを提出しました。内容は「志望理由」「本校に望むこと」「家庭教育で1番大切にしていること」「通学方法」「健康状態」などでした。
● 面接日はほとんどの家族が、集合時間の30分前には到着していました。
● 面接日の待ち時間は15分くらいでした。面接は終始にこやかに進みました。
● 面接室は8部屋ありました。子どもが先に面接を受け、その間両親は廊下で待ちました。
● 面接はとてもなごやかで、話しやすい雰囲気でした。
● 先生方がとてもやさしく、アンケートを忘れた方にも親切に対応していました。
● 面接での子どもの椅子が、大人用の大きな椅子だったため、足がつかなかったようです。

◎アドバイス、etc.…

● 学校説明会やイベントにはできるだけ参加し、顔と名前を覚えてもらえれば、当日本人も緊張せずに試験に取り組めると思います。
● 我が家の面接では、父親、母親ともに同じ質問をされたので、両親それぞれでエピソードなど考えておいたほうがよいと思います。

お茶の水女子大学附属小学校

- ●**校長** 小松 祐子
- ●**児童数** 男子 310名
  女子 324名

- ●**併設校** お茶の水女子大学附属幼稚園
  お茶の水女子大学附属中学校（共学）
  お茶の水女子大学附属高等学校（女子）
  お茶の水女子大学

沿革&目標

1878年（明治11年）、東京女子師範学校（現お茶の水女子大学）生徒の授業法の実施練習のために設置された附属小学校です。自分で考え進んで行動する子、情操豊かな思いやりのある子、健康で意志の強い子、の育成を教育目標に掲げています。

学費 ※昨年度のものです。授業料等は、入学後、変更になる場合もあります。

教材費等 約22,000円（年額）、学年費 約15,000円（年額）、PTA関係入会金 約11,000円、
教育後援会費 130,000円（6年分一括）、同窓会関係費 20,000円、給食費等 約110,000円（年額）

所在地&最寄り駅

- ●**住所** 〒112-8610 東京都文京区大塚2-1-1
  ☎03（5978）5875・5876

- ●**アクセス** 地下鉄／茗荷谷駅から徒歩7分
  護国寺駅から徒歩10分

ホームページ https://www.fz.ocha.ac.jp/fs/

学校の特色

- **学習指導** 東京都東村山市に郊外園があり、農作業・自然の観察を中心とした学習を年数回実施しています。また学校内に、学級園と教材園を設け、郊外園同様に活用しています。
- **学校行事** 遠足、郊外園芋掘り、林間学校、運動会、保護者参観日、保護者総会、音楽会、公開研究会 など。
- **教育環境** 体育館、プール、実験観察室、アッセンブリホール、スタジオ、アトリエ、図書コーナー、コンピューター室など、よりよい学習環境を整えるよう配慮しています。2009年（平成21年）より校庭が芝生化されています。
- **昼食** 給食（月〜金曜日）
- **帰国児童** 帰国児童教育学級があります。4〜6年生を対象に年3回入学検定を実施。
- **併設校への進学状況**

  小→中 〈**男女**〉 卒業生の約70％がお茶の水女子大学附属中学校へ進学。
  入学検定の成績により進学判定。

  中→高 〈**女子**〉 卒業生の約80％がお茶の水女子大学附属高等学校へ進学。
  学内試験の成績により進学判定。

  高→大 〈**女子**〉 附属高校からお茶の水女子大学への優先入学制度はありません。

Data 2024年度入試データ ※2023年実施済みです。

［募集要項］※2023年実施済み
- **■募集人員** 男子 約25名　女子 約25名
- **■願書配布** 10月1日〜15日(web)
- **■出願** 10月21日〜31日
- **■考査料** 〈1次〉1,100円　〈2次〉2,200円
  （郵便局での振込証明）
- **■考査月日** 〈1次 抽選〉11月18日
  〈2次 考査〉
  Aグループ：12月5日
  Bグループ：12月6日
  Cグループ：12月7日
- **■結果発表** 12月8日
  同日に3次検定（抽選）がおこなわれ、
  入学候補者を決定
- **■学校説明会** 9月30日

［入試状況］
- **■応募者数** 男女計 約2,800名

［考査の順番］
無作為（生まれ月のグループごと）

［インフォメーション］
出願から考査まで、A・B・Cの3つのグループに分けておこなわれます。グループ分けは誕生日によるもので、A=4月2日〜7月、B=8月〜11月、C=12月〜4月1日までに生まれた者、となっています。
1次検定後、合格者は直ちに2次検定のための手続きを始めます。手続き開始時に保護者が不在の場合には失格となります（代理も不可）。
応募資格に、「保護者と同居している者」「都内23区内に居住する者」とあります。これは入学後の在学資格ともなっています。

2024年度入試内容 　行動観察　　絵画制作　　個別

● 個別テスト

［分割］

● イチゴ5個を4人で分けるにはどのようにしますか。

● 1枚の画用紙を6つに分けるにはどのようにしま
す か。

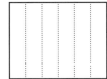

［加算］

● 2つの絵の数を合わせるといくつになりますか。

［比較］

● 3本のキュウリの長さを比べて、1番長いものを選ぶ。キュウリには直接触らず、用意されている紐
や紙を使って比べる。

［言葉の音］

●「タマネギ」と同じ音の数の、野菜の名前を答える。

［常識］

● トレイにできるだけたくさん野菜を入れる。このトレイの野菜から、カレーに入れるものを選ぶ。ま
た、他にどんなものを入れたいかを聞かれる。

［表情］

● 子どもの顔の絵を見せられて、「お箸を忘れた子は誰だと思いますか」

［状況判断］

● 3人の子どもと、3種類の動物の絵が提示される。動物園に行って、最後にどの動物を見て帰るか
を3人で相談したら、それぞれ見たい動物が異なったとき、自分ならどのように決めるか、それをど
う伝えるのかを答える。

［なぞなぞ］

● 先生が出したクイズに答えたあと、絵を見せられて、今度はその絵が答えになるように、先生にクイ
ズを出す。

● 絵画制作

グループによって出題は異なる。

［クリスマスツリー］

● クリスマスツリーの絵が描かれた緑の画用紙2枚に、クーピーで飾りを描く。輪郭線に沿ってハサミで
切り抜き、2枚を合わせてクリスマスツリーをつくる。

［ケーキ］

● 画用紙2枚を貼り合わせて長くし、筒状にしてケーキの側面をつくる。ケーキの上面になる丸い厚紙に
ストローや折り紙、お花紙で自由に飾りつけをして、ケーキを完成させる。ケーキのまわりに紐を巻き、
蝶結びをする。

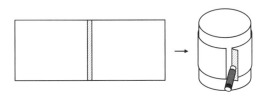 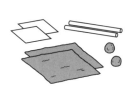 

● 行動観察

［紙コップ積み］
- 4～5人のグループに分かれ、紙コップをできるだけ高く積みあげる。グループで相談してタワーに名前をつけて、代表者がタワー名と工夫したところを発表する。

過去の出題

● 個別テスト

［絵の説明］
- いろいろな絵のなかから、いつもお母さんがしていることを選び、何をしているのか答える。
- 鍋、フライパン、ミキサーなどの調理器具の絵のなかから、家にあるものを選びその道具を使って、お母さんが何をしているのか答える。
- （親が子を抱きしめている絵を見せられて）同じことをしたことはありますか。

● 絵画制作

［紙コップのペンギン］
- 紙コップにストローを挿したり、シールや折り紙を貼ってペンギンをつくる。

［動物のお面］
- 色画用紙を動物の耳の形に切り抜き、マジックテープで貼る。配布された帽子（あらかじめマジックテープがついている）に耳をつけて、帽子にある輪にリボンを通して蝶結びをする。

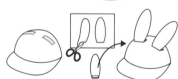

［ダンボールの車］
- ダンボールの小箱に、車輪をボンドで接着してつくる。車体はマジックで装飾する。その後別室に移動し、作成した車を道路の絵がかかれたマットの上で走らせて遊ぶ。

● 行動観察

［小学校ごっこ］
- リボンの色ごとにグループに分かれて、制作したお面を使用して小学校ごっこをする。先生役、生徒役は相談して決める。

［じゃんけん列車］
- じゃんけんをして負けた人が勝った人の後ろにつながり、列車をつなげていく。

● 行動観察

［グループ分け］
- カニ、ハト、チョウ、ゾウ、ゴリラ、ペンギン、カンガルーなどのカードが配られ、その生き物のジェスチャーをして、同じ動きのお友達とグループをつくる。（名前を言わない約束がある）
- くじを引いて4～5人のグループになる。

面接

保護者のみの面接が、考査当日におこなわれます。時間は5分程度。子どもへは考査中に質問があります。

保護者へ

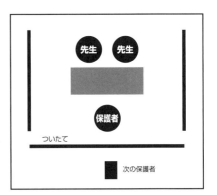

◎ お名前、生年月日、住所をお願いします。

◎ お子様から悩みの相談を受けたら、どんな話をしますか。

◎ お子様が友達といっしょに、アリを踏んで遊んでいるのを見たらどうしますか。

◎ 入学後、平日に学校に来ていただくことが多いのですが、どのようにお考えですか。

◎ 幼稚園にはどのように通っていますか。

◎ 幼稚園でのトラブルの話を聞いたとき、どのような話をされますか。

◎ 最近、爆笑するような面白かったことは何ですか。

◎ 休日は何をしていますか。

◎ 家でペットを飼っていますか。…お子様はお世話をしますか。

◎ 生き物に関するエピソードがあれば教えてください。

◎ 上のお子様と違う学校になりますが大丈夫ですか。

お母様の受験 memo

◎考査当日のこと…

● 抽選後の作文は「あなたにとって幸せとは、どのようなものですか」というものでした。

● 考査は終始おだやかな雰囲気で、子どももリラックスして試験を受けることができました。

● 待ち時間は読書をしている方が多かったです。外出は不可でした。

◎アドバイス、etc.…

● 受付をしてから待ち時間が少しあるので、本や折り紙を持参するとよいと思います。

● 他者の意見を聞き、全体と仲よくできるかが問われていたのではないかと思います。

● 長時間、しっかりと座ってお話を聞けることが大切だと思いました。

● 考査時間は2時間ほどです。子どもの集中力とやる気が大事だと思います。

● 受験準備は、広く学び、経験を積み、自分の言葉でしっかり意見が言えることが必要だと感じました。

東京学芸大学附属竹早小学校

- ●校長　鎌田 正裕
- ●児童数　男女計 480名

- ●併設校　東京学芸大学附属幼稚園竹早園舎
  東京学芸大学附属竹早中学校
  東京学芸大学附属高等学校
  東京学芸大学

沿革 & 目標

1900年（明治33年）、東京府師範学校附属小学校が、東京府女子師範学校に引き継がれ、1949年（昭和24年）に校名を改称し、現在に至っています。創立当初から「誠」の一字を校訓に掲げ、時世の推移、思潮の変転にもかかわらず、「誠」の教育方針を貫いています。

学費

非公表

所在地 & 最寄り駅

- ●住所　〒112-0002 東京都文京区小石川4-2-1
  ☎03（3816）8941〜8944
- ●入試案内　☎03（3816）8948

- ●アクセス　地下鉄／茗荷谷駅から徒歩10分

ホームページ　https://www2.u-gakugei.ac.jp/~takesyo/

学校の特色

- **学習指導** 低学年、特に1年生は体験的な学習に力が入れられています。4年生以上では自分の好きなことに取り組む「たけのこタイム」が隔週火曜日（年度により変わる）におこなわれています。
- **校外学習** 夏の日光林間学校は、3年生から6年生まで合同でおこないます。縦割りのグループ構成で集団生活を経験し、協調性や社会性を身につけていきます。
- **学校行事** 春の日光林間学園（4年生）、竹の子祭（3〜6年生）、キッズフェスティバル（1・2年生）、夏の日光林間学園（3〜6年生）、秋の日光林間学園（5年生）、竹早祭、冬の日光林間学園（6年生）など。
- **教育環境** 体育館、図書室、放送室、工作室、音楽室、理科室、家庭科室、プールなど、設備も充実しています。
- **昼食** 給食
- **併設校への進学状況**
  - 小→中 〈**男女**〉原則として全員が東京学芸大学附属竹早中学校へ進学できる。
  - 中→高 〈**男女**〉卒業生の約30％が東京学芸大学附属高等学校へ進学。一般入試を受ける。
  - 高→大 〈**男女**〉附属高校から東京学芸大学への優先入学制度はありません。

Data 2024年度入試データ ※2023年実施済みです。

[募集要項]※2023年実施済み

- ■**募集人員** 男女各 20名程度
- ■**願書配布** 9月15日〜29日
- ■**願書受付** 〈1次〉9月25日〜29日（web）
  〈2次 発育総合調査〉
  10月21日〜11月1日（web）
  10月30日〜11月2日（郵送）
- ■**考査料** 〈1次〉1,100円 〈2次〉2,200円
  （銀行振込）
- ■**考査月日** 〈1次 抽選〉10月21日
  （男子 午前11時頃／女子 午後1時頃）
  〈2次 発育総合調査〉
  男子 11月29日／女子 11月30日
  〈3次 抽選〉12月2日
- ■**面接日** 考査当日
- ■**結果発表** 〈1次〉10月21日
  〈2次〉12月1日
  〈3次〉12月2日

[考査の順番]

願書提出順

[インフォメーション]

応募資格に「入学志願票提出の時点において東京都23区内に保護者とともに居住する者」とあります。

1次選抜合格者は、受付で「受付票」を提示して2次選抜のための書類を配布期間内に受け取ります。2次選抜（発育総合調査）の出願手続きをとると、提出書類と引き換えに「調査票」「保護者入構票」「入学調査についてのお知らせ」が渡されます。2次選抜の詳しい日程は、この「入学調査についてのお知らせ」によりますので、注意事項等を間違いのないように確認しておきましょう。

2024年度入試内容 　行動観察　　個別

● 行動観察 ───────────────────

シートの上に置いてあるビブスを着る。そのあと、順番に平均台を歩き、遊びのコーナーに移動。教室のなかに手作りの"縁日コーナー"があり、在校生よりそれぞれの遊びについて説明を聞いてから、好きなところで遊ぶ。

[自由遊び]
- 「タコ焼きコーナー」　お玉でピンポン玉をすくい、卵のパックに10個先に入れたほうが勝ち。2人ずつ対戦する。1度に3個まですくうことができる。
- 「ボール投げコーナー」　ボールプールがあり、前方にある的（イヌとネコが大きく口を開けている）に、10秒間でどれだけボールを入れられるかを競う。
- 「魚釣りコーナー」　磁石のついた魚、長靴、貝などを釣り竿で釣る。
- 「積み木コーナー」　やわらかくて大きな積み木を使い、高く積み上げたり、「駅」をつくったりする。
- 「電車ごっこコーナー」　段ボールでつくられた電車で遊ぶ。
グループによって「ままごとコーナー」や「ボウリングコーナー」などもある。

● 個別テスト ───────────────────

面接時におこなわれる。途中から保護者が合流して、いっしょに活動する。
- プラスチックのコップ2〜3個、ラップの芯のような白い筒状の棒、玉入れ用の玉3個を使って好きな遊びを考える。
  グループによって使う材料が異なる。
  ※お手玉3個、パターンブロック3種類×3個、紐（青と黄）
  ※スポンジ、紙皿、ペットボトルのキャップ、お店が描かれたカードやシート、ぬいぐるみなどを使ってお店屋さんごっこをする。

過去の出題

● 個別テスト ───────────────────

[親子活動]
- 発泡スチロール製のブロック4個、筒2本、ひも（縄跳びくらいの長さのもの）を使って自由に親子で遊ぶ。

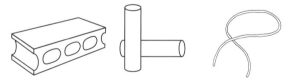

- これは音を出す野菜の名前のゲームです。容器をたたきながら「に・ん・じ・ん」と名前を言う。同じ順番で答える人も同じものをたたくというルール。
- あらかじめ先生と2人で遊び方の説明を聞き、その後、親子で遊ぶ。
  男児…玉の入った容器（太鼓のようなもの4種ほど）を使い、音を出したりして遊ぶ。
  女児…3つの駒をおはじきのようにして、
  当てたりして遊ぶ。

［**お話づくり**］

● 10枚程度絵カード（クマ、ウサギ、フクロウの先生、クマとウサギがケンカしている場面、クマとウサギが仲直りしている場面、お弁当、原っぱなど）のなかから好きなカードを選び、お話をつくる。

→（親が合流）子どもはつくったお話を親に説明する。

→子どもがつくったお話の続きを考えるか、新たに別のお話を考えるかを決めて、親子でいっしょにお話をつくる。

最後に選んだカードをテープで留め、絵カードを見せながら先生にお話の説明をする。

［**絵を描く**］

● 好きな動物を聞かれ、返答後に動物の絵を提示される。それぞれの動物が何を食べるか考えて、黒クレヨンでその絵を描く。

［**仲よし探し**］

● 上と下に5つずつ夏の絵があり、仲よしと思うものを線で結ぶ。先生が最初に1本線を結び、残りを考える。

● 行動観察

［**ボール送り**］

● 1人1枚ずつ板を持って立ち、先頭の人がカラーボールを受け取り、順番に板から板へボールを送っていく。ボールを落としたときは先生が拾い、続けておこなう。

［**スプーンリレー**］

● 宝物をスプーンに乗せて、次の人に渡していく。先生に指名された人から始めて、最後の人は宝物を机の真ん中にある宝箱に入れる。終了の合図があるまで続ける。

［**積み木タワー**］

● ソフト積み木や動物の形をしたスポンジを使用し、協力して高いタワーをつくる。崩れたらはじめからつくり直す。

面接

親子同伴の面接が考査当日におこなわれます。面接時間は10分程度。

保護者へ

◎ お子様の夢に気づいたきっかけは何ですか。

◎ お子様の夢をかなえるために、協力してあげられるのはどんなことですか。

◎ アンケートでも書いていただいていますが、最近、お子様の成長を感じて驚いたことは何ですか。

◎ お子様が憧れているものは何ですか。

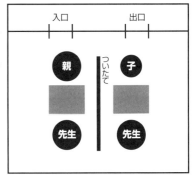

子どもへ

◎ お名前を教えてください。

◎ 今日は誰と来ましたか。

◎ どうやってここまで来ましたか。

◎ お父さん、お母さんと何をして遊びますか。

お母様の受験 memo

◎考査当日のこと…

● 控え室にて親子で待ち、その後子どもは行動観察、親はアンケートの記入となり、終わったら合流して面接となりました。誘導の在校生が、みなさんしっかりしていました。

● アンケートの内容は、「最近、お子様の成長で驚いたこと、その詳しいエピソード」というものでした。（その他時間帯によって、お子様が将来なりたいもの、お子様が憧れていることなどがある）

◎アドバイス、etc.…

● 子どもが自分で考えて行動できるかを、すごくよく見られていると思いました。

● 親子活動では、子どもの提案に親が従う形がよいと思います。

● 主体性を大切にしていること、子どもの自主性が育っていることなどのエピソードを、事前にまとめておくとよいと思います。

筑波大学附属小学校

- **校長**　佐々木 昭弘
- **児童数**　男子 384名
　　　　　女子 384名

- **併設校**　筑波大学附属中学校
　　　　　筑波大学附属高等学校
　　　　　筑波大学

沿革 & 目標

1873年（明治6年）、師範学校の附属小学校として設立されました。人間の自覚を深め、文化を継承、創造、開発し、国民的自覚を持ち、健康で活動力のある子どもの育成を教育目標としています。

学費

非公表

所在地 & 最寄り駅

- **住所**　　〒112-0012 東京都文京区大塚3-29-1
　　　　　☎03（3946）1392〜4
- **入試案内**　☎03（3946）1391（9月1日より）

- **アクセス**　地下鉄／茗荷谷駅から徒歩8分

ホームページ https://www.elementary-s.tsukuba.ac.jp/

学校の特色

- **学習指導** 　生活に密着した経験をさせるために「総合活動」という時間を設けています。
　　　　　　　　理科・音楽・図工・家庭・体育などで教科担任制をとっています。
　　　　　　　　児童の自発的な自然探究心を養い、科学的な能力を高めるために学習園や農場を設けて指導にあたっています。
- **学校行事** 　保谷農園、清里若桐寮生活、水泳学校、富浦水泳合宿（6年生）、運動会、音楽鑑賞会、雪の生活（5年生）、修学旅行（6年生）など。
- **教育環境** 　社会科教室、理科教室、音楽棟、図画・工作教室、家庭科教室、講堂、図書室、オープンスペース教室、ICT教室、体育室など。
- **昼食** 　　　給食（月〜金曜日）
- **併設校への進学状況**

　小→中　　　〈**男女**〉 卒業生の約90%が筑波大学附属中学校へ進学。
　　　　　　　　　　　　　在学中の成績＋附属中のおこなう内部入試で判定。

　中→高　　　〈**男女**〉 卒業生の約80%が筑波大学附属高等学校へ進学。
　　　　　　　　　　　　　試験と在学中の成績で総合判定。

　高→大　　　〈**男女**〉 附属高校から筑波大学への優先入学制度はありません。

2024年度入試データ ※2023年実施済みです。

[募集要項] ※2023年実施済み

- ■**募集人員** 　男女各 64名
- ■**要項配布** 　10月10日〜20日（webより）
- ■**出願** 　　　10月16日〜20日（web出願）
- ■**考査料** 　　〈1次〉1,100円
　　　　　　　　〈2次〉2,200円
- ■**考査月日** 　〈1次 抽選〉11月11日
　　　　　　　　〈2次 検査〉12月15日〜17日のうち1日
　　　　　　　　〈3次 抽選〉12月19日
- ■**結果発表** 　〈1次〉11月11日
　　　　　　　　〈2次〉12月18日
　　　　　　　　〈3次〉12月20日
- ■**学校説明会** 　なし

[入試状況]

- ■**応募者数** 　男女計 約3,500名

[考査の順番]

2次選考は生年月日によるグループ別に学校で指定。
同じ時間帯では願書受付順。

[インフォメーション]

応募資格に「出願日現在、東京都の23区、西東京市、埼玉県和光市のいずれかに保護者と同居し、入学後もこの地域内に生活の本拠をもち、家族と共に生活できる者」とあります。
1次選考（抽選）は、A・B・Cの3つの組に分けておこなわれます。
A ……… 4月2日〜7月に生まれた者
B ……… 8月〜11月に生まれた者
C ……… 12月〜4月1日に生まれた者

2024年度入試内容 　ペーパー　　行動観察　　運動　　絵画制作

● 言語

[話の聞き取り]

クマさんが図書館に行くお話。クマさんはマフラーをして外に出ると、帽子を忘れたことに気づき家に戻り、帽子をかぶって出かけました。途中でパンダさんに会い、その後、バス停でキツネさん、ネコさん、ウサギさんに会い、みんなでいっしょに図書館に行きました。図書館に着くとみんなはそれぞれ好きな本を読みました。するとサル君が泣いているのを見つけました。お母さんとはぐれてしまったようです。クマさんは図書館の人に、サルくんのお母さんを探してほしいと頼みました。その後、サルくんのお母さんが来て、無事に会うことができました。クマさんはお母さんから「ありがとう」と言われて笑顔になりました。

● クマさんが最初にあった動物は誰ですか。

● 動物たちがそれぞれ読んでいた本は何ですか。

● クマさんが着ていた服は何色でしたか。その色で塗りましょう。

● クマさんが助けたのは誰ですか。

● お礼を言われたときのくまさんの表情はどれですか。

動物たちが運動会に向けて練習をして、本番を迎えるお話。

● かけっこが3番目だった動物は誰ですか。

● かけっこのほかに何をしましたか。

● 練習の日から何日で本番でしたか。

● 1番頑張ったのは誰ですか。

● お話しの季節にとれる野菜はどれですか。

● 応援をしていたときのネズミさんの表情はどれですか。

● 思考力

グループにより出題は異なる。

[重ね図形]

● 左の2つの形を重ねるとどうなりますか。

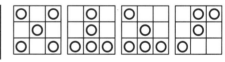

● 左の2つの形を重ねたとき、印が重ならない○の場所はどれですか。

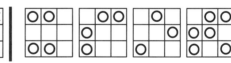

● 左の形を右に折って重ねたとき、マス目が隠れずに、○が見えるのはどこですか。その場所に○を書きましょう。

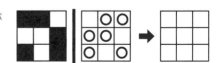

[回転図形]

● 白と黒のマス目の形を、矢印の向きに矢印の数だけ回します。これを○の書かれたマス目の上に重ねたとき、隠れずに見える○の場所どこですか。その場所に○を書きましょう。

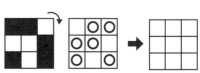

● 左の形を回転させるとどうなりますか。その印を書きましょう。

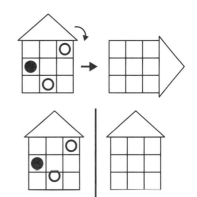

［対象図形］
● 左の形を折って重ねたとき、どうなりますか。右に書きましょう。

● 絵画制作

グループにより出題は異なる。

［涙くん］
● 台紙にかかれた2つの目（◎）のうち、1つを内側の○を赤で塗り、もう1つを丸くちぎったもので貼る。細長い水色の紙を蛇腹折りにして、涙をつける。台紙の右側の線をちぎって切込みを入れる。そこに黄色い折り紙を挟んでノリ付けする。台紙の穴に紐を通して蝶結びをする。

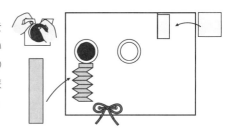

［飛び出すカード］
● 五輪の輪を指示された色で塗る。そのあと線に沿ってちぎり、半分に折って山折りする。両側の端にノリを付けて台紙に貼る。その際に "V字" に跳び出すようにして、最後に台紙の穴に紐を通して蝶結びをする。

［アップルパイセット］
● スタンプカードにかかれたハートの形を赤で塗り、半分に折って穴に紐を通して蝶結びをする。裏面にはマークがかかれている。ポテトは黄色い紙を線に沿ってちぎり、白い紙袋に入れる。橙色の折り紙を2回折り、半分折りした茶色の紙の間に挟んで、まわりをノリ付けしてアップルパイをつくる。出来たパイは緑色の封筒に入れる。

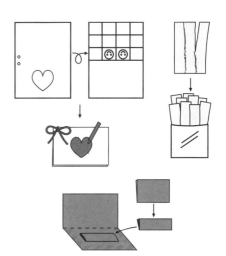

［ウインナーを食べる子］
● 黒い紙に書かれた○をちぎって、台紙の女の子の目のところに貼る。茶色の紙を筒状にして、シールで留めてウインナーの形にしたら、台紙のフォークの下に貼る。青のクーピーで、女の子の顔の下にお皿を描く。最後に女の子の三つ編みのところにあいている穴に、紐を通して蝶結びをする。

[**不思議なポケット**]

● 台紙の線に合わせて折る。内側の○を赤で塗り、外側の線に沿ってちぎって台紙に貼る。両端を赤と青のシールで留めて、袋状にする。別紙に好きな絵を描いて、ポケットのなかに入れたら上の穴に紐を通して蝶結びをする。

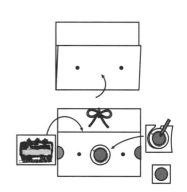

[**花とテントウムシ**]

● テントウムシを赤で塗り、まわりをちぎる。台紙に描かれている1番大きな葉っぱにテントウムシを貼り、茎のなかの同じ印同士を緑色のクーピーで結ぶ。お弁当用の仕切り材を使って、花に見立てて台紙に張ったら、穴に紐を通して蝶結びをする。

[**絵画**]

● 口頭試問を待っている間にクーピーで絵を描く。家族と自分の絵で「動物園に行ったとき」「レストランで食事をしたとき」「公園で遊んだとき」「ピクニックに行ったとき」などの課題がでる。

● 口頭試問

1人2問程度。理由を聞かれることもある。

● 今日は誰と来ましたか。
● 好きな食べ物は何ですか。
● 好きな本は何ですか。
● 好きなスポーツは何ですか。
● 家に帰ったら何をしたいですか。

● 行動観察

[**紙コップ積み**]

● 5人のグループに分かれて、友達と協力して紙コップを高く積む。

● 運動テスト

● U字コーンをできるだけ速く、クマ歩きで進む。終了後はスキップで元の場所へ戻る。

面接

子どものみの面接が考査当日おこなわれます。親の面接はありませんが、控え室の講堂でアンケートを記入する時間（25分）があります。

 ## お母様の受験 memo

◎**考査当日のこと…**

- 控え室は講堂でした。
- 作文のテーマは「我が子の学びと保護者のサポートについて」でした。授業を含めた日常の学び、学校行事の学び、それに対しての保護者のサポートを、ビデオと校長先生の話を踏まえて、PTA活動参加についての考えを必ず含めて書くというものでした。
- 作文記入の際、下書きやメモの持ち込みは不可です。
- 1次はWeb出願で、抽選結果が出たら2次選考のため郵送出願でした。
- 校内ではスマホは禁止でした。
- 受験票の印刷は、少し厚めの紙に印刷するよう、メールに記載されていました。

◎**アドバイス、etc.…**

- クマ歩きの際に床が滑りやすいので、滑りにくい靴を用意したほうがよいです。
- マスクは"推奨"でした。2割ほどのお子さんが着用していたと思います。
- 考査は制作もペーパーも時間が短いため、スピードが必要だと思います。
- 当初は家庭学習だけでの受験を考えていましたが、教室に通わせて、家庭ではできない対策ができたのでよかったと思います。
- 講堂での座る位置によっては時計が見づらいです。携帯の使用は不可なので、スマートウォッチ以外の腕時計を持参されたほうがよいと思います。
- 例年通りの内容だったと思います。難度は高くないので、ペーパーや制作の出来に加え、姿勢や意欲などプラスアルファが大切だと思います。

東京学芸大学附属世田谷小学校

- ●**校長** 及川 研
- ●**児童数** 男女計 615名

- ●**併設校** 東京学芸大学附属世田谷中学校
  東京学芸大学附属高等学校
  東京学芸大学

沿革 & 目標

1876年（明治9年）、東京府小学師範学校附属小学校として開校しました。以来、「子どもが人やもの、こととの豊かなかかわりを通して自律性と共存性を高め、相互啓発的な生き方を追求していけるようにする」を教育目標とし、「思いゆたかに 考えふかく ともに生きる子」の育成をめざしています。

学費

- ●**初年度** 合計 約240,000円

所在地 & 最寄り駅

- ●**住所** 〒158-0081 東京都世田谷区深沢4-10-1
  ☎03（5706）2131　FAX03（5706）2144
- ●**入試案内** ☎03（5706）2131

- ●**アクセス** 東急バス／東急東横線自由が丘駅より「東深沢小学校」下車

ホームページ https://www.setagaya-es.u-gakugei.ac.jp/

学校の特色

- ●**学習指導** どの教科にも属さず、子どもたちの創意工夫を大切にしながら、協働的なテーマを決め計画的な活動をする「総合学習」の時間を設けています。
- ●**校外学習** 毎年11月に移動教室、6～7月に林間学校が開設され、自然に親しみながら集団生活を楽しんだり、テーマ研究に取り組みながら追究力や協働性を深める指導がおこなわれています。
- ●**学校行事** 運動会、移動教室、林間学校、親子避難訓練、青山会総会、遠足、学校フェスタなど。
- ●**父母の会** 青山会…一般の公立学校のPTA組織と同じもの。
- ●**教育環境** コンピュータルーム、メディアルーム、教育相談室、同窓会資料館、体育館、児童館（講堂）、プール、学校園、学級園、造形広場、どんぐり山、など。
- ●**昼食** 給食（月・火・木・金曜日）、弁当（水曜日）
- ●**併設校への進学状況**
  - **小→中** 卒業生の約90％が東京学芸大学附属世田谷中学校へ進学。学内試験の成績により進学判定。
  - **中→高** 卒業生の約50％が東京学芸大学附属高等学校へ進学。一般入試を受ける。
  - **高→大** 附属高校から東京学芸大学への優先入学制度はありません。

Data 2024年度入試データ ※2023年実施済みです。

[募集要項] ※2023年実施済み

- ■**募集人員** 男女計 105名
- ■**要項配布** 9月15日～27日
- ■**願書受付** 9月26日～28日（郵送）
- ■**考査料** 3,300円
- ■**考査月日** 〈発育調査〉11月29日、30日
- ■**結果発表** 〈発育調査〉12月2日（掲示）
  〈抽　選〉12月2日
- ■**学校説明会** 9月15日～24日（動画配信）
- ■**入学手続き説明会** 12月5日

[入試状況]

- ■**応募者数** 男子 591名　女子 560名

[考査の順番]

願書受付順

[インフォメーション]

応募資格に「願書提出の時点において本校の定める地域に保護者とともに実際に居住している児童」とあります。

考査（発育調査）の日割や受付時間を明記した印刷物を考査日前に受け取りに行きます。

考査の結果発表後、当日に抽選がおこなわれ、入学予定者が決定します。抽選の受付時間内に来校していない場合は、棄権とみなされます。

いずれの場合も上履きを持参します。自家用車での来校は厳禁です。

2024年度入試内容 ペーパー 個別

● ペーパー

[話の聞き取り]
● ウサギの親子が公園に行くお話。

[巧緻性]
● 運筆。

● 個別テスト

[口頭試問]
● お名前を教えてください。
● お誕生日を教えてください。
● (絵を見せられて)お箸を忘れた子は誰ですか。　いじめている子は誰ですか。

過去の出題

● 言語

[話の記憶]
(概略)冬のある日、ウサギ、クマ、ネズミ、キツネ、サルの5匹で池のある公園へ行きました。サルが白い息を吐き寒そうにしていると、ウサギは「手袋をつけよう」と言いました。みんなでブランコに乗ろうとしたら、たくさん並んでいました。キツネが「横入りしよう」と言うとクマは「ちゃんと後ろに並ぼう」と言いました。ブランコの列の後ろで並んでいると、後からきたネズミは「トイレに行くから僕の分も並んでおいて」と言いました。戻ってきたネズミが元の場所へ入ろうとすると、ウサギは「もう1度後ろにいっしょに並ぼう」と言いましたが、キツネとサルは「とっておいたから僕の前に並んでいいよ」と言いました。ブランコに乗った後、みんなは大きな池へ行きました。池は凍っています。クマは「みんなでスケートがしたいね」と言い、キツネは「春になったらオタマジャクシが見られるかな」と言いました。ウサギは「この池、鏡になっているね」と言いました。その後、お腹がすいたのでレジャーシートを敷いてウサギが持ってきたクッキーとアメを四角いお皿に乗せてみんなで食べました。四角いお皿にはクッキー3枚とアメが4つ余っていたのをネズミは見ました。

● 「手袋をつけよう」と言ったのは誰ですか。
● ネズミがトイレから帰ってきたとき、よいことを言ったのは誰ですか。
● ウサギが池で見たものは何ですか。
● 余ったおやつと同じようすの絵はどれですか。

● 知覚

［点図形］
● 提示されたお手本の通りに線をかく。

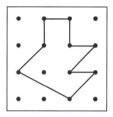

［運筆］
● 2本の線の間に、はみ出さないように赤いペンで線をひく。

● 行動観察

［玉入れ］
● グループごとに異なる色の玉を使い、先生の合図で玉入れをする。かごを囲むように、コの字に引かれている線から出ないようにという約束がある。

［ドミノ倒し］
● 5人グループではじめに相談して、カプラの積み木を使ってドミノ並べをする、その間に1人ずつ呼ばれて個別テストへ。

● 個別テスト

［巧緻性］
● A4の紙を2つ折りにして小さなファイルの中に入れる（立って机の上で実施）。

[口頭試問]

● お名前を教えてください。

● 今日、高熱だったら、お母さんは何と言うと思いますか。

（おもちゃ屋さんでおもちゃを壊してしまった絵を見せられて）

● おもちゃ売り場でおもちゃを触っていたら、あなたが壊してしまいました。どうしますか。

● おもちゃ売り場でおもちゃを壊しました。お母さんは何と言うと思いますか。

（遠足でお弁当を食べている5人の子どもたちの絵を見せられて）

● この子たちを見て何か感じたことはありますか。

（悲しい顔の子を指して）

● こういう子を見たことはありますか。

（箸にウインナーをさして人に向けている子などの絵を見せられて）

● いけないことをしている子はいますか。

● 運動テスト

[模倣体操]

● 手を前に伸ばしグーパーしながらケンケン（左右）→しゃがんで両手をパッと広げて立つ。

● 最初はゆっくり1回ずつケンケン、そのあと速くなり2回ずつケンケンなど。

面接

保護者の面接はありませんが、当日にアンケートの記入・提出を求められます。記入時間は約20分。子どもへは考査中に質問があります。

お母様の受験 memo

◎試験当日のこと…

● 13時35分に到着して、児童館で待機しました。13時50分に受付のアナウンスがあり、番号順位並びます。検温表を提出して、注意事項のプリントと首から下げる番号札を受け取り、グループごとに教室へ向かいました。

● 女子の服装は8割がた紺のワンピースで、紺のパンツに白のシャツの子が2割くらいでした。親はほとんどの方が紺のスーツでした。

● アンケートを当日記入します。内容は「通っている幼稚園はどうか」「小学校の先生に期待すること」「子どもの成長のなかで手を焼くことがあるとき、どのように対応するか」などでした。記入後は読書をして待っている方が多かったです。

◎アドバイス、etc.…

● ペーパーは難しくないので、私立の対策をしていれば大丈夫だと思います。

東京学芸大学附属大泉小学校

- **校長** 杉森 伸吉
- **児童数** 男子 282名
  女子 289名

- **併設校** 東京学芸大学附属国際中等教育学校
  東京学芸大学

 ## 沿革&目標

1938年（昭和13年）、東京府立大泉師範学校附属小学校として創立されました。「自ら学び、自ら考え、ねばり強く取り組む子ども」「支え合い、ともに生きる子ども」「たくましく、清い心の子ども」を教育目標にしています。

 ## 学費 ※昨年度のものです。入学後、変更になる場合もあります。

学年教材費 約30,000円（年額）、給食費 4,850円（月額）、積立金（4学年以上） 約8,000円（月額）、PTA入会金 10,000円、PTA会費 350円（月額）

 ## 所在地&最寄り駅

- **住所** 〒178-0063 東京都練馬区東大泉5-22-1
  ☎03（5905）0200

- **アクセス** 西武池袋線／大泉学園駅から徒歩8分

ホームページ https://www.es.oizumi.u-gakugei.ac.jp/

学校の特色

- **● 学習指導** "国際社会に活きる豊かな学力"を求めて、教科のつみあげ学習、菊の子学習（総合学習）、心の学習（道徳・特別活動）の三領域のカリキュラムで学習を進めています。基礎・基本の定着をしっかりおこないながらも、体験を通して学ぶことや児童の興味・関心、疑問を大切にしています。総合学習は、探求活動、表現活動、交流活動で構成されています。学習テーマや取り組む方法などを自分で決め、体験・知識を深めていきます。

- **● 体験学習** 畑づくり・菊づくりは創立以来続いている活動で、土に親しみ、作物や菊を長い期間をかけて育てながら、児童の心も育てています。4〜6年生の移動教室では、富浦、箱根、日光にそれぞれ出かけます。現地の方々と交流したり、その地域でしかできない本物に触れる学習をおこないます。5・6年生は臨海学校もあります。

- **● 教育環境** 情報の制作送信を目的とした情報センター、多様な学習形態に対応できるよう設計したオープンスペース、マルチメディア室、図書室、個別学習を実施する個別学習室、日本各地の岩石を集め学習に役立てている岩石園、ランチルームなどの学習環境が整っています。

- **● 帰国・外国児童** 海外から帰国・来日した児童のための学級があります。海外での多様な成育歴を持った児童が日本の学校社会に適応できるよう、特別なカリキュラムを編成し指導に当たっています（3〜6年生、15名定員）。

- **● 昼食** 給食（月・火・木・金曜日）／弁当（水曜日）

- **● 併設校への進学状況**
    - **高→大** 〈**男女**〉 東京学芸大学への優先入学制度はありません。

Data 2024年度入試データ ※2023年実施済みです。

[募集要項] ※2023年実施済み

■募集人員	男女 各45名
■要項配布	9月8日〜10月6日（web）
■出願	9月15日〜10月6日（web）
■考査料	〈1次〉1,100円（銀行振込） 〈2次〉2,200円（銀行振込）
■考査月日	〈1次 抽選〉10月13日 （男子 午後4時〜／女子 午後5時〜） 〈2次 発育総合調査〉11月29日・30日
■結果発表	〈発育総合調査〉12月2日（web/掲示）
■学校説明会	9月1日〜15日（動画配信）
■合格者保護者会	12月4日

[入試状況]

■応募者数　　男子 660名　　女子 681名

[考査の順番]

願書提出順

[インフォメーション]

応募資格に「徒歩または公共の交通機関を使って自宅から本校まで片道40分以内で通学できる地域に、保護者と共に居住する者」とあります。第1次選考（抽選）合格者は、第2次選考（発育総合調査）の日割りや受付時刻を明記した印刷物を考査日前に受け取りに行きます。

2024年度入試内容 ペーパー 行動観察 個別

● 言語

[話の聞き取り]

キツネの誕生日会の話。キツネの家で誕生日会がひらかれるため、動物たちがプレゼントを持ってお祝いに集まった。外は曇っていたが、鬼ごっこやかくれんぼをして遊んだり、キツネのお母さんがつくったケーキを食べて、みんなで楽しく過ごす。

● お話しに出てこなかった動物は誰ですか。
● その日の天気はどうでしたか。
● 誰がどのプレゼントを渡しましたか。

● 推理

[回転図形]

● 左の形が、矢印のほうにまわるとどうなりますか。

[折り目]

● 左のように折って開いたとき、折り目はどうなりますか。

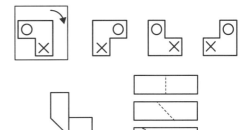

● 数量

[重さ]

● シーソーの重さ比べを見て、1番重いものに○をつける。

● 構成

[図形合成]

● カードを組み合わせてお手本の形をつくるとき、使わない形に○をつける。

● 知覚

[四方観察]

● テーブルの上の積み木がどのように見えるか。

● 知識

[常識]

● リンゴやトマトの断面図。
● お月見のときに食べるもの。
● 公園で遊んでいる子どもたちの絵を見て、いけないことをしている子どもに印をつける。
● 卵を産む生き物を選んで○をつける。
● こいのぼりが見られる季節に、食べられるものを選ぶ。

● 運動テスト

[模倣体操]

● 「ジャンボリーミッキー」の曲に合わせて、先生の模倣をする。

● 行動観察

［**魚釣りゲーム**］
● 画用紙にクーピーで魚の絵を描く。（クーピーは1セットを5人で使う）
● 5～6人のグループで、クリップをつけた魚を、磁石のついた釣り竿で釣る。釣れた魚はカゴに入れる。1番多くの魚を釣ったグループが勝ち。

［**紙コップを積む競争**］
● 1人ひとり紙コップ（中サイズ）にクーピーで好きな絵を描いたあと、グループに分かれ、紙コップ（大）を高く積む競争をする。

● 口頭試問

● あなたの大切なものは何ですか。
● お母さんといっしょに読む本で、好きな本は何ですか。
● 今日の朝ご飯は何を食べましたか。
● お誕生日につくってもらいたいものは何ですか。
● お誕生日のプレゼントは何が欲しいですか。…ほかにはありますか。
● お花に水をあげていたら、お友達の足にかけてしまいした。あなたならどうしますか。
● お友達のシャベルを壊してしまいました。あなたならどうしますか。
● お友達と2人で積み木で遊んでいると、別のお友達が「いっしょに砂場で遊ぼう」と言われました。あなたならどうしますか。
● 先生が言った言葉の復唱。
　※口頭試問終了後、入室してきた保護者に何を頑張ったのかを話す。

過去の出題

● 知識

［**常識・判断**］
● 外国人のお友達が、取り皿へのお箸の使い方がわからない場合、あなたならどうしますか。
　「なにもしない」
　「使い方を教える」
　「お皿に取ってあげる」
　「お母さんに言う」

● おもちゃで遊んでいるときに、お母さんが「ご飯できましたよ」と声をかけてきたらどうしますか。
　「お母さんに片づけてもらう」
　「そのまま遊び続ける」
　「散らかしたままにする」
　「自分で片づける」

● 畑に行き、ホースが届かない場所に水をとばすには、どうしたらよいですか。
　（ホースを振り回す、ホースをつぶして水をとばす、そのまま水をかける）
● 秋に咲く花は、どれですか。○をつけましょう。

- 畑に行き、ホースが届かない場所に水をとばすには、どうしたらよいですか。
  （ホースを振り回す、ホースをつぶして水をとばす、そのまま水をかける）
- 秋に咲く花は、どれですか。〇をつけましょう。

行動観察

［じゃんけんゲーム］

- 4チームに分かれて、各チームから1人ずつ順番に中央のカゴのところに行き、ジャンケンをする。ジャンケンで勝ったら、中央のカゴのなかのピンポン玉をもらい、自分のチームのカゴに入れる。1番多くピンポン玉をもらったチームが優勝となる。
- 動物の絵のかかれたパーテーションの前に4〜5人ずつ集まり、ジャンケンをして勝ったら次のパーテーションのところまで移動。負けたらその場にとどまる。4つすべてのパーテーションのところまで行ったら先生に報告する。

面接

子どものみの面接が考査2日目におこなわれます。親は廊下で待機します。面接時間は10分程度。
（内容は口頭試問参照）

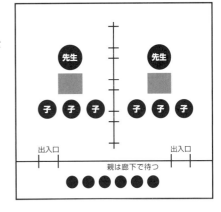

お母様の受験 memo

◎ **考査当日のこと…**
- 在校生がゼスチャーゲームやジャンケンゲームをしてくれます。
- 1日目は受付のあと親は校庭で待ちます。2日目は体育館で受付をして、子どもを在校生に預けて体育館後方で説明を受けます。

◎ **アドバイス、etc.…**
- ペーパーは易しいと思いますが、確実に点が取れように対策をしっかりされると安心です。
- 時間には厳格な印象でした。
- 集団のなかでの振る舞いや、面接での受け答えが重要だと感じました。

東京学芸大学附属小金井小学校

- ●**校長**　小森 伸一
- ●**児童数**　男女計 619名

- ●**併設校**　東京学芸大学附属幼稚園小金井園舎
  東京学芸大学附属小金井中学校
  東京学芸大学附属高等学校
  東京学芸大学

 ## 沿革&目標

1911年（明治44年）、東京府豊島師範学校附属小学校として開設されました。「明るく、思いやりのある子・強く、たくましい子・深く考える子」を教育目標にして、児童の育成にあたっています。

 ## 学費 ※昨年度のものです。入学後、変更になる場合もあります。

給食費 65,000円（年額）、教材費 9,600円（年額）

 ## 所在地&最寄り駅

- ●**住所**　〒184-8501 東京都小金井市貫井北町4-1-1
  ☎042（329）7823
- ●**入試案内**　☎042（329）7827

- ●**アクセス**　JR／武蔵小金井駅から徒歩15分
  バス／武蔵小金井駅より「学芸大東門」下車

ホームページ https://www2.u-gakugei.ac.jp/~kanesyo/

学校の特色

- **学習指導** 　東京学芸大学の附属という性格上、教育研究のためにいろいろな学習指導法が実験され、調査研究が進められています。そのため保護者の協力が要請される場合が多くあります。

- **校外学習** 　自然に接する機会として、3年生以上が全員参加して、山や海での校外宿泊生活をおこなっています。卒業までに6回、延べ23泊に及びます。

- **学校行事** 　〈**5月**〉一字荘生活（5年生）、〈**6月**〉至楽荘生活（3年生）、〈**7月**〉水泳会、至楽荘生活（5・6年生）、〈**9月**〉一字荘生活（6年生）、水泳納会、〈**10月**〉運動会、〈**11月**〉低学年秋祭り、〈**12月**〉社会科見学（3〜6年生）、〈**2月**〉授業セミナー、選択実習、高学年スポーツ大会、〈**3月**〉6年生を送る会　　など。

- **通学** 　入学後しばらくは、保護者が送り迎えをしながら通学マナーを教えます。

- **その他** 　山・海の生活の宿泊施設は（財）豊島修練会の所有で、児童の入学と同時に保護者は、同会に入会し、会員として会を運営していきます。

- **昼食** 　給食（月〜金曜日）

- **併設校への進学状況**

    小→中 　〈**男女**〉卒業生の70〜80％が東京学芸大学附属小金井中学校へ進学。学内試験の成績により進学判定。

    中→高 　〈**男女**〉卒業生の約40％が東京学芸大学附属高等学校へ進学。一般入試を受ける。

    高→大 　〈**男女**〉附属高校から東京学芸大学への優先入学制度はありません。

Data　2024年度入試データ ※2023年実施済みです。

[募集要項] ※2023年実施済み

- **■募集人員** 　男女計 105名
- **■要項配布** 　9月9日〜24日
- **■出願** 　9月19日〜29日（web）
- **■考査料** 　3,300円
- **■考査月日** 　〈総合調査〉11月29日・30日
- **■結果発表** 　12月2日
　　　　　　　〈抽選〉12月2日
- **■入学手続** 　12月11日・12日
- **■学校説明会** 　9月9日〜15日（動画配信）

[入試状況]

- **■応募者数** 　　　男子 498名　女子 511名

[考査の順番]

願書提出順

[インフォメーション]

考査の日割や受付時間等を明記した印刷物を考査日前に受け取りに行きます。

出願資格に通学地域内に願書提出時に保護者と共に居住している者（住民票提出）とあります。

2024年度入試内容 ［ペーパー］［行動観察］［運動］［個別］

● 言語
［話の聞き取り］
- 女の子が家族と遊園地に遊びに行くお話。

● 記憶
［絵の記憶］
- モニターに映る画像を15秒見たあと、同じ絵に○をつける。

● 数量
［対応］
- メロンとイチゴの数を比べて、イチゴが多い数だけおはじきに○をつける。

● 推理
［切り開き図形］
- 2回折った紙の点線のところを切って開いたときどうなりますか。

● 知覚
［空間知覚］
- 箱のなかに入った積み木を、上から見ています。箱に入っていない積み木はどれですか。○をつけましょう。

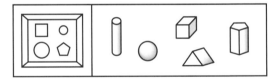

［重なり］
- 左の絵の形と、同じ形がすべて入っているものに○をつけましょう。

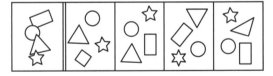

● 知識
［公衆道徳］
- （公園で遊んでいる子の絵を見て）いけないことをしている子は誰ですか。
- （電車のなかの絵を見て）いけないことをしている人は誰ですか。

● 運動テスト
［立ち幅跳び］
- モニターで跳び方のお手本を見たあと、線が引かれたマットで、なるべく遠くへジャンプする。着地のときに手やお尻をつけてはいけない。

● 行動観察

[グループをつくる]

● 「1.2.1.2.」の号令に合わせて自由に歩き回り、「はじめ」の合図で止まる。次にタンバリンの鳴った数の人数でグループをつくり、手をつないで輪になって座る。グループをつくれなかった人は先生と手をつなぐ。

[生活習慣]

● 机の上に広げたビブスや、結ばれていない縄跳びが置かれている。モニターで片付けの指示を見てからおこなう。ビブスは横、縦に半分に折ってたたむ。

● 個別テスト

[生活習慣]

● 机の上の道具を、箱のなかに重ならないように片付ける。

[口頭試問]

● 好きな遊びは何ですか。
● 好きな乗り物は何ですか。

※ほかに花、動物、場所などを聞かれる。1人1問ずつ答える。あわせて理由や説明などが求められる。

過去の出題

● 指示行動

[巧緻性]

● ①タオルハンカチを横半分に折り、左右を折り重ねて3つ折りにする。②中央に紐を蝶結びにしてプレゼントのようにする。

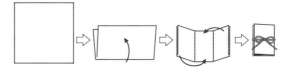

[片付け]

● 机の上の道具を道具箱のなかに、重ならないように片付ける。（蓋のあいたつぼノリ、セロハンテープ、筆箱、クレヨン）

● 行動観察

[**スリーヒントゲーム**（かるた取り）]

● 4〜5人グループに分かれて、食べ物、生き物の絵がかかれたカードのなかから、スリーヒントの答えとなるカード（2種類あり、得点が異なる）を見つけて取るゲームをおこなう。映像で遊び方とルールの説明がある。
3つのヒントを聞き終わってから、カードを取る。
手が重なったときは早い人がもらう。同時のときはじゃんけんをする。
（ヒントの例）
「重いです。人より大きいです。鼻が長いです」
「昆虫です。空を飛びます。ミーンミーンと鳴きます」

面接

2024年度入試（2023年実施）では保護者面接はおこなわれませんでした。
子どもへは考査中に質問があります。（内容は口頭試問参照）

お母様の受験 memo

◎**試験当日のこと…**
● 控え室は教室でした。携帯電話は禁止です。みなさん本を読んでいました。
● 1日目も2日目も30〜40分程度でテストが終わります。
● 1日目はペーパーと個別テスト、2日目は運動と個別テストでした。
● 学校の外に出るまで、調査票を見えるところに出しておくよう指示がありました。

◎**アドバイス、etc.…**
● 問題は難しくないようですが、問題数が多い印象です。
● トイレが混みますので、時間に余裕をもって行ったほうがよいです。
● 自分で考えて発言できるとよいと思います。

埼玉大学教育学部附属小学校

- **校長** 石上 城行
- **児童数** 男子 312名
  女子 310名

- **併設校** 埼玉大学教育学部附属幼稚園
  埼玉大学教育学部附属中学校
  埼玉大学教育学部附属特別支援学校
  埼玉大学

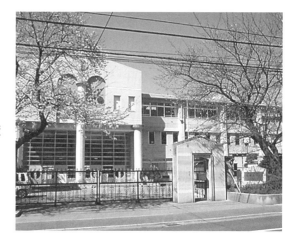

沿革 & 目標

1874年（明治7年）、埼玉県師範学校附属小学校として創立しました。「勤労をいとわない、自主的精神の旺盛な、人間性豊かな、よき社会人の育成」を目標に、「かしこく」「あかるく」「なかよく」「たくましく」を重点目標として教育にあたっています。

学費 ※昨年度のものです。入学後、変更になる場合もあります。

教材費 33,000円（入学時）、教材費 2,300円（月額）、給食費 4,230円（月額）、積立金 2,000円（月額）、PTA会費 210円（月額）

所在地 & 最寄り駅

- **住所** 〒330−0061 埼玉県さいたま市浦和区常盤6−9−44
  ☎048（833）6291

- **アクセス** JR／北浦和駅から徒歩15分
  バス／浦和駅、北浦和駅より「水道記念館」下車

ホームページ https://www.fusho.saitama-u.ac.jp/

学校の特色

- ●**学習指導**　埼玉大学教育学部の附属という性格上、教育研究のためにいろいろな学習指導法が実験され、調査研究が進められています。

  同大学教育学部学生のために教育実習の場を提供しており、児童は1学期4週間、2学期4週間、3学期2週間、実習生の指導を受けます。

  県や市町村教育委員会等と緊密な連携のもとに、地域学校の研究や現職教育に協力するため、県下の小学校や教科研究団体の招請に応じます。また、研究主題にもとづいて進められた研究の業績や結果を発表・討議する研究協議会を定期的に開催し、研究実践の交流を図っています。

- ●**教育環境**　教室はオープンスペースのある開放的な空間で、学習内容に合わせていろいろ活動ができます。また、電子黒板やタブレット型端末、書画カメラなどのICT機器も充実しており、学習のなかで活用が図られています。校庭内には栽培園などを設け、自然に親しむ機会にも恵まれています。その他、プール、体育館、低・高学年それぞれ専用の運動場を設けるなど、体力づくりの面でも配慮がなされています。

- ●**委員会**　5・6年生の児童によって構成されています。運動、健康安全、栽培、飼育、新聞、放送、レクリエーション、美化、図書、地球保護の各委員会があります。

- ●**昼食**　給食（月〜金曜日）

- ●**併設校への進学状況**

  小→中　　〈**男女**〉　卒業生は希望者全員が埼玉大学教育学部附属中学校へ進学できます。
  　　　　　　　　　　　（ただし他中学校を受験する場合は資格を失う）。

Data　**2024年度入試データ**　※2023年実施済みです。

[募集要項]※2023年実施済み

■**募集人員**	男子 38名　女子 38名
■**願書配布**	9月2日〜11月1日
■**願書受付**	10月31日・11月1日（窓口）
■**考査料**	3,300円
■**考査月日**	〈1次〉11月21日
	〈2次〉11月23日
■**面接日**	11月23日（2次と同日）
■**結果発表**	11月24日（掲示）
	同日に抽選がおこなわれ合格者を決定
■**学校説明会**	10月24日
■**入学検査日程説明会**	11月8日

[入試状況]

■**応募者数**　　　男子　94名　　女子　99名

[考査の順番]

抽選による番号順

[インフォメーション]

応募資格に「通学距離、通学時間、病気・けが時の送迎、災害時・事故発生時の安全確保等をもとにして定めた区域に、保護者と同居し在住する者」とあります。

「入学検査日程説明会」が考査日前におこなわれます。このときに願書受付票を忘れた者や遅刻・欠席者は受験資格を失います。すべての受付は時間厳守でおこなわれ、入試日程説明会・抽選日には応募児童および乳幼児の同道はできません。

過去の出題　ペーパー　行動観察　運動

● 知覚

[模写]
- お手本と同じになるように塗りましょう。

[点線なぞり]
- 点線をなぞって絵を完成させましょう。

● 知識

[仲間探し]
- 左の絵と1番仲良しだと思うものに○をつけましょう。

● 推理

[鏡図形]
- 左の絵を鏡に映したとき、正しいものに○をつけましょう。

● 個別テスト

[指示行動]
- 赤・青・黄の正方形に切ってある折り紙を見本と同じになるように折って台紙に貼る。3パターンあり。

● 行動観察

- 足ジャンケン。
- チームに分かれて、四角いスポンジを協力して高く積み重ねる
  ゲームをする。
- 紙コップを運び、指示された色の場所に並べる競争。

[ボール遊び]

- 4人組のチームになり、2チームでボールを運ぶ競争をする。布の上にボールを1個乗せ、3つの入れ
  物のどれかに早く入れる。時間内にくり返しおこない、別のチームとの対戦もした。

● 運動テスト

[連続運動]

- カードを先生に渡してスタート。クマ歩きでクマの印のところをまわり、次にキリンのところをまわって
  戻ってくる。
- カードを先生に渡してスタート。梯子のぼり、ライオンの絵をタッチしたら（タンバリンをたたいて音を
  たてる）、梯子をおりる。そのあと川に見立てた水色のシートの黒いところを、両足ジャンプで跳び越
  して行き、最後は走ってゴールする。

面接

親子同伴の面接が2次試験でおこなわれます。面接時間は10分程度。

保護者へ

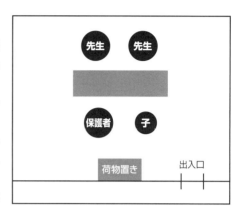

◎ 小学校で楽しみにしていることと不安なことについて、保護者の方の思いも伝えながら、お子様と会話（50秒）をしてください。

◎ オンラインで授業ができる状況で、学校に来て教育をすることにどのような意味があるとお考えですか。

◎ 複数の子どもたちがそれぞれ違うことを言っています。小学校ではよくあることですが、なぜそのようなことが起こると思いますか。20秒程度でお答えください。

◎ 本校の教育目標を述べて、ご家庭の教育方針との関連について、50秒程度でお答えください。

◎ 担任の先生から、お子様が他のお子様を傷つけるようなことをしたと連絡がありました。しかし、お子様はそんなことはしていない、もう学校に行かないと言っています。このようなとき、どのように対応されますか。順を追ってお話しください。

◎ 今度の休みにしたいことを2人で話してください。

子どもへ

◎ お名前を教えてください。

◎ 隣にいる人は誰ですか。

◎ 隣の人にありがとうと思ったことを2つ教えてください。

◎ お父さん、お母さんがいないと言って泣いている子がいます。あなたならどうしますか。

◎ 仲のよいお友達を思い浮かべてください。昨日ケンカをして、まだ仲直りできていません。そんなときどうしますか。

◎ 好きな遊びは何ですか。

 # お母様の受験 memo

◎**試験当日のこと…**

● 1次の控え室は1年生の教室でした。2次の控え室は音楽室でした。

● 面接では、保護者、子どもはマスクを外しておこないました。

◎**アドバイス、etc.…**

● 長い待ち時間のために、折り紙、塗り絵、本などを持参しました。

● 携帯電話の扱いには何度も注意があり、2日目は封筒に入れて学校に預けました。

千葉大学教育学部附属小学校

- ●**校長** 鈴木 隆司
- ●**児童数** 約 640 名

- ●**連携校** 千葉大学教育学部附属幼稚園
  千葉大学教育学部附属中学校
  千葉大学教育学部附属特別支援学校
  千葉大学

沿革 & 目標

1874（明治7）年、千葉師範学校附属小学校創立。1947（昭和22）年、千葉師範学校男子部附属小学校と女子部附属小学校が設立されました。その後千葉大学教育学部附属第一小学校・第二小学校となり、1966（昭和41）年両校が統合、千葉大学教育学部附属小学校として発足しました。2009（平成21）年4月、全学年40名の3学級編制となり、2012（平成24）年4月、1年生の定員を105名とし、35名の3学級体制となりました。

「学び合い、喜び感動のある学校を創造し、確かな学力と心豊かに生きる力を育てよう」という教育目標を掲げ、「自ら進んで、学び合うことのできる子ども」「夢を広げ、喜び・感動を持てる子ども」の育成に努めています。

諸経費

- ●**初年度** 約80,000円

所在地 & 最寄り駅

- ●**住所** 〒263−0022 千葉県千葉市稲毛区弥生町1-33
  ☎043（290）2462

- ●**アクセス** JR／西千葉駅から徒歩10分
  京成／みどり台駅から徒歩10分

ホームページ https://www.el.chiba-u.jp

学校の特色

- **学習指導** 　千葉大学の教育学部附属という性格上、教育研究のためにいろいろな学習指導が実践され、調査研究が進められています。そのため、保護者の理解と協力が要請される場合が多くあります。英語・パソコンは1年生よりおこないます。

- **学校行事** 　〈**5月**〉運動会　〈**9月**〉修学旅行（6年生）　〈**9月**〉林間学校（4・5年生）
　〈**10月**〉文化祭　〈**2月**〉6年生を送る会

- **教育環境** 　大小2つのプール、心理劇室、多目的室、校内LAN設置、パソコン155台、理科室・音楽室各2つ、多目的ルーム、図工室・家庭科室などの学習環境が整っています。

- **昼食** 　給食（月～金）

- **海外帰国子女受け入れ**
　対象：4年～6年生　（日本国籍を有し、本人の海外生活が原則として2年以上現地校またはインターナショナルスクールに在籍し、帰国後他の学校への編入履歴がない。通学に要する時間が公共交通機関利用で片道1時間以内）
　※欠員が生じた場合のみ実施

- **編入試験** 　対象：4年生のみ　※欠員が生じた場合のみ実施

- **進学先** 　小→中　男女とも卒業生の多くが千葉大学附属中学校に進学
　中学→高校　全員が受験（併設高等学校はなし）

Data　2024年度入試データ　※2023年実施済みです。

[募集要項]※2023年実施済み

■**募集人員**　男女計 30名程度
■**願書配布**　10月18日～11月14日
■**願書受付**　11月13日・14日
■**考査料**　3,300円
■**考査月日**　11月30日
■**結果発表**　12月4日
■**学校説明会**　10月24日

[入試状況]

■**応募者数**　非公表

[インフォメーション]

■**学区**
千葉市全域。ただし、自宅から徒歩または公共交通機関を利用して60分以内。

2024年度入試内容 　ペーパー　行動観察　運動　個別

● 言語

[**話の聞き取り**]

兄と妹で公園に行くお話。2人で公園に行き、ベンチでおしゃべりをしたが、途中で妹が別の場所に行ってしまい、そこへ兄の友達が通りかかる。その友達は持っていた紙くずをゴミ箱ではなく、地面に投げ捨ててしまった。

- 公園に持って行ったものは何ですか。
- 燃えるごみはどれですか。
- お話しのような場面で、自分ならどうしますか。

● 記憶

[**情景の記憶**]

- 公園の絵を見て覚え、今見た絵にあったものを選ぶ。

● 知識

[**常識**]

- 絵を描くときに使うものはどれですか。
- 電車のなかで、正しいことをしているのはどの人ですか。
- 川に住む生き物はどれですか。
- 砂山を崩されたときに、しない顔はどれですか。

● 数量

[**数の置き換え**]

- 犬、ネコ、ネズミが上のように釣り合っています。下のシーソーが釣りあうためには、ネズミが何匹乗ればよいですか。

- シーソーの重さ比べを見て、ネズミの数が間違っているのはどれですか。

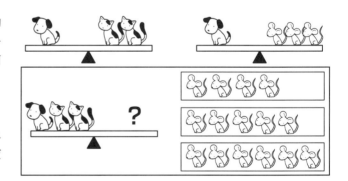

● 知覚

[**点図形**]

- 左の絵から、隣の絵の線を魔法使いが消すとどうなりますか。

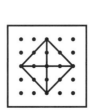 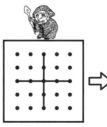 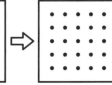

● 個別テスト

［折り紙］
● 好きなものを6種類ほど折る。途中に先生から何を折ったのか質問がある。

［お絵描き］
● 鉛筆で好きなものを描く。

［DVD鑑賞］
● 「ひつじのショーン」のDVDを観る。

● 行動観察

［積み木を積むゲーム］
● 4人グループに分かれ、積み木（カプラ）をできるだけ高く積む。作業を始める前に、グループで高くする方法を相談する。終了後、高く積めたグループには拍手を送る。
※開始前にビブスを着用。終了後、ビブスは脱いでたたみ、マットの上に置く。

［体ジャンケン］
● あらかじめ指示されたポーズで先生とジャンケンをする。3回おこない、終わったらゼッケンをたたんで先生に返す。

📝 過去の出題

● 知識

［常識］
● 乗り物の絵に〇をつけましょう。
● 夏に咲く花に〇をつけましょう。
● ご飯を食べるときに使うものに〇をつけましょう。子どもの頃と姿が違う生き物に〇をつけましょう。
● お友達が何か手伝ってくれたとき、どのような表情になるのか〇をつけましょう。
● 交通マナーで正しくないものに〇をつけましょう。
● 女の人がリンゴやミカンを落としてしまった絵を見て、自分ならどうするか、当てはまる絵に〇をつけましょう。

● 数量

● 左の2枚を足した数と同じ数のものを、右から選んで〇をつけましょう。

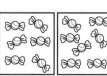

● 行動観察

[模倣]
● 先生のまねをする。手をたたく、ひざをたたくなど。

[指示表現]
● 「せーの!」で好きな食べ物を言う。(プレゼントをもらったときにする顔、おもちゃを取られてしまったときにする顔の表現など)

[あっち向いてホイ]
● 上下左右の指のカードを先生が提示する。提示された向きと、逆の方に顔を向ける。

[身体ジャンケン]
● 先生と身体じゃんけんをする。チョキは手を身体の前でクロス。パーは足を広げ手は上へ広げる。グーは丸くなってしゃがみこむ。勝ったら喜ぶ表現、負けたら悲しむ表現をする。あいこはそのまま立っている。声を出したら負けの約束がある。

[動物人気者ランキング]
● トラ、ハシビロコウ、バク、ゾウ、ゴリラ、ナマケモノ、ミーアキャット、アザラシ、レッサーパンダ、シマウマの10頭の動物カードを、3〜4人のグループで相談し、人気順に1位から10位の数字の隣にカードを置く。「やめ」の合図でカードを片付ける。

 ## お母様の受験 memo

◎**考査当日のこと…**
● 待ち時間は親子同室でした。
● 待ち時間が長いため、子どもの集中力が途切れてしまいました。
● くじで引いた番号を左胸と背中に貼りました。時間になると11名ずつ呼ばれて考査室へ向かいました。
● ポケットのなかのティッシュ、ハンカチ、マスクなどは出してから考査へ向かいました。
● 考査終了後、保護者の番号ストラップ、子どもの番号札などをまとめて、椅子の上に置いて退出でした。

◎**アドバイス、etc.…**
● 体育館で待っている間のようすも、チェックが入っていたように思います。
● 行動観察のウエイトが高いように感じました。
● 子どもの協調性や積極性、コミュニケーション力などを見られている感じがしました。

横浜国立大学教育学部附属横浜小学校

- **校長** 小松 典子
- **児童数** 男女計 631 名

- **連携校** 横浜国立大学附属横浜中学校
  神奈川県立光陵高等学校
  横浜国立大学

沿革 & 目標

1910年（明治43年）に神奈川県女子師範学校附属小学校として発足し、1927年（昭和2年）現在地へ移転しました。1949年（昭和24年）に横浜国立大学学芸部附属横浜小学校、1966年（昭和41年）に横浜国立大学教育学部附属横浜小学校と改称し、1997年（平成9年）に現在の横浜国立大学教育人間科学部附属横浜小学校となりました。創造の精神をもつ主体性のある子、民主的精神をもつ社会性のある子、人間尊重の精神をもつ人間味のある子、生命尊重の精神をもつ健康な子、を学校目標に、調和と統一のある人間性豊かな児童の育成をめざしています。

学費

非公表

所在地 & 最寄り駅

- **住所** 〒231－0845 神奈川県横浜市中区立野64
  ☎045（622）8322

- **アクセス** JR／根岸線山手駅から徒歩7分

ホームページ https://yokosyo.ynu.ac.jp/

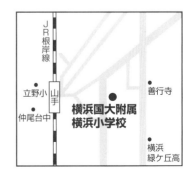

学校の特色

- ●**学習指導**　学級担任だけでなく、ティームティーチングを取り入れるなど学年の協力体制のもと児童の指導にあたっており、教員の長所を生かした教科分担方式も導入されています。
- ●**校外学習**　〈**山荘学習**〉3年生から6年生まで毎年1回おこなわれています。山梨県の清里高原で3・4年生は2泊3日、5・6年生は3泊4日の共同生活を体験し、仲間との絆や自然との共生を深めます。
- ●**学校行事**　〈**5月**〉運動会〈**6月**〉開学開校を祝う会・山荘学習（4年生）〈**7月**〉山荘学習（3・6年生）、〈**8月**〉中区水泳大会〈**9月**〉教育実習〈**10月**〉遠足（1年生）・山荘学習（5年生）・修学旅行（6年生）〈**11月**〉中区音楽会〈**1月**〉教育研究集会・球技大会（5年生）〈**2月**〉校内造形展など。
- ●**昼食**　給食（月～金曜日）
- ●**編入試験**　附属校間での交流制度のみ。
- ●**帰国児童**　保護者の勤務地移動にともない帰国し保護者と同居している者、在外生活2年以上で帰国後1年に満たない者、通学時間が片道1時間以内の者、が応募条件。
- ●**併設校への進学状況**
  - **小→中**　卒業生の約50％が横浜国立大学附属横浜中学校へ進学。

Data　**2024年度入試データ**　※2023年実施済みです。

[募集要項]※2023年実施済み

- ■**募集人員**　男女計 100名
- ■**要項配布**　9月19日～
- ■**出願応募**　9月20日～10月3日（web）
- ■**本出願**　10月16日～23日（web）
- ■**書類郵送**　10月23日の消印があるものまで
- ■**考査料**　3,300円
- ■**考査月日**　〈1次〉11月8日・9日
  　　　　　　〈2次 抽選〉11月22日
- ■**結果発表**　〈1次〉11月20日
- ■**学校説明会**　9月19日・20日（動画配信）

[考査の順番]

受験番号順

[インフォメーション]

通学区域外からの応募はできません。来校の際は徒歩、または公共の交通機関を利用してください。

過去の出題　ペーパー　行動観察　運動

● 数量

[あまる数]

● 太鼓とバチを組み合わせて、あまったものに○をつけましょう。

● 知識

● 「たこあげ」、「こま」、「おせち料理」の映像を見て同じ季節の絵を選ぶ。
● 「どんぐりころころ」の歌の冒頭が流れ、このなかに出てくる生き物を選ぶ。

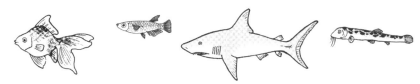

● 仲間はずれはどれですか。
● 左の絵と同じ季節のものに○をつけましょう。

● 推理

● 折り紙の黒いところを切って開いたらどうなりますか。

● 行動観察

● 風船の国に遊びに行く。音楽が止まったらジャンケン。負けた人は列の後ろにつく。列車をつくって別室に移動する。。
● 4人1組になって風船についた鈴を鳴らすゲーム。大きな風船を風呂敷で運び、つるされた風船に当てて鈴を鳴らす。合図があるまで続ける。
● 2チームに分かれて、風船運びゲーム。新聞紙でつくられた棒2本を使って風船を運び、ビニールプールに入れる。

面接

保護者の面接はありませんが、子どものみ第一次考査のなかで簡単な質問があります。

子どもへ

◎ お名前を教えてください。

◎ 仲良しのお友達はいますか。

◎ お友達と何をして遊びますか。

◎ お父さんと何をして遊びますか。

◎ お手伝いはしますか。…どんなお手伝いですか。

◎ 小学校に入ったら何がしたいですか。

お母様の受験 memo

◎**試験当日のこと…**

● 控え室では静かで、みなさん持ってきた本を読んでいました。なかは暑いくらいでした。

● 面接では机のところで黙って座って待っているように言われたそうです。席のところまで先生がまわってきて、質問を受けたそうです。

● 考査1日目は午前の女子のテストが延びたため、体育館外で受付時間まで立ったまま待ちました。本を持参しておいてよかったです。折り紙は体育館内で待つときに使いました。

● 控え室ではジャンケンゲーム、折り紙などして待ちました。

● 結果発表後、合格者だけに次回の予定と誓約書を配布されます。

● 控え室は、パイプイスの後ろに大きく受験番号が貼ってあり、トイレ以外は着席しています。持参した飲み物を飲んだり、読書をするのは可です。

● 考査の順番を待つ間は体操座りで待ちます。

◎**アドバイス、etc.…**

● 保護者の待ち時間が、1日目4時間、2日目3時間と長いので、読書や編み物で過ごすのがよいと思います。

● 保護者も受験番号をつけてチェックされます。

● 他人の言うことが聞けるかどうか、自分で行動できるかを重視しているように思います。

◎**考査の流れ…**

【1日目】

　13:15 受付。

　13:45 考査へ（ペーパー、体操）。

　16:30 終了。

【2日目】

　12:30 受付。前日と同じ教室で待つ。

　13:00 考査へ（面接、行動観察）。

　15:45 終了。

横浜国立大学教育学部附属鎌倉小学校

- ●**校長** 青木 弘
- ●**児童数** 男子 310 名
  女子 310 名

- ●**併設校** 横浜国立大学附属鎌倉中学校
  横浜国立大学

沿革 & 目標

横浜師範学校・神奈川師範学校の附属小学校から横浜国立大学学芸学部附属鎌倉小学校となり、学部改変、国立大学法人化を経て、現在の校名となりました。自ら対象にかかわり、意味や価値を追求するとともに、仲間とともに高めあい、自立に向かう子どもの育成に力を入れています。

学費 ※昨年度のものです。授業料等は、入学後、変更になる場合もあります。

振興会入会金 60,000円、振興会費 2,450円（月額）、給食費 3,400円（月額）、教材費 800円（月額）、施設費 1,200円（月額）、諸経費 550円（月額）、PTA会費 1,100円（月額）

所在地 & 最寄り駅

- ●**住所** 〒248-0005 神奈川県鎌倉市雪ノ下3-5-10
  ☎0467（22）0647

- ●**アクセス** JR／横須賀線鎌倉駅から徒歩13分

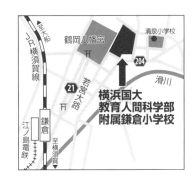

ホームページ https://www.kamakurasho.ynu.ac.jp/

学校の特色

- **設置目的** 大学の附属小学校として、学生教育、教員の研究·研修、大学教員の研究、地域教育への貢献を目的に設置されており、こうした目的にそった学校運営をおこなっています。受験指導、早期教育、エリート教育などは一切おこなっていません。

- **学習指導** 課題解決学習を基本に、体験的活動や探求的活動を展開しています。教育実習生が学習指導をする期間があります。実習生はクラスに4名程度配置されます。

- **校外学習** 1年生から6年生まで毎年1回の宿泊学習があります。それぞれ普段の生活からは得ることのできない「人・もの・こと」との新しい出会いを体験します。
  ※研究校のため変更することがあります。

- **学校行事** 〈**5月**〉運動会
  〈**6月**〉開学記念日·教育実習·みなかみの生活（6年生）
  〈**7月**〉まなづるの生活（3年生）·みなかみの生活（6年生）
  〈**9月**〉おとまり会（1·2年生）
  〈**12月**〉音楽会
  〈**2月**〉鎌小LIVE! など。
  ※研究校のため変更することがあります。

- **教育環境** 古都鎌倉の中心、鶴岡八幡宮に隣接しており、のどかな環境のなかで落ち着いて学習することができます。校内はプレイルームや各階のホールに情報教育機器が完備されるなど、児童の学習と生活を第一に考えた構造になっています。

- **昼食** 給食（月〜金曜日）※月1回程度のお弁当の日あり。

- **併設校への進学状況**
  小→中 卒業生のほとんどが横浜国立大学附属鎌倉中学校へ進学。推薦による連絡進学。

Data 2024年度入試データ ※2023年実施済みです。

[募集要項] ※2023年実施済み

- ■**募集人員** 男女計105名
- ■**要項配布** 8月1日〜（web）
- ■**出願** 9月7日〜20日（web）
- ■**考査料** 3,300円
- ■**考査月日** 〈1次〉11月7日·8日
  〈2次 抽選〉11月25日
- ■**結果発表** 11月22日（web）
- ■**入学手続** 指定日
- ■**学校説明会** 9月6日
- ■**事前説明会** 10月24日〜31日（動画配信）

[考査の順番]
受験番号順

[インフォメーション]
2次合格者には当日、合格者説明会があります。

過去の出題 運動 個別

● 個別

[**話の聞き取り**]

● 動物の話の紙芝居を聞いて、絵を指しながら質問に答える。
　「紙芝居に出てきた動物はどれですか。」

「うさぎさんが買ったにんじんは何本でしたか。」

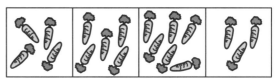

「うさぎさんが歩いた道順を指でなぞって教えてください。」

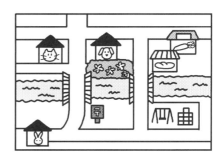

「道に迷ったとき、おまわりさんに何と言いますか。」

● 運動

● ケンパー。
● 平均台（途中、箱をまたぐ）。
● 鉄棒ぶら下がり（手を横に動かして移動する）。
● 鉄棒につるしてある2本の棒の間を、
　棒にふれずに通る。

面接

子どものみの面接が、考査中に1人ずつおこなわれます。

子どもへ
◎ お名前を教えてください。
◎ 昨日の夕飯は何を食べましたか。
◎ 今日の朝食は何を食べましたか。

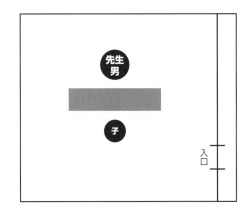

お母様の受験 memo

◎試験当日のこと…
● 控え室では体育館で、指定された席に座り、みなさん静かに待っていました。
● 10名ずつ呼ばれ、子どもだけ別の教室に移動し考査を受けます。
● 保護者は紺や黒のスーツが多く、父親も多かったです。子どもも7割近くが紺の服でした。
● 当日は、水筒、マスク、絵本、上履きを持参するよう指示がありました。

◎アドバイス、etc.…
● 考査中の待ち時間のとき、おしゃべりなどしないで待っていられるかを、チェックされているようです。
● 考査中にトイレにいきたくなったので、先生にしっかりと伝えて、お礼を言ってからトイレに行ったようです。自分でできるかがポイントだと思います。
● 1次通過者は、男子75名、女子73名でした。

◎考査の流れ…
【1日目】
8:00 受付。
8:30 点呼。何人かずつ呼ばれ考査へ。
11:20 終了。
【2日目】
8:00 受付。前日と同じ教室で待つ。
8:30 点呼。順番に呼ばれる。
10:00 終了。

茨城大学教育学部附属小学校

- **校長** 渡部 玲二郎
- **児童数** 男子 295 名
  女子 315 名

- **併設校** 茨城大学教育学部附属幼稚園
  茨城大学教育学部附属中学校
  茨城大学教育学部附属高等学校
  茨城大学

 ## 沿革 & 目標

昭和33年4月、水城・愛宕両附属小・中学校を統合し、旧水城小・中学校の地に茨城大学教育学部附属小学校、旧愛宕小・中学校の地に同附属中学校がおかれました。「個」の確立とはらからの精神を基に、入学にあたっては、幼児教育を通じて培われた、「努力」「礼節」「思いやり」「継続」「感謝」の気持ちを素地としてもち、新しい知識を積極的に学んでいこうとする児童。在学中は、自分とともに他者を大切にする心をもち、自分の夢や希望 の実現に向けて、自分の持ち味を発揮しながら主体的に学習し、知恵を培っていく児童。卒業に際しては、豊かな心と基礎的な学力、健やかな身体を併せもち、良好な人間関係を築きながら生きていこうとする児童を育てます。

 ## 学費

※教材費、給食費等は、学校公表のものでご確認ください。

 ## 所在地 & 最寄り駅

- **住所** 〒310-0011 茨城県水戸市三の丸2-6-8
  ☎029(221)2043

- **アクセス** JJR線/水戸駅 徒歩10分

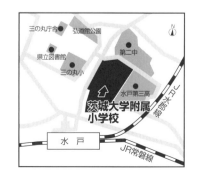

ホームページ https://www.esch.ibaraki.ac.jp/

学校の特色

- ●**学習指導**　異年齢活動として、「はらから活動」「クラブ活動」「いちょう活動」の3つを位置付けています。

    ＜はらから活動（縦割り班活動）**＞**「はらから」には、「同じ母親から生まれた血縁、兄弟姉妹」という意味がある。各学年6名ずつ、約35名の子どもたちと担当教師を1つの「はらから班」として、全18班で組織している。18の班をA～Fの6つのブロックに分け、清掃や遊び、話し合い、行事づくりなどの活動を常時おこなう。「はらから清掃」は、はらから班による毎日の校内清掃。毎週水曜日におこなう「はらからタイム」は、班の計画で遊びや行事に向けての準備や話し合いをおこなう。1か月に1度、お弁当で会食をする。「はらからこころ」は、はらから班による心の耕しの時間（年5単位時間程度）。

    ＜クラブ活動＞ 4～6年対象。共通の興味や関心からつくる自主的・実践的な活動。

    ＜いちょう活動（委員会活動）**＞** 5～6年対象。組織から子どもたち自身がつくり出していく、よりよい学校をつくっていくための自治的・自発的な活動。

- ●**昼食**　給食（月～金曜日）

Data 2024年度入試データ ※2023年実施済みです。

[募集要項] ※2023年実施済み		[入試状況]
■募集人員	男女計105名(内部進学者含む)	非公表
■願書配布	9月1日～10月30日	
■願書受付	10月31日・11月1日	
■考査月日	11月9日	
■結果発表	11月20日	

過去の出題 行動観察 個別

個別テスト

- いちょうの葉の色づきを順番に並べる。

[季節]
- 夏のものを選びましょう。

[しりとり]
- 9枚のカードを使って、できるだけ長くしりとりでつなげてください。できたらそれを読んでください。
  ※カードには文字が書いてある。

[構成]
- 積み木で六角形を3つつくりましょう。

運動テスト

1グループ4人程度。
- 連続運動。コーンまで走る→跳び箱に乗り上からジャンプ→ボールを2つ飛び越える→走ってゴール。
- ボール投げ。ボールを箱に投げ入れる。
- 的あて。
- 模倣体操。曲に合わせて先生の動きをまねして踊る。手を上げたり下げたり、手をたたきながら足踏みなど。

● 行動観察

- 模倣体操。先生の動きを見て覚え、同じように動く。
- グループ（4人）で的当て。的にお手玉を投げる。友達が投げているときは、他の3人は応援する。終わった後はお片づけをする。

面接

願書提出の際に保護者面接がおこなわれます。面接時間は5分程度。

保護者へ

◎ 志望理由を教えてください。

◎ お子様が帰宅したとき、家に誰かいますか。

◎ お子様が「学校に行きたくない」と言ったとき、どのように
　対応しますか。

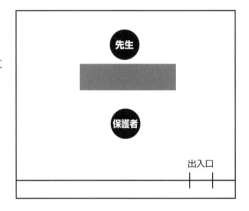

 ## お母様の受験 memo

◎**試験当日のこと…**

- 控え室は1年生の教室でした。番号順に子どもが机に、その横に保護者が座ります。
- 子どもの服装は白のシャツ、ベスト、黒ズボンにしました。
- 考査の順番は当日のくじ引きで決まります。
- 面接は1部屋に複数のブースで同時進行でした。
- 考査時間は約80分でした。

◎**アドバイス、etc.…**

- 待ち時間に子どもが飽きないように、本を持参しました。
- 準備するものなど要項をよく読み、抜けがないようにしてください。

都立 立川国際中等教育学校附属小学校

- **校長** 市村 裕子
- **児童数** 2022年4月開校

沿革 & 目標

立川国際中等教育学校附属小学校は令和4(2022)年4月に開校しました。次代を担う児童・生徒一人一人の資質や能力を最大限に伸長させるとともに、豊かな国際感覚を養い、世界で活躍し貢献できる人間を育成する。教育方針として「①自らの課題を認識し、論理的に考え、判断し、行動できる力を育てる。②世界で通用する語学力を育み、それを支える言語能力を向上させる。③日本の伝統・文化を理解し尊重するとともに、多様な価値観を受容し、主体的に国際社会に参画する力を育てる。④異学年との学習活動や地域連携、国際交流を通じて、他者を思いやり、協働して新しい価値を創造する力を育てる。」としています。
（生徒の将来の姿）
高い言語力を活用して、世界のさまざまな人々と協働するとともに、論理的な思考力を用いて、諸課題を解決し、さまざまな分野で活躍する人材。

諸経費 ※教材費・給食費など学校公表のものでご確認ください。

所在地 & 最寄り駅

- **住所** 〒190-0012　東京都立川市曙町3-29-37
  ☎042(519)3151

- **アクセス** JR立川駅北口・多摩都市モノレール立川北駅より12番乗場
  立川バス「北町」行き「立川国際中等教育学校」下車

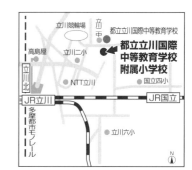

ホームページ https://tachikawa-e.metro.ed.jp/index.html

学校の特色

● **探求的なまなび** 12年間の探究プログラムを実施。第10学年（高校1年生段階）では、リーダーシップ・アクション・プログラムとして、全員が海外で研究、インターンシップ、ボランティア等の活動に参加（国内研修と成果発表を含めて3か月間程度）。

● **語学力とそれを支える言語能力の育成** 第1学年から週4時間の英語の授業を実施→義務教育の9年間で、通常の学校より1000時間以上多く外国語を学習。CLIL（内容言語統合型学習）的な学びにより内容を重視した語学学習を実施。小学校段階から第二外国語にふれる機会を設定。

● **昼食** 給食（月～金曜日）

Data 2024年度入試データ ※2023年実施済みです。

[募集要項] ※2023年実施済み

■**募集人員** 〈一般枠〉男女各29名
〈海外帰国・在京外国人児童枠〉男女 各6名

■**出願** 〈一般枠〉
（入力期間）10月2日～24日
（書類提出）10月17日～24日
〈海外帰国・在京外国人児童枠〉
10月15日・16日（窓口）

■**考査料** 2,200円

■**第1次抽選** 〈一般枠〉11月13日
〈海外帰国・在京外国人児童枠〉10月19日

■**第2次検査** 〈一般枠〉11月25日・26日
〈海外帰国・在京外国人児童枠〉11月5日

■**結果発表** 〈一般枠〉12月2日
〈海外帰国・在京外国人児童枠〉11月9日

■**第3次抽選** 〈一般枠〉12月2日

[入試状況] ※一般枠のみ

	男子	女子
■**応募者数**	689名	675名
■**1次通過者数**	200名	200名
■**受験者数**	174名	182名
■**2次通過者数**	53名	53名
■**合格者数**	29名	29名

[考査の順番]

願書提出順

[インフォメーション]

■**学校説明会** 2024年5月11日、6月18日、7月6日
9月15日
2025年1月18日、2月15日

2024年度入試内容 ペーパー 行動観察 運動

● 言語

［話の聞き取り］

ネズミがトラに動物村を案内してもらうお話。

● トラが育てているものはどれですか。

● 公園で待っていたのはどの動物ですか。

［しりとり］

● 4枚の生き物の絵をしりとりでつなげたとき、最後になるのはどれですか。○で囲みましょう。

● 数量

［数の対応］

● 庭に花が咲いています。今1つの花瓶に2本入れました。残りの花を花瓶に入れるには、あといくつ必要ですか。必要な数だけ○で囲みましょう。

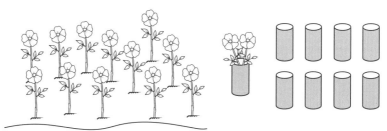

● 知識

［季節］

● ツバメが巣をつくり始める季節と、同じ季節によく見られるものはどれですか。

● 推理

● 絵のように折り紙を折ったとき、折り紙の模様はどのように見えますか。

● 巧緻性

［運筆］

● 絵のなかに線を引きます。はみ出したり、ぶつかったりしないようにかきましょう。

● 行動観察

● レゴブロックを使って好きな動物をつくる。

● 運動テスト

- ● 映像で動きを見たあと、同じようにおこなう。幅跳び（両足）。最後にポーズ。
- ● ボール投げ（的あて）。前にあるカゴを倒す。
- ● マットに仰向けに寝て、手を使わずに起き上がる。

面接

保護者の面接はおこなわれていません。子どもに対しては、考査のなかで口頭試問（インタビュー）がおこなわれます。

子どもへ

- ◎ お名前を教えてください。
- ◎ お誕生日を教えてください.
- ◎ 今日はどうやって来ましたか。
- ◎ 粘土でつくるとしたら、果物屋さんとお花屋さん、どちらをつくりますか。
- ◎ 野菜売り場と果物売り場だったら、どちらに行きますか。
  …何を買いますか。

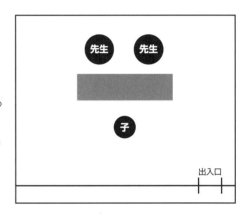

お母様の受験 memo

◎考査当日のこと…

- ● 受付前にトイレを済ませておくように案内がありました。玄関前で上履きに履き替え、持ち物はハンカチのみで、ティッシュは持たせないよう指示がありました。保護者は体育館へ移動しました。
- ● 2日間とも体育館で待機でした。終了時間になると番号ごとに呼ばれて、屋外で子どもと合流しました。
- ● 1日目の待ち時間は約2時間でした。

◎アドバイス、etc.…

- ● しりとりは毎年出題されているので、ふだんから遊びながらしりとりをするようにしていました。
- ● ペーパーの配点が70点なので、ペーパーでしっかり点を取ることが大切だと思います。
- ● 寒いので防寒対策は必要です。バスの本数が少ないため、帰りは歩きました。
- ● ペーパーは少しずつ難しくなっていると感じました。訂正は消しゴムなので、練習が必要です。
- ● 倍率がすごいため、記念受験的な考えでは合格できないと思います。しっかり対策されることをお勧めします。

関西圏主要私立小学校入試概要

「2023年実施済」と「2024年実施予定」の2つの表記があります。

追手門学院小学校

- ■**校長** 井上 恵二
- ■**児童数** 男子 465名 女子 398名
- ■**併設校** 追手門学院大手前中学校・高等学校
  追手門学院中学校・高等学校
  追手門学院大学・大学院
- ■**学費** ●**手続時**
  入学金250,000円
  （入学時施設設備資金50,000円）
  ●**以降**
  授業料819,000円（年額）
  給食費93,500円（年額）
  施設費60,000円（年額）

- ■**所在地＆最寄り駅**
- ●**住所**
  〒540-0008
  大阪市中央区大手前1-3-20
  ☎06(6942)2231
- ●**アクセス**
  地下鉄・京阪／天満橋駅から徒歩5分
  JR／東西線大阪城北詰駅から徒歩10分
- ●**ホームページ**
  https://www.otemon-e.ed.jp/

Data **2025年度入試データ**

[**募集要項**]（2024年実施予定）
- ●**募集人員** 男女計 約130名
- ●**要項配布** 5月31日～8月27日（ホームページから）
- ●**出願** 8月19日～8月27日（web）
- ●**考査料** 20,000円
- ●**考査月日** 9月14日
- ●**面接** 9月3日～8日
- ●**結果発表** 9月16日（郵送）
- ●**入学手続** 9月17日～19日
- ●**学校説明会** 3月9日、4月20日、6月15日、7月13日
  （2024年実施予定）

[**入試状況**]
- ●**応募者数** 非公表
- ●**考査の順番** web出願で定められた順
- ●**編入試験** 不定期。
- ●**進学状況** 追手門学院大手前中学校へ24名、追手門学院
  中学校へ2名進学。
- ●**合格実績** 灘、洛南高等学校附属、東大寺学園、高槻、
  甲陽学院、四天王寺、清風、清風南海、開明、
  明星、大坂星光学院、西大和学園、関西学院、
  関西学院千里、同志社、立命館、関西大学第一、
  帝塚山、愛光、岡山、海陽　他

大阪信愛学院小学校

- ■**校長** 川端 博之
- ■**児童数** 男子 79名 女子 249名（2018年4月より共学）
- ■**併設校** 大阪信愛学院中学校・高等学校・短期大学
- ■**学費** ●**手続時**
  入学金200,000円、
  教育会入会費15,000円（入学時のみ）
  ICT設備管理費5,000円（月額）
  ●**以降**
  授業料49,000円（月額）、教育会費1,400円（月額）
  教育充実費12,000円（年額）
  給食費59,200円（年額）、学級費46,000円（年額）
  スクールバス利用費8,000円（月額）、
  ipad積立費3,000円（1～3年／月額）

- ■**所在地＆最寄り駅**
- ●**住所**
  〒536-8585
  大阪市城東区古市2-7-30
  ☎06(6939)4391
- ●**アクセス**
  京阪／関目駅から徒歩15分
- ●**ホームページ**
  https://el.osaka-shinai.ed.jp/

Data **2025年度入試データ**

[**募集要項**]（2024年実施予定）
- ●**募集人員** 〈A日程〉男女60名 〈B日程〉若干名
  〈C日程〉若干名 ※C日程は2025年実施予定
- ●**要項配布** 2月1日～（web）
- ●**出願** 〈A日程〉9月2日～11日（web）
  〈B日程〉9月30日～10月16日（web）
  〈C日程〉1月9日～22日（web）
- ●**考査料** 20,000円
- ●**考査月日** 〈A日程〉9月15日 〈B日程〉10月19日
  〈C日程〉1月25日
- ●**面接** 考査日と同日
- ●**結果発表** 〈A日程〉9月16日～18日（web）
  〈B日程〉10月20日～23日（web）
  〈C日程〉1月26日～29日（web）
- ●**入学手続** 結果発表と同時に入学金を納付
- ●**学校説明会** 5月25日、7月27日
- ●**オープンスクール** 6月22日、7月27日
- ●**ミニ学校見学会** 5月27日～30日、6月24日～27日
  10月10日、11月15日

[**入試状況**]
- ●**応募者数** 〈A日程〉男子11名 女子23名
  〈B日程〉男子 5名 女子 2名
  〈C日程〉男子 1名 女子 4名
- ●**考査の順番** 願書提出順
- ●**編入試験** 現2・3・4・5年生対象、定期募集1月に若干名の募集。
- ●**帰国児童** 1～6年生を対象に随時実施。若干名の募集。
- ●**進学状況** 卒業生の50～60%が大阪信愛学院中学校に進学。

香里ヌヴェール学院小学校

■**校長** 東山 さゆり
■**児童数** 男女計 492名
■**併設校** 聖母インターナショナルプリスクール
京都聖母学院保育園・京都聖母学院幼稚園
京都聖母小学校・京都聖母学院中学校・高等学校
香里ヌヴェール学院中学校・高等学校
■**学費** ●**手続時**
入学金170,000円
●**以降**
授業料スーパースタディコース(SSC)426,000円(年額)
教材費スーパーイングリッシュコース(SEC)100,000円(年額)
教材費60,000円(年額)
教育充実費144,000円(年額)
校外学習費24,000円(年額)
保護者会費18,000円(年額)、保護者会入会費5,000円
施設費60,000円(年額)、同窓会費5,000円

■**所在地＆最寄り駅**
●**住所**
〒572－8531
大阪府寝屋川市美井町18－10
☎072(831)8451
●**アクセス**
京阪／香里園駅から徒歩10分
●**ホームページ**
http://www.seibo.ed.jp/osaka-es/

Data **2025年度入試データ**

[**募集要項**]（2024年実施予定）
●**募集人員** 〈A日程〉男女計約50名
〈B日程〉男女計約10名
〈C日程〉男女計若干名
●**要項配布** 6月上旬〜(ホームページ)
●**出願** 〈A日程〉8月19日〜30日(web)
〈B日程〉10月8日〜22日(web)
〈C日程〉2025年1月20日〜28日(web)
●**考査料** 15,694円
●**考査月日** 〈A日程〉9月20日 〈B日程〉10月28日
〈C日程〉2025年2月1日
●**面接** 〈A日程〉9月7日・14日〈B日程〉10月25日
〈C日程〉2025年1月31日
●**結果発表** 〈A日程〉9月21日 〈B日程〉10月27日
〈C日程〉2025年2月2日 いずれも郵送
●**入学手続** 〈A日程〉9月27日 〈B日程〉11月1日
〈C日程〉2025年2月7日
●**学校説明会** 5月25日
●**小人数説明会** 6月17日・18日
●**ミニ説明会** 10月8日(B・C日程向け)

[**入試状況**]
●**応募者数** 非公表
●**考査の順番** 願書提出順
●**編入試験** 定期募集
●**合格実績** 大阪星光、関西大学第一、同志社香里、高槻、
立命館宇治 など

賢明学院小学校

■**校長** 谷口 晋哉
■**児童数** 男女 279名
■**併設校** 賢明学院中学校・高等学校
■**学費** ●**手続時**
入学金200,000円
●**以降**
授業料588,000円(年額)
施設拡充費60,000円(年額)
教育充実費42,000円(年額)
教材費60,000円(年額)
給食費(希望制)83,640円(年額)
奉献会費18,000円(年額)
積立金15,000円(年額)

■**所在地＆最寄り駅**
●**住所**
〒590－0812
堺市堺区霞ヶ丘町4－3－27
☎072(241)2657
●**アクセス**
JR／阪和線上野芝駅から徒歩10分
●**ホームページ**
https://kenmei.jp/

Data **2024年度入試データ**

[**募集要項**]※A日程・B日程のみ（2023年実施済）
●**募集人員** 男女計 60名
●**要項配布** Web出願
●**出願** 〈A日程〉9月1日〜18日(web)
〈B日程〉10月16日〜27日(web)
●**考査料** 〈A日程〉20,700 〈B・C日程〉20,700円
●**考査月日** 〈A日程〉9月27日
〈B日程〉11月4日
●**面接** 〈A日程〉9月27日・28日のうち1日
〈B日程〉11月4日
●**結果発表** 〈A日程〉9月29日(郵送)
〈B日程〉11月7日(郵送)
●**入学手続** 所定日

[**入試状況**]
●**応募者数** ー
●**合格者数** ー
●**考査の順番** 願書提出順
●**編入試験** 新2〜5年生 若干名(事情により6年生も可)随時
●**進学状況** 清風南海、明星、灘、四天王寺、大谷、
帝塚山泉ヶ丘、賢明学院 など

四條畷学園小学校

- ■校長　北田 和之
- ■児童数　男子 296名　女子 245名
- ■併設校　四條畷学園中学校・高等学校・短期大学・大学
- ■学費　●**手続時**
  入学金220,000円
  　　　●**以降**
  授業料529,000円（年額）
  学年諸会費約66,000円（年額）

■**所在地＆最寄り駅**
- ●**住所**
  〒574−0001
  大阪府大東市学園町6−45
  ☎072（876）8585（直）
- ●**アクセス**
  JR／学研都市線四条畷駅から
  　　徒歩1分
- ●**ホームページ**
  https://www.ps.shijonawate-gakuen.ac.jp/

Data　**2025年度入試データ**

[**募集要項**]（2024年実施予定）
- ●**募集人員**　男女計 約90名
- ●**要項配布**　ホームページから
- ●**出願**　8月25日〜9月11日（Web出願）
- ●**考査料**　15,000円
- ●**考査月日**　9月19日
- ●**面接**　9月19日
- ●**結果発表**　9月20日（Web）
- ●**入学手続**　所定日
- ●**学校説明会**　6月1日、8月24日、2025年1月18日
  　　（2024年実施予定）

[**入試状況**]
- ●**応募者数**　男子 43名　　女子 47名
- ●**受験者数**　男子 40名　　女子 43名
- ●**合格者数**　男子 38名　　女子 42名（内部幼稚園含む）
- ●**補欠者数**　なし
- ●**考査の順番**　願書提出順
- ●**編入試験**　欠員が生じた場合のみ実施。1〜4年生を対象。
- ●**帰国児童**　なし
- ●**進学状況**　四条畷学園中に約70%
  東大寺学園、関西大学、立命館、関西学院、
  大阪桐蔭、東海大学付属大阪仰星、四天王寺、
  西大和学園、清風南海、開明、明星、同志社、
  立命館、近畿大学附属、プール学院、常翔、
  大阪国際　他

四天王寺小学校

- ■校長　花山 吉徳
- ■児童数　男子 99名　女子 163名
- ■併設校　四天王寺学園中学校・高等学校
  四天王寺中学校・高等学校
  四天王寺羽曳丘中学校・高等学校
  四天王寺大学短期大学部
  四天王寺大学・大学院
- ■学費　●**手続時**
  入学金250,000円
  　　　●**以降**
  授業料636,000円（年額）、
  給食費111,100円（年額）
  教材費90,000円（年額）、
  教育充実費120,000円（年額）、
  後援会費39,600円（年額）など

■**所在地＆最寄り駅**
- ●**住所**
  〒583−0026
  大阪府藤井寺市春日丘3-1-78
  ☎072（937）4811
- ●**アクセス**
  近鉄／藤井寺駅から徒歩3分
- ●**ホームページ**
  https://www.shitennoji.ac.jp/primary/

Data　**2024年度入試データ**

[**募集要項**]（2023年実施済）
- ●**募集人員**　男女計 90名（全日程合計）
- ●**要項配布**　7月29日〜出願情報登録
  　　（ホームページから）
- ●**出願**　〈A日程〉8月28日〜9月6日（web）
  　　〈B日程〉10月23日〜11月9日（web）
- ●**考査料**　20,000円
- ●**考査月日**　〈A日程〉9月9日
  　　〈B日程〉11月11日
- ●**面接**　〈A日程〉9月8日
  　　〈B日程〉11月11日
- ●**結果発表**　〈A日程〉9月11日（郵送）
  　　〈B日程〉11月13日（郵送）
- ●**入学手続**　〈A日程〉9月14日・15日
  　　〈B日程〉11月16日・17日
- ●**オープンスクール**　6月8日（2024年実施予定）
- ●**体験学習会**　7月8日（2024年実施予定）
- ●**入試説明会**　7月27日（2024年実施予定）

[**入試状況**]
- ●**応募者数**　非公開
- ●**受験者数**　―
- ●**考査の順番**　願書提出順
- ●**編入試験**　定期（2月末〜3月初め）募集（新2〜4年生対象）。
  若干名随時。
- ●**帰国児童**　個別に対応。
- ●**進学状況**　10名が四天王寺、四天王寺東へ進学
  帝塚山学院、大谷、プール、初芝立命館、桃山学院など
  2023年度卒業生より四天王寺（女子）への特別推薦
  制度導入

城星学園小学校

- **■校長** 奥 栄三郎
- **■児童数** 男子 332名 女子 305名
- **■併設校** ヴェリタス城星学園中学校・高等学校
- **■学費** ●手続時
  入学金220,000円
  施設費50,000円(入学時)
  後援会入会費10,000円(入学時)
  ●以降
  授業料624,000円(年額)
  教育充実費30,000円(年額)
  教材費約40,000円(年額)
  後援会費7,200円(年額)
  制服・用品費約200,000円
  子ども総合保険料30,000円
  給食費(任意申込)
  諸費 約45,000円(年額)

■所在地&最寄り駅
- ●住所
  〒540−0004
  大阪市中央区玉造2−23−26
  ☎06(6941)5977
- ●アクセス
  JR・地下鉄／森ノ宮駅・玉造駅から
  徒歩10分
- ●ホームページ
  https://www.josei.ed.jp/

Data 2024年度入試データ

[募集要項](2023年実施済)
- ●募集人員 男女計 約100名(2次は若干名)
- ●要項配布 3月25日〜(窓口)
- ●出願 〈1次〉8月28日〜9月1日(web申込)
  〈2次〉1月10日〜19日(窓口)
- ●考査料 20,000円
- ●考査月日 〈1次〉9月28日 〈2次〉1月27日
- ●面接 〈1次〉9月12日〜15日のうち1日、
  〈2次〉1月23日〜25日のうち1日
- ●結果発表 〈1次〉9月30日(郵送)
  〈2次〉郵送にて
- ●入学手続 〈1次〉10月4日 〈2次〉1月31日
- ●学校説明会 3月25日、5月20日(2023年実施済)

[入試状況]
- ●受験者数 229名(2024年度1次)
- ●合格者数 —
- ●補欠者数 なし
- ●考査の順番 願書提出順
- ●編入試験 要相談
- ●帰国児童 —
- ●進学状況 大阪星光学院、明星、四天王寺、清風南海、西大和、
  灘、東大寺学園、大谷、北嶺 など

城南学園小学校

- **■校長** 山北 浩之
- **■児童数** 男女計 227名
- **■併設校** 城南学園中学校・高等学校
  大阪城南女子短期大学 大阪総合保育大学
- **■学費** ●手続時
  入学金220,000円
  ●以降
  授業料430,000円(年額)
  教育充実費185,000円(年額)
  保護者会費15,000円(年額)
  給食費75,000円(年額)
  教材等諸経費80,000円(年額)

■所在地&最寄り駅
- ●住所
  〒546−0013
  大阪市東住吉区湯里6−4−26
  ☎06(6702)5007
- ●アクセス
  近鉄／南大阪線矢田駅から徒歩10分
  バス／JR・地下鉄長居駅より
  出戸バスターミナル行き「湯里6丁目」下車
- ●ホームページ
  https://www.jonan.ac.jp/

Data 2024年度入試データ

[募集要項](2023年実施済)
- ●募集人員 男女計 70名
- ●出願 〈1次〉8月25日〜9月11日(web)
  〈2次〉1月9日〜23日(web)
- ●考査料 20,000円
- ●考査月日 〈1次〉9月16日 〈2次〉1月24日
- ●面接 〈1次〉9月12日〜14日のうち1日
  〈2次〉1月24日
- ●結果発表 〈1次〉9月17日(郵送)
  〈2次〉1月24日(郵送)
- ●入学手続 所定日
- ●学校説明会 5月20日、6月17日、7月15日、8月20日
  (2023年実施済)

[入試状況]
- ●応募者数 非公表
- ●考査の順番 願書提出順
- ●編入試験 7月・12月・3月末に若干名(新2〜6年生対象)
- ●帰国児童 なし
- ●進学状況 東大寺学園、大阪星光学院、清風、明星、北嶺、
  四天王寺、大谷、大阪女学院、城南学園、
  洛南高等学校附属、西大和学園、清風南海、
  高槻、帝塚山、大阪桐蔭 など

アサンプション国際小学校

- ■**校長** 丹澤 直己
- ■**児童数** 男子 160名 女子 241名
- ■**併設校** アサンプション国際中学校・高等学校
- ■**学費** ●**手続時**
  入学金210,000円
  ●**以降**
  授業料(月額)
  　(アカデミックコース)47,500円
  　(イングリッシュコース)56,000円
  教育充実費5,500円(月額)
  施設設備維持費5,500円(月額)
  父母の会14,400円(年額)
  規定品代150,000円

- ■**所在地＆最寄り駅**
- ●**住所**
  〒562−8543
  大阪府箕面市如意谷1−13−23
  ☎072(723)6150
- ●**アクセス**
  阪急／箕面線箕面駅から徒歩15分
  スクールバス／箕面駅・千里中央駅・
  　　　　　　　北千里駅より
- ●**ホームページ**
  https://www.assumption.ed.jp/primary/

Data **2025年度入試データ**

[**募集要項**](2024年度実施予定)
- ●**募集人員** 〈全日程合わせて〉約70名
- ●**要項配布** 5月18日〜(web)
- ●**出願** 〈A日程〉8月12日〜19日(web)
  〈B日程〉9月30日〜10月4日(web)
  〈C日程〉1月22日〜24日(web)
- ●**考査料** 15,000円
- ●**考査月日** 〈A日程〉9月7日・8日のうち1日
  〈B日程〉10月12日 〈C日程〉2月1日
- ●**面接** 〈A日程〉考査日前に実施
  〈B日程〉考査日前または考査当日
  〈C日程〉考査当日
- ●**結果発表** 〈A日程〉9月9日(web)
  〈B日程〉10月12日(web)
  〈C日程〉2月1日(web)
- ●**入学手続** 指定日
- ●**学校説明会** 5月18日
- ●**入試説明会** 7月27日

[**入試状況**]
- ●**応募者数** 非公開
- ●**考査の順番** 抽選による番号順
- ●**編入試験** 定期、欠員が生じた学年対象に7月、12月、3月に若干名募集。
- ●**進学状況** 卒業生約6割がアサンプション国際中へ進学

帝塚山学院小学校

- ■**校長** 神原 利浩
- ■**児童数** 男子 219名 女子 445名
- ■**併設校** 帝塚山学院泉ヶ丘中学校・高等学校
  帝塚山学院中学校・高等学校
  帝塚山学院大学・大学院
- ■**学費** ●**手続時**
  入学金250,000円
  ●**以降**
  授業料708,000円(年額)
  教育充実費90,000円(年額)、給食費85,500円(年額)
  同窓会費30,000円(終身会費)、PTA会費12,000円(年額)
  教育後援会費12,000円以上(年額)、特別協力金任意で15万以上
  学校債1口10万を2口以上(卒業時返還)

- ■**所在地＆最寄り駅**
- ●**住所**
  〒558−0053
  大阪市住吉区帝塚山中3−10−51
  ☎06(6672)1151
- ●**アクセス**
  南海電鉄／高野線帝塚山駅から
  　　　　　徒歩3分
  阪堺電気軌道／上町線帝塚山三丁目駅から
  　　　　　徒歩3分
- ●**ホームページ**
  https://www.tezukayama.ac.jp/

Data **2024年度入試データ**

[**募集要項**](2023年実施済)
- ●**募集人員** 〈1次〉男女計 100名〈2次〉男女若干名
- ●**要項配布** 6月14日〜(Web)
- ●**出願** 〈1次〉8月21日〜9月13日(Web)
  〈2次〉2024年1月10日〜25日(Web)
- ●**考査料** 20,000円
- ●**考査月日** 〈1次〉9月23日 〈2次〉2024年1月28日
- ●**面接** 〈1次〉8月30日〜9月15日のうち1日
  〈2次〉考査当日
- ●**結果発表** 〈1次〉9月25日(Web)
  〈2次〉2024年1月28日(Web)
- ●**入学手続** 〈1次〉9月27日 〈2次〉2024年1月29日
- ●**学校説明会** 6月9日(2024年実施予定)
- ●**入試説明会** 7月21日(2024年実施予定)

[**入試状況**]
- ●**応募者数** 〈1次・2次合計〉130名
- ●**受験者数** 〈1次・2次合計〉121名
- ●**合格者数** 〈1次・2次合計〉115名
- ●**考査の順番** 願書提出順
- ●**編入試験** 2〜5年生対象、欠員が生じた場合募集、編入7月転入2月。
- ●**進学状況** 卒業生107名のうち40名が帝塚山学院へ、6名が帝塚山学院泉ヶ丘へ進学
  灘、東大寺学園、明星、西大和学園、清風南海、洛南四天王寺、同志社香里、開明、帝塚山(奈良) ほか

はつしば学園小学校

- **■校長** 江川 順一
- **■児童数** 男子 293名　女子 215名
- **■併設校** はつしば学園幼稚園
  初芝立命館中学校・高等学校
  初芝橋本中学校・高等学校
  初芝富田林中学校・高等学校
- **■学費**　●手続時
  入学金200,000円
  総合補償制度保険料50,000円（6年間分）
  　●以降
  授業料590,000円（年額）
  教育充実費50,000円（年額）
  給食費116,000円（年額）
  保護者会費16,000円（年額）
- **■所在地&最寄り駅**
- **●住所**
  〒599−8125
  堺市東区西野194-1
  ☎072(235)6300
- **●アクセス**
  スクールバス／北野田、金剛、和泉中央、富田林駅より
- **●ホームページ**
  http://www.hatsushiba.ed.jp/

Data 2024年度入試データ

[募集要項]（2023年実施済）
- **●募集人員** 〈1次〉男女計 90名〈2次〉若干名
- **●要項配布** web
- **●出願** 〈1次〉8月18日〜31日（web）
  〈2次〉9月21日〜10月31日（web）
- **●考査料** 20,000円
- **●考査月日** 〈1次〉9月20日　〈2次〉11月4日
- **●面接** 〈1次〉9月9日・14日（うち1日）
  〈2次〉11月4日
- **●結果発表** 〈1次〉9月21日　〈2次〉11月6日（郵送）
- **●入学手続** 〈1次〉9月21日〜9月27日
  〈2次〉11月6日〜10日
- **●学校説明会** 5月25日、7月2日、8月21日（2024年実施予定）

[入試状況]　※1次・2次合計
- **●応募者数** 男子 47名　女子 59名
- **●受験者数** 男子 45名　女子 59名
- **●合格者数** 男子 40名　女子 55名
- **●考査の順番** 願書提出順
- **●編入試験** 定期募集2〜4年生対象7月
  新2〜5年生対象1月以降随時。
- **●進学状況** 初芝立命館36名、初芝富田林16名
  灘、大阪星光、東大寺学園、西大和学園、清風、
  清風南海 など

箕面自由学園小学校

- **■校長** 田中 良樹
- **■児童数** 男女計 140名
- **■併設校** 箕面自由学園中学校・高等学校
- **■学費**　●手続時
  入学金220,000円
  　●以降
  授業料474,000円（年額）
  給食費90,000円（年額）
  積立金174,000円（年額）
  施設費36,000円（年額）
  後援会費24,000円（年額）
- **■所在地&最寄り駅**
- **●住所**
  〒560−0056
  大阪市豊中市宮山町4−21−1
  ☎06(6852)8110
- **●アクセス**
  阪急／箕面線桜井駅から徒歩6分
- **●ホームページ**
  https://mino-jiyu.jp/

Data 2024年度入試データ

[募集要項]（2023年実施済）
- **●募集人員** 男女計 50名
- **●出願** 8月5日〜21日（web）
  ※1日目と2日目に分かれる（両日受験可能）
- **●考査料** 15,500円（2日程とも受験する場合30,500円）
- **●考査月日** 9月9日・10日
- **●面接** 8月26日・27日、9月2日・3日
- **●結果発表** 9月11日（郵送・web）
- **●入学手続** 9月11日〜14日
- **●学校説明会** 5月24日、6月1日（2023年実施済）

[入試状況]
- **●応募者数** ー
- **●受験者数** ー
- **●合格者数** ー
- **●補欠者数** ー
- **●考査の順番** 願書提出順
- **●編入試験** 定期（7・12・3月）募集。
- **●帰国児童** なし

一燈園小学校

- **■校長** 村田 俊喜
- **■児童数** 男子 35名 女子 32名
- **■併設校** 一燈園中学校・高等学校
- **■学費** ●**手続時**
  入学手続き金120,000円（授業料の一部前納）
  ●**以降**
  入学金なし
  授業料337,200円（年額）
  施設費84,000円（年額）
  教育充実費18,000円（年額）

■所在地&最寄り駅
- ●**住所**
  〒607-8025
  京都市山科区四ノ宮柳山町29-13
  ☎075(595)3711
- ●**アクセス**
  京阪／大津線四宮駅から徒歩5分
- ●**ホームページ**
  http://www.ittoen.ed.jp/

Data 2024年度入試データ
[募集要項]（2023年実施済）
- ●**募集人員** 〈A日程〉男女計 10名
  〈B日程〉男女計 若干名
- ●**願書配布** 7月～（説明会時手渡し）
- ●**願書受付** 〈A日程〉11月13日～24日（窓口、郵送）
  〈B日程〉1月22日～31日（窓口、郵送）
- ●**考査料** 15,000円
- ●**考査月日** 〈A日程〉12月2日 〈B日程〉2月3日
- ●**面接** 〈A日程〉12月2日 〈B日程〉2月3日
- ●**結果発表** 〈A日程〉12月5日（郵送）〈B日程〉2月6日（郵送）
- ●**入学手続** 〈A日程〉12月12日まで
  〈B日程〉2月14日まで
- ●**学校説明会** 7月1日、10月21日（2023年実施済）

[入試状況] ※A日程のみ
- ●**応募者数** 男子 2名 女子 2名
- ●**受験者数** 男子 2名 女子 2名
- ●**合格者数** 男子 2名 女子 2名
- ●**補欠者数** なし
- ●**考査の順番** 願書提出順
- ●**編入試験** 1～5年生若干名の募集。その都度対応
- ●**帰国児童** 随時（1～5年生対象若干名）。
- ●**進学状況** 卒業生8割が一燈園中学校に進学、東山、立命館
  など

京都女子大学附属小学校

- **■校長** 坂口 満宏
- **■児童数** 男子 121名 女子 314名
- **■併設校** 京都女子中学校・高等学校
  京都女子大学
- **■学費** ●**手続時**
  入学金100,000円、入学施設費50,000円
  ●**以降**
  授業料387,600円（年額）
  施設費49,200円（年額）
  実習料18,000円（年額）
  給食費70,000円（年額）
  施設充実費70,000円（年額）

■所在地&最寄り駅
- ●**住所**
  〒605-8501
  京都市東山区今熊野北日吉町6-3
  ☎075(531)7386
- ●**アクセス**
  京阪／七条駅から徒歩15分
  市バス／京都駅前 D2乗り場より
  206・208系統「東山七条」下車
- ●**ホームページ**
  https://fusho.kyoto-wu.ac.jp

Data 2024年度入試データ
[募集要項]（2023年実施済）
- ●**募集人員** 男女計60名
- ●**要項配布** 6月17日～8月29日（窓口）
- ●**出願** 8月24日～29日（web）
- ●**考査料** 15,000円
- ●**考査月日** 9月13日
- ●**面接** 9月13日・14日
- ●**結果発表** 9月15日（速達郵送）
- ●**入学手続** 9月15日～22日
- ●**学校説明会** 2024年6月15日、7月27日

[入試状況]
- ●**応募者数** 男子 27名 女子 54名
- ●**受験者数** ― ―
- ●**合格者数** 男子 19名 女子 41名
- ●**補欠者数** 非公表
- ●**考査の順番** 男女混合
- ●**編入試験** 欠員が生じた場合に実施。
- ●**帰国児童** 欠員が生じた場合に実施（随時・1～6年生対象）。
- ●**進学状況** 卒業生女子61名のうち39名が京都女子中学校に進学、
  灘、洛星、同志社、東大寺学園、帝塚山、洛南高附 など

京都聖母学院小学校

- ■**校長** 中島 正子
- ■**児童数** 男子 299名 女子 423名
- ■**併設校** 聖母学院中学校・高等学校
  聖母女学院中学校・高等学校
  聖母女学院短期大学
- ■**学費** ●**手続時**
  入学金150,000円
  ●**以降**
  授業料396,000円(483,000円)(年額)
  教育充実費144,000円(180,000円)(年額)
  施設設備費60,000円(年額)
  保護者会入会金4,000円(初年度のみ)
  保護者会費18,000円(年額)※( )は国際クラス
  その他、制服、かばん等制定品費150,000円

- ■**所在地&最寄り駅**
- ●**住所**
  〒612−0878
  京都市伏見区深草田谷町1
  ☎075(645)8102
- ●**アクセス**
  京阪/藤森駅から徒歩5分
- ●**ホームページ**
  https://www.seibo.ed.jp/kyoto-es/

Data **2024年度入試データ**

[**募集要項**](2023年実施済)
- ●**募集人員** 〈A日程〉男女計約100名 〈B日程〉男女計約20名
  〈C日程〉男女計若干名
- ●**出願** 〈A日程〉7月14日〜8月15日(Web)
  〈B日程〉9月29日〜10月10日(Web)
  〈C日程〉2024年1月23日〜2月2日(Web)
- ●**考査料** 15,000円
- ●**考査月日** 〈A日程〉9月1日 〈B日程〉10月14日
  〈C日程〉2024年2月8日
- ●**面接** 〈A日程〉8月26日・28日・29日のうち1日
  〈B日程・C日程〉考査当日
- ●**結果発表** 〈A日程〉9月2日 〈B日程〉10月16日
  〈C日程〉2024年2月9日
- ●**入学手続** 〈A日程〉9月12日 〈B日程〉10月24日・25日
  〈C日程〉2024年2月14日
- ●**学校説明会** 5月17日・18日、11月16日(2024年実施予定)

[**入試状況**]
- ●**応募者数** 非公表
- ●**考査の順番** 志望コースを考慮し調整(願書提出順)
- ●**編入学試験** 随時。(欠員がある場合)
- ●**転入学試験** 7月、3月定期募集。
- ●**進学状況** 卒業生女子83名のうち39名が京都聖母学院に進学。香里ヌヴェール学院、大谷、京都女子、同志社、同志社女子、東山、洛星、洛南高附、立命館、立命館宇治、開明、四天王寺、東大寺学園、帝塚山、開成 など

京都文教短期大学付属小学校

- ■**校長** 藤本 哲也
- ■**児童数** 男女計 149名(男子 78名、女子 71名)
- ■**併設校** 京都文教中学校・高等学校
  京都文教短期大学
  京都文教大学
- ■**学費** ●**手続時**
  入学金130,000円、保護者会費 9,600円
  授業料150,000円(1学期分)
  教育充実費 55,000円(1学期分)
  給食費 30,000円(1学期分)
  ●**以降**
  授業料 2学期 164,000円
  (うち教育充実費44,000円)
  3学期 123,000円
  (うち教育充実費33,000円)
  給食費 約60,000円 教材費 30,000円(年額)
  制服などの学用品代 約120,000円(入学時)

- ■**所在地&最寄り駅**
- ●**住所**
  〒606−8344
  京都市左京区岡崎円勝寺町50
  ☎075(752)1411
- ●**アクセス**
  地下鉄/東西線東山駅から徒歩3分
  京阪/三条駅から徒歩10分
- ●**ホームページ**
  https://www.kyotobunkyo-sho.ed.jp/

Data **2024度入試データ**

[**募集要項**](2023年実施済)
- ●**募集人員** 〈A日程〉男女計 25名
  〈B日程・C日程〉男女計 若干名
- ●**出願** 〈A日程〉7月25日〜8月24日(web)
  〈B日程〉9月19日〜29日(web)
  〈C日程〉2024年1月16日〜26日(web)
- ●**考査料** 15,000円
- ●**考査月日** 〈A日程〉8月28日 〈B日程〉9月30日
  〈C日程〉2024年1月27日
- ●**面接** 〈A日程〉8月26日 〈B日程・C日程〉考査当日
- ●**結果発表** 考査日の18時以降webおよび郵送
- ●**入学手続** 所定日
- ●**学校説明会** 6月3日(2023年実施予定)

[**入試状況**]
- ●**応募者数** 非公表
- ●**考査の順番** 願書提出順
- ●**編入試験** あり、欠員が生じた場合随時。
- ●**進学状況** 京都文教中学校へ4名進学(特別推薦制度あり)
  洛南、京都市立西京、片山学園、立命館守谷、京都女子、同志社女子、龍谷大付属平安、大谷、開明 など

光華小学校

- ■校長　河原 聡子
- ■児童数　男子 106名　女子 112名
- ■併設校　京都光華中学校・高等学校
　　京都光華女子大学短期大学部
　　京都光華女子大学
- ■学費　●手続時
　　入学金 130,000円
　　●以降
　　授業料 43,000円（月額）
　　給食費 10,000円（月額）
　　児童会費 100円（月額）
　　諸費 3,000円〜6,000円（月額）
　　保護者会費 1,300円（月額）
　　その他、制服代、iPad費用あり

- ■所在地&最寄り駅
- ●住所
　〒615−0861
　京都市右京区西京極野田町39
　☎075(325)5250
- ●アクセス
　阪急／西京極駅から徒歩5分
- ●ホームページ
　https://www.ps.koka.ac.jp/

Data 2024年度入試データ

[募集要項]（2023年実施済）
- ●募集人員　〈A入試〉男女計 50名
　　〈B入試〉男女計 10名
　　〈C入試〉男女計若干名
- ●出願　〈A入試〉7月26日〜8月23日（web）
　　〈B入試〉10月2日〜18日（web）
　　〈C入試〉2024年1月22日（郵送・web）
- ●考査料　15,000円
- ●考査月日　〈A入試〉8月26日　〈B入試〉10月21日
　　〈C入試〉2024年1月20日
- ●面接　考査日と同日
- ●結果発表　〈A入試〉8月28日（郵送・web）
　　〈B入試〉10月23日（郵送・web）
　　〈C入試〉2024年1月22日（郵送・web）
- ●入学手続　〈A入試〉8月28日〜9月3日
　　〈B入試〉10月23日〜29日
- ●入試説明会　6月17日、7月29日（2023年実施済）

[入試状況]
- ●応募者数　非公表
- ●考査の順番　願書提出順
- ●編入試験　欠員が生じた場合に実施（随時）1〜6年対象。
- ●帰国児童　なし
- ●進学状況　専願者は原則として全員進学。（女子のみ）
　　洛星、東大寺学園、同志社、立命館、高槻、東山、
　　京都女子など

同志社小学校

- ■校長　横井 和彦
- ■児童数　男子 236名　女子 299名
- ■併設校　同志社中学校・高等学校・大学　他
- ■学費　●手続時
　　入学金250,000円
　　●以降
　　授業料800,000円（年額）
　　教育充実費150,000円（年額）
　　給食費124,100円（年額）
　　教材費39,000円（年額）
　　安全費7,743円（年額）
　　修学旅行等積立金50,000円（年額）
　　保護者後援会会費12,000円（年額）

- ■所在地&最寄り駅
- ●住所
　〒606−0001
　京都市左京区岩倉大鷺町89−1
　☎075(706)7786
- ●アクセス
　叡山電鉄／鞍馬線岩倉駅から徒歩5分
- ●ホームページ
　https://www.doshisha-ele.ed.jp/

Data 2024年度入試データ

[募集要項]（2023年実施済）
- ●募集人員　男女計 約60名（別途約30名を幼稚園から推薦）
- ●要項配布　6月〜（web・窓口）
- ●出願　7月11日〜18日（web）
- ●考査料　20,000円
- ●考査月日　8月29日
- ●面接　8月21日〜25日のうち1日
- ●結果発表　8月30日（郵送・web）
- ●入学手続　8月30日〜9月5日
- ●学校説明会　（ドキドキ学校探検）5月19日・24日・29日
　　（わくわく道草体験）11月18日（2023年実施済）

[入試状況]
- ●応募者数　非公表
- ●受験者数　非公表
- ●合格者数　非公表
- ●補欠者数　非公表
- ●考査の順番　生年月日順（早い順）
- ●編入試験　欠員が生じた場合に実施。1〜5年。
- ●帰国児童　なし
- ●進学状況　卒業生のほとんどが系列内中学に進学。

ノートルダム学院小学校

- ■**校長** 原山 稔郎
- ■**児童数** 男子 366名 女子 268名
- ■**併設校** ノートルダム女学院中学校・高等学校
  京都ノートルダム女子大学
- ■**学費** ●**手続時**
  入学金200,000円
  ●**以降**
  授業料606,000円(年額)
  施設費96,000円(年額)
  給食費145,200円(年額)
  教育充実費90,000円(年額)
  父母の会会費15,000円(年額)
  タブレット積立費(1〜3年)42,000円(年額)
  修学旅行積立費20,000円(年額)
  その他教材費など。

- ■**所在地&最寄り駅**
- ●**住所**
  〒606−0847
  京都市左京区下鴨南野々神町1−2
  ☎075(701)7171
- ●**アクセス**
  地下鉄/烏丸線松ヶ崎駅から徒歩6分
- ●**ホームページ**
  https://www.notredame-e.ed.jp/

Data **2024年度入試データ**
[**募集要項**](2023年実施済)
- ●**募集人員** 〈A日程〉男女計 120名
  〈B日程〉男女計 若干名
- ●**出願** 〈A日程〉7月26日〜8月16日(web)
  〈B日程〉10月11日〜17日(web)
- ●**考査料** 20,000円
- ●**考査月日** 〈A日程〉8月26日
  〈B日程〉10月21日
- ●**面接** 〈A日程〉8月22日・23日・26日うち1日
  〈B日程〉10月21日
- ●**結果発表** 〈A日程〉8月27日〜29日(郵送・web)
  〈B日程〉10月23日〜26日(郵送・web)
- ●**入学手続** 〈A日程〉8月27日〜29日
  〈B日程〉10月23日〜26日
- ●**学校説明会** 5月18日(2024年実施予定)
- ●**テスト体験会** 6月15日(2024年実施予定)
- ●**入試説明会** 7月6日(2024年実施予定)

[**入試状況**]
- ●**応募者数** 非公表
- ●**考査の順番** 願書提出順
- ●**編入試験** 年2回程度(1〜5年対象)
- ●**帰国児童** 随時
- ●**進学状況** 卒業生118名中のうち16名がノートルダム女学院中へ、洛星中17名。
  東大寺学園、灘、洛南、同志社、東山、高槻　他
  原則として全員進学できる(女子のみ)
  洛星中と特別選抜枠あり(男子のみ)

立命館小学校

- ■**校長** 堀江 未来
- ■**児童数** 男女計 710名
- ■**併設校** 立命館中学校・高等学校・大学　他

- ■**学費** ●**手続時**
  入学金300,000円
  ●**以降**
  授業料800,000円(年額)
  教育充実費200,000円(年額)
  その他、給食費・教材費175,000円(年額)
  宿泊体験学習費 約200,000円(6年間)

- ■**所在地&最寄り駅**
- ●**住所**
  〒603−8141
  京都市北区小山西上総町22
  ☎075(496)7777
- ●**アクセス**
  地下鉄/烏丸線北大路駅から徒歩3分
- ●**ホームページ**
  https://www.ritsumei.ac.jp/
  primary/index.htm/

Data **2024年度入試データ**
[**募集要項**](2023年実施済)
- ●**募集人員** 〈プライマリーA日程〉男女計 約120名
  〈プライマリーB日程〉男女計 若干名
- ●**出願** 〈A日程〉7月14日〜24日(Web)
  〈B日程〉9月21日〜25日(Web)
- ●**考査料** 20,000円
- ●**考査月日** 〈A日程〉9月3日
  〈B日程〉10月7日
- ●**面接** 〈A日程〉8月18日〜20日・22日
  〈B日程〉10月7日
- ●**結果発表** 〈A日程〉9月5日(web)
  〈B日程〉10月10日(web)
- ●**入学手続** 〈A日程〉9月5日〜8日
  〈B日程〉10月10日〜13日
- ●**学校説明会** 5月27日(2023年実施済)
- ●**放課後校舎見学** 6月6日〜22日(2023年実施済)
- ●**入試説明会** 7月8日(2023年実施済)

[**入試状況**]
- ●**応募者数** 非公表
- ●**考査の順番** 一斉(男女別)
- ●**編入試験** 定期2月(新2〜5年で欠員がある場合)
- ●**帰国児童** あり
- ●**進学状況** 立命館中へ推薦で進学できる

愛徳学園小学校

- ■**校長** 眞浦 由美子
- ■**児童数** 女子 96名
- ■**併設校** 愛徳学園中学校·高等学校
- ■**学費** ●**手続時**
  入学金230,000円
  施設費·協力金·保護者会入会金
  135,000円(入学時のみ)
  制服等学校規定品120,000円
  ●**以降**
  授業料23,000円(月額)、
  施設維持費5,000円(月額)
  教育充実費5,000円(月額)

- ■**所在地&最寄り駅**
- ●**住所**
  〒655-0037
  神戸市垂水区歌敷山3-6-49
  ☎078(708)5353
- ●**アクセス**
  山陽電鉄／霞ヶ丘駅から徒歩15分
  バス／JR垂水駅より1系統霞ヶ丘線
  　　　歌敷山経由「愛徳学園前」下車
- ●**ホームページ**
  http://www.aitokugakuen.ed.jp/

Data **2024年度入試データ**

[**募集要項**](2023年実施済)
- ●**募集人員** 〈A～D全日程共通〉約40名
- ●**出願** 〈A日程〉8月31日～9月7日(web)
  〈B日程〉9月20日～28日(web)
  〈C日程〉12月9日～14日(web)
  〈D日程〉1月5日～11日(web)
- ●**考査料** 20,000円
- ●**考査月日** 〈A日程〉9月9日　〈B日程〉9月30日
  〈C日程〉12月16日　〈D日程〉1月13日
- ●**面接** 考査日と同日
- ●**結果発表** 〈A日程〉9月9日(web)
  〈B日程〉9月30日(web)
  〈C日程〉12月16日(web)
  〈D日程〉1月13日(web)
- ●**入学手続** 〈A日程〉9月14日まで　〈B日程〉10月4日まで
  〈C日程〉12月21日まで　〈D日程〉1月18日まで
- ●**学校説明会** 5月13日、7月22日、8月26日、10月21日、
  11月30日(2023年実施済)

[**入試状況**]
- ●**応募者数** 非公表
- ●**合格者数** ―
- ●**考査の順番** 願書提出順
- ●**編入試験** 随時
- ●**帰国児童** 随時
- ●**進学状況** 卒業生のほとんどが愛徳学園中学校に進学。

小林聖心女子学院小学校

- ■**校長** 棚瀬 佐知子
- ■**児童数** 女子 334名
- ■**併設校** 小林聖心女子学院中学校·高等学校
- ■**学費** ●**手続時**
  入学金400,000円
  施設費100,000円(年額)
  ●**以降**
  授業料572,400円(年額)
  維持費216,000円(年額)
  保護者会年会費3,600円(年額)
  教材費約39,000円
  制服·制定品等130,000円

- ■**所在地&最寄り駅**
- ●**住所**
  〒665-0073
  兵庫県宝塚市塔の町3-113
  ☎0797(71)7321
- ●**アクセス**
  阪急／今津線小林駅から徒歩5分
- ●**ホームページ**
  https://www.oby-sacred-heart.ed.jp/

Data **2024年度入試データ**

[**募集要項**](2023年実施済)
- ●**募集人員** 女子 60名
- ●**要項配布** 5月～(ホームページ、学校説明会で配布)
- ●**出願** 〈A日程·B日程〉8月1日～24日(web)
  〈C日程〉12月4日～22日(web)
- ●**考査料** 20,000円
- ●**考査月日** 〈A〉9月9日　〈B〉9月9日
  〈C〉2024年1月13日
- ●**面接** 〈A·B〉9月2日·3日のうち1日
  〈C〉2024年1月6日
- ●**結果発表** 〈A〉9月11日(web·郵送)
  〈B〉9月13日(web·郵送)
  〈C〉2024年1月15日(web·郵送)
- ●**入学手続き** 〈A·B〉9月13日
  〈C〉2024年1月20日
- ●**学校説明会** 5月13日、7月1日(2023年実施済)

[**入試状況**]
- ●**応募者数** 〈A·B合計〉104名
- ●**受験者数** 〈A·B合計〉 64名
- ●**合格者数** 〈A·B合計〉 58名
- ●**補欠** なし
- ●**考査の順番** 生まれ月の早い順
- ●**編入試験** 定期1月、2～5年生対象。若干名
- ●**帰国児童** 随時。年度途中でも入学可
- ●**進学状況** 例年約99%が併設中へ進学

関西学院初等部

- ■**校長** 福万 広信
- ■**児童数** 男子 246名 女子 294名
- ■**併設校** 関西学院中学部・高等部 関西学院大学
- ■**学費** ●**手続時**
  入学金200,000円
  ●**以降**
  授業料1,035,000円（年額）
  その他諸費218,000円（年額）
  制服等事前購入費など約280,000円

- ■**所在地＆最寄り駅**
- ●**住所**
  〒665−0844
  兵庫県宝塚市武庫川町6−27
  ☎0797（81）5500
- ●**アクセス**
  阪急／宝塚線宝塚南口駅から徒歩13分
  　　　宝塚南口駅から徒歩9分
  JR／宝塚駅から13分
- ●**ホームページ**
  https://www.kwansei.ac.jp/
  elementary

Data 2024年度入試データ
[**募集要項**]（2023年実施済）
- ●**募集人員** 男女計 90名（〈A入試〉80名 〈B入試〉10名）
- ●**要項配布** 7月〜（ホームページから）
- ●**出願** 〈A入試〉7月10日〜18日（web）
  〈B入試〉9月14日〜25日（web）
- ●**考査料** 20,000円
- ●**考査月日** 〈A入試〉9月11日
  〈B入試〉10月14日
- ●**面接** 〈A入試〉8月23日・25日、9月10日うち1日
  〈B入試〉10月11日〜13日うち1日
- ●**結果発表** 〈A入試〉9月12日（web）
  〈B入試〉10月16日（web）
- ●**入学手続** 〈A入試〉9月15日まで
  〈B入試〉10月20日まで
- ●**学校説明会** 4月13日、6月22日（2024年実施予定）

[**入試状況**]
- ●**応募者数** 非公表
- ●**考査の順番** 願書提出順
- ●**編入試験** 欠員が生じた場合に実施。
- ●**帰国児童** なし
- ●**進学状況** 卒業生のほとんどが関西学院中学部へ進学。

甲子園学院小学校

- ■**校長** 中道 一夫
- ■**児童数** 男女計 92名（男子 65名、女子 27名）
- ■**併設校** 甲子園学院中学校・高等学校
  甲子園短期大学 甲子園大学
- ■**学費** ●**手続時**
  入学金350,000円
  ●**以降**
  授業料546,000円（年額）
  教育充実費138,000円（年額）
  実験実習費18,000円（年額）
  育友会費21,600円（年額）

- ■**所在地＆最寄り駅**
- ●**住所**
  〒663−8104
  兵庫県西宮市天道町10−15
  ☎0798（67）2366
- ●**アクセス**
  JR／甲子園口駅から徒歩5分
  阪急／神戸線西宮北口駅から徒歩20分
  バス／神戸線西宮北口駅南口より
  　　　阪急バス「甲子園学院前」下車
- ●**ホームページ**
  https://www.koshiengakuin-e.ed.jp/

Data 2024年度入試データ
[**募集要項**]（2023年実施済）
- ●**募集人員** 男女計 約60名（1次2次合わせて）
- ●**願書配布** 5月〜（窓口）
- ●**願書受付** 〈1次〉8月16日〜18日（窓口）
  〈2次〉1月18日・19日（窓口）
- ●**考査料** 20,000円
- ●**考査月日** 〈1次〉9月9日　　〈2次〉1月27日
- ●**面接** 〈1次〉8月21日〜25日
  〈2次〉1月25日・26日
- ●**結果発表** 〈1次〉9月10日（郵送） 〈2次〉1月28日（郵送）
- ●**入学手続** 〈1次〉9月14日〜15日
  〈2次〉2月1日・2日
- ●**学校説明会** 5月27日（2023年実施済）

[**入試状況**]
- ●**応募者数** ー
- ●**受験者数** ー
- ●**合格者数** ー
- ●**補欠者数** ー
- ●**考査の順番** 願書提出順、面接は希望日時選択
- ●**編入試験** 随時実施。1〜4年生を対象に若干名募集。
- ●**帰国児童** 随時実施。1〜5年生を対象に若干名募集。
- ●**進学状況** 甲子園学院中、大阪桐蔭、東大寺学園、高槻、
  大和田学園、甲陽学院、洛南高校附属 など

甲南小学校

- ■校長　称津 芳信
- ■児童数　男女計 341名
- ■併設校　甲南中学校・高等学校（男子）
　　　　甲南女子中学校・高等学校
- ■学費　●手続時
　　　　入学金400,000円
　　　　●以降
　　　　授業料600,000円（年額）
　　　　施設費150,000円（年額）
　　　　教材費140,000円（年額）

Data **2024年度入試データ**

[募集要項]（2023年度実施済）
- ●募集人員　〈A日程〉男女計 約24名
　　　　　〈B日程〉男女計 若干名
- ●要項配布　7月3日～
　　　　　（ホームページから）
- ●出願　〈A日程〉7月24日～8月4日（郵送）
　　　　〈B日程〉2024年1月9日～12日（郵送）
- ●考査料　20,000円
- ●考査月日　〈A日程〉9月9日　〈B日程〉2024年2月3日
- ●面接　〈A日程〉8月24日～31日のうち1日
　　　　〈B日程〉1月23日～25日のうち1日
- ●結果発表　〈A日程〉9月9日（郵送）
　　　　　〈B日程〉2024年2月3日（郵送）
- ●入学手続　〈A日程〉9月9日～13日
　　　　　〈B日程〉2024年2月3日～7日
- ●学校説明会　5月27日、7月1日（2023年実施済）

■所在地＆最寄り駅

- ●住所
〒658-0051
神戸市東灘区住吉本町1-12-1
☎078（841）1201
- ●アクセス
JR／住吉駅から徒歩10分
- ●ホームページ
https://www.konan-es.ed.jp/

[入試状況]
- ●応募者数　〈A日程〉男子 18名　女子 14名
- ●受験者数　〈A日程〉男子 18名　女子 14名
- ●合格者数　〈A日程〉男子 14名　女子 13名
- ●補欠者数　なし
- ●考査の順番　願書提出順
- ●編入試験　欠員が生じた場合に実施。
- ●帰国児童　なし
- ●進学状況　卒業生ほとんど全員が甲南中学校、甲南女子中学校に進学。

神戸海星女子学院小学校

- ■校長　鈴木 良孝
- ■児童数　女子 303名
- ■併設校　神戸海星女子学院中学校・高等学校
　　　　神戸海星女子学院大学
- ■学費　●手続時
　　　　入学金400,000円
　　　　●以降
　　　　授業料660,000円（年額）
　　　　父母の会3,600円（年額）
　　　　教材費3,000円（月額）

Data **2024年度入試データ**

[募集要項]（2023年実施済）
- ●募集人員　女子 50名
- ●要項配布　5月27日～8月4日（窓口・郵送）
- ●出願　8月15日～18日（郵送）
- ●考査料　20,000円
- ●考査月日　9月9日
- ●面接　8月21日～26日のうち1日
- ●結果発表　9月10日（郵送）
- ●入学手続　9月12日
- ●学校説明会　4月20日、5月25日、6月22日
　　　　　（2024年実施予定）

■所在地＆最寄り駅

- ●住所
〒657-0805
神戸市灘区青谷町2-7-1
☎078（801）5111
- ●アクセス
JR／灘駅から徒歩13分
阪急／王子公園駅から徒歩10分
- ●ホームページ
https://www.kobekaisei.ed.jp/

[入試状況]
- ●応募者数　63名
- ●受験者数　63名
- ●合格者数　57名
- ●補欠者数　なし
- ●考査の順番　願書提出順
- ●編入試験　1～3年生を対象に若干名の募集。
　　　　　（欠員が生じた場合）
- ●帰国児童　なし
- ●進学状況　ほぼ全員が内部進学

須磨浦小学校

- ■**校長** 岩渕 正文
- ■**児童数** 男女計 163名(男子95名 女子68名)
- ■**併設校** なし
- ■**学費** ●**手続時**
  入学金400,000円
  教育振興費200,000円
  施設充実費200,000円(二口以上)
  入学時学用品50,000円(1年4月のみ)
  ●**以降**
  授業料29,000円(月額)
  施設費27,000円(月額)
  給食費8,900円(月額)※8月除く
  教材費17,000円(月額)

- ■**所在地&最寄り駅**
  ●**住所**
  〒654−0072
  神戸市須磨区千守町2−1−13
  ☎078(731)0349
  ●**アクセス**
  JR／山陽本線須磨駅から徒歩5分
  ●**ホームページ**
  http://www.sumaura.ed.jp/

Data 2024年度入試データ
[募集要項](2023年実施済)
- ●**募集人員** 〈1次A〉男女計 36名
  〈1次B〉男女計 若干名
  〈2次A〉男女計 若干名
- ●**願書配布** 4月15日〜(窓口・ホームページは要項のみ)
- ●**願書受付** 〈1次A〉4月15日〜8月24日(窓口)
  〈1次B〉9月19日〜26日(窓口)
  〈2次A〉10月16日〜12月20日(窓口)
- ●**考査料** 20,000円
- ●**考査月日** 〈1次A〉9月9日
  〈1次B〉9月20日
  〈2次A〉12月25日
- ●**面接** 〈1次A〉8月28日〜・31日
  〈1次B・2次A〉考査日と同日
- ●**結果発表** 〈1次A〉9月9日(郵送)
  〈1次B〉9月28日(郵送)
  〈2次A〉12月25日(郵送)
- ●**入学手続** 〈1次A〉9月11日〜15日
  〈1次B〉10月2日〜10日
  〈2次A〉12月26日〜28日
- ●**学校説明会** 4月15日、7月25日・29日(2023年実施済)

[入試状況]
- ●**応募者数** ―
- ●**受験者数** ―
- ●**合格者数** ―
- ●**補欠者数** なし
- ●**考査の順番** 願書提出順
- ●**編入試験** 随時(1〜5年生対象)

仁川学院小学校

- ■**校長** 永尾 稔
- ■**児童数** 男子 214名　女子 120名
- ■**併設校** 仁川学院中学校・高等学校

- ■**学費** ●**手続時**
  入学金300,000円
  施設費250,000円(6年分一括払い)
  ●**以降**
  授業料703,000円(年額)
  冷暖房費12,000円(年額)
  安全管理費7,200円(年額)
  父母の会費8,400円(年額)
  教材費など約70,000円(年額)
  給食費 約4,500円(月額)

- ■**所在地&最寄り駅**
  ●**住所**
  〒662−0812
  西宮市甲東園2-13-9
  ☎0798(51)0621
  ●**アクセス**
  阪急／阪急仁川駅から徒歩6分
  　　　阪急甲東園駅から徒歩6分
  ●**ホームページ**
  https://www.nigawa.ac.jp/
  elementary/

Data 2024年度入試データ
[募集要項](2023年実施済)
- ●**募集人員** 男女計60名
- ●**要項配布** 6月24日〜(窓口・行事で配布)
- ●**出願** 〈1次〉7月28日〜8月24日(web)
  〈2次〉9月1日〜10月1日(web)
  〈3次〉2024年1月9日〜31日(web)
- ●**考査料** 20,000円
- ●**考査月日** 〈1次A〉9月9日〈1次B〉9月10日
  〈2次〉10月4日〈3次〉2024年2月3日
- ●**面接** 〈1次A・B〉8月24日〜30日
  〈2次〉10月2〜4日〈3次〉考査当日
- ●**結果発表** 考査当日にwebにて発表
- ●**入学手続** 〈1次〉9月12日、〈2次〉10月6日
  〈3次〉2024年2月6日
- ●**学校説明会** 5月27日(2023年実施済)
- ●**入試説明会** 6月24日(2023年実施済)

[入試状況]
- ●**応募者数** ―
- ●**考査の順番** 願書提出順
- ●**編入試験** (2〜4年生対象)、定期募集7月・12月・3月。
- ●**進学状況** 仁川学院、甲陽学院、四天王寺、東大寺学園、灘、洛南高附、高槻、西大和学園、神戸女学院、甲南女子、六甲学院、須磨学園 など

雲雀丘学園小学校

- ■**校長**　井口 光児
- ■**児童数**　男子 392名　女子 464名
- ■**併設校**　雲雀丘学園中学校・高等学校
- ■**学費**　●**手続時**
  　　　　入学金260,000円、施設費180,000円（入学時）
  　　　　●**以降**
  　　　　授業料556,880円（年額）
  　　　　学級費40,000円（年額）
  　　　　制服・学用品など 約85,000円（初年度）
  　　　　積立費30,000円（年額）
  　　　　PTA会費14,400円（年額）
  　　　　タブレット費40,000円（年額）

- ■**所在地＆最寄り駅**
- ●**住所**
  　〒665−0805
  　兵庫県宝塚市雲雀丘4−2−1
  　☎072（759）3080
- ●**アクセス**
  　阪急／雲雀丘花屋敷駅から徒歩3分
- ●**ホームページ**
  　https://www.hibari.jp/els/

Data **2025年度入試データ**

[**募集要項**]（2024年実施予定）
- ●**募集人員**　〈A日程〉男女計 135名
- ●**要項配布**　6月中旬予定
- ●**出願**　〈A日程〉7月1日〜15日（web）
- ●**考査料**　20,000円
- ●**考査月日**　〈A日程〉9月7日
- ●**面接**　〈A日程〉女子 8月26日　　男子 8月27日
- ●**結果発表**　〈A日程〉9月10日（郵送）
- ●**入学手続**　〈A日程〉9月10日〜12日
- ●**学校説明会**　4月20日（2024年実施予定）
- ●**おーぷんすくーる**　6月12日（2024年実施予定）
- ●**入試体験会**　6月22日（2024年実施予定）

[**入試状況**]
- ●**応募者数**　男子 102名　　女子 87名
- ●**受験者数**　男子 102名　　女子 87名
- ●**合格者数**　男子 80名　　女子 72名
- ●**補欠者数**　なし
- ●**考査の順番**　願書提出順
- ●**編入試験**　欠員が生じた場合の年度末に実施。
- ●**帰国児童**　なし
- ●**進学状況**　卒業生のうち58名が雲雀丘学園中に進学。

百合学院小学校

- ■**校長**　大石 温子
- ■**児童数**　女子 114名
- ■**併設校**　百合学院中学校・高等学校
- ■**学費**　●**手続時**
  　　　　入学金200,000円、施設費200,000円
  　　　　●**以降**
  　　　　授業料26,000円（月額）
  　　　　教育充実費11,500円（月額）
  　　　　冷暖房費2,000円（月額）
  　　　　図書費500円（月額）
  　　　　給食費6,400円（月額）
  　　　　教材費4,000円（月額）
  　　　　保護者会2,000円（月額）
  　　　　積立金3,500円（年額）

- ■**所在地＆最寄り駅**
- ●**住所**
  　〒661−0974
  　兵庫県尼崎市若王寺2−18−2
  　☎06（6491）7033
- ●**アクセス**
  　阪急／神戸線園田駅から徒歩12分
  　バス／尼崎駅より市バス阪急園田行き
  　　　　「聖トマス大学前」下車
- ●**ホームページ**
  　https://www.yuri-gakuin.ac.jp/

Data **2024年度入試データ**

[**募集要項**]（2023年実施済）
- ●**募集人員**　〈A日程〉女子 40名　　〈B日程〉女子 20名
- ●**願書配布**　4月〜（窓口）
- ●**願書受付**　〈A日程〉8月23日〜9月1日（窓口・郵送）
  　　　　　　〈B日程〉9月11日〜20日（窓口・郵送）
- ●**考査料**　15,000円
- ●**考査月日**　〈A日程〉9月9日　　〈B日程〉9月23日
- ●**面接**　願書受付時に指定
- ●**結果発表**　〈A日程〉9月10日（郵送）
  　　　　　　〈B日程〉9月24日（郵送）
- ●**入学手続**　〈A日程〉9月14日　　〈B日程〉9月28日
- ●**学校説明会**　4月20日、6月24日、7月15日
  　　　　　　　（2023年実施済）

[**入試状況**]
- ●**応募者数**　—

- ●**考査の順番**　願書提出順
- ●**編入試験**　1年〜3年生を対象に、2月に実施。
- ●**帰国児童**　なし
- ●**進学状況**　卒業生の約70％が百合学院中へ進学。
  　　　　　　大谷、育英西、神戸学院大付、武庫川大付、
  　　　　　　ノートルダムなど

近畿大学附属小学校

- ■**校長** 森田 哲
- ■**児童数** 男子 385名 女子 287名
- ■**併設校** 近畿大学附属中学校・高等学校
  近畿大学
- ■**学費** ●**手続時**
  入学金200,000円
  ●**以降**
  授業料660,000円(年額)
  施設費100,000円(年額)
  その他教材費130,000円(年額)
  制服・指定用品費130,000円(ランドセル・制靴 他)
  給食費 約6,000円(月額)
  iPad費 約110,000円(学校購入の場合)

- ■**所在地&最寄り駅**
  ●**住所**
  〒631−0032
  奈良市あやめ池北1−33−3
  ☎0742(53)1200
  ●**アクセス**
  近鉄/奈良線菖蒲池駅から徒歩1分
  ●**ホームページ**
  https://www.fes-kinder.kindai.ac.jp/

Data 2024年度入試データ

[**募集要項**](2023年実施済)
- ●**要項人員** 〈1次〉男女計 115名(内部進学含む)
  〈2次〉男女計 5名
- ●**要項配布** 8月24日〜(ホームページから)
- ●**出願** 〈1次〉8月24日〜9月5日(Web)
  〈2次〉2024年1月25日〜31日(Web)
- ●**考査料** 20,000円
- ●**考査月日** 〈1次〉9月19日 〈2次〉2月3日
- ●**面接** 〈1次〉9月9日 〈2次〉2月3日
- ●**結果発表** 〈1次〉9月21日(Web) 〈2次〉2月6日(Web)
- ●**入学手続** 〈1次〉9月21日〜9月27日
  〈2次〉2月6日〜13日
- ●**学校説明会** 2024年4月〜5月に5〜7回実施予定

[**入試状況**]※1次のみ合計
- ●**受験者数** 男女計 152名
- ●**合格者数** 非公開
- ●**補欠者数** なし
- ●**考査の順番** 願書提出順
- ●**編入試験** 新2、3、4年生を対象に2月に実施。
- ●**進学状況** 卒業生の約45%が近畿大学附属中学校に進学。

智辯学園奈良カレッジ小学部

- ■**校長** 山本 博正
- ■**児童数** 男女計 約170名
- ■**併設校** 智辯学園奈良カレッジ中学部・高等部
- ■**学費** ●**手続時**
  入学金200,000円
  制服・制定品代約150,000円
  ●**以降**
  授業料468,000円(年額)
  修学旅行積立金、教材費など65,000円(年額)
  諸会費103,400円(年額)
  他に特別寄付金1口100,000円(3口以上)
  ※初年度のみ

- ■**所在地&最寄り駅**
  ●**住所**
  〒639−0253
  奈良県香芝市田尻265
  ☎0745(79)1111
  ●**アクセス**
  アクセス:近鉄大阪線関屋駅から
  スクールバス約5分
  近鉄南大阪線上ノ太子駅から
  スクールバス約15分
  JR大和路線高井田駅から
  スクールバス約15分
  近鉄/大阪線関屋駅から徒歩10分
  ●**ホームページ**
  https://www.chiben.ac.jp/
  naracollege-el/

Data 2024年度入試データ

[**募集要項**](2023年実施済)
- ●**募集人員** 男女計 約60名(全日程合計)
- ●**要項配布** (ホームページから)
- ●**出願** 〈1次〉8月20日〜25日(Web)
  〈2次〉2024年1月26日〜2月1日(Web)
- ●**考査料** 20,000円
- ●**考査月日** 〈1次〉9月14日
  〈C〉2024年2月3日
- ●**面接** 〈1次〉9月2日・3日・9日のいずれか1日
  〈2次〉2024年2月3日
- ●**結果発表** 〈1次〉9月15日(Web)
  〈2次〉2024年2月5日(web)
- ●**入学手続** 〈1次〉9月15日〜20日
  〈2次〉2024年2月5日〜9日
- ●**学校説明会** 5月20日(2023年実施済)
- ●**入試説明会** 7月15日(2023年実施済)

[**入試状況**]※全日程合計
- ●**応募者数** ―
- ●**受験者数** ―
- ●**合格者数** ―
- ●**補欠者数** ―
- ●**考査の順番** 生まれ月の遅い順
- ●**編入試験** 各学期毎に若干名実施
- ●**帰国児童** ―
- ●**進学状況** 卒業生33名中26名が奈良カレッジ中等部に進学。

帝塚山小学校

- ■**校長** 野村 至弘
- ■**児童数** 男女計 402名
- ■**併設校** 帝塚山中学校·高等学校
- ■**学費** ●**手続時**
  入学金180,000円
  ●**以降**
  授業料 650,000円(年額)
  施設設備充実費 65,000円(年額)
  育友会費 6,000円(年額)
  教育後援会費 12,000円(年額)

■**所在地&最寄り駅**
- ●**住所**
  〒631−0034
  奈良市学園南3−1−3
  ☎0742(41)9624
- ●**アクセス**
  近鉄／奈良線学園前駅から徒歩5分
- ●**ホームページ**
  https://www.tezukayama-e.ed.jp/

Data 2025年度入試データ

[**募集要項**] (2024年実施予定)
- ●**募集人員** 〈1次〉男女計 約70名 〈2次〉若干名
- ●**要項配布** 6月中旬〜(ホームページから)
- ●**出願** 〈1次〉8月26日〜9月3日(web)
  〈2次〉2025年1月14日〜17日(web)、
  1月19日(窓口)
- ●**考査料** 15,000円
- ●**考査月日** 〈1次〉9月21日
  〈2次〉2025年1月25日
- ●**面接** 〈1次〉9月7日·8日
  〈2次〉2025年1月25日
- ●**結果発表** 〈1次〉9月21日(web)
  〈2次〉2025年1月25日(web)
- ●**入学手続** 〈1次〉9月24日〜30日
  〈2次〉2025年1月28日〜2月2日
- ●**入学説明会** 6月15日、7月27日(2024年実施予定)

[**入試状況**]
- ●**受験者数** 男女計 73名
- ●**考査の順番** 願書提出順
- ●**編入試験** 欠員が生じた場合に実施。対象は2〜5年生。
- ●**帰国児童** 欠員が生じた場合(2〜5年生対象)に実施。
- ●**進学状況** 帝塚山中学校へ内部推薦制度あり

奈良学園小学校

- ■**校長** 梅田 真寿美
- ■**児童数** 男子 168名 女子 158名
- ■**併設校** 奈良学園中学校·高等学校
- ■**学費** ●**手続時**
  入学金200,000円
  ●**以降**
  授業料660,000円(年額)
  施設費66,000円(年額)、学年費40,000円(年額)
  育友会12,000円(年額)、給食費1食490円

■**所在地&最寄り駅**
- ●**住所**
  〒631−8522 奈良市中登美ヶ丘3−15−1
  ☎0742(93)5111
- ●**アクセス**
  近鉄／けいはんな線学研奈良
  　　　登美ヶ丘駅から徒歩8分
  バス／近鉄奈良線学園前駅北口5番
  　　　のりば109·129·130系統より
  　　　「中登美ヶ丘4丁目」下車
- ●**ホームページ**
  https://www.naragakuen.jp/
  tomigaoka/t_ele/

Data 2024年度入試データ

[**募集要項**] (2023年実施済)
- ●**募集人員** 男女計 90名(内部進学者含む)
- ●**要項配布** 4月中旬〜(ホームページから)
- ●**出願** 〈A日程〉8月21日〜9月3日(web)
  〈B日程〉10月30日〜11月12日(web)
  〈C日程〉2024年1月29日〜2月11日(web)
- ●**考査料** 15,000円
- ●**考査月日** 〈A日程〉9月15日 〈B日程〉11月18日
  〈C日程〉2024年2月17日
- ●**面接** 〈A日程〉9月9日〜10日
  〈B日程·C日程〉考査当日
- ●**結果発表** 〈A日程〉9月16日(web)
  〈B日程〉11月21日(web)
  〈C日程〉2024年2月20日(web)
- ●**入学手続** 〈A日程〉9月24日まで
  〈B日程〉11月27日まで
  〈C日程〉2024年2月26日まで
- ●**学校説明会** 4月22日(2023年実施済)
- ●**入試説明会** 7月30日(2023年実施済)

[**入試状況**]
- ●**応募者数** 〈A日程〉男女計 60名 〈B日程〉男女計 5名
- ●**受験者数** 〈A日程〉男女計 60名 〈B日程〉男女計 5名
- ●**合格者数** 〈A日程〉男女計 53名 〈B日程〉男女計 4名
- ●**考査の順番** 生年月日順(生まれ月の早い順)
- ●**編入試験** 2学期編入と新学年編入。若干名。対象学年は
  2学期編入1〜4年生、新学年編入新2〜4年。

智辯学園和歌山小学校

- ■**校長** 渡瀬 金次郎
- ■**児童数** 男子 217名　女子 203名
- ■**併設校** 智辯学園和歌山中学校・高等学校
- ■**学費** ●**手続時**
　入学金200,000円、制定品代160,000円
　特別寄附金1口100,000円(初年度のみ)3口以上
　●**以降**
　授業料456,000円(年額)
　修学旅行費、施設費、学校協力費等
　173,000円(年額)

- ■**所在地＆最寄り駅**
- ●**住所**
　〒640−0392
　和歌山市冬野2066−1
　☎073(479)1200
- ●**アクセス**
　JR／紀勢本線黒江駅から徒歩5分
- ●**ホームページ**
　https://www.chiben.ac.jp/
　wakayama/

Data **2025年度入試データ**

[募集要項](2024年実施予定)
- ●**募集人員** 〈A日程〉男女計 約80名 〈B日程〉男女計 若干名
- ●**要項配布** 6月8日〜(ホームページから)
- ●**出願** 〈A日程〉7月20日〜31日(Web)
　　　　　〈B日程〉12月14日〜2025年1月12日(Web)
- ●**考査料** 20,000円
- ●**考査月日** 〈A日程〉9月15日 〈B日程〉2025年1月26日
- ●**面接** 〈A日程〉8月24日・25日・27日〜29日のいずれか
　　　　〈B日程〉2025年1月25日・26日のいずれか
- ●**結果発表** 〈A日程〉9月19日(Web・郵送)
　　　　　　〈B日程〉2025年1月28日(Web・郵送)
- ●**入学手続** 〈A日程〉9月18日〜24日(Web)
　　　　　　〈B日程〉2025年1月28日〜2月3日(Web)
- ●**親子学校見学会** 5月18日(2024年実施予定)
- ●**入試説明会** 6月8日(2024年実施予定)
- ●**オープンスクール** 12月14日(2024年実施予定)

[入試状況]
- ●**応募者数** 〈1次〉男女計 57名 〈2次〉男女計 6名
- ●**受験者数** 〈1次〉男女計 53名 〈2次〉男女計 5名
- ●**合格者数** 〈1次〉男女計 50名 〈2次〉男女計 4名
- ●**考査の順番** 願書提出順
- ●**編入試験** 定期募集。3学期転入(11月)、1学期転入(2月)
　　　　　　対象学年:1〜4年　若干名
- ●**進学状況** 卒業生64名のうち56名(男子27名・女子29名)が
　　　　　　智辯学園和歌山中学校に進学。

ノートルダム清心女子大学附属小学校

- ■**校長** 西 弘子
- ■**児童数** 男子 130名　女子 230名
- ■**併設校** ノートルダム清心女子大学附属中学校・高等学校
　清心中学校　清心女子高等学校
　ノートルダム清心女子大学
- ■**学費** ●**手続時**
　入学金150,000円
　●**以降**
　授業料 通常コース18,000円(月額)
　　　　国際コース25,000円(月額)
　保護者会費1,000円(月額)
　設備維持費17,000円(月額)
　ICT教育費3,000円(月額)
　その他 教材費などあり

- ■**所在地＆最寄り駅**
- ●**住所**
　〒700−8516
　岡山市北区伊福町2−16−9
　☎086(252)1486
- ●**アクセス**
　JR／岡山駅から徒歩10分
- ●**ホームページ**
　https://www.ndsu-e.ed.jp/

Data **2024年度入試データ**

[募集要項](2023年実施済)
- ●**募集人員** 〈第1回〉男女計60名 〈第2回〉若干名
- ●**要項配布** 9月1日〜(窓口・郵送)
- ●**出願** 〈第1回〉10月25日〜26日(窓口・郵送)
　　　　　〈第2回〉12月21日(窓口・郵送)
- ●**考査料** 8,000円(クラス国際10,000円)
- ●**考査月日** 〈第1回〉11月11日
　　　　　　〈第2回〉2024年1月9日
- ●**面接** 考査当日
- ●**結果発表** 〈第1回〉11月15日(郵送)
　　　　　　〈第2回〉2024年1月11日(郵送)
- ●**入学手続** 〈第1回〉11月21日・22日
　　　　　　〈第2回〉1月18日
- ●**学校説明会** 6月1日、8月21日(2024年実施予定)

[入試状況]
- ●**応募者数** 非公表
- ●**考査の順番** 出身園を考慮したグループで。
- ●**編入試験** 随時(全学年対象)。
- ●**帰国児童** 転入試験の国際コースの受験資格がある。

Contents 「なんでもわかる**小学校受験の本**」**さくいん**